中央文史研究馆馆员文丛

安家瑶 著

唐城考古·丝路玻璃

中华书局

图书在版编目(CIP)数据

唐城考古.丝路玻璃/安家瑶著. —北京:中华书局,2024.9
(中央文史研究馆馆员文丛)
ISBN 978-7-101-16486-2

Ⅰ.唐… Ⅱ.安… Ⅲ.①唐长安城-古城遗址(考古)-文集
②玻璃器皿-介绍-中国-古代-文集 Ⅳ.①K878.34-53
②K876.5-53

中国国家版本馆 CIP 数据核字(2023)第 244080 号

书 名	唐城考古·丝路玻璃	
著 者	安家瑶	
丛 书 名	中央文史研究馆馆员文丛	
责任编辑	许庆江	
装帧设计	刘 丽	
责任印制	陈丽娜	
出版发行	中华书局	
	(北京市丰台区太平桥西里 38 号 100073)	
	http://www.zhbc.com.cn	
	E-mail:zhbc@zhbc.com.cn	
印 刷	三河市中晟雅豪印务有限公司	
版 次	2024 年 9 月第 1 版	
	2024 年 9 月第 1 次印刷	
规 格	开本/920×1250 毫米 1/32	
	印张 19¼ 插页 2 字数 350 千字	
印 数	1-2300 册	
国际书号	ISBN 978-7-101-16486-2	
定 价	98.00 元	

序

安家瑶教授的论文集《唐城考古·丝路玻璃》即将出版。该论文集分考古篇、古代玻璃篇、文化遗产保护篇三大部分，大致可涵盖安先生的治学领域和主要学术贡献。作为安先生的学生和长期一起工作的同事，我谨就此论文集写上几段感想，以表祝贺之意。

第一部分考古篇中的诸论文可谓都是安先生发掘工作的心得。安先生长期在考古所的第三研究室，也就是汉唐考古研究室工作，并曾担任西安唐城考古队队长、汉唐研究室主任，先后主持过唐长安城西明寺、圜丘、大明宫含元殿和太液池等重要遗址的发掘工作，所以安先生古代城市的论文主要围绕着隋唐长安城这一重要都城遗址而展开，澄清和解答了有关隋唐长安城研究中有关宗教寺院、礼制建筑、宫殿建筑等方面的一些重要问题。本篇中有关陶钵考、沣西陀罗尼经咒、西明寺遗址的三篇论文都涉及佛教考古。在前文中，安先生根据青龙寺遗址出土、美国纽约大都会艺术博物馆收藏的黑陶钵标本,论证了西明寺遗址出土的黑陶片的性质,指出唐代寺院僧尼黑色瓦钵及宫城建筑普遍使用的黑色磨光砖瓦的生产,证明远古就有的黑陶工艺已在唐代重新兴起。西明寺是唐代长安城中的大寺和名寺,但其遗址曾因变压电站和居民住宅楼的行将兴建而处于完全破坏的危险之中。马得志先生和安先生闻此,上下奔走呼吁,终于在工程实施前力争到部分发掘的机会。1985、1992、1993 年进行的三次发掘,其中第二、第三次发掘由安先生领队。三次发掘揭露出西明寺最东部的三进院落的布局情况,为著名的西明寺遗址留下了无比珍贵的考古资料。在文中,安先生具体地从历史记载和形制布局方面明晰了唐长安西明寺对于日本奈良大安寺有着重要影响的历史关系。圜丘遗址是隋唐长安城皇帝祭天的重要礼制建筑,是国家政治的重要象征。但其土丘遗址曾一度埋没于现代建筑群中,不为人知,且频遭破坏。安先生根据田野调查结果,于 1999 年率队对圜丘遗址进行了主动性的全面揭露,搞清了圆形四层坛体、十二陛阶、素白坛表等形制特征。安先生的论文深入探讨了圜丘的渊源及唐以后的形制演变,重点探讨了素土筑坛、四层圆形坛体及十二陛阶的象征意义,推动了有关礼制建筑考古的研究,为后来的保护展示奠定了坚实的理论基础。2013 年,圜丘遗址被国务院公布为全国重点文物保护单位。目前,天坛遗址的周围已经发生很大的变化,结合城中村的改造,遗址东侧的吴家坟村已搬出遗址范围,天坛遗址公园免费开放。2018年以来春节大年初一,"福佑中华·天坛祭祀"迎春祈福大典,在西安天坛遗址公园园内隆重举行。

唐长安城大明宫是唐朝的主要宫城和重要的决策中心,故早在1961年,大明宫遗址就被国务院公布为第一批全国重点文物保护单位。1995年至1996年,应联合国教科文组织及日本政府对大明宫正殿的含元殿遗址进行保护的要求,安先生领队对遗址进行了第二次发掘,发掘面积达2万多平方米,全面揭露出含元殿主殿及两阙、龙尾道、殿前广场等形制全貌。另外,安先生又就学术界有争议的含元殿位置、四鸱尾、砖瓦窑性质、龙尾道位置及形制等关键问题,撰写了两篇重要的论文进行探讨。她主要根据考古发掘的遗迹现象进行分析,否认了含元殿是由隋唐观德殿改建而成、龙尾道有早晚两期、晚期设在殿之正南的观点,排除了龙尾道在含元殿南面正中的可能,认为龙尾道是在殿堂东西两侧设置和迂回盘上的。她同时认为目前还没有发现早于元上都正殿南设置御道的考古证据,含元殿之两侧的龙尾道(文献所谓的"左右阶")的做法直接影响了渤海国上京龙泉府宫城正殿和日本奈良平城京第一次大极殿的龙尾道的设置。安先生主持的大明宫遗址系列考古发掘和研究,为遗址的保护和合理利用提供了扎实的考古依据,2010年大明宫国家考古遗址公园建成开园,2014年该遗址又被联合国教科文组织列入世界文化遗产名录。

　　第二部分古代玻璃篇收录了安家瑶先生在古代玻璃器研究领域的系列力作。安先生早年师从著名考古学家宿白先生，并在学术专攻方面得到过夏鼐、安志敏等所中多位名师的指教，经过四十余年始终不懈的精耕细作，在古代玻璃器研究领域发表了一系列颇有分量的学术论文，逐步形成了自己的专研体系和学问特色，奠定了她为中国古代玻璃器权威专家的学术地位。安先生研究古代玻璃器主要采用考古学方法，注重出土地点、共存器物、纪年器物、器物类型、器物装饰等要素，同时还重视石窟壁画的旁证材料、玻璃器标本的科学测试分析数据，以之作为重要的论据。安先生的研究以点带面，从宏观到微观，既有有关国内外玻璃制作体系的宏观研究，又有具体到玻璃珠、玻璃碗这些具体遗址出土的具体器物的个案研究。安先生的论著不仅总结归纳出了中国铅玻璃自成体系的发展脉络和工艺特色，而且还就引入中国的罗马玻璃器、萨珊玻璃器、伊斯兰玻璃器、印度玻璃器及其材料成分、工艺特色等进行了界定和论证，勾画出了广义丝绸之路中西方及南亚玻璃器传入中国乃至东亚各国的传播之路。笔者仔细研读其论文之后，深感其逻辑思维严密，论述层次清晰，论据充分多样，论点扎实可靠，显现出了安先生严谨的治学态度和工作作风。

　　第三部分文化遗产保护篇主要收集的是安家瑶先生连续担任三届（九、十届、十一届）全国政协委员期间的提案文件，社会影响重大，可谓是安先生为中国文化遗产保护事业方面作出的无私奉献。这些提案的起草、撰写过程中,进行的一次次调研,有关法规政策的解读,与社会各层面的热烈讨论和不同意见的碰撞,原则性和灵活性的正确把握等等,无不凝聚了安先生投入的大量的心血和精力。这些提案最后都得到了落实,对于中国文化遗产保护和传承利用产生了重要的推动作用。其中,2005年有关南水北调国家工程中的文物抢救的提案,得到了中央最高领导的重视和批示,并得到了切实的落实和执行,是继三峡大坝建设工程之后载入历史的又一全国性协调开展的重要文物保护工程;2008年有关中华文化标志城项目的提案得到了115位政协委员的签字,并得到了广泛的社会认同和地方政府的积极改正;有关丝绸之路跨国申遗的提案,得到了中国和中亚五国政府的力推,2014年6月联合国教科文组织通过了"丝绸之路:长安—天山廊道路网"列入世界文化遗产名录;有关建立中国国家考古学博物馆的提案也很重要,2019年中国考古博物馆在首都北京奥运村成立(中国历史研究院内),2022年陕西考古博物馆又建成开放,在考古学科的发展和文化遗产的宣传保护等方面产生了重要而又积极的社会影响。

最后,借论文集的出版,谨祝福安家瑶先生身体健康、学术生涯常青!

龚国强
中国社会科学院考古研究所研究员

目　录

文化遗产保护篇

考古篇

中国考古学的九十年

一、中国考古学的诞生期(1921—1949)

以田野调查发掘为基础的考古学是近代出现的一门
崭新的科学学科。中国的学者很早就对古代遗留下来的
遗物遗迹发生兴趣,进行研究。金石学在一千年前的北宋
已具有一定的学术系统,到清代更为发达,可谓是中国考
古学的前身。

1898 年安阳小屯村再次发现有字甲骨,引起了金石
学家的注意。1900 年敦煌石窟又发现储存大量古代写本
文书和其他文物的藏经洞。近代学术史上的这两项惊人
发现,成了中国考古学诞生的前兆。

19 世纪末清王朝行将崩溃,日、俄、德、英、法、瑞典等
国派遣的探险家、考察队,以各种目的纷纷进入中国内地
及边疆地区活动,其中也有田野调查和发掘,近代考古学
的基本知识开始传入中国。辛亥革命推翻清朝,一批年轻

人走出书斋,近代生物学、地质学相继在中国诞生,一批人到国外求学,为中国考古学的诞生奠定了基础。

中国考古学的诞生是在 1921 年。从 1920 年前后开始,中国北洋政府开始聘请外国学者或与外国学术单位合作进行考古工作。1918 年,中国政府聘任的矿政顾问、瑞典地质和考古学家安特生,与中国地质调查所负责人丁文江、翁文灏商定,共同进行古脊椎动物化石的采集工作。1921 年,安特生和奥地利人师丹斯基在北京周口店采掘脊椎动物化石时,发现龙骨山遗址,并发现一枚人科动物的牙齿化石,引起学术界的关注。同年,安特生在河南渑池县仰韶村,发现以彩陶为显著特征的新石器时代遗存,并进行首次发掘,提出仰韶文化的命名。安特生认为仰韶文化是中国历史文化的前身,是中华远古之文化。这个时期的中国学术界对安特生的伟大发现给予充分的肯定。仰韶文化的发现对于社会大众的冲击,也是巨大的。1936年李济发表的《中国考古学之过去与将来》中这样说:"要明白中国考古的成绩,可以从一段故事说起。是一个朋友告诉我的,他说:'十年前我在一个中学当历史教员,那时地质调查所在河南、奉天一带发现的石器时代遗址才公布出来。我在讲堂中于是摈弃三皇五帝不谈,开始只讲石器时代文化、铜器时代文化。我总觉得学生应该对于我这种认真的精神,鼓舞些兴趣起来。不料全体学生都以为我在讲台上讲笑话,而报之大笑,笑得我简直不能继续讲下去。我这就辞掉了我的教职,重新作起学生来。现在事隔十年,情形是全变了,好些乡下的小学生也都知道石器时代这个名词了。'"①

仰韶文化发现后,中国古代文化的来源,成为最受关注的讨论问题。安特生在发掘仰韶村期间及其后,又对河南中西部、陕西、甘肃、青海等古代遗址做了范围较大的调查和试掘,他希望把仰韶和近东、中亚之间的空白填补起来。仰韶文化西来的假说,使安特生在 1949 年以后受到政治化的严厉批判。直到 1985 年 11 月在渑池召开的纪念仰韶文化发现 65 周年学术讨论会上,安特生的学术贡献才重新得到高度评价②。2011 年 11 月 6 日,在渑池召开了纪念仰韶文化发现 90 周年学术讨论会,对仰韶文化做出杰出贡献的四位考古学家——安特生、袁复礼、夏鼐、安志敏的雕像在仰韶村揭幕。

学术界也有将中国考古学的诞生放在 1926 年或 1928 年。1926 年从美国学习人类学归来的李济,在山西夏县西阴村遗址进行的发掘,是第一次由中国学者主持的中美合作的田野考古工作。1928 年中央研究院历史语言研究所成立,内设考古学组。同年 10 月派董作宾前往安阳小屯进行调查试掘,准备大规模地展开工作。1929 年,李济作为当时中国唯一具有近代考古学知识和发掘经验

---

① 李济:《中国考古学之过去与将来》(1936 年),张光直、李光谟编:《李济考古学论文集》,北京:文物出版社,1990 年,第 46 页。
② 严文明:《仰韶文化研究中几个值得重视的问题》,湖南省考古学会、渑池县文物保护管理委员会编:《论仰韶文化》,《中原文物》1986 年特刊。

的学者,被聘任为历史语言研究所考古组主任。之后近
20 年,在著名考古学家李济和梁思永的先后主持下,对安
阳殷墟进行了 15 次发掘,发掘面积累计达 46000 多平方
米,清理了 50 多座夯土建筑基址和包括商王陵在内的大
量墓葬和祭祀坑,发现了大量的甲骨文等文物(图 1)。
1931 年,梁思永主持发掘安阳殷墟后冈遗址时,发现了著
名商文化、龙山文化和仰韶文化依次叠压的"三叠层",解
决了三者之间的相对年代关系,从而标志着中国考古地层
学方法的成熟①。梁思永 1923 年赴美国哈佛大学研究院

图 1　殷墟侯家庄 1001 号大墓

---

① 安志敏:《梁思永先生和中国近代考古学》,《文物天地》1990 年 1 期。

攻读考古学和人类学,1930 年毕业回国参加中央研究院历史语言研究所考古组工作。当时社会混乱,田野工作条件极其艰苦,还要对付土匪、盗墓贼的不时骚扰。梁思永在这种恶劣条件下患肺结核,后卧床多年,英年早逝。他短暂的一生为中国考古学的开拓做出了杰出贡献。

　　1929 年 12 月 2 日,裴文中在主持北京周口店的发掘工作中首次发现了中国猿人的头盖骨化石(图 2),引起学术界的轰动。这是中国考古学诞生期的另一件大事。发现中国猿人的头盖骨化石之后,旧石器和用火遗迹的确认,也是裴文中的重要贡献之一。1934 年裴文中发表了《周口店洞穴层采掘记》,记录了他亲历的周口店早期工作的六年(1928—1933 年)的历史。这本书是科学著作,但第一章涉及那个时代周口店的方方面面,自然、交通、商业、工业、气候及风景等。裴文中在书中还记录了周口店地区的阶级关系,对劳动者深切同情,并为他们的苦难而呼喊:"真的在那里度着地狱的生活!"①几千年来,中国读书人追求仕途,四体不勤,五谷不分,考古学为知识分子走出书斋,深入社会,立志救国救民提供了舞台。

---

① 裴文中:《周口店洞穴层采掘记》,1934 年初版,由当时的实业部地质调查所、国立北平地质学研究所以"地质专报第七号"印行,北京:地震出版社,2001 年重版。

图2　发现中国猿人头盖骨化石的周口店第一地点

二、考古学迅速发展期（1950—1966）

　　1949年中华人民共和国成立。建国伊始，百废待兴，政府就颁发了关于保护古代文物的法令。随后，在中央文化部设立文物局，主管全国的文物保护工作，在中国科学院设立考古研究所，专门从事考古研究工作。各大行政区也相继成立文物管理委员会，负责当地的文物保护工作，承担基本建设中的清理发掘任务。国家又明确规定，任何单位必须具备田野考古条件，经中央文化部会同中国科学院审查批准后,始得进行发掘工作。这样,便建立了文物保护和考古发掘的工作体制,为新中国考古事业的发展作好了准备。

为了解决考古人才短缺的问题,从1952年起,连续四年由中央文化部、中国科学院和北京大学联合举办考古工作人员训练班,对各地文物单位参加考古工作的300多名人员进行了短期业务培训。同时,又在北京大学创办了考古专业,培养考古专门人才。中国考古学迅速发展。

1950年,周口店、殷墟两项中断十多年的考古发掘得以继续。1950年10月,夏鼐率队前往河南辉县琉璃阁进行考古所成立后第一次田野发掘(图3),成功地剔剥出战国木车的痕迹(图4)①。

图3　1950年河南辉县琉璃阁考古发掘队

---

① 中国科学院考古研究所编著:《辉县发掘报告》,《考古学专刊》丁种一号,北京:科学出版社,1956年。

图 4　河南辉县琉璃阁车马坑

　　中国的很多考古发掘是在国家的基本建设项目中进行的。1955 年 10 月,为了配合国家治理黄河水害、开发黄河水利的工程,由文化部和中国科学院联合组成的黄河水库考古工作队成立,夏鼐任队长,安志敏任副队长。在对三门峡库区开展的普查中,共发现古遗存 300 余处,其中古遗址 211 处。1956 年,安志敏主持的黄河水库考古队对陕县(今陕州)庙底沟遗址进行大规模发掘,共开探方 280 个,总面积达 4480 平方米(图 5)。这次发掘,确立了庙底沟二期文化,揭示了中原地区仰韶文化和龙山文化之间的发展继承关系,成为新中国考古的重要收获之一①。

---

①　中国科学院考古研究所编著:《庙底沟与三里桥》,《考古学专刊》丁种九号,北京:科学出版社,1959 年。

图5　陕县庙底沟遗址发掘探方

参加庙底沟发掘的考古队员达75人,但其中三分之二是初次参加田野工作。发掘的庙底沟遗址和三里桥遗址位于涧河两岸,离黄河不远,当时还是一片庄稼地,十分荒凉。考古队员风趣地说:"白天听黄河咆哮,夜晚听野狼嚎叫。"面对如此艰苦的条件,考古队员却是热情高涨,乐在其中。经过这次田野发掘实践,队员们后来大都成为中国考古工作的骨干。庙底沟遗址的发掘,无论从工作规模、干部培训上还是学术意义上讲,在中国现代考古学史上都应占有一定的地位。考古报告《庙底沟与三里桥》作为重要考古成果,它的英文译本已于2011年出版。

1951年到1952年河南禹县修建白沙水库,考古工作者抢救发掘库区的古代遗址和墓葬。白沙宋墓就是其中的重要发现。白沙宋墓由三座家族墓葬组成,一号墓东壁"元符二年赵大翁"纪年题记以及地券所载"大宋元符二年九月",明确其年代为北宋哲宗元符二年(1099);二号墓、三号墓没有纪年文字,根据墓葬实物比较,确定二号墓稍晚于一号墓,三号墓又晚于二号墓,后二墓大约在徽宗时期。白沙宋墓是砖雕壁画墓中保存较好、结构最复杂、内容最丰富的一组墓葬,其中尤以赵大翁墓最为完整。宋代的砖室墓流行于北方,历史并不久远,是唐代、五代才发展起来的墓葬形式。宿白编写的考古报告《白沙宋墓》于1957年出版①。《白沙宋墓》不仅是一部客观、忠实、完整的发掘报告,同时也是高质量的研究著作。宿白开创了一个充分利用文献进行考古研究的成功典范,使中国历史考古学得到提升(图6)。考古与文献结合体现了古代文化的一致性,两者相互联系,相互补充,是研究古代社会必需的信息渠道。

20世纪50年代,中国考古学研究对象的年代范围极大地拓展了。除了继续开展史前考古工作外,还做了大量的历史时期遗存的调查和发掘,特别是历史上重要都城的勘察。中国历代都城遗址,均为当时国家政权的政治、经济、军事中心,是当时社会精英云集、先进文化与先进技术荟萃之地,代表着当时社会发展的最高水平,是中国文化遗产中最重要的组成部分。都城遗址往往占地面积巨大,

---

① 宿白:《白沙宋墓》,北京:文物出版社,1957年。

图6　2011年6月笔者陪89岁高龄的宿白教授考察北京昌平金代塔林

小则数平方公里,大则数十平方公里,通常又叠压在现代城市村镇的下面,城乡的现代化发展与文化遗产保护矛盾尖锐。进行古代城址的勘察,须着重了解它们的整体规划,先确定城垣范围和城门位置,再以城门为基点探寻主干大道和重要建筑遗迹。考古勘察将古代都城的范围布局探明,对中国古代都城形制的发展演变提供了重要资料,同时也为重要遗址保护奠定了基础。从商、两周到元、明,调查发掘了大量的古代城市:周原、沣西、战国六国都城、汉唐两京等。1961年国务院公布了第一批全国重点文物保护单位,其中郑州商城、汉长安城、汉魏洛阳城、唐大明宫等都经过大量的考古工作。

　　汉代是中国历史上鼎盛时期之一,以汉族为主体的中华民族形成于这个时期。西汉王朝的都城——长安城,是当时全国政治、经济和文化的中心。自张骞通西域(前138年)后,长安城成为丝绸之路的起点。汉长安城位于今天西安市西北约3公里,始建于汉高帝五年(前202年)。汉长安城的勘察发掘工作从1956年就开始了,确认了全城的平面形状、城墙和城壕的结构、城门的形制、城内主要街道的分布、市场的位置和宫殿的位置。城墙全部用黄土夯筑,根据遗存,高度在12米以上,宽度为12—16米。城墙外设有壕沟,宽8米,深3米。汉长安城平面为不规整的方形,四面各设3个城门,每个城门有3个门道。城内8条大街规整笔直。城内总面积为36平方公里,根据文献记载,汉平帝元始二年(2年),长安城人口达24.6万[①]。

　　1949—1966年,中国考古学没有割断与世界考古学潮流的联系。中国科学院考古研究所夏鼐(1962—1982年任所长,1982—1985年任社科院副院长)不仅通过与各国学者的直接交流了解国外考古学的新进展、新动态,更通过阅读大量外文文献,获得新的知识[②]。国际上从50年代初期开始应用放射性碳素断代的方法,被视为史前考古学中一场划时代的革命。中国科学院考古研究所于1965年底建成中国第一个放射性碳素断代实验室。

---

① 王仲殊:《汉代考古学概说》,中华书局,1984年;Wang Zhongshu, Chang, K. C. and Collaborators:*Han Civilization*,Yale University Press,1982.

② 陈星灿:《紧跟世界学术潮流的夏鼐先生——写在夏鼐日记出版之际》,《中国文物报》2011年8月5日第8版。

三、"文化大革命"中考古学并没有完全停顿
（1966—1976）

"文化大革命"是指 1966 年 5 月至 1976 年 10 月发生在中国给中华民族带来严重灾难的政治运动。"文化大革命"使国家和人民遭到建国以来最严重的挫折和损失，正在蓬勃发展的中国考古学也受到影响，各项科研工作全部中断。中国科学院考古研究所的大多数业务人员下放到河南。

20 世纪 60 年代，中国和苏联关系恶化，苏联在中国边境附近大量增兵，中国境内加强战备。在炸山凿洞修筑军事工程中，偶然发现的重要古代墓葬，需要考古工作者发掘清理。著名的满城汉墓和马王堆汉墓就是这样发现的。

1968 年 5 月 22 日，部队在河北满城县城西南 1.5 公里的陵山施工，炸开了一个洞。战士们从洞口爬下去，发现是很大的洞穴，还有很多古代器物。战壕工程立即停了下来。经过层层报告，6 月初已报告到中共中央和国务院。6 月 18 日周恩来总理在人民大会堂设宴欢迎坦桑尼亚总统尼雷尔，在休息厅中周总理向中国科学院院长郭沫若谈到满城古墓，并交代郭老负责办理此事。郭沫若是中国 20 世纪杰出的文化学者，在文学、历史和古文字学方面均有建树。郭老立即找考古所的专业人员到他家中，确定了以科学院考古所为主的考古队。考古队 6 月 25 日到达

满城,开始发掘工作。

　　1968年是"文革"的第三年,许多地方政治斗争已发展成武斗,满城所在的保定地区武斗严重,发展到了动用枪支的地步。为了保证考古队员的安全,他们被安排住在部队司令部。卢兆荫主持了考古发掘,他当时刚41岁,正是专心干工作的好时光,因为"文革"已整整两年不能做业务工作,得到发掘满城汉墓的任务,喜出望外,干劲十足(图7)。陵山发掘的保卫工作和清理工作的劳工全部由战士担当。战士们年轻力壮,工作效率很高,使这次考古发掘工作进行得非常顺利。后来,战士们还写了一篇文章

图7　卢兆荫(右)清理满城汉墓二号墓镶玉漆棺堆积

介绍了他们发现满城汉墓并参加清理发掘工作的情况①。

根据墓葬形制、出土器物和文献记载，可以确定这座墓葬为西汉中山靖王刘胜墓。汉代流行夫妻并穴合葬，考古工作者又在陵山南侧成功地寻找到其王后窦绾的墓葬。满城汉墓是中国目前保存最完整、规模最大的山洞宫殿。西汉中山靖王刘胜是汉景帝刘启的儿子，武帝刘彻的庶兄，他在景帝前元三年（前154年）被封为中山王，死于武帝元鼎四年（前113年）二月，统治长达42年。西汉中山国有十代王，刘胜是第一代王。刘胜墓与窦绾墓均采用以山为陵的营建方式，墓道及墓室凿山而成，呈弧形，平面布局上两墓则大同小异。全墓分为墓道、甬道、南耳室、北耳室、中室和后室六个部分，墓室中分别修建了木结构瓦房和石板房，形成了一座功能齐备的豪华地下宫殿。墓内除了华丽的陈设和棺椁外，发掘中还出土各类文物1万多种。其中仅金银器、玉石器、铜器、铁器等精品便有4000多件，各类铜灯19件，尤以长信宫灯、错金博山炉等最为珍贵。刘胜、窦绾两套完整的金缕玉衣，是全国考古工作中首次发现。刘胜金缕玉衣全长1.88米，用玉片2498片，金丝约1100克；窦绾玉衣全长1.72米，用玉片2160片，金丝约600克②。

---

① 4749部队六连党支部：《我们参加了西汉古墓的发掘》，《文物》1972年1期。

② 中国社会科学院考古研究所、河北省文管会编著：《满城汉墓发掘报告》，北京：文物出版社，1980年。

满城汉墓发掘出土的文物反映了汉代高超的工艺和
先进的科学技术。铜器中的长信宫灯和错金博山炉,设计
灵巧,铸造技术高超。随葬品中,还有一些有关中国医学
史的珍贵文物,如"医工"铜盆和四种金、银医针,反映了
中国两千年前针刺医术的水平。两套完整金缕玉衣的发
现,破解了汉代文献中"玉衣""玉匣"的含义。这次考古
发掘是"文革"中少有的文化事件,得到全国上下一致的
关注。郭沫若院长不顾 76 岁高龄,亲临考古现场(图 8)。
周总理派中央新闻纪录电影制片厂和北京电视台到现场
拍摄纪录片①。

图 8　郭沫若院长参观满城汉墓一号墓出土的青铜器

---

①　卢兆荫:《中国重大考古发掘记——满城汉墓》,北京:三联书店,2005 年。

　　湖南长沙马王堆汉墓的发现也是偶然的。1971 年底，当地驻军在马王堆两个小山坡下建造地下医院，施工中经常塌方，用钢钎进行钻探时从钻孔里冒出了呛人的气体，有人用火点燃了，出现一道神秘的蓝色火焰。消息传到湖南省博物馆，立刻判断是座古墓。1972 年 1 月，中国科学院考古研究所和湖南省博物馆组成考古队开始发掘。马王堆汉墓发掘了三座，是西汉初期长沙国丞相、轪侯利仓及其夫人和儿子的墓葬。一号汉墓出土的女尸，时逾 2100 多年，形体完整，全身润泽，部分关节可以活动，软结缔组织尚有弹性，几乎与新鲜尸体相似。马王堆三座汉墓共出土珍贵文物 3000 多件，绝大多数保存完好。其中五百多件各种漆器，制作精致，纹饰华丽，光泽如新。珍贵的是一号墓的大量丝织品，保护完好，品种众多，有绢、绮、罗、纱、锦等。有一件素纱禅衣，轻若烟雾，薄如蝉翼。马王堆汉墓发现了大批帛书和两卷医简，此外还有两幅古地图。这是中国考古学上古代典籍资料的一次重大发现。

　　满城汉墓和马王堆汉墓出土的精美文物极大地增强了全国人民的民族自信心和自豪感。可能正是由于考古与现实中的政治斗争相距甚远，又能增强民族的凝聚力，《考古》《文物》和《考古学报》三个考古学期刊，得到批准在 1972 年复刊。在"文化大革命"的年代，文化贫乏，考古学期刊的复刊受到极大欢迎，《考古》的发行量接近 1 万册。

　　1974 年陕西临潼秦始皇兵马俑一号坑的发现，1976 年安阳殷墟妇好墓的发掘，给"文化大革命"中的考古工作画上句号。

四、改革开放给考古学带来机遇（1977—2000）

十年"文化大革命"结束后，中国开始实行对内改革经济政策、对外开放政策。改革开放的政策给考古学带来新的发展机遇。相继有十余所大学设立了考古专业，培养考古人才。1977 年裴李岗文化的发现，找到仰韶文化的源头，将中国新石器时代追溯到 7000 年前。1979 年 4 月中国考古学会在西安成立，标志着中国考古事业走向繁荣（图 9）。

图 9　中国考古学会成立前夕夏鼐（理事长）、
裴文中（副理事长）、安志敏（秘书长）合影（从左至右）

"文革"后，中国考古学的最大的变化是中外合作考古发掘和研究的开展。1949 年前，曾有国外探险队把很多珍贵文物运出中国，伤害了中国人民的感情。因此，1949—1976 年之间，外国人是不允许在中国进行考古发掘的。20世纪70年代末,中外合作考古发掘的门被逐渐打开。首先能在中国的遗址上拿起考古手铲的西方人是北京大学考古专业的留学生,他们来自德国、日本、美国等国。1980年当他们和笔者等中国学生一起参加山东诸城前寨的考古田野实习时,兴奋之情难以言表。美国加州大学洛杉矶分校的罗泰教授(Lothar von Falkenhausen)和日本奈良橿原县立考古学研究所所长菅谷文则(Sugaya Fuminori,Archaeological Institute of Kashihara,Nara Prefecture)都是当年参加前寨发掘的留学生。

对外开放政策使得考古界与国外有了更多的交流机会(图10),合作考古发掘也开始了。

图10　1982年美国康宁博物馆布里尔博士(Dr. Robert Brill of Corning Museum of Glass)访问考古所时拍摄的夏鼐(中)、卢兆荫(右)和笔者

20世纪70年代末,中国社会科学院考古研究所在河

南商丘进行的调查和发掘中发现了大量龙山文化时期的石器、陶器、骨蚌器等生活、生产用具，表明早在 4000 多年前，人类就生息在商丘这块广阔平坦的土地上[①]。从 1990 年代开始，由中国社会科学院考古研究所和美国哈佛大学 Peabody 博物馆联合组成中美考古队，在商丘进行了长达九年的考古勘探和发掘。之前，考古学界认定郑州商城和偃师商城是商汤建国以后的都城，那么商文化的源头在哪里？哈佛大学人类学系著名考古学家张光直（Prof. K. C. Chang）大胆推测商丘这个地方有可能是商文化的发源地。中美联合考古队在豫东地区进行了考古调查与发掘，先后发掘了商丘县潘庙遗址、虞城县马庄遗址和柘城县山台寺遗址，发现了 2 座龙山时期的夯土建筑基址和一批遗物，在商丘县老南关发现了东周时期宋国都城的城址（图 11）。商丘地区系黄河泛滥区，遗址都被叠压在厚厚的黄土之下，考古工作采用了探地雷达等手段。中美考古学者在豫东的联合发掘，为探索豫东地区龙山至东周时期的考古学文化面貌提供了资料[②]。

　　丝绸之路是公元前 2 世纪开始的东西贸易、文化交流的通道。位于陕北黄土高原与陇西黄土高原交接地带的固原，自古以来即是南北交通的必经之地。丝绸之路开通

---

① 中国社会科学院考古研究所河南二队、商丘文管会：《1977 年豫东考古纪要》，《考古》1981 年 5 期。

② 张长寿、张光直：《河南商丘地区殷商文明调查发掘初步报告》，《考古》1997 年 4 期。

图11　张光直教授(Prof. K.C.Chang)(左)在商丘工地

后,固原成为丝绸之路上东西文化交流的重要交汇点和中转站。

上世纪80年代以来,宁夏文物考古部门先后在固原地区发掘北魏、北周、隋唐墓葬几十座,出土了一大批珍贵文物,取得许多重要成果[①]。1995年7月末,中日两国考古学家在固原签署了《中日原州联合考古队协议书》,计划在1995、1996年度分别发掘一座墓葬,并聘请北京大学考古系教授宿白先生为顾问。1995年秋,考古队选择发掘的地点位于小马庄村。墓葬早年被盗,但考古队在最后

---

① 罗丰:《固原南郊隋唐墓地》,北京:文物出版社,1996年。

一个天井底部发现了墓志。轻轻剥去墓志的表面存土,志盖上逐渐露出"大唐故左亲卫史公之墓志铭"12 个较大的篆字。掀起志盖,刮去淤土,志文清晰地展现在眼前,字体工整规范,刻制精细。墓志记载了墓主人史道洛和夫人康氏的生平事迹。史道洛,固原本地人。唐永徽六年(655年)病逝于故里原州,终年 65 岁,显庆三年(658 年)与妻合葬百达原。其父就是邻近埋葬的史射勿,隋正四品骠骑大将军。固原史氏为原居于中亚的粟特人后裔,著名的"昭武九姓"之一。妻康氏,出生于萨马尔罕,为中亚康国人后裔,唐贞观二十年(646 年)卒,享年 55 岁。墓室出土了陶俑、白瓷瓶、白瓷钵、东罗马金币、铜镜等遗物百余件。在墓门两侧分置两个镇墓武士俑和兽俑,彩绘描金,装饰华丽,是近年来我国出土的隋唐陶俑中不可多得的珍品①。

　　1996 年,中日联合原州考古队又发掘了固原县西郊大堡村的另一座墓,虽然早年被盗,但仍出土了墓志,明确记载了这是北周柱国大将军原州刺史田弘夫妇的合葬墓。田弘是对北朝有重要影响的人物,《周书》《北史》均有传,卒于建德四年(575 年),终年 65 岁。田弘墓出土了 5 枚东罗马金币,是中西文化交流实物的重要发现。根据铭文,5 枚金币分别来自 A. S. I 等 3 个制造局,流入中国距

---

① 原州联合考古队:《唐史道洛墓——原州考古调查报告之一》,东京:东京勉诚出版,1999 年。

离其制造时间已有二十至五十年之久[①]。

中日原州联合考古队在田野工作方法方面更为细致，注意了对封土的发掘、二次葬的过程、盗洞内的堆积等。对发掘中一些稍纵即逝的迹象非常关注，如纱冠涂漆木柄、云母屏风等，整体取回后，经过精心缀合复原，获得了一些完整的图案。

夏商周断代工程是一个以自然科学与人文科学相结合的方法来研究中国历史上夏、商、周三个历史时期的年代学的科学研究项目，是一个多学科交叉联合攻关的项目。该项目于 1996 年 5 月启动，到 2000 年 9 月通过验收。

夏商周断代工程集中了 9 个学科 12 个专业，200 多位专家学者联合攻关。历史学家以历史文献为基础，把中国历代典籍中有关夏商周年代和天象的材料尽量收集起来，加以分析整理；天文学家要全面总结前人已有的天文年代学成果，推断若干绝对年代，为夏商周年代确定科学准确的坐标；考古学家对和夏商周年代有密切关系的考古遗存进行系统研究，建立相对年代系列和分期；在测年科学技术方面，主要采用碳-14 测年方法，包括常规法和加速器质谱计法。

---

① 原州联合考古队：《北周田弘墓——原州考古调查报告之二》，北京：文物出版社，2009 年。

2000 年底出台的《夏商周年表》，是阶段研究的成果[①]。国外对断代工程的批评声浪甚高[②]，可能由于政府组织课题、政府资助的形式难以令他们接受。但是参加工程的科学家都是十分严肃认真的，即使在参与者中间对于年代等问题的争论也很激烈，说明中国学术研究还是独立的。结题报告专门指出，目前的结论是基于现有资料基础上所得到的最合适的结论，但它并不意味研究和探索就此停止。随着新的考古发现和研究，这个年表会进一步完善。之后，文明探源工程又启动了。

五、考古学走近公众（2001—　　）

在中国人吃不饱的年代里，考古学对于社会大众来说是高不可及的学究们的事，与老百姓没有什么关系。2007 年 9 月笔者去河南新郑参加裴李岗文化发现 30 周年纪念会，组织会议的是新郑文物局副局长靳宝琴，一位 40 岁左右的干练女子。她告诉我她的家乡就在裴李岗村，70 年代末考古队在村里发掘时，她还是个孩子，跟在后面看热闹。村民都说考古队员太傻了、太怪了，不刨粮食，刨瓦块。在当时人的眼里粮食才最重要。然而，就是童年的经

---

① 夏商周断代工程专家组：《夏商周断代工程 1996—2000 年阶段成果报告（简本）》，世界图书出版公司，2000 年。

② Bruce Gilley："China: *Nationalism Digging into the Future*", Far Eastern Economic Review（20 July 2000）. Erik Eckholm："*In China, Ancient History* Kindles Modern Doubts", New York Times（November 10, 2000）.

历,靳宝琴高中毕业时选择了郑州大学考古专业。

进入21世纪,随着中国经济的高速发展,老百姓解决了温饱问题,随之就要追求精神文化生活。我是谁? 我从哪里来? 我要到哪里去? 千古之问,让人类苦苦思索。考古学揭示和研究的正是我们人类的过去。2002年引人注目的是美国国家地理频道直播埃及金字塔开棺,中国购买了转播权。一时间,关于考古发掘的话题成为街谈巷议。国内不少考古发掘也纷纷模仿,尝试现场直播,浙江杭州雷峰塔、湖北九连墩、江苏大青墩汉墓、陕西韩城梁带村两周墓地、金陵大报恩寺地宫等考古发掘都采用了电视直播。随着夺人眼目的考古新发现不断登场,各种大众媒体也投入了前所未有的热情,今天的考古学已不再是一门冷僻怪异的学科。

三十年前,三星堆遗址的连续发掘和两大祭祀坑的惊世发现,叩响了古蜀王国的历史之门。2001年春,成都金沙遗址的发现,一步步拉近了我们与神秘古蜀的距离。真伪莫辨的古蜀国,就这样成为真实,成为辉煌的历史存在。三星堆与金沙的出土文物,风格特异,内涵深邃,展现出一个五彩斑斓的古蜀社会,一片神奇梦幻的信仰天地,成为长江上游地区最夺目的文化亮点、中华文明史上浓墨重彩的一笔。金沙遗址出土的"太阳神鸟"金饰,即"四鸟绕日金饰",极具动感的视觉效果(图12)。外层飞行的神鸟和内层旋转着的太阳,表现的正是古蜀人对太阳神鸟和太阳神的崇拜和讴歌。"太阳神鸟"图案已经被中国国家文物局用作中国文化遗产标志。2006 年 6 月 10 日首个"中国文化遗产日",中央电视台在成都金沙遗址设置全国唯一的直播点,对 21 世纪的第一个最为重大的考古发现——金沙遗址的再发掘实况直播。

图 12　金沙遗址出土的"太阳神鸟"金饰

　　中国的水下考古起步较晚,只有二十余年的历史。水下考古的精彩篇章是南海 1 号的打捞。南海 1 号是 1987 年发现于广东阳江海域的一艘南宋早期木质沉船。1989—2004 年,水下考古队对该沉船进行了 8 次考古调查、勘探,确认这条长 30.4 米、宽 9.8 米、高 4.2 米的沉船正沉于海面以下 24 米,表面覆盖 1—1.5 米的淤泥。船体保存较好,甲板以下部分结构基本完整,船舱内满载大量陶瓷、金属、漆木等精美文物。

　　从 2002 年开始,广东省文物考古研究所和交通部广州打捞局联合攻关,研究出古沉船整体打捞及保护技术,

于 2007 年 12 月将南海 1 号整体打捞出水,并安全移入
450 米远的广东海上丝绸之路博物馆实施后续的考古发
掘与保护。

　　2007 年那个年度,社会的舆论,媒体的焦点都被南海
1 号整体打捞所深深吸引。80 多家境内外媒体争相报道
整体打捞的进展,相关花絮,连篇累牍的新闻,目不暇接的
各类访谈,使得南海 1 号这条南宋时期运输外销瓷的古船
在沉没八百多年以后成为家喻户晓的"明星"。

　　2011 年 3 月 26 日—5 月 10 日,南海 1 号的考古试掘
在博物馆内进行(图 13、14)。这次考古发掘对观众进行实
况展示,观众可通过观光走廊、水下考古展示平台看到南海 1
号试掘的每一个过程,拉近了考古学与普通民众的距离①。

图 13　南海 1 号的考古试掘在博物馆内进行

---

①　广东省文物考古研究所:《2011 年南海 1 号的考古试掘》,北京:科学出版
　　社,2011 年。

图 14　南海 1 号考古试掘现场的新闻媒体

　　2006 年殷墟遗址申报世界文化遗产获得成功，极大鼓励了中国对大遗址保护的积极性。各地纷纷探索城市化进程中如何保护重要遗址，取得双赢的道路。2010 年 10 月，12 座国家考古遗址公园应运而生。考古遗址公园是指基于考古遗址本体及其环境的保护与展示，融合了教育、科研、游览、休闲等多项功能的城市公共文化空间，是对考古类文化遗产资源的一种保护、展示与利用方式。

　　大明宫是首批国家考古遗址公园之一。大明宫是唐代长安城的一处主要皇宫遗址，建成于龙朔三年（663 年），毁于唐末战乱。大明宫作为唐王朝的统治中心和国家象征长达二百余年。1957 年，以马得志为队长的考古工作者就开始了对大明宫遗址的考古调查工作，搞清了大明宫的规模和范围。大明宫规模宏大，占地总面积约 3.2

图 15　唐大明宫含元殿遗址发掘鸟瞰

图 16　含元殿前广场考古发掘龙首渠

图 17　唐大明宫丹凤门遗址保护厅

平方公里,是北京明清紫禁城的 4.5 倍。笔者主持了1995—1996 年对大明宫主殿含元殿(图 15、16)、2001—2005 年太液池、2005 年大明宫正南门——丹凤门(图 17)的考古发掘。唐大明宫的规模之宏大、规划之全面、工艺之精湛令人赞叹。然而,大明宫遗址位于西安市火车站北,在城市化进程中,已被包围在城市之中。遗址上生活的棚户区和农村居民没有任何城市基础设施,人们生活贫困,遗址也遭受越来越严重的破坏。

　　2007 年,西安市启动了大明宫遗址公园的项目,成功实践了政府主导、社会参与、市场运作的新模式,完成了对市内最大棚户区大明宫遗址 10 万居民的拆迁、安置。2010 年 10 月大明宫国家考古遗址公园对公众开放,实现了遗址保护与遗址区居民生活水平提高、城市环境改善、城市现代化建设和谐发展的目标,使大遗址保护成为民生工程。大明宫遗址发现和保护的过程,是考古学改变遗址上人们生活的一个例证。

在遗址公园开展公众考古是遗址公园建设的一个主要环节。考古工作也是遗址公园中的一种展示,群众可以近距离观看考古过程,甚至可以亲手接触遗址,感悟历史。

六、问题与前景

中国考古学面临许多问题。最主要的问题是考古力量远远不足。中国是文明没有间断的古国,地下埋葬着无数古迹遗址。目前全国具有考古领队资格的专业人员不足 1700 人,每年国家文物局批准的考古执照大约 800 项,其中 80% 以上的项目是基本建设中的考古发掘。中国近年发展速度很快,每年上千万的动土建设项目,其中只有很少的重点项目做到动土前进行考古勘探和发掘。这就意味着每年有相当数量的古迹遗址在推土机下消失得无影无踪了。

古墓葬、古遗址的盗掘非常严重。上世纪 70 年代末,随着改革开放,人们追逐发财致富,一度销声匿迹的盗掘现象又卷土重来。在文物集中的河南、陕西、山西等省,流传着"要想富,先挖墓,一夜成了万元户"的说法。随着媒体炒作,古董市场拍卖价格节节升高,民间收藏热情空前高涨,古墓葬的盗掘越来越猖獗。在 1956 年考古发掘了明十三陵中的定陵以后,中国政府并不鼓励考古发掘帝王陵墓和名人墓葬。在无法保护的情况下,文物局才同意考古队进行发掘,称之为抢救性发掘,例如,2009 年发掘的河南安阳西高穴大墓,由于烧砖取土已使墓穴露出一洞,盗墓贼多次进入盗出文物。在这种情况下，考古队进行了发掘，并根据出土的多块石牌上刻有"魏武王"铭文，再结合文献记载和墓葬规格等证据，推测这座大墓是三国时期重要人物曹操的墓葬。又如，2009年底开始发掘的江苏盱眙大云山汉墓，决定考古发掘这座墓是因为年初盗墓贼在盗掘中因盗洞坍塌而致四人丧命。考古发掘的结果令人惊叹，出土了金缕玉衣、玉棺和其他大量的珍贵文物，根据出土器物上的文字及墓葬规格等证据，可以推断墓主人是汉武帝同父异母的哥哥刘非。

社会大众对考古学的误解也是中国考古学面临的一个问题。人们往往分不清考古学与古物学的差别，把考古与挖宝混淆起来，媒体又在推波助澜。近年来，由于古物市场价格飙升，赝品剧增，真假文物的鉴定困扰着收藏界。考古发掘的成果可以转换成旅游资源，地方政府对旅游经济有着很高的热情。在这种背景下，社会大众对考古成果也会产生质疑。2010年社会上对曹操墓的质疑就反映出这个问题。

考古学是一门发现的学问。中国历史悠久，国土广阔，新的考古发现会不断给世界带来惊喜。随着中国经济的发展，人民对文化需求的增长，政府与社会团体对文化遗产的投入增加，考古力量也会增强。有计划的考古勘探和发掘，对古代遗址遗物的综合研究，将会把中国文明发生发展的面貌越来越清晰地呈现在世界面前。

（原载于《地方文化研究》2013年第1期）

唐代黑陶钵考

唐代是中国封建社会的鼎盛时期,当时的器物以精美华丽、文饰繁褥而著称于世。本文所讨论的黑陶钵朴实无华,从另一个侧面反映唐代文化的多样性。

提到唐代的黑陶钵,笔者于 1993 年在美国纽约大都会艺术博物馆做访问研究时,在该馆亚洲艺术部的库房中见到一件完整的黑陶钵(图 1)。钵高 12 厘米,口径 21.4厘米。泥质黑陶,敛口,圆唇,腹斜收,圜底。钵的表面经抛光和渗炭处理,漆黑发亮。从表皮脱落处可以看到陶胎质地细腻,呈灰色,火候不太高。该钵的器形、尺寸和制作

图 1

工艺与笔者在西安唐代西明寺和青龙寺遗址发掘中出土的黑陶钵几乎一模一样。但是,大都会艺术博物馆的藏品被定为河南龙山文化的黑陶。这种黑陶钵到底是龙山黑陶还是唐代黑陶,有必要进一步讨论。

纽约大都会艺术博物馆的黑陶钵原属私人收藏家哈里斯·布里斯奔·迪克(Harris Brisbane Dick),1949 年捐献给博物馆。其进一步的来源已经无法搞清楚。该钵第一次正式发表是在纽约华美协进社于 1978 年举办的名为"中国陶瓷器起源"①的展览上,负责编写图册的学者是美国旧金山亚洲美术博物馆原中国部主任商乐文(Clarence F. Shangraw)先生。商乐文先生是美国著名的中国陶瓷专家,对中国的早期陶器特别精通。他将该钵与河南龙山文化后冈二期出土的陶钵进行了对比,认为非常相似,因此将该钵定为河南龙山文化黑陶,年代大约为公元前 30 世纪。商乐文先生还将该钵与斯德哥尔摩远东博物馆收藏的一件钵做了比较②,认为除了领口有所差别外,其他部分很相似,特别是尺寸几乎一样,因此来源可能相同。

这件黑陶钵的磨光渗碳工艺与龙山文化黑陶确实很相似,但是这种圜底敛口的器形不是龙山文化的特征。典型的龙山文化陶器多为平底侈口,例如平底盆、平底杯和平底罐。从目前的考古资料来看,还没有在龙山文化的遗存中发现过这种圜底敛口的黑陶钵。商乐文先生举出安

①　Clarence F. Shangraw, Origins of Chinese Ceramics, New York, 1978, p11。
②　William Willets, Foundations of Chinese ART, London 1965, colorplate 4。

阳后冈河南龙山文化二期出土的陶钵器形与大都会博物馆的钵相似,但他忽略了该遗址的龙山文化层并没有出土过这种器形的钵,发掘报告中图四所画钵的器形与大都会博物馆的钵相似,但不是出土于龙山文化层,而是出土于更早的仰韶文化层①。后冈仰韶文化层的陶钵都是细泥红陶,口边为一道红色宽带,腹部还原成灰色,发掘报告中称之为"红顶"现象,与大都会博物馆的泥质黑陶不一样。圜底碗、圜底钵是仰韶文化的典型器物,但仰韶文化的圜底钵绝大多数是泥质红陶,偶尔也发现泥质灰陶,却没有发现过磨光的黑陶钵,例如,在山西芮城东庄村和西王村遗址的发掘中,共发现 319 件陶钵,其中细泥红陶 208 件,泥质红陶 108 件,泥质灰陶仅 3 件②,没有发现黑陶,比较有代表性地反映了仰韶文化中红陶与灰陶的比例。因此,纽约大都会艺术博物馆的黑陶钵不应属于仰韶文化器物或龙山文化器物,而是另有来源。

唐长安西明寺遗址"出土了一些钵的残片,泥质黑陶,圜底敛口,腹径一般在 20 厘米以上,其中一块钵片上刻有'阿難'二字"③。发掘简报中只作了简略的描述,发表了刻有"阿難"二字钵片的拓片。这些钵的残片尚没有

---

① 中国社会科学院考古研究所安阳工作队:《1972 年安阳后冈发掘简报》,《考古》1972 年 5 期。

② 中国社会科学院考古研究所山西工作队:《山西芮城东庄村和西王村遗址的发掘报告》,《考古学报》,1973 年 1 期。

③ 中国社会科学院考古研究所西安唐城工作队:《唐长安西明寺遗址发掘简报》,《考古》1990 年 1 期。

修复复原,没有发表钵残片的照片和线图。唐长安青龙寺遗址也出土了这种黑陶钵的残片,其中一件已复原,高 7 厘米,口径 21.5 厘米,圜底敛口,腹内斜收(图 2),其器形、工艺和尺寸几乎与纽约大都会艺术博物馆所藏的黑陶钵一模一样。

图 2

西明寺是唐代著名寺院,建于显庆元年(656 年),是唐高宗为孝敬太子病愈所立的一座皇家寺院。西明寺建立后,玄奘法师经常在此说法,并成为玄奘法师的三个主要译经场之一。玄奘之后,慧琳、道宣等名僧在西明寺写下很多佛教经典著作,因此西明寺在中国佛教史上占有重要地位。西明寺毁于唐代末年战乱,经过一千年沧桑,地面上已无当年寺院的踪迹。中国社会科学院考古研究所西安唐城工作队对该遗址进行了两次发掘,第一次发掘情况已发表简报①。遗址的第三层堆积中发现刻有"西明寺石茶碾"铭文的石茶碾,已揭露出来的建筑遗迹,可以肯

---

① 中国社会科学院考古研究所西安唐城工作队:《唐长安西明寺遗址发掘简报》,《考古》1990 年 1 期。

定是唐代西明寺的遗迹。黑陶钵残片也出土于第三层堆积,应是与石茶碾同时期的遗物。在发掘范围内,最早的文化遗存是隋代堆积层,没有发现新石器时代的遗迹或遗物,因此,这些黑陶钵片不可能是早期遗物的扰入。

青龙寺也是唐长安城的名刹,原为隋代的灵感寺,建于隋开皇二年(582 年),在北宋元祐元年(1086 年)以后废毁。该寺曾五易寺名,以青龙寺的名称使用时间最长,影响最大。青龙寺是佛教密宗教派的主要道场,在佛教密宗教派向日本传播与发展的过程中有重要而深远的影响。中国社会科学院考古研究所西安唐城工作队对青龙寺遗址进行了发掘①,在遗址范围内出土年代最早的遗物为少量的汉代瓦片。黑陶钵的残片多出土于第三层,即唐代建筑废弃后的堆积层。已经复原的黑陶钵出土于青龙寺遗址上的一座僧人墓葬,该墓葬资料有待整理发表。从考古发掘的资料来看,青龙寺遗址出土的黑陶钵的年代也是清楚可靠的。

对于唐代的黑陶,此前没有正式的报道和研究。唐代的瓷器已经达到相当高的水平,但陶器仍然在日常生活器皿中占很大的比重。西安郊区隋唐墓 175 座,出土陶器的墓葬共 119 座,所出陶器总数为 240 件(残破过甚而无法复原者不计在内);三彩器共 4 件,出土于 3 座墓中;釉陶

---

① 中国社会科学院考古所西安唐城工作队:《唐长安青龙寺遗址》,《考古学报》,1989 年 2 期。

和瓷器共86件,出于41座墓中①,陶器占随葬陶瓷器总数的72%。从唐代遗址发掘出土的陶瓷器残片的不完全统计结果来看,陶器所占比例可能还要超过这个数字。唐代的陶器按陶质来分,一般可分为泥质灰陶、泥质红陶和细泥黄灰陶三种。泥质黑陶器皿很少见到。陶器的颜色和陶土的成分以及烧成气氛有一定关系,黑陶是在强还原气氛中进行渗碳烧成的。在我国新石器晚期的大汶口文化、山东龙山文化、河南龙山文化、屈家岭文化、马家浜文化等遗址中常有发现,其典型制品薄如蛋壳。一般认为,黑陶工艺是在商代以后衰落失传的。但是,这种看法不够全面。唐代的黑陶工艺用于烧造器皿虽然不多,但大量用于烧造宫殿寺庙的筒瓦和板瓦。唐长安和洛阳的宫殿遗址中出土了大量的表面漆黑发亮、陶胎深灰的黑瓦。宋代《营造法式》称这种瓦为"青掍瓦",并详细地记述了瓦坯表面抛光打磨和制造强还原气氛烧窑的过程②。西明寺和青龙寺遗址出土的黑陶钵的烧造工艺,与"青掍瓦"的烧造工艺基本相同,所以从工艺上看,唐代完全可以烧造黑陶器皿。

　　出土唐代黑陶钵的两个遗址都是佛教寺院遗址,说明这种黑陶钵与佛教有一定的联系。

　　钵,是梵文钵多罗(Pātrà)的简称,是僧人化缘和日常

---

① 中国科学院考古研究所:《西安郊区隋唐墓》,科学出版社,1965年。
② 李诚:《营造法式》卷十五,商务印书馆,1933年。

生活的必备用具。《摩诃僧祇律》①卷二十九对僧人用瓦钵的来历有记载："佛住孙婆白土聚落。尔时孙婆天神来至佛所,白佛言:'世尊,是中过去诸如来应供正遍知受用此间瓦钵,唯愿世尊听诸比丘受用瓦钵。'佛言:'从今日后听受用瓦钵。'"还记载了瓦钵的制作方法和颜色:"世尊示土处,汝知是土,如是和,如是打,如是埏,如是作,如是熏,作钵熏作钵,成就已作三种色:一者如孔雀咽色,二者如毗陵伽鸟色,三者如鸽色。佛言:'熏时当伺候使作如是色。'"也就是说,瓦钵的颜色应是绿色、红色(?)和黑色三种。佛经中对瓦钵的具体器形没有描述,但在《十诵律》卷八载有:"佛在舍婆提,尔时跋难陁释子共一估客子市巷中行,见一肆上有好瓦钵,圆正可爱。"也就是说,用圆正可爱来形容好的瓦钵。至于瓦钵的大小尺寸,也有一定的规格。《十诵律》卷七:"钵者有三种:上、中、下。上钵者,受三钵他饭、一钵他羹,余可食物半羹,是名上钵;下钵者,受一钵他饭、半钵他羹,余可食物半羹,是名下钵;若余者,名中钵。若大于大,若小于小,钵不名为钵。"由此可见,僧尼所用的钵在制作材料、颜色和体积几方面都要依法。《五百问》云:"若一日不用钵食,犯堕。"可见,钵不仅是僧人的饮食用具,也是一种信仰标志。从这个意义上讲,钵也是一种佛具。

　　西明寺和青龙寺出土的黑陶钵虽然都是陶器,但做得

---

① 本文所引用的佛经都出自《高丽大藏经》,标点符号是笔者所加。

十分规整精致,质量明显高于唐代的一般陶器。黑陶钵的器形都是敛口圜底,用"圆正可爱"来形容非常恰当。其尺寸大于一般唐代的瓷碗。对照佛经中对僧人用的瓦钵的描述,可以判断西明寺和青龙寺出土的黑陶钵即是唐代僧尼用的黑色瓦钵。

迄今为止,考古发掘中只出土了黑色的瓦钵,另外两种颜色"孔雀咽色"、"毗陵伽鸟色"的瓦钵还没有发现。此外,现在发现的黑陶钵属于上、中、下三种钵的哪一种,还难以确定,有待今后的发掘与研究。

僧尼除了使用瓦钵外,还使用铁钵。《摩诃僧祇律》卷二十九:"行诸比丘房,见一比丘痡手,佛知而故问:'比丘汝安乐不?'答言:'世尊,我手痡失钵堕地,破钵,故是以不乐。'佛言:'以今日后听诸比丘用铁钵。用铁钵时,应作钵炉熏。'"铁钵的器形可能与瓦钵相似,还没有从考古发掘中发现这种铁钵。僧人也曾用过木钵,但由于不容易洗涤干净,被禁止使用。

大藏经中反复强调,僧人只能用瓦钵和铁钵二种钵,如《十诵律》卷三十九:"长者以五百金钵奉佛,佛亦不受。又奉银钵、琉璃钵、颇梨钵,佛亦不受。佛言:'我先听二种钵:铁钵、瓦钵,八种钵不应畜。'"令人感兴趣的是,实际上金钵、银钵和玻璃钵都曾发掘出土过。法门寺唐代地宫出土了四件钵盂,"一件是迎真身纯金钵盂,形体较大,素面无纹饰,圆唇,敛口,斜腹、圜底,与仰韶文化的敛口钵十分相似,此钵系敕造于'咸通十四年三月十三日'。体高72毫米,口径212毫米,壁厚1.2毫米,573克。另一件是鎏金团花银钵盂,直口,圆唇,鼓腹,圜底,……体高73毫米,径79毫米,腹深29毫米,重82克。这个小型钵,似为供奉而非实用的"①。最早的玻璃钵出土于河北定县北魏塔基(481年),蓝色透明,器形也是敛口圜底②。敦煌莫高窟唐代壁画上共出现过12件透明钵的画面③,可能是表现玻璃钵,颜色多是无色透明、蓝色透明或绿色透明。这些贵重的金钵、银钵和玻璃钵可能都是对佛的供奉品,而黑陶钵是唐代僧尼的日用品。

综前所述,根据考古发现的唐西明寺和青龙寺黑陶钵和大藏经对鸽色瓦钵的记载,我们认为黑陶工艺在唐代曾一度复苏,生产符合佛经教义的僧尼用的黑陶钵。纽约大都会艺术博物馆藏的黑陶钵也属于这种类型,其年代应是唐代而不是龙山文化时期。

从对纽约大都会艺术博物馆所藏黑陶钵的再研究,使我们得到两点启示:一、人们的认识有时容易受到某种固定模式的束缚,一见到彩陶就想到仰韶文化,一见到黑陶就想到龙山文化。这种简单化的思维方式往往导致判断的错误,在国内外美术史和考古学研究中普遍存在。古代

---

① 石兴邦:《法门寺地宫珍宝的发现及其有关问题》,《首届国际法门寺历史文化学术研讨会论文选集》,陕西人民教育出版社,1992年,第12页。

② 安家瑶:《中国的早期玻璃器皿》,《考古学报》,1984年4期。

③ 安家瑶:《莫高窟壁画上的玻璃器皿》,《敦煌吐鲁番文献研究论集(第二辑)》,北京大学出版社,1983年,第425—464页。

人类的历史进程是有一定的客观规律，但文化现象却是形形色色丰富多彩的。我们在研究中不仅要注意到一般规律的共性，也要考虑到一些特殊的个性。二、在古代遗址的考古发掘中出土的遗物大多残破不全，美术价值可能不高，但这些遗物比窖藏或墓葬出土的器物更能反映出当时人类活动的丰富多彩的真实面貌。认真整理发表这些遗物，并分析研究这些资料，以恢复人类历史的本来面目，是我们考古工作者的职责。

（原载于《汉唐与边疆考古研究》，
科学出版社，1994 年）

西安沣西出土的唐印本梵文陀罗尼经咒*

1967 年 8 月 15 日,位于沣西的西安造纸网厂(原名西安铜网厂)在基建过程中,推土机破坏了一座古墓。施工工人在现场捡到一个长约 4 厘米、直径约 1 厘米的小铜管,撬开封口后,发现铜管内塞满东西。工人将铜管交给了正在沣西进行考古发掘的中国科学院考古研究所冯孝堂同志。他从铜管中取出一个纸卷,展开后发现是一件保存较好的陀罗尼经咒,立即用两块玻璃板将经咒夹起来保存。为了永久保存好这件珍品,当时在考古研究所技术室工作的王㐀同志又于 1975 年 5 月 26 日将这件经咒仔细地封存在有机玻璃中。

因为这件经咒发现于"文化大革命"中,没有经过科学的考古发掘,又没有同出的其他器物作为参考,所以迟

---

* 本文第二作者为冯孝堂。

迟没有报导。近来,关于中国印刷术史的讨论又一次成为
热点课题①。我们将这件陀罗尼经咒进行了初步研究,认
为其年代很可能早于其他同类印本经咒,有必要公布于
世,以便学术界进行进一步的讨论。

一、经咒现状

该经咒印画在一长方形单页纸上(图 1),长 32.3—
32.7 厘米、宽 28.1—28.3 厘米。由于已封存在有机玻璃

图 1

① 潘吉星:《印刷术的起源地:韩国还是中国?》,《自然科学史研究》第 16 卷
第 1 期。

中,纸的厚度不详。纸色发黄,韧性很强。该经咒曾横向对折三次后,又纵向卷成细筒,展开后,横向留下 7 道折痕。纸面有明显的帘纹,帘纹宽度约 1 毫米。在 30 倍放大镜下观察,纸的纤维细长,纤维表面有明显的胶质层。与考古所收藏的新疆吐鲁番唐代麻纸和楮皮纸相比较,该经咒的纸更接近于唐代楮皮纸。

该经咒由中心向外分为三部分,即中心方框内、中心方框和印刷边框线之间、印刷边框之外的空白部分。

(一)中心方框内

中心方框呈正方形,边长 6 厘米,边框线为墨线勾勒(图 2)。方框内为一幅墨线人物图。画面的右半部绘有一金刚力士:蹙眉瞪目,面容忿怒,上身裸露,下系战裙,赤足立在山石上。力士束发高髻,戴有宝珠冠,身披帛带,颈

图 2

下挂项圈,并戴有手镯、脚镯。力士的左臂夹有金刚杵。右臂伸出,右手触摸着画面左下方男子的幞头。画面的左下方画一男子:面部表情从容,有须,较丰腴,头系幞头,身着圆领窄袖袍,左腿蹲,右腿跪,双手合掌,作祈祷状,正在接受金刚力士的摩顶祝福。男子头上画有祥云。

(二)中心方框和印刷边框线之间

中心方框外和印刷边框线之间为雕版印刷的梵文陀罗尼经文。雕版边框线为单线,近似方形,长 22.6、宽 22.9 厘米。左侧边框线印得粗重模糊,似印刷过程中移动所致;其余三边单薄纤细。经文的排列方式比较独特,分为 4 个版块。每个版块长约 14.1—14.5 厘米、宽 8.2—8.5 厘米,自上而下印有 13 行梵文,每行字母 28—37 个。4 个版块的排列顺序是从中心画面的右上方开始,围绕中心画面顺时针排列。

印文的梵文字体经北京大学南亚文化研究所王邦维教授辨认,为悉昙体。悉昙体自初唐进入中国,盛行于盛唐和中唐时期,到晚唐衰落,逐渐为蓝查体和天城体所代替。

印文雕刻古朴,刀法工整。每行的字母排列紧凑,但第四版块的最后 2 行字母间隙松散,似为凑足 13 行。印本大部分施墨充足,印文清楚,墨迹漆黑,边缘部分多施墨不足或施墨不匀,印文不太清晰,有的印文上留有木纹。

在印文的经咒中留有空白,空白上手书"荆思泰"三字。整个经文中共填写 10 处"荆思泰",其中"泰"字书写得比较随意,3 处为"泰",1 处为"泰",3 处为"泰",2 处为"泰",1 处为"秦"。手书的墨迹颜色稍浅,与印文墨迹及中心画面墨迹明显不同。"荆思泰"应是这件经咒的持诵人。手书的字体可识为楷书,但书写得没有功力,看来书写人没有受过正规的书法训练。从字体上看不出明显的时代特征。

(三) 印刷边框之外的空白部分

这件经咒的印刷边框外四周都留有空白,其上绘有墨线印契、法器和花朵等。以中心画面为中心,可分为上、下、左、右四个部分。

上方的空白部分最窄,仅留有 1.5—1.6 厘米的纸边,自左至右墨线勾绘有系绶带的金刚杵、三股杵(?)、花朵、莲花座上双手指相对的手印、花蕾、星座和系绶带的法螺贝。

右侧的空白最宽,宽 5.6—5.8 厘米。在靠近印刷边框线的部分自上而下画有系绶带的斧、莲花座上左手握拳的手印和系绶带的法轮。在靠近纸边的下方,墨书"莿思泰"三字。墨色稍浅,字体与咒文空白填写的"荆思泰"相仿,为同一人书写,但"荆"字用的是别体。

左侧的空白宽 3.6—4.0 厘米。自上而下绘有花蕾、系绶带的法螺贝、莲花座上双手相搭的手印和系绶带的戟。

下方的空白部分宽 3.1—3.9 厘米。自左至右倒着画有花蕾、莲花座上坛(?)、系绶带的三股杵、花朵、莲花座上双手指内交叉的手印和花蕾。

二、该经咒年代的讨论

该经咒上没有年代的题记,也没有同出的其他器物可供比较研究,因此,其年代只能根据经咒的画面和印文来推定。

(一) 中心画面内容出自《大随求陀罗尼经》

找到画面内容的出处对确定其年代有一定的作用。经研究,该画面内容出自《佛说随求即得大自在陀罗尼神咒经》,简称《大随求陀罗尼经》:"若僧带者,于咒心中画作一金刚神,众宝庄严,下作一僧蹦跪合掌,金刚以手按此僧顶。"①

《大随求陀罗尼经》是密宗繁多的杂咒中非常流行的一种。"大随求"的意思正如该经所载:"若人持此明,或带于颈臂,所求愿悉成,一切所希愿,悉皆得如意。"②即人们可以随意求愿,只要按照该经要求书写和佩带经咒,一切愿望皆可如意。

---

① 《佛说随求即得大自在陀罗尼神咒经》,见《大正藏》第 20 册《密教部三》,第 637—644 页。
② 《普遍光明清净炽盛如意宝印心无能胜大明王大随求陀罗尼经》,见《大正藏》第 20 册《密教部三》,第 617 页。

　　《大随求陀罗尼经》译自梵文，有两个译本。较早的译本是宝思惟于长寿二年（693 年）在洛阳翻译的，全名为《佛说随求即得大自在陀罗尼神咒经》①。宝思惟是印度湿弥罗人，长寿二年到洛阳，译出《不空罥索经》等一系列密宗经典，开元九年（721 年）圆寂②。另一个译本是不空翻译的，全名为《普遍光明清净炽盛如意宝印心无能胜大明王大随求陀罗尼经》。不空全名为不空金刚，年十五师金刚智。开元二十年（732 年）金刚智寂，不空奉遗旨往五天并师子国广求宝藏。天宝五载（746 年）还京，大历九年（774 年）圆寂③。自天宝至大历六年不空译出密部经轨 77 部，120 余卷。《大随求陀罗尼经》应是其中一部。不空译本，比宝思惟译本大约晚五十余年。

　　两个译本相比较，基本内容相似，细节有所不同，可能是根据不同的梵文本子。此外，不空译本多采用五言体，例如宝思惟译本中的："若有妇人求产男者，用牛黄书之；于其帛上，先向四面书此神咒，内画作一童子，以宝璎珞庄严其颈，手捧一金钵盛满珍宝，又于四角各画一童子，身披衣甲，又作种种印。"④在不空的译本则为："女人求子息，当用牛黄书，中心画童子，璎珞庄严身，满钵盛珍宝，左手

---

①　《佛说随求即得大自在陀罗尼神咒经》，见《大正藏》第 20 册《密教部三》，第 637 页。

②　《宋高僧传》卷三。

③　《宋高僧传》卷一。

④　《佛说随求即得大自在陀罗尼神咒经》，见《大正藏》第 20 册《密教部三》，第 641—642 页。

而执持,坐在莲花上,其花而开敷。又于西隅角,而画四宝山,其山金宝饰,殷勤应画此。"①两个译本中的中心画面内容是相同的,但咒文四周的图案不相同。

西安造纸网厂出土的经咒中心画面与宝思惟译本的"若僧带者,于咒心中画作一金刚神,众宝庄严,下作一僧蹦跪合掌,金刚以手按此僧顶",十分吻合,只是画面上是系幞头男子,而不是僧人。这里的"僧"也有可能包括信佛的居士。相同的内容在不空的译本中则为:"若是苾刍带,应画持金刚,右执金刚杵,左拳竖头指。"②"苾刍"即比丘,也可以理解为乞士和僧人。不空译本省略了"下作一僧蹦跪合掌"的重要内容。如果不对照宝思惟译本,不空译本的"左拳竖头指"的意思则很难理解。西安造纸网厂经咒画面上金刚力士是左臂持金刚杵,而不是不空译本的"右执金刚杵",系幞头男子半跪合掌的形象与宝思惟译本的"下作一僧蹦跪合掌"十分吻合。总之,该经咒画面内容取材于宝思惟译本,而不是不空译本。

该经咒的画面内容取材于宝思惟译本,这提供了其制作年代的上限,即公元 7 世纪末。在中国佛教史上,不空是使密宗自成宗派的"开元三大士"之一,其影响远远超过宝思惟。然而,已出土的西安柴油机械厂汉文印本陀罗

---

① 《普遍光明清净炽盛如意宝印心无能胜大明王大随求陀罗尼经》,见《大正藏》第 20 册《密教部三》,第 624 页。
② 同上,第 624 页。

尼经咒①、敦煌石窟发现的太平兴国五年（980年）陀罗尼经咒②均为宝思惟译本，这说明宝思惟译本在民间流传得更为广泛长久。因此，确定了西安造纸网厂经咒画面内容取材于宝思惟译本，还不能确定其年代下限，还必须研究其绘画风格等。

（二）该经咒的绘画风格接近玄宗时期

西安造纸网厂经咒的中心画面和印刷边框外四周空白上的图案均为白线描，轮廓清楚，线条流畅，生动细腻，颇具盛唐绘画风格。另外中心画面的金刚力士和系幞头男子也具有比较明显的时代特征。

金刚力士，即执金刚杵护持佛法的天神。这一形象在唐代石窟寺的壁画和雕塑中频频出现，其形象为面容忿恨，上身裸，着战裙，跣足站立在山石上。其面容忿恨程度、肌肉发达程度、身上装饰及手持物品有所变化，有着明显的时代特征。初唐的金刚力士面容忿恨，但不狰狞可怕，似生气的人，一般手持金刚杵，身着菩萨装。洛阳龙门奉先寺二力士（676年）可作为初唐力士的代表③。盛唐的力士则逐渐取消了璎珞、臂钏等装饰，发达的男性肌肉被

---

① 保全：《世界最早的印刷品——西安唐墓出土印本陀罗尼经咒》，见《中国考古学研究》，三秦出版社，1987年，第404—410页。
② 松本荣一：《敦煌画の研究》，东方文化学院东京研究所刊，1937年，附图一五七b。
③ 温玉成：《龙门唐窟排年》，见《中国石窟龙门石窟二》，文物出版社，1992年。

着力刻画。敦煌莫高窟第一九四窟西壁龛内南侧的泥塑力士是盛唐力士的代表作[1]。晚唐的力士面部表情夸张，忿恨且狰狞，身体臃肿，装饰更为简化，手托山状巨石的较多。敦煌莫高窟第九窟中心柱东面南侧的力士可视为晚唐力士的典型[2]。

　　与唐代壁画和雕塑中的金刚力士相比较而言，西安造纸网厂经咒的力士形象最接近于开元年间的力士形象。该力士眉目上挑，为忿恨相，但面容还相对平和，不似中晚唐力士面容狰狞丑鄙。该力士头梳高髻，戴宝珠冠，冠的两侧有飘扬起来的两翼。这种冠的式样及左手持的金刚杵的式样与莫高窟第三三二窟东壁北侧《灵鹫山说法图》上的二金刚力士非常相似。根据榜题，《灵鹫山说法图》画于圣历元年，即公元 698 年[3]。《大随求陀罗尼经》要求经咒上的金刚力士"众宝庄严"，西安造纸网厂经咒上的金刚力士不仅戴宝珠冠，还佩带项圈、手镯、脚镯和披帛。与洛阳龙门奉先寺的二力士（676 年）相比，该经咒金刚力士的装饰少璎珞、臂钏；与龙门天宝洞的力士[4]（天宝十载，即 751 年）相比，其装饰又多项圈、手镯和脚镯。其年代应在二者之间，即晚于高宗朝，早于天宝十载。该经咒

---

①　敦煌文物研究所：《中国石窟：莫高窟（三）》，文物出版社，1987 年。

②　敦煌研究院：《敦煌石窟艺术：莫高窟第九窟·莫高窟第一二窟》，江苏美术出版社，1994 年。

③　敦煌文物研究所：《中国石窟：莫高窟（三）》，文物出版社，1987 年，图 93。

④　温玉成：《龙门唐窟排年》，见《中国石窟龙门石窟二》，文物出版社，1992 年。

画面上的披帛在力士足下作八字形向外飘扬。这一特点与龙门石窟开元年间开凿的杨思勖洞（725—735 年）和徐悔洞（开元二十一年，即 733 年）的力士披帛向外飘扬的特征相符合①。暗示了该经咒的绘画年代可能在开元末年。

该经咒金刚力士与玄宗时期雕塑和壁画中的同类形象相比，肌肉没有高高隆起。这可能是由于金刚力士在石窟中都是扮演护法的角色，需要显示其紧绷着的发达的肌肉；而在经咒中金刚力士扮演的是将经咒持诵人的愿望转达给佛的角色，因此肌肉是放松的。

该经咒画面上的半跪男子，着圆领窄袖长衫，乌皮鞋，为唐代男子的一般装束。其头上系的幞头最具盛唐特征。

幞头，是由幅巾发展而来的，始于北周。唐代人无论地位高低尊卑，都可系幞头作为常服。唐代的幞头式样有三五种②。初唐均为"平头小样"；到武则天时期，一种头部高高束起的幞头式样开始流行；中宗时幞头高且向前倾斜；开元时流行圆头式样，垂在脑后的幞脚逐渐缩短；晚唐的幞头在垂脚上大作文章，宽条、硬脚的幞头开始出现；唐末流行硬幞头③。

该经咒画面上的幞头由于金刚力士的手遮挡了一部分，不能见到全貌。但可以看出头部高高束起，垂脚缩短了，幞头将眉毛以上的额头全部包住。与此相似的幞头见

① 温玉成：《龙门唐窟排年》，见《中国石窟龙门石窟二》，文物出版社，1992 年。
② 沈从文：《中国古代服饰研究》，商务印书馆，1981 年。
③ 赵超：《衣冠灿烂：中国古代服饰巡礼》，四川教育出版社，1996 年。

于敦煌莫高窟第四五窟南壁东侧《观音经变》①。此外，唐长安郊区隋唐墓中开元年间墓葬出土的幞头俑均将额部全部遮住，头部高高隆起②。这与西安造纸网厂经咒画面上的幞头也有可比性。西安唐金乡县主墓出土的幞头男立俑皆着圆领窄袖袍，腰束带，其装束和幞头与经咒上的男子很象。这批陶俑的年代为开元十二年（724年）③。

系幞头男子面容丰腴适中，既不似初唐人物那样清颖，也不像晚唐人物那样臃肿，与玄宗时期的人物形象比较接近。

系幞头男子与金刚力士各占据中心画面的一半，男子的形象比力士略微小一点儿，但人与神的比例还基本上可以看作是一比一的。同类经咒中，只有西安冶金机械厂经咒画面上人与神的比例与此相似。晚唐的成都经咒、五代的洛阳经咒及北宋的三件经咒上都只印有神的形象，不见供养人的形象。被推定为中唐的西安西郊出土的手写经咒上，中心部分绘三眼八臂菩萨，供养人的形象被绘在画面的左下角，而且画得比菩萨小得多。因此可以粗略地推定中心画面上出现供养人形象，而且人与神的比例为一比一的经咒时代是比较早的。

该经咒中心画面左上方的祥云，线条简洁随意，云朵饱满，云尾较短。类似的画法多出现在敦煌莫高窟初唐和

① 敦煌文物研究所：《中国石窟：莫高窟（三）》，文物出版社，1987年。
② 中国社会科学院考古研究所：《唐长安城郊隋唐墓》，文物出版社，1980年。
③ 西安市文物管理委员会：《西安唐金乡县主墓清理简报》1997年1期。

盛唐的经变和佛传画上。莫高窟中晚唐壁画上的云彩,线条繁多,云尾拖得很长,看起来比较呆板。

该经咒印刷边框外四周的印契和法器图案也表现出一些较早的迹象。经咒四边各画有一种印契,四种印契各不相同。与收录密宗印契较全的《瑜珈集要焰口施食仪》①、《供养仪式》②及敦煌莫高窟藏经洞发现的手印图③相比较,没有发现与经咒上四种印契完全相同的。而且这四种印契都相当简单,有可能是密宗印契成熟之前的手印。此外,该经咒上的法器图案相当简单明了,显示了早期特点。金刚杵、三股杵、法螺贝等密宗特有的法器在中晚唐的密宗图像中还经常出现,但是金刚杵的尺寸变小,式样也变得较为复杂。该经咒上有几种图案在中晚唐密宗图案中不再出现,如上方空白左起第二的三股杵(?)、第六的星座(?)和下方空白左起第二的坛(?)。这几种图案有可能是密宗形成初期采用的,但没有流行到中晚唐就消失了。

(三)该经咒显示了早期印刷品的特征

西安造纸网厂经咒印本与其他同类经咒印本相比较,有两处明显的不同:一、印刷与手绘、手书共存;二、印刷的

---

① 《瑜伽集要焰口施食仪》,见《大正藏》第21册《密教部四》,第473—481页。
② 《供养仪式》,见《大正藏》第18册《密教部一》,第177—179页。
③ 松本荣一:《敦煌画の研究》,东方文化学院东京研究所刊,1937年,附图一七五b、一九四、一九五a。

咒文分成四个独立的小版块。这些恰恰是早期印刷品的特征。

　　我国已发现的《大随求陀罗尼经咒》印本共有 8 件。北宋的 3 件和五代的 1 件都印有明确纪年,形式也比唐代的复杂。唐代陀罗尼经咒印本均无纪年,其形式相似。冯汉骥将成都经咒印本定为晚唐[①],已得到学术界的公认。保全将西安柴油机械厂出土的梵文经咒定为初唐,将西安冶金机械厂出土的汉文经咒定为盛唐[②],在我国学术界尚未取得共识[③]。

　　在这批印刷经咒中,北宋的经咒全部印刷,包括持诵人的姓名和刊刻人的姓名;五代的经咒除墨书持诵人题记外全部雕版印刷;晚唐时期的成都经咒全部雕版印刷,包括首题;西安冶金机械厂经咒的咒文及边框外图案为印刷,中心画面和首题则为手绘手书;西安柴油机械厂经咒的咒文和边框外图案为印刷,而中心画面空白,榜题为手书。西安造纸网厂经咒只有梵文部分是雕版印刷,而中心画面、边框外图案均为手绘,持诵人的姓名也是手书。如果按照所占面积统计,印刷部分占整个经咒的 53%。通过这几件印本,我们可以得出这样的推论:在陀罗尼经咒

---

① 冯汉骥:《记唐印本陀罗尼经咒的发现》,《文物参考资料》1957 年 5 期。
② 保全:《世界最早的印刷品——西安唐墓出土印本陀罗尼经咒》,见《中国考古学研究》,三秦出版社,1987 年,第 404—410 页。
③ 孙机:《唐代的雕版印刷》,见《寻常的精致》,辽宁教育出版社,1996 年,第 204—211 页。

印本的发展过程中，由全部手书手绘逐渐演变为局部印刷，又从局部印刷逐步发展为全部印刷。如果这个推论无误，西安造纸网厂经咒正处在这个过程的前段，也就是说早于另外 3 件唐代陀罗尼经咒。西安柴油机械厂经咒和冶金机械厂经咒的年代相近，早于成都经咒，而晚于西安造纸网厂经咒。

　　西安造纸网厂经咒的印刷部分分为四个矩形小版块，从第一个版块的左上方开始，横书 13 行后转到下一个版块。然而，其他同类经咒印文的排列方式，无论是横书还是竖书，均是围绕中心画面，由内向外，每书一行绕中心画面一周，这种排列方式又可称为环文。手书手绘的陀罗尼经咒也都是采用环文的排列方式。

　　西安造纸网厂经咒的四个小版块，很容易使人联想到，这种印刷方式是由四个独立的小雕版发展而来的，而一个小雕版与大的木印章没有本质上的差别。众所周知，印章的使用是我国印刷术的渊源之一。晋代道家推出的一种用于佩带的枣木符印，称为“黄神越章之印”，其广四寸，其字一百二[①]。这样大的印章与西安造纸网厂经咒上的一个矩形版块的尺寸是接近的。因而，我们可以从一个侧面推测中国印刷术的诞生过程：一、由刻字少的小印章发展为刻字多的大印章；二、将数块刻字的印章合印在同一张纸上；三、将数组不同的文字合刻在一块大

① 葛洪：《抱朴子》内篇，卷十八。

木板上,但仍保留着小版块的格式;四、雕版趋于成熟,没有了小版块的痕迹。如果上述推测可以成立的话,西安造纸网厂经咒则处于第三阶段,即雕版印刷诞生后的初期阶段。

印刷术是我国古代劳动人民对世界文明的伟大贡献之一。中国古代印刷术始于雕版印刷,关于雕版印刷发明的年代,学者们进行了多年的讨论,众说纷纭①。这是由于文献记载纷杂模糊,早期的印刷实物又非常稀少的缘故。宿白先生认为比较可靠的材料有大和九年(835年)东川节度使冯宿奏禁断印历日版等7条,并推测:"如果可以这样间接推论,那么唐代雕版印刷的开始时期,就有可能在唐玄宗时代。"②孙机先生将比较可靠的材料增加到10条,认为"雕版印刷出现于唐代前期"③。这两种看法基本代表了中国考古学界对雕版印刷开始年代的意见。

西安造纸网厂经咒印文表现出早期印刷品的特征,结合其绘画风格及内容出处,将该经咒的年代断定在唐玄宗时期,这与考古学界推测的雕版印刷诞生的年代正相吻合。

在中国佛教史上,密宗成为一个独立的宗派是以善无畏、金刚智和不空大量翻译密宗经典、弘扬密宗教义的开

---

① 罗树宝:《中国古代印刷史》,印刷工业出版社,1993年。

② 宿白:《唐五代时期雕版印刷手工业的发展》,《文物》1981年5期。

③ 温玉成:《中国石窟与文化艺术》,上海人民美术出版社,1993年,第350—351页。

元年间作为起始的。人们一般认为密宗由宫廷传播到民间需要一个过程,因此陀罗尼经咒在民间广泛流行大约应在中晚唐以后。西安发现的3件陀罗尼经咒印本和1件写本都不是出土于贵族大墓①,其年代也都不晚于中唐。这就给研究佛教史的学者提出一个问题:是否可以从另一个角度探讨密宗形成的过程? 密宗是"重祈祷以得利益之教"②,这些不讲深奥哲理,只重形式,类似法术,对下层民众有特别的蛊惑力和亲和力。密咒的传译,始于三国时期。唐初的玄奘、宝思惟和义净等都翻译过各种陀罗尼神咒经。因此,在密宗被唐宫廷接受之前,下层民众有可能已经广泛使用陀罗尼经咒来进行安宅、治病、祈雨、求子等活动了。当然,这个问题还有待于佛教史学者的进一步探讨。

附表一　《大随求陀罗尼经咒》印本比较表

	出土地点	时代	雕版印刷部分	手书手绘部分	印文语种及排列方式	备注
1	西安造纸网厂	盛唐	经文	中心画面、边框外图案、持诵人姓名(写在经咒左边下方和经文中的空白)	梵文(悉昙体),分四个版块,每版块横书13行,四个版块自中心画面上方右侧顺时针环绕中心画面	

---

① 陕西省博物馆:《西安西郊出土唐代手写经咒绢画》,《文物》1984年7期。

② 汤用彤:《隋唐佛教史稿》,中华书局,1982年。

续表

	出土地点	时代	雕版印刷部分	手书手绘部分	印文语种及排列方式	备注
2	西安柴油机械厂	初唐(?)	经文及周边图案	中心方框内空白有待手绘和题记(在中心方框内)	梵文(悉昙体),环绕中心方框横书13行	①
3	西安冶金机械厂	盛唐(?)	经文及周边图案	中心画面	汉文,环绕方形中心画面竖书18行	①
4	成都四川大学	晚唐	经文、中心画面及周边图案、题记	无	梵文(天城体),环绕方形中心画面横书17行,汉文题记位于左侧边缘	②
5	洛阳史家湾	五代后唐天成二年(927年)	除墨书持诵人、题记外全部雕版印刷	墨书持诵人、题记位于经咒左侧下方	梵文,环绕圆形中心画面八圈,再外环绕方形七圈。汉文刊刻人题记位于经咒右侧	③
6	敦煌莫高窟藏经洞	北宋太平兴国五年(980年)	全部雕版印刷(包括经文、中心画面、周边图案及题记)	无	梵文,环绕圆形中心画面19行,汉文题记位于经咒下方	现存伦敦不列颠博物馆
7	苏州瑞光塔	北宋咸平四年(1001年)	全部雕版印刷(包括经文、中心画面、周边图案及题记)	无	汉文,环绕圆形中心画面27行,汉文题记位于经咒下方和左右边缘	④

续表

	出土地点	时代	雕版印刷部分	手书手绘部分	印文语种及排列方式	备注
8	苏州瑞光塔	北宋景德三年（1006年）	全部雕版印刷（包括经文、中心画面、周边图案及题记）	无	梵文，在长方形中心画面四周自上而下横书，汉文题记位于经咒下方	④

备注:①保全:《世界最早的印刷品——西安唐墓出土印本陀罗尼经咒》,见
《中国考古学研究》,三秦出版社,1987年。
②冯汉骥:《记唐印本陀罗尼经咒的发现》,《文物参考资料》1957年
5期。
③温玉成:《中国石窟与文化艺术》,上海人民美术出版社,1993年。
④苏州市文管会等:《苏州市瑞光寺塔发现一批五代、北宋文物》,《文物》1979年11期。

（原载于《考古》1998年第5期）

唐长安西明寺遗址的考古发现

西明寺是唐高宗为孝敬太子病愈而建立的寺院。西明寺建立后，玄奘法师奉敕徙居西明寺，并在此译经说法。玄奘之后，慧琳的《一切经音义》、道宣的《广弘明集》《续高僧传》、道世的《法苑珠林》等一批佛教经典著作都诞生在西明寺。王利器先生说："如果我们说长安是当时东方的文化中心，那么，西明寺就是长安的佛教文化中心。"[①] 这种评价是不过分的。西明寺毁于唐末战乱，经过一千年的沧桑，现代地面早无当年寺院的踪迹。中国社会科学院考古研究所西安唐城工作队对西明寺部分遗址进行了两次考古发掘，第一次发掘情况已发表了简报[②]，第二次发掘资料还有待整理发表[③]。作为第一次发掘的主要参加

① 王利器：《文镜秘府论校注》，中国社会科学出版社，1983年，第7页。
② 中国社会科学院考古研究所西安唐城工作队：《唐长安西明寺遗址发掘简报》，《考古》1990年1期。
③ 后来两次发掘报告均收入《青龙寺与西明寺》，文物出版社，2015年。

者、第二次发掘的主持人,我想对该遗址做初步探讨,希望
得到唐史学者的关注和帮助。

一、唐西明寺的沿革及位置

文献上对西明寺的建立有明确记载。宋敏求《长安
志》载"显庆元年(656年)高宗为孝敬太子病愈所立西明
寺"[1]。《大慈恩寺三藏法师传》的记录更为详细:"寺以显庆
元年秋八月戊子十九日造……其年(显庆三年)六月营造
毕。"[2]也就是说西明寺经过近二年的营建,于658年竣工。

在西明寺营建之前,该地原是隋代尚书令越国公杨素
的宅院。隋大业年间杨素的儿子杨玄感谋反被杀,杨家的
宅院充公。唐武德年间,该宅院是万春公主居住的地方。
贞观年间,唐太宗曾将这座宅院赐给他最宠爱的儿子魏王
泰。魏王泰在争夺太子的斗争中失败,被贬湖北郧县后不
久去世,这所宅院被皇家买下立作寺院[3]。

西明寺落成之日,唐高宗李治亲自参加了隆重的典
礼,苏颋《唐长安西明寺塔碑》记载了其盛况[4]。接着,武
则天后布施青泥珠[5],章怀太子李贤铸造万斤铜钟[6],由此

① 宋敏求:《长安志》卷十。
② 慧立:《大唐大慈恩寺三藏法师传》,《大正藏》卷五十。
③ 徐松:《唐两京城坊考》卷四,中华书局,1985年,第109页。
④ 苏颋:《唐长安西明寺塔碑》,《全唐文》卷二百五十七。
⑤ 戴孚:《广异记》卷十四,《全唐小说》,山东文艺出版社,1993年,第523页。
⑥ 李贤:《西明寺钟铭》,《全唐文》卷九十九。

可见李唐王朝对西明寺的重视程度。

　　从文献上看,西明寺一直存在到晚唐。大中年间曾改名为福寿寺。武宗灭佛时,长安城内仅留下四座寺院:城东的大慈恩寺、大荐福寺,城西的西明寺和庄严寺[1],但寺内的僧人数目被迫大减。至于寺院内建筑是否受到影响,文献上没有记载。广明元年(880年),黄巢农民起义军攻入长安,不久各地藩镇军队反攻,长安城遭到严重破坏。天祐元年(904年),昭宗被迫迁都洛阳,长安城内的建筑大半被拆毁,建筑木材等水路运往洛阳。西明寺可能就在这段时期沦为废墟。

　　宋敏求的《长安志》和清代徐松的《两京城坊考》对西明寺的位置有明确记载,即西明寺位于唐长安城延康坊的西南隅。延康坊位于朱雀大街以西第二街的西面,从北向南数第七坊(图1)。1950年代末至1960年代初,我队曾对长安城的街道和里坊进行过勘察[2]。延康坊南北520米,东西1020米。延康坊东侧的街道,即朱雀大街以西第二街,与现在的环城西路的南部延伸——太白北路基本重叠。延康坊北侧的街道,即由城北城内第一条顺城街算起的第七街,南北宽40米,与现在的友谊西路基本重叠。

　　1950年代苏联城市规划专家在西安指导工作,他们认为我国横平竖直像棋盘似的城市布局太死板,因此在西

---

① 《旧唐书》卷十八上《武宗纪》。

② 中国科学院考古研究所西安唐城发掘队:《唐代长安城考古纪略》,《考古》1963年11期。

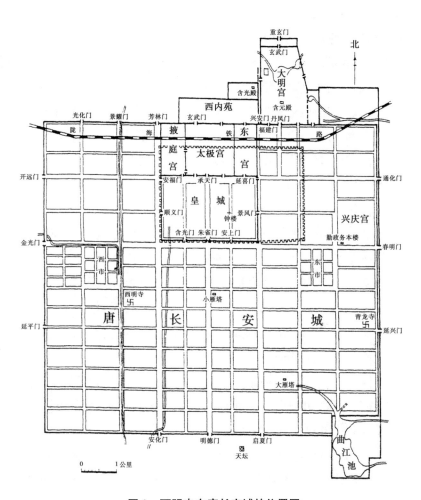

图1 西明寺在唐长安城的位置图

安南部修筑了斜向的公路,并在公路北侧挖了一条近 20
米宽的防洪渠道。这一工程正好斜穿过唐西明寺遗址,严
重破坏了遗址。1950 年代末至 1960 年代初,一○二○研
究所的建立占据了西明寺遗址的西南部,陕西省第八建筑
公司又占据了遗址的北部。据当地老百姓讲,当年建设的
时候,大量的砖瓦、佛像等被挖了出来。遗憾的是那个时
候省市政府和一般人民都还没有意识到保护文物遗址的
重要性,中国的考古队伍刚刚建立,还没有顾及这个遗址。
到 1980 年代,西明寺遗址范围内只剩下东部一小部分是
农田,还没有被现代建筑占据。

　　1985 年西安市供电局买下遗址东边农田的一部分,
准备修建白庙变电站,我队根据刚刚颁布的《中华人民共
和国文物保护法》,力争得到在基建动工前进行考古发掘
的机会。现在的西安市正坐落在唐长安城遗址上,城市建
设的每一次动工,都在破坏唐代的遗迹。现代建设与保护
文物古迹之间冲突严重。我们考古工作者只能尽最大的
努力保护一些重要的遗址。在没有力量保护的情况下,尽
量争取在破坏前进行全面发掘,将地下古代遗迹现象记录
下来,将遗物取出来保护。唐西明寺遗址即属于这后一种
情况。1985 年配合白庙变电站基建,第一次发掘西明寺
遗址,发掘面积 7500 平方米。1992 年夏季西安市房地产
公司将西明寺遗址范围内的最后一块空地征购下来,准备
盖居民楼以改善西安市民的居住条件,我队在基建动工前
对西明寺遗址进行了第二次发掘,发掘面积近 7500 平方

米。两次发掘都揭露出延康坊十字街的南街和西明寺的东院墙(图2)。《长安志》虽记载了西明寺位于延康坊的西南隅,但这部著作中的"西南隅"一词有时是指坊内西南四分之一坊之地,有时也指坊内西南角十六分之一坊之地。在考古发掘之前我们还不敢肯定发掘的地点是否在唐西明寺遗址的范围之内。通过这两次发掘,特别是大量佛教遗物的出土和刻有"西明寺石茶碾"铭文的石碾(图3)的出土,证实了西明寺位于延康坊的西南部,占四分之一坊之地。延康坊东西1020米,南北520米,所以西明寺

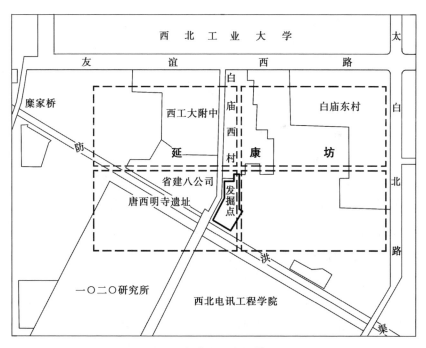

图2　西明寺遗址发掘范围图

图 3　西明寺石茶碾拓片

的东西长约 500 米,南北宽近 250 米,占地面积约 12.5 万平方米,超过了现今保存的一般明清时期的寺院规模。

二、西明寺布局的探索

佛教寺院布局沿革是非常重要的学术课题,遗憾的是中国早期寺院布局还不清楚。现存的完整寺院建筑群没有早于宋代的,大部分是明清时期的。中国佛教史上的鼎盛时期唐代的寺院没有一座保存下来,只残留了孤立的一些佛塔和几座殿堂。最著名的西安大雁塔是唐长安城大慈恩寺的佛塔,该塔矗立在唐代的原位置上,塔的最下面一层是唐代建筑,上面几层很可能是明代的仿唐建筑,但现在寺院的规模比唐代缩小很多,寺内的殿堂不仅不是唐代建筑,可能也不在唐代位置上。西安的小雁塔是唐长安城大荐福寺的佛塔,建于景龙元年(707 年),宋元明清都有修葺,塔基的位置没变,但该塔与大荐福寺主要殿堂的关系,还没有任何线索。西安市南60公里的兴教寺还保存着玄奘三藏及其弟子窥基、圆测的三座舍利塔,但寺内的殿堂建筑却是很晚的了。山西五台山保存了两座唐代寺院的殿堂建筑:南禅寺大殿(建于782年)和佛光寺大殿(建于857年),但都是孤立单个的建筑,佛塔和其他附属建筑都没有保存下来。

中国的早期寺院布局只有经过系统的考古发掘才能搞清楚。进行这样的考古发掘的困难在于工程量太大。唐长安城内的唐代寺院不但面积大,而且由于西安地区的北面即是黄土高原,黄土高原地区的水土流失严重,一千年来风吹雨冲带来的黄土在西安地区竟堆积了大约1.5米厚,也就是说唐代人们活动的地面低于现在地面的1.5米。若想搞清唐代的寺院布局,必须将1.5米厚的唐以后堆积层全部移走。可以想象,如果在西安进行一座唐代寺院的全面考古发掘,工程是何等浩大。再加上目前绝大多数遗址上都有现代建筑,使得进行这样的发掘变得更为困难。因此,迄今为止,我国还没有全面发掘揭露出一座完整的早期寺院。经过考古发掘和调查可以看出一些布局线索的重要寺院遗址,除了唐西明寺遗址外,还有北魏洛阳永宁寺遗址和唐长安青龙寺遗址。

永宁寺是北魏洛阳城内最大的一座寺院,建于北魏熙平元年(516年),毁于永熙三年(534年)。通过考古钻探和发掘,永宁寺的布局大体是清楚的,即以塔为中心,佛殿

置于塔后①。青龙寺原为隋代的灵感寺,建于隋开皇二年
(582年)。青龙寺是长安名寺之一,也是佛教密宗教派的
主要道场,自天宝之后至中唐是青龙寺的鼎盛时期。从文
献记载中所知,青龙寺有上中下三经藏院、东塔院及传法
院等。由于遗址保存不好,仅发掘了寺址西端的两座院
落,约占寺院总面积的七分之一,但是我们可以知道青龙
寺是分若干个院落的。西塔院的早期遗址还可以看到前
塔后殿、以塔为主体的寺院布局。晚期建筑没有恢复塔,
只重建了殿,反映了唐代寺院以殿为主的布局②。

　　西明寺遗址只发掘了最东面的一组建筑基址的一部
分。这组建筑自南向北排列着三座主要建筑,并由回廊和
廊房相连接,构成三进相对独立的院落(图4)。三座殿址
中,以南殿为最重要。现存夯土台基仍高出唐代地面
0.9—1.29米。南殿的台基东西长50.34米,南北宽
32.15米。殿的南侧有两个踏步,应是"左右阶"。台基东
西壁的南侧,有与东西回廊相接的斜廊。台基北面正中有
中廊与北面的中殿相通。中殿在南殿北面29.5米处,建
筑形制比较特殊,殿东西与廊房连成一片,东西总长超过
68米,南北宽29米。台基南侧除中廊外,左右两侧都有
南伸部分。该殿址的夯土台基只高出唐代地面0.4—0.5

① 中国社会科学院考古研究所:《北魏洛阳永宁寺1979—1994年考古发掘
报告》,中国大百科全书出版社,1996年。
② 中国社会科学院考古研究所西安唐城队:《唐长安青龙寺遗址》,《考古学
报》1989年2期。

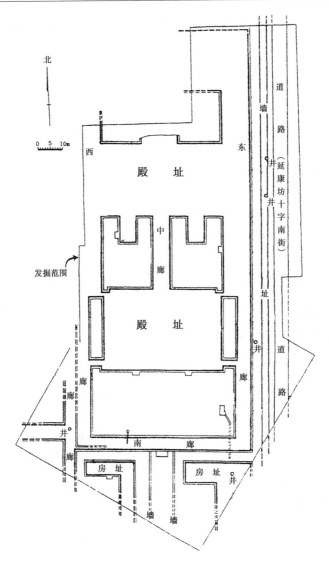

图 4 西明寺已发掘部分平面图

米。北殿址距中殿 21 米,仅发掘出很少部分,形制还不清楚。南殿的东、西、南三面有回廊,廊基宽约 6 米。东西回廊北伸进入中院的时候,廊基加宽至 12 米,有可能是廊房。

在这个三进院落的南部,还发掘出中央夹道通往南回廊正中。夹道的东西两侧都有 1.3 米厚的版筑夯墙。在中央夹道西墙的西侧和东墙的东侧,还有两个小的院落,院落里都有房址。

《大慈恩寺三藏法师传》中记西明寺"其寺面三百五十步,周围数里,左右通衢,腹背廛落。青槐列其外,渌水亘其间。亹亹耽耽,都邑仁祠,此为最也。而廊殿楼台飞惊接汉,金铺藻栋眩日晖霞,凡有十院屋四千余间,庄严之盛,虽梁之同泰、魏之永宁所不能及也"[1]。《佛祖统记》中又记:"敕建西明寺,大殿十三所,楼台廊庑四千区。"[2]若一步按 1.47 米折算,三百五十步为 514.5 米,与我们勘察的寺院东西长 500 米很接近。已发掘寺院最东端的这组院落东西约 75 米宽,按中国古建筑对称的原则,西明寺的最西端很可能也有东西 75 米宽的一组院落。这样寺中心部分东西 350 米起码还可以有三组比较大的院落,以东西中轴线的院落为主要的院落,十三所大殿也应比较集中在寺的中轴线上。已发掘的最东端的院落,应该是西明寺"十院"中的一个,已发掘出来的南殿,有可能是"大殿十

①　慧立:《大唐大慈恩寺三藏法师传》,《大正藏》卷五十。
②　《佛祖统记》,《大正藏》卷四十九。

三所"中的一所。文献中曾提到西明寺院内有"菩提院"
"道宣律师影堂""永忠法师古院""僧院""僧厨院",但根
据目前的资料还无法确定已揭露出来院落的名称。唐代
张彦远的《历代名画记》中记有:"西明寺,入西门南壁,杨
廷光画神两铺,成色损。东廊东面第一间传法者图赞,褚
遂良书,第三间利防等,第四间昙柯迦罗并欧阳通书。"[①]
也就是说西明寺有西门。如果西明寺有西门的话,也可能
有对称的东门。二次发掘揭露出西明寺的东院墙南北长
165米,夯土筑成,东西厚2.4米,残墙高于唐代地面0.9
米,没有发现门址。而且最东端的这个院落布局严谨,距
东院墙仅4.4米,在东院墙上开大门也不太可能。道宣
《关中创立戒坛图经》所示寺院的东西院墙只各有一小
门,南、北院墙各开三个门[②]。西明寺的寺门有可能设置
在南院墙和北院墙,每边起码有三个寺门。

　　西明寺遗址虽然只发掘了靠东端的一组建筑遗迹,但
殿址、回廊、庭院等布局非常严谨,窖井、水井、排水道、渗
井等附属设备齐全,说明西明寺伽蓝配置是以庭院为单位
的建筑群构成的。西明寺与青龙寺不同,西明寺是以隋唐
官邸为基础改建为寺的,其布局肯定沿袭了隋唐府第民宅
的一些形式。唐长安城私人舍宅立寺者为数颇多,虽然规
模不会像西明寺那样盛大,但这样的寺院布局会与唐代住
宅形式比较接近。西明寺是住宅改建寺院的一个典型,其

①　张彦远:《历代名画记》卷三,人民美术出版社,1963年,第62页。
②　道宣:《关中创立戒坛图经》,《续藏经》,藏经书院版,第53—78页。

布局对后代及海外的影响是很值得进一步研究的课题。

三、长安西明寺与平城京大安寺

　　佛教的传播是历史上中日两国文化交流的重要组成部分。佛教自6世纪传入日本以后，日本学问僧来中国求法的，代不乏人，到唐代最为频繁。日本留学僧与唐长安西明寺结有不解之缘。宝龟（770—781年）初年入唐留学的永忠，"帝闻其德业，敕居西明寺"①，永忠于延历（782—806年）初年返回日本。永忠刚刚离开西明寺，空海又住进西明寺。空海的《请来录表文》写道："二十四年（805年）二月十日，准敕配住西明寺。"②《空海传》记："又敕留住西明寺永忠法师故院。"③空海之后，在西明寺生活学习过的日本留学僧还有圆珍、圆载、真如、宗睿等。

　　奈良佛教与唐长安西明寺的关系更为密切直接。道慈于大宝二年（702年）入唐，养老三年（719年）归国，在华十八载，主要在长安学习生活。他回国不仅带回大量的佛教经典，还带回去了唐文化。可能是由于西明寺在他留学生涯中的印象极深刻，道慈带回去的唐文化中常常带有

---

① 《本朝高僧传》，引自《大安寺史·史料》，大安寺编集委员会，1984年，第19页。

② 空海：《上新请来经等目录表》，王利器《文镜秘府论校注》，中国社会科学出版社，1983年，第627页。

③ 《本朝高僧传》，引自《大安寺史·史料》，大安寺编集委员会，1984年，第21页。

西明寺的烙印。奈良药师寺刹铭与西明寺钟铭酷似,有可能是道慈起草的。至于圣武天皇以道慈带回去的西明寺图为蓝本而兴建的大安寺的历史记载,更是中日学术界十分关注的资料:"圣武天皇天平九年(737年),帝将新大官寺,下诏觅伽蓝式,时无知者。慈奏曰:'臣僧在中华时,见西明寺,私念异日归国,苟逢盛缘,当以此为则,写诸常之规,袭藏中笥。今陛下圣问,实臣僧之先抱也。'以图上进。帝大悦曰:'朕愿满矣。'诏任律师监造寺事。历十四年而成,赐额大安,敕慈主席。"①也就是说日本奈良大安寺是模仿唐西明寺的伽蓝配置。日本的考古工作者经过四十八次的发掘和调查,对大安寺的建筑等有了比较准确的了解(图5)②。从两个寺址的发掘资料来看,奈良大安寺的主要殿堂及塔的配置,很可能是模仿西明寺中轴线附近的布局,对于复原唐西明寺的伽蓝配置有很重要的参考价值,同时也给我们理解西明寺发掘部分的布局以有益的启示。通过比较,我们推测已发掘的南殿堂是一座佛殿,或称作金堂。该殿址的高大夯土台基,说明它是一座级别相当高的建筑,殿址周围出土了较多的佛教遗物,如石佛像、善业泥佛像、残佛座,殿南的残石灯台和鸱尾残片,都证实了它是一座重要的佛殿。中殿址的面积虽然大

① 《本朝高僧传》,引自《大安寺史·史料》,大安寺编集委员会,1984年,第25页。

② 奈良市教育委员会:《史迹·大安寺旧境内发掘调查》,《南都大安寺论丛》,南都国际佛教文化研究所,1996年,第303—436页。

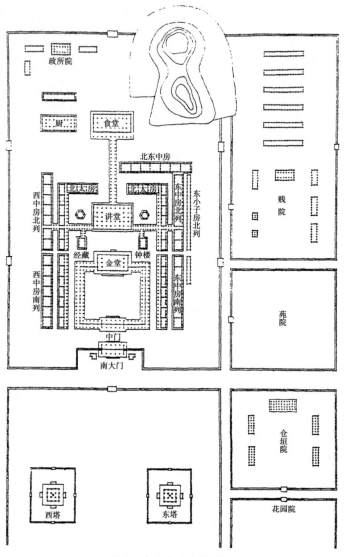

图5　奈良大安寺平面图

于南殿,但夯土台基的高度明显低于南殿,夯土的质量也由"满堂红"简化为条带状夯筑,显示其建筑级别低于南殿。中殿附近出土的遗物中生活用品比较多,如碗、灯、罐等,而佛像遗物比较罕见,有可能是讲堂一类的建筑。在第二次发掘中最令我们百思不得一解的是中殿左右两侧南伸的部分,现存的中国古建中没有这种形制。奈良寺院金堂之北讲堂之南的庭院中,西侧建有钟楼,东侧建有经楼,特别是大安寺和兴福寺的经楼和鼓楼都不是孤立的建筑(图6)[1],而是用廊子与讲堂相接,这种建筑形制与我们在西明寺第二次发掘的中殿南伸部分非常相似,所以我们大胆推测,中殿堂的左右南伸部分很可能为钟楼和经楼,在《关中戒台图经》中称之为经台和钟台[2]。

　　大安寺经历了奈良时期和平安初期的辉煌,在延喜十一年(911年)和宽仁元年(1017年)遭受两场火灾,寺院衰败下来。大安寺延续至今,一千多年以来数位住持力图复兴,但难现当年辉煌。现在的大安寺仍在原位置上,但规模大大缩小,也不是当年的寺院布局了。现在大安寺的住持是贯主沙门河野清晃,已九十四高龄,对大安寺有深入研究,编辑了《大安寺史料》《南都大安寺论丛》《圣德太子与大安寺》等书籍,并积极支持对大安寺遗址进行考古发掘研究,目前正制定大安寺遗址内的修整保护规划。

---

① 奈良国立文化财研究所:《平城京》,三越,1978年,第68页。
② 《本朝高僧传》,引自《大安寺史·史料》,《大安寺编集委员会》,1984年,第19页。

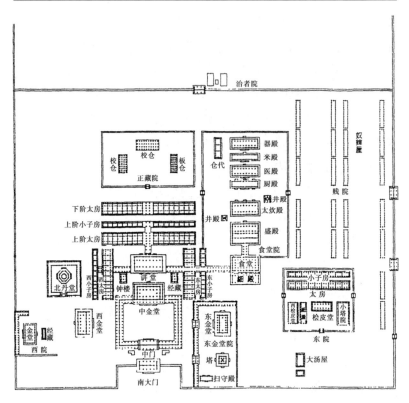

图6　奈良兴福寺平面图

　　日本文献中有这样一条记载:"中天竺舍卫国祇园精舍,以兜率天宫为规模焉。大唐西明寺以彼祇园精舍为规模焉,本朝大安寺以彼西明寺为规模焉。"[1]这种说法源于承和二年(835年)三月十五时弘法大师御遗告:"夫以大

①　《大安寺缘起》,引自河野清晃《圣德太子与大安寺》,东京,1989年,第181页。

安寺是兜率之构,祇园精舍业矣。"①祇园精舍即玄奘《大唐西域记》所记的逝多林给孤独园的简称。西明寺上座道宣律师撰写的《中天竺舍卫国祇洹寺图经》②和《关中创立戒坛图经》都被认为是祇园精舍的记录。

祇园精舍梵名 Jetavana-anāthapiṇḍasyarama。1860 年代英国考古学家在印度调查,确定了印度拉布湜河(Rapti)南岸所存塞赫特马赫特(Sahetmahet)遗址为祇园精舍的遗存。1980 年代,日本关西大学在祇园精舍遗址进行了考古发掘和调查③。三个重要佛教遗址的比较研究,将有助于解决大安寺—西明寺—祇园精舍之间的渊源关系。

西明寺遗址第二次发掘已经过去七年,发掘报告还没有整理出版,原因有二:其一需要时间和经费对大量出土的器物进行修复整理;其二是笔者刚接触到有关西明寺的文献资料,就发现非常浩瀚深邃,涉及史学、佛学、日本考古学、印度考古学等,不是考古学者能独立驾驭的。寻找各领域对西明寺有兴趣的学者加入这一课题的研究,促进考古报告的出版,是拙文的主要目的。

(原载于《唐研究》第六卷,荣新江主编,
北京大学出版社,2000 年)

---

① 《宗祖弘法大师御遗告》,《本朝高僧传》,引自《大安寺史·史料》,大安寺编集委员会,1984 年,第 5 页。

② 道宣:《中天竺舍卫国祇洹寺图经》,道宣《关中创立戒坛图经》,《续藏经》,藏经书院版,第 24—52 页。

③ 纲干善教:《インド祇园精舍迹凳掘调查》,《佛教艺术》187 号,1988 年。

唐长安城的圜丘及其源流

　　1999 年,中国社会科学院考古研究所西安唐城工作队完成了唐长安城圜丘遗址的考古发掘工作,圜丘的基本形制已经搞清楚①。

　　"圜丘",又称"圆丘",元代以后也称天坛,是皇帝进行祭天活动的礼仪建筑。北京天坛公园内的圜丘是清乾隆年间在明和清初圜丘基址上改建的。现在西安发掘揭露出来的圜丘初建于隋,唐代沿用近 300 年,比北京天坛早 1000 余年,是全国范围内保留下来的唯一一处早于清代的圜丘遗址。

一、唐长安城圜丘的考古发现

　　唐圜丘遗址位于陕西师范大学南操场东侧,西南距陕

---

① 中国社会科学院考古研究所西安唐城工作队:《陕西西安唐长安圜丘遗址的发掘》,《考古》2000 年 7 期。

西广播电视发射塔 650 米(图 1)。《旧唐书·礼仪志》记载:"武德初定令,每岁冬至祀昊天上帝于圜丘,以景帝配,其坛在京城明德门外道东二里。"明德门是唐长安城廓城南墙的正门,门内即直通皇城的朱雀大街。我队曾发掘过明德门遗址,五个门道保存完好。明德门位于现在新

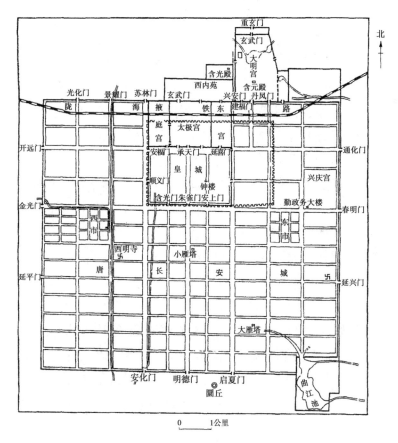

图 1　唐长安城圜丘位置图

建的朱雀大街东侧,杨家村的西南。圜丘遗址在明德门遗址以东950米,约合唐代的二里,与文献记载相符。圜丘遗址是隋初建立的。《隋书·礼仪志》载:"高祖受命,欲新制度。乃命国子祭酒辛彦之议定祀典。为圜丘于国之南,太阳门外道东二里。"明德门在隋大兴城时也称为太阳门①,也就是说,在隋文帝新建大兴城时已经将圜丘规划修建在这个位置。

该遗址高出现代地面8米,经过千余年风吹雨打,人为破坏,黄土建筑的坛体已经坍塌。考古工作者通过艰苦细致的工作,在倒塌的土层下,揭露出残存的台壁根部,解决了唐代圜丘的基本形制问题(图2至图5)。唐代圜丘为四层不同直径圆台重叠的露天建筑。第一层(最下层)圆台面径约52.8米,第二层面径约40.5米,第三层面径约28.4米,第四层(顶层)面径约20.2米。每层层高2米左右。各层圆台都设有十二陛(即上台的阶道),均匀地分布在圆台四周,呈十二辰分布。第一层圆台午陛(即南阶)比其余十一陛宽,也比其余十一陛长,是皇帝登坛的阶道。

圜丘为素土夯筑而成,除了修补部分用少量砖填垫外,没有发现砖石包砌的痕迹。圜丘的台壁和台面均用黄泥抹平,其上再抹一层掺和了谷壳和秸秆的白灰面,白灰面厚0.4厘米—1.1厘米。因此,唐代圜丘的外观是白色

①　辛德勇:《大兴城明德门别称太阳门》,《隋唐两京丛考》,三秦出版社,1991年。

图 2

图 3

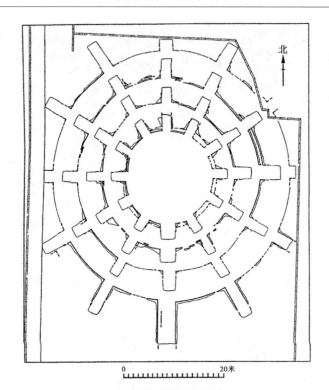

图 4　隋唐圜丘平面图

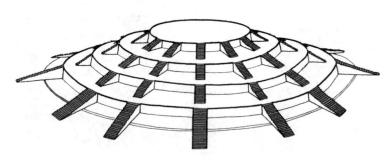

图 5　隋唐圜丘复原图

的。自唐高祖到昭宗近 300 年间，19 位皇帝都亲自在这个圜丘上进行过祭天活动，圜丘必然要经过多次修复。考古发掘揭露出来的多层白灰面的叠压，各层圆台直径和圆台高低有所变化，反映出圜丘经过多次小修和数次大修。

《旧唐书·礼仪志》对长安城圜丘有明确记载："坛制四成，各高八尺一寸，下成广二十丈，再成广十五丈，三成广十丈，四成广五丈。"《新唐书·礼乐志》不仅记载了具体尺寸，还提到了十二阶："四成，而成高八尺一寸，下成广二十丈，而五减之，至于五丈，而十有二陛者，圜丘也。"考古发掘揭露出来的遗址与文献记载大体吻合，但是在具体尺寸上有一些出入，特别是顶层面径明显大于五丈，这可能与多次修复有关。

二、隋唐圜丘形制的渊源

唐长安城圜丘遗址的考古发现使我们弄清楚了隋唐圜丘的形制。由于隋唐圜丘与现存的清代圜丘在形制和建筑材料上有不少差异，我们有必要探讨一下隋唐圜丘形制的渊源。

1. 素土筑坛是"扫地而祭"的变通

清代圜丘是全部用石材包砌的三层圆台，圆台的边沿采用了汉白玉雕刻的栏杆和螭首。隋唐圜丘却是一座素土夯筑、表面抹一层白灰面的露天建筑。隋唐时期宫殿寺院的建筑已相当华丽，为什么圜丘要采用如此简朴的建筑材料？

　　天子祭天的礼仪在西周已经形成。《周礼·春官·大宗伯》："大宗伯之职，掌建邦之天神、人鬼、地示之礼，以佐王建保邦国。以吉礼事邦国之鬼神示，以禋祀祀昊天上帝。"圜丘一词也出现在西周时期，《周礼·春官·大司乐》："冬日至，于地上之圜丘奏之，若乐六变，则天神皆降，可得而礼矣。"根据《尔雅·释丘》"非人为之丘"，圜丘应是天然的圆形山丘。周代以后的各朝代的天子祭天的礼仪都是根据《周礼》，但不同朝代的儒生对《周礼》都有不同的解释。汉武帝元鼎五年（前112年）于甘泉山立泰一祠以祭天，泰一祠修得非常华丽，又称作泰畤或紫坛。汉成帝时，泰一祠祭天的作法受到宰相匡衡等的否定。匡衡说："臣闻郊［柴］飨帝之义，扫地而祭，上质也。……其牲用犊，其席槀秸，其器陶匏，皆因天地之性，贵诚上质，不敢修其文也。以为神祇功德至大，虽修精微而备庶物，犹不足以报功，唯至诚为可，［故］上质不饰，以章天德。"①汉成帝接受了匡衡的意见，在长安城的南北郊修筑了祭天的圜丘和祭地的方丘。虽然西汉末年，成帝建立起的礼仪制度有所反复，但东汉、两晋、南北朝时期大都是采用汉成帝的制度，即在都城南北郊建圜丘和方丘以祭天地。

　　隋统一中国后，文帝令太常卿牛弘、国子祭酒辛彦之定议祀事，建隋大兴城圜丘。隋代很重视南朝陈祠部郎王

---

① 《汉书·郊祀志》。

元规对祀事的看法:"《尔雅》亦云:'丘'言非人所造为。古圆方两丘,并因见有而祭,本无高广之数。后世随事迁都,而建立郊礼。或有地吉而未必有丘,或有见丘而未必广洁。故有筑建之法,而制丈尺之仪。愚谓祀事重,圆方二丘,高下广狭,既无明文,但五帝不相沿,三王不相袭。"他又强调:"'至敬不坛,扫地而祭。'于其质也,以报覆焘持载之功。"①可以说,王元规的看法与西汉匡衡的意见是一致。

唐宝应元年(762年)讨论祭祀时,谏议大夫黎幹进议状,为著名的"十诘十难",其中特别强调祀天要"扫地而祭,质也。器用陶匏,性也。牲用犊,诚也。"②

祭天是皇帝的特权,普通百姓是没有机会接近圜丘的,因此隋唐文学作品中有关圜丘的描述很少。徐彦伯在参加了长安二年(702年)武则天在长安城圜丘进行的祀天活动后,作《南郊赋》,③其中"土训扫壃"记载的正是圜丘简朴洁净的形象。唐代祀天用的乐曲《舒和》中也有描述圜丘的词语"叠璧凝影皇坛路",④非常形象地将圜丘比喻为一层叠一层的白玉璧。考古揭露出来的圜丘遗址用"叠璧凝影"来比喻是非常贴切的。

素土夯筑,白灰地面,是新石器时代广泛使用的传统建筑方法。隋唐圜丘采用这种传统的建筑方法是遵循汉

① 《隋书·礼仪志》。
② 王溥:《唐会要·杂郊议下》,上海古籍出版社,1991年。
③ 董诰等:《全唐文》,上海古籍出版社,1991年。
④ 《全唐诗》卷十《郊庙歌辞》,中华书局,1960年。

成帝以来的礼仪制度,在圜丘的建造上务求简朴,采用纯天然之材,反朴归真,以表示对天神的赤诚之心。

从隋唐圜丘可以看到当时以简朴为纯净高尚的价值观。

2. 四层圆台是隋代的创造

现存清代圜丘是一座三层圆台露天建筑。据说,古代以奇数一、三、五、七、九为阳数,圆台的层数采用三这个阳数,是符合阴阳五行的。然而唐长安城圜丘是四层圆台。偶数为阴数,四层圆台作为圜丘似乎不太符合传统。

圜丘作为天子祭天的祭坛,其形制是根据古人对天的理解而创造出来的象征性建筑。"天行圆,地行方"是中国古人对宇宙的认识,因此祭天的圜丘大多采用圆形的形制,祭地的坛多采用方形的形制。隋唐以前的圜丘的层数并没有定制,不同朝代的圜丘形制都有变化。西周的圜丘很可能是自然的圆形山丘,汉武帝的"甘泉泰畤紫坛,八觚宣通象八方"[1],即紫坛的底层平面为八边形。汉成帝的上帝坛,"径五丈,高九尺",没有记圆台的层数,[2]东汉洛阳城圜丘,有可能是三层圆台,[3]南北朝梁的南郊坛为

---

① 《汉书·郊祀志》。

② 《隋书·礼仪志》:"至太建十一年,尚书祠部郎王元规议曰:'案前汉《黄图》,上帝坛径五丈,高九尺。'"

③ 《后汉书·祭祀志》:"(建武)二年正月,初制郊兆于洛阳城南七里,依鄗。采元始中故事。为圆坛八陛,中又为重坛。"

二层圆台,①北齐是三层台,下层是方台,上二层是圆台,②
北周是三层圆台。③ 隋文帝开皇年间讨论郊祀制度时,他
可能充分理解了"郊所以明天道"的意义在于天子做着他
作为天之子向天恭行臣礼的示范,这样百姓对天子也就应
该照样恭行臣子之礼,天下就可以大治了。④ 因此,隋文
帝虽然参考了前几朝圜丘的形制,但没有照搬其中的一
个,而是根据一个统一大国的需要,创造出更高、可以置更
多神位的四层圆台的圜丘新形制。

3. 十二条陛阶是十二辰的象征

现存北京清代圜丘的每一层圆台只有四条陛阶,按东
西南北四个方位分布,唐长安城圜丘的每层圆台周围均匀
地分布十二条登台的陛阶,呈放射状。

圜丘陛阶的多寡,《周礼》并没有明确的记载。从文
献上看,西汉以来,圜丘陛阶的数目并不统一。汉武帝的
甘泉紫坛"八觚宣通象八方",⑤很可能是八条陛阶,按东、

---

① 王泾:《大唐郊祀录》(适园丛书,1914 年)卷四:"梁南郊为圆坛,在国之南,高二丈七尺,下径十八丈,制坛高二丈二尺五寸,广十丈。"
② 《大唐郊祀录》卷四:"北齐制,圆丘在国南郊,丘之下广轮二百七十尺,上广轮四十六尺,高四十五尺,三成,成高十五尺。上中二级四面各一陛,下级方维八陛,同以三壝,成犹重也。"
③ 《大唐郊祀录》卷四:"后周司量为坛之制,圆丘三成,成崇一丈二尺,深二丈。径六丈,十有二陛,每等十有二节,在国阳七里之郊。"
④ 胡戟:《礼仪志》,上海人民出版社,1998 年。
⑤ 《汉书·郊祀志》。

南、西、北、东南、东北、西南、西北八个方位分布。汉成帝及东汉圜丘的陛阶没有明确记载。北齐的圜丘三层圆台,上二层圆台四面各一陛,下层"方维八陛"①。四陛和八陛表示的都是方位。首先采用十二陛阶的是北周的圜丘②,隋文帝继承了北周圜丘十二陛阶的制度,唐初又称依古制,沿用了隋大兴城的圜丘。

　　数字十二在中国古代天文历法中有特殊的意义,古天文学主要依二十八宿或十二次的分野来观察天象。古人很早就认识到木星十二年运行一周天,称"岁星纪年";夏历一年分十二个月;一天分十二个时辰,以干支为纪。圜丘采用十二陛阶可能是十二辰的象征。陛阶的命名也是按十二辰分别称为:子陛、丑陛、寅陛、卯陛、辰陛、巳陛、午陛、未陛、申陛、酉陛、戌陛和亥陛的。十二辰是夏历十二个月的月朔时太阳升起和落下的位置。圜丘十二陛阶的设置使这一祭坛像一个巨大的日晷,根据太阳升落的位置可以测定节气和时间。圜丘是天的象征,十二陛阶将空间与时间结合在一起,反映出古人对"天"的认识。

　　从目前掌握的考古资料来看,最早的十二生肖俑出土于北齐临淄崔氏墓群。③ 死于北周宣政元年(578年)的独

---

① 《大唐郊祀录》卷四:"北齐制,圆丘在国南郊,丘之下广轮二百七十尺,上广轮四十六尺,高四十五尺,三成,成高十五尺。上中二级四面各一陛,下级方维八陛,同以三壝,成犹重也。"

② 《大唐郊祀录》卷四:"后周司量为坛之制,圆丘三成,成崇一丈二尺,深二丈。径六丈,十有二陛,每等十有二节,在国阳七里之郊。"

③ 杨泓:《美术考古半世纪》,文物出版社,1997年。

孤藏的墓志四杀刻有十二生肖。[①] 因此,北周圜丘采用象征十二辰的十二陛阶不是偶然的。

三、唐以后圜丘形制的演变

目前我们只知道隋唐圜丘和清代圜丘的具体形制,二者有同有异。隋唐圜丘形制怎样一步一步演变为清代圜丘的形制? 目前,我们还只能从历史文献中追寻。

北宋初年洛阳和汴京的南郊坛还是"依古制四成,十二陛,三壝",继承了隋唐圜丘的形制。政和三年(1113年),圜丘的形制改为"坛三成,一成用九九之数,广八十一丈,再成用六九之数,广五十四丈,三成用三九之数,广二十七丈;每成高二十七尺"。[②] 这种三层坛制,按九的倍数设计的思想,对元明清天坛圜丘的建造有直接的影响。

南宋曾经议论过在临安府东南建立圜丘,"第一成纵广七丈,第二成纵广一十二丈,第三成纵广一十七丈,第四成纵广二十二丈,一十二陛,每陛七十二级",[③]因不宜以偏安东南昭示天下"遂罢役"。辽宁省博物馆收藏的南宋人画《孝经图》,其中《圣治章》上有圜丘的图像(图6),为三层圆台。[④]

---

①　贠安志:《中国北周珍贵文物》,陕西人民美术出版社,1992 年。

②　《宋史·礼志二》。

③　《宋史·礼志二》。

④　辽宁省博物馆:《辽宁省博物馆藏画集续集》,文物出版社,1980 年。

图 6　南宋画《孝经图·圣治章》中圜丘形象（傅熹年摹）

　　辽代祭祀采用的是契丹民族礼仪。金代女真族原也实行本民族的拜天礼，但自金世宗大定十一年（1171 年）之后，开始有郊礼。金世宗对宰臣们说："本国拜天之礼甚重。今汝等言依古制筑坛，亦宜。我国家绌辽、宋主，据天下之正，郊祀之礼岂可不行。"①由此可见，他把主持郊祀的礼仪作为正统王朝的象征。金世宗的"圆坛三成，成十二陛，各按辰位"，基本继承北宋政和三年的圜丘形制。

　　元代对圜丘形制有重大改革，将圆台定为三层，将十二陛阶减为四陛阶，将三壝减化为二壝。大德九年右丞相

————————

① 《金史·礼志一》。

哈剌哈孙等讨论过圜丘的形制:"按《周礼》,坛壝三成,近代增外四成,以广天文从祀之位。集议曰:'依《周礼》三成之制,然《周礼疏》云每成一尺,不见纵广之度,恐坛上狭隘,器物难容,拟四成制内减去一成,以合阳奇之数。每成高八尺一寸,以合乾之九九,上成纵广五丈,中成十丈,下成十五丈。四陛,陛十有二级,外设二壝,内壝去坛二十五步,外壝去内壝五十四步,壝各四门。'"①

元代对圜丘的另一重大改革是对"扫地而祭"的改变。隋唐圜丘是素土夯筑,表面涂抹白灰面,而《元史》明确记载了元代圜丘"圜坛周围上下俱护以甓(砖)",也就是说,用砖将圜丘包砌起来。

圜丘在元代又有了一个新的称谓——天坛。② 这一称谓一直流传至今。

明初,朱元璋于吴元年(1367年)在南京建圜丘祭天,其形制与元代圜丘形制相比,可能变动不大。"十一月甲午,太祖初观圜丘,顾谓起居注熊鼎等曰:'此与古制合否?'对曰:'小异。'帝曰:'古人于郊,扫地而祭,器用陶匏,以示俭朴。周有明堂,其礼始备。今予创立斯坛,虽不必尽合古制,然一念事天之诚,不敢顷刻少怠。'"③嘉靖九年(1530年)在北京新建祭天圜丘。从《大明会典》中的

① 《元史·祭祀志一》。
② 《元史·祭祀志一》:"神位:昊天上帝位天坛之中……自天坛至内壝外及乐县南北通道。"
③ 龙文彬纂:《明会要·礼二》,中华书局,1956年。

嘉靖建的圜丘图(图 7)可以看出,嘉靖圜丘与元代圜丘差别不大;三层圆台,四陛,二壝。[①] 从图上看,圜丘圆台的边缘已有栏杆,但不知道圜丘栏杆的材料是陶质还是琉璃。

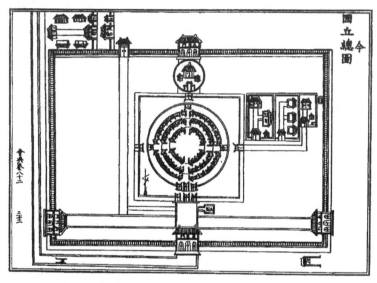

图 7 《大明会典》中的嘉靖建圜丘图(傅熹年摹)

明代祭天对"器用陶匏"也有改革,将祭礼用的陶器和天然植物器具改为瓷器,并认为"今祭祀用瓷,与古意合。而盘盂之属,与古尚异。宜皆易以瓷,惟笾用竹"。[②]

清代对天坛进行了几次大修和改建。清初圜丘的形制与元明没有大变化,但圜丘栏杆为蓝色琉璃。乾隆年间

① 《大明会典》,万历十三年(1585 年)。
② 《明史·崔亮传》。

拓展了圜丘,并用石材包砌。^① 现存的北京天坛公园圜丘是清乾隆年间修建的样子(图8)。

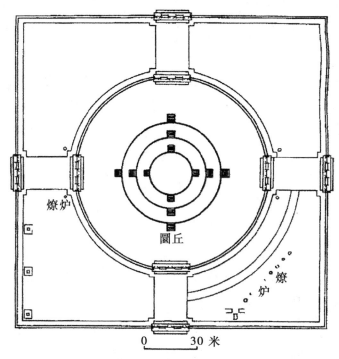

图 8　乾隆年间建圜丘平面图清圜丘形

　　中国素称礼仪之邦。礼仪就是人们在社会活动中应按各自身份遵循的行为规范。^② 历代统治阶级重视礼仪,

---

① 《清史稿·礼志一》:"世祖奠鼎燕京,建圜丘正阳门外南郊,……栏楯柱覆青琉璃。……(乾隆)十二年……改筑圜丘,规制益拓。……坛面甃砖九重。……复改坛面为艾叶青石。"
② 胡戟:《礼仪志》,上海人民出版社,1998 年。

强调礼在修身齐家治国平天下的作用。中华民族在国家
形成的过程中,礼制逐步形成。早在周公之前,礼制就逐
步完善,初步形成吉礼、凶礼、宾礼、军礼、嘉礼等五礼的架
构体系。吉礼中的最重要的仪制是天子祀天祭地。祭祀
天地是中国儒家礼学的一部分,也是中国古代哲学思想的
一部分。孔子曰:"万物本于天,人本乎祖。郊之祭也,大
报本反始也,……郊所以明天道也。"①祭祀天地对统治者
非常重要:"帝王之事莫大乎承天之序,承天之序莫重于
郊祀。故圣王尽心极虑以建其制。"②

　　历代修撰的正史对礼仪的记载都相当繁缛,这些记载
与史实是否相符,学者们一直存有疑问。早在北宋欧阳修
撰写《新唐书》时,他就提出:"由三代而上,治出于一,而
礼乐达于天下;由三代而下,治出于二,而礼乐为虚名。"③
现代著名学者陈寅恪认为:"旧籍于礼仪特重,记述甚繁,
由今日观之,其制度大抵仅为纸上之空文。"④学者们说礼
乐是虚名或礼仪为纸上空名可能都是指其是形式主义的
东西,然而,礼仪制度的政治功能也是不能忽视的。祭天
是中国皇权政治中的必备仪式。通过祭天仪式,统治者树
立权威,凝聚民心。唐长安城圜丘遗址的发掘,为唐代文
献中祀天礼仪的记载提供了实物证据,也为研究我国礼仪

①　王肃注:《孔子家语·郊问篇》,《四库全书》子部儒家类。
②　《汉书·郊祀志》。
③　《新唐书·礼乐志》。
④　陈寅恪:《隋唐制度渊源略论稿》,上海古籍出版社,1982年。

制度的演变及其历史作用提供了第一手资料。通过对圜丘这一象征性建筑的研究,我们可以了解隋唐时期人们对天的认识及其当时的审美观、价值观。

（原载于《21 世纪中国考古学与世界考古学》,
中国社会科学院考古研究所编,
中国社会科学出版社,2002 年）

唐大明宫含元殿龙尾道形制的探讨

一、问题的提出

含元殿是唐长安大明宫正殿。

唐长安城本是隋文帝开皇二年(582年)创建的大兴城,唐朝继续沿用为都,改名为长安城。隋大兴城规划严整,皇帝居住听政的正宫位于城内正北,名为大兴宫,唐代继续沿用为宫,改称太极宫。

大明宫是经唐太宗始建、高宗完成的一座大型皇家宫城。自龙朔三年(663年)建成,一直使用到唐末天祐迁都(904年)。高宗以后的诸帝多居住听政于大明宫,大明宫成为与太极宫同样重要的正宫。

含元殿为大明宫的正殿,初建于龙朔二年(662年),竣工于龙朔三年四月。唐李华《含元殿赋》将殿名的寓意解释得很清楚:"含元建名,《易》乾坤之说曰'含宏光大',又曰'元亨利贞',括万象以为尊。"长安元年十二月(702

年)曾改称大明殿,神龙元年(705 年)复称含元
殿是皇帝举行外朝大典的场所,特别是《大唐开元礼》颁
布后,元正、冬至的大朝会多在此举行。改元、大赦、册封、
受贡等重要活动亦多在此殿举行。可以说,含元殿是中国
封建社会时期的著名宫殿建筑之一。

含元殿遗址位于今西安火车站北 1 公里处,经历了千
年沧桑。

1959—1960 年,中国科学院考古研究所对含元殿遗
址进行了勘察和发掘,马得志主持了当时的发掘,取得很
大成果,基本搞清了殿址及两阁的形制[1]。由于遗址太
大,经费不足,当时仅揭露了殿址及两阁,其他部分则采用
钻探和开探沟的方法大致予以考察。简报发表后,在学术
界引起很大反响。

1994 年,联合国教科文组织及日本政府和中国政府
确立了合作保护含元殿遗址的项目,中国社会科学院考古
研究所对含元殿遗址进行了第二次发掘。1995—1996 年
的考古发掘采用大面积揭露的方法,发掘面积达 27000 平
方米。再次发掘的结果对含元殿的柱网布置、大台形制、
龙尾道位置、建殿时的砖瓦窑址、殿前广场、含元殿与朝堂
的相对位置等问题建立了新的认识,也为保护工程方案的
设计和实施提供了可靠的资料[2]。

---

[1]　马得志:《1959—1960 年唐大明宫发掘简报》,《考古》1961 年 7 期。
[2]　中国社会科学院考古研究所西安唐城工作队:《唐大明宫含元殿遗址
　　1995—1996 年发掘报告》,《考古学报》1997 年 3 期。

　　考古发掘的成果表明含元殿作为一组建筑群,包括殿堂、两阁、飞廊、大台、殿前广场和龙尾道(图1)。整个建筑群主次分明,层次丰富。最主要的建筑是殿堂,位于中心最高处,三层大台之上,高出殿前广场十余米。主殿台基东西76.8米,南北43米。殿堂柱网清楚,面阔十一间,四周有围廊。其次的建筑是翔鸾阁和栖凤阁,分别建在殿堂的东南和西南,高程大致与殿堂相同。飞廊将主次建筑相连。大台之南的平地是殿前广场。

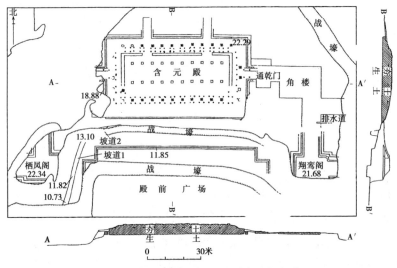

图1　含元殿遗址平剖面图(引自发掘报告)

　　含元殿的殿堂高出南面的广场十余米,文武官员登殿的阶道或坡道,文献上称作龙尾道。龙尾道,原义是指坡度陡而长的一种坡道,傅熹年对龙尾道的原义有很正确的见解①。与正殿相联系的龙尾道只有唐大明宫含元殿。含元殿龙尾道的形制究竟是什么样子？龙尾道是设在大台的正中还是两侧？唐以后历代学者都很关心这个问题。1959—1960年的考古发掘没有条件揭露殿址以南的三层大台和殿前广场，那个时候殿址以南是20世纪30年代和40年代形成的乱坟岗（图2）。当时仅根据3条探沟，推测龙尾道可能设在殿南正中。1995—1996年的考古发掘全面揭露了殿阶基以南东西120米、南北105米的范围（图3）。含元殿第一层大台南壁的包壁砖和散水基本连成一线（图4），未发现从南面正中通往大台的阶道痕迹，龙尾道设在殿南正中已不可能。

　　在第一层大台西部的南伸部分，即栖凤阁阁下墩台的东侧，发现一条坡道，叠压在第3层堆积之下，距地表深0.8—1.4米。这条坡道的走向为南北向，略向东偏斜，南

图2　1959—1960年考古发掘时的含元殿遗址南的乱坟岗（马得志摄）

---

① 傅熹年：《唐长安大明宫含元殿原状的探讨》，《文物》1973年7期。

图 3　1995—1996 年含元殿遗址南考古发掘的布方（安家瑶摄）

图 4　含元殿第一层大台南壁的包壁砖和散水（冯孝堂摄）

北两端均被断崖和国民党时期的战壕截断,残长 28 米,宽 2—3 米,北高南低,呈慢坡状,高差 2.37 米(图 5)。路面中间低洼,两侧稍高,似为雨水冲刷所致。路土呈灰褐色,质地坚硬,厚 18—20 厘米。路土之下为生土。与一般路土相比,这条坡道上的路土含杂质较少。路面上出土两枚北宋铜币,均为"治平元宝"。没有发现晚于北宋的遗物,说明这条坡道废弃的年代应在北宋之后。没有发现这条坡道形成年代的证据,但 20 厘米厚的坚实路土,不可能是含元殿废弃之后才形成的。坡道的路土相当干净,不会是自然踩踏而成,很可能是砖道下的路土。因此,这条坡道有可能是含元殿的龙尾道废弃后,铺砖被移走,宋人在原路基上踩踏而成。

图 5　栖凤阁阁下墩台东侧的坡道(安家瑶摄)

与这条坡道相对称的第一层大台东部的南伸部分被国民党时期的战壕破坏殆尽,没有发现翔鸾阁阁下墩台西侧坡道的遗迹。

根据考古发掘的结果,结合历史文献的记载,我们认为含元殿的龙尾道起自殿前广场的平地,沿两阁内侧的坡道,经三层大台,迂回登到殿上。

由于我们确定的龙尾道并不像明清紫禁城太和殿的御路踏跺设在殿南正中,而是设在殿堂大台的两侧,这种登上正殿的形制非常独特,现存的中国古建筑不见相似的例子,因此学术界和社会上有人对含元殿龙尾道的形制提出质疑。笔者作为 1995—1996 年考古发掘的主持人和报告的主要执笔者,有责任对含元殿龙尾道的形制做进一步的探讨。

二、含元殿遗址的确认

《报告》发表以后,有学者质疑该遗址不是唐大明宫含元殿,提出考古发掘的遗址是"含元殿以前的旧遗址,即隋之观德殿址,上层含元殿址已不存在了"[1]。这个问题很重要,如果发掘的遗址不是含元殿,龙尾道的形制问题也就没有必要讨论了。

关于含元殿的位置,唐代文献记载得非常清楚。唐亡之后,五代文人及北宋学者均亲自踏查过含元殿遗址,并

---

[1]　傅熹年:《对含元殿遗址及原状的再探讨》,《文物》1998 年 4 期。

留下了记录。唐代文献《西京记》曰:"大明宫南接京城之北面,西接京城之东北隅。初,高宗尝患风痹,以宫内湫湿,屋宇拥蔽,乃于此置宫。司农少卿梁孝仁充使制造。北据高岗,南望爽垲,视终南如指掌,坊市俯而可窥。"又曰:"含元殿陛上高于平地四十余丈(应为尺),南去丹凤门四百步。"①《长安志》的记载更为详细:"正殿曰含元殿,武后改曰大明殿,即龙首山之东麓也。阶基高于平地四十余尺,南去丹凤门四十余(应为四百)步。"②考古发掘的含元殿遗址南距丹凤门 610 米,殿基高出南部地面 10.5 米,与文献记载相符合,因此,含元殿的位置是可以肯定的。

　　至于含元殿是否由观德殿改拆而成的问题,最早是由宋敏求《长安志》的一个注引出的。《长安志》卷六:"龙朔二年(662 年),造蓬莱宫含元殿,又造宣政、紫宸、蓬莱三殿。"原注云:"此本苑内观德殿,为三九临射之所,改拆为含元殿也。"与此相似的记载还有南宋程大昌的《雍录》。《雍录》云:"大明宫地本太极宫之后苑东北面射殿也。地在龙首山上。太宗初于其地营永安宫……龙朔二年,高宗……就修大明宫,改名蓬莱宫。"《雍录》的记载不准确,太极宫正北的内苑和长安城城北偏东的大明宫是两个不同的地理位置(图 6),大明宫的面积比内苑大得多,内苑中的一座射殿怎么能改拆成大明宫?

---

① 引自《太平御览》卷一百七十三、一百七十五。
② 宋敏求:《长安志》卷六。

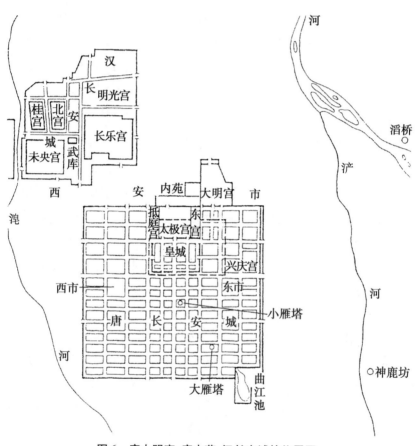

图 6　唐大明宫、唐内苑、汉长安城的位置图

　　为了解含元殿是否由观德殿改拆而成的问题,1995—1996年的考古发掘特别注意了殿阶基内的夯土是否能分早晚两期。经过解剖,发现殿阶基内厚达5.2米的夯土为一次分层夯筑而成,不能分为早晚两期,夯土内夹筑的承础石与夯土上的础坑属于同一期。这就需要我们回过头来查考《长安志》的注和《雍录》的记载是否准确。

　　观德殿作为三九临射之场所,又称为射殿,隋唐两代各有一座观德殿。唐代观德殿的位置是清楚的,位于太极宫之北的内苑内,出太极宫北门——玄武门,即到达观德殿。《长安志》卷六也明确记有"内苑,自玄武门外北至重玄门一里,东西与宫城齐。观德殿,在玄武门外",含元殿位于长安城北偏东,东距玄武门约2300米,南距北城墙610米,从位置上看,含元殿在唐内苑之外,不可能是唐观德殿改拆而成的。

　　含元殿不会是唐观德殿改拆而成的另一个证据是含元殿建成之后,观德殿仍在使用。《册府元龟》卷一百一十云:"总章元年(668年)十月癸丑,文武官献食贺破高丽,帝御玄武门之观德殿宴百官,设九部乐,极欢而罢,赐帛各有差。"《玉海》卷一百五十引《唐实录》:"总章元年十月癸丑,文武官献食贺破高丽,帝御玄武门之观德殿宴百官,设九部乐,赐帛。"也就是说,含元殿在总章元年时曾与玄武门外的观德殿同时存在,那时候含元殿早已建成,并使用了五年,不可能是唐观德殿改拆而成的。

　　也有人提出含元殿是否由隋代观德殿改拆而成的。

隋代观德殿的位置至今还难以确定,《隋书》卷一云:"(开皇二年十月)庚寅,上疾愈,享百僚于观德殿。赐钱帛,皆任其自取,尽力而出。"①而这时隋大兴城刚刚开始修建四个月,还没有建成,隋文帝还在旧都居住和听政,这时的观德殿应在旧都内,即汉长安城旧址,不太可能设在未央宫之东7公里的龙首原东端(图6)。隋迁到新都——大兴城后,大射活动多在武德殿进行,而武德殿的位置是在大兴宫内。因此,含元殿也不可能是由隋代观德殿改拆而成的。

从遗址的地层堆积来看,确实存在着早于含元殿的文化层和遗迹,但是这些早于含元殿的建筑遗迹,特别是直接在生土上抹壁的墩台等,是一些使用时间不长的临时性建筑。含元殿建造之前,这里曾是禁苑和唐太宗给太上皇李渊没有建完工的永安宫,有一些一般性建筑是可能的,但不可能有正殿规模的大殿,这些小型建筑对含元殿的总体规划不会有重要影响。

含元殿遗址的位置、规模及形制均与最可靠的唐代文献如《唐六典》、《两京新记》所记载的情况相符合,确认该遗址为唐龙朔二年(662年)建造的含元殿遗址是可靠的。

宋敏求《长安志》是北宋的文献。宋敏求撰写《长安志》时参阅了唐韦述的《两京新记》,并亲自考察过长安周围的汉唐遗迹,因此,《长安志》的记述相当准确。关于含

---

① 《隋书》卷一,中华书局,1975年,第18页。

元殿为观德殿改拆而成的注释肯定不是宋敏求所为,因为这条注与同书卷六关于观德殿位置的记载明显冲突。我们不知道谁批的这条注,但可以肯定批注的人晚于《长安志》成书的年代,有可能是南宋人。这条注是靠不住的。程大昌是南宋人,他没有机会踏查唐长安城的遗址,他写的《雍录》集录了他所能收集的所有资料,但是很多资料自相矛盾,错误百出。关于"大明宫地本太极宫之后苑东北面射殿"的记载是其错误之一。

三、含元殿龙尾道形制的可靠性

　　龙尾道,这个名词本身的意思是指长而曲折的坡道或阶道,与正殿相关的龙尾道,只有含元殿前的龙尾道。

　　正史对含元殿龙尾道有明确记载。《新唐书·李德裕传》记:"故事,丞郎诣宰相,须少间乃敢通,郎官非公事不敢谒。李宗闵时,往往通宾客。李听为太子太傅,招所善载酒集宗闵阁,酣醉乃去。至德裕,则喻御史:'有以事见宰相,必先白台乃听。凡罢朝,由龙尾道趋出。'遂无辄至阁者。"[1]《新唐书·安禄山传》:"时太平久,人忘战,帝春秋高,嬖艳钳固,李林甫、杨国忠更持权,纲纪大乱。禄山计天下可取,逆谋日炽,每过朝堂龙尾道,南北睥睨,久乃去。"[2]《通典》卷七十五:"含元殿前龙尾道下叙班。"[3]

---

① 《新唐书》卷一百八十,中华书局,1975 年,第 5333 页。
② 《新唐书》卷二百二十五,第 6414 页。
③ 《通典》卷七十五,中华书局,1988 年,第 2046 页。

正史中只是提及龙尾道,对其形制没有描述。然而,唐代的文学作品,特别诗赋中对含元殿龙尾道则有比较具体的描述。

苏颋《人日重宴大明宫恩赐彩缕人胜应制》:"疏龙磴道切昭回,建凤旗门绕帝台。"①

阎朝隐《奉和圣制春日望春宫应制》:"勾芒人面乘两龙,道是春神卫九重。"②

李庾《西都赋》:"龙道双回,凤门五开。"③

李华《含元殿赋》:"左翔鸾而右栖凤,翘两阙而为翼,环阿阁以周墀。象龙行之曲直,夹双壶之鸿洞。"④

以上四段诗赋都对含元殿龙尾道进行了形象的描述,虽然有艺术夸张,但可以肯定龙尾道是两条,而且不是笔直的,是曲折的。

唐五代的笔记对含元殿龙尾道的描述更为明确。

《雍录》卷三引唐韦述《两京新记》曰:"含元殿左右有砌道盘上,谓之龙尾道。"

《雍录》卷三引唐康骈《剧谈录》曰:"含元殿左右立栖凤、翔鸾二阁,龙尾道出于阁前。"

《太平御览》卷一百八十四引唐《西京记》曰:"西京大明正中含元殿,殿东西翔鸾、栖凤,阁下肺石、登闻鼓、左右

① 《全唐诗》卷七十三,中华书局,1980 年,第 804 页。
② 《文苑英华》卷六十九,第 771 页。
③ 《文苑英华》卷四十四,第 196 页。
④ 《文苑英华》卷四十八,第 216 页。

龙尾道。"

《雍录》卷三曰："王仁裕自蜀入洛，过长安，记其所见，曰含元殿前玉阶三级，第一级可高二丈许，每间引出一石螭头，东西鳞次，一一皆存，犹不倾垫。第二、第三级各高五尺，莲花石顶亦存。阶两面龙尾道，各六七十步，方达第一级。皆花砖，微有亏损。"

北宋的文献也比较准确。

北宋《长安志》卷六曰："殿东南有翔鸾阁，西南有栖凤阁，与殿飞廊相接。又有钟楼、鼓楼。殿左右有砌道盘上，谓之龙尾道。"

北宋《南部新书》庚卷曰："含元殿侧龙尾道，自平阶至，凡诘屈七转，由丹凤门北望，宛如龙尾下垂于地，两垠栏槛悉以青石为之，至今石柱犹有存者。"

北宋《唐语林》卷八曰："含元殿凿龙首冈以为址，彤墀釦砌，高五十余尺。左右立栖凤、翔鸾二阙，龙尾道出于阙前。"

然而到了南宋以后，由于文人很难有机会踏察含元殿废墟，记载也开始不准确了，例如，程大昌的《雍录》卷三曰"龙尾道者，含元殿正南升殿之道也"，很容易让人误会为龙尾道设在殿南正中。清代沈青崖《陕西通志》，近现代的足立喜六《长安史迹考》、平冈武夫《长安与洛阳》（地图），则都将龙尾道画在含元殿的南面正中。

经过文献梳理，可以清楚地看出唐代和北宋的记载一致，含元殿龙尾道为东西两条，迂回盘上。1995—1996年

考古发掘没有发现大台南侧正中的阶道,揭露出的部分龙
尾道位于栖凤阁的内侧,与唐代和北宋文献记载相符。

　　关于含元殿龙尾道的形制问题,还有两种不同说法。
有学者认为龙尾道分早晚两期:"早期的遗迹十分明确,
毋庸置疑。遗迹表明殿南龙尾道仅有二条,其北段都是削
除龙首原南坡原生土留出的坡道,并非夯筑;仅存底盘的
残迹长约40米左右,宽度北部与大台接近处为5.75米,
中部为5.50米,南部为5.44米,平面呈梯形,说明其两壁
有收分。两道与殿上两阶相对应(略有误差),为左右两
阶的古制。这正南龙尾道直达第一层大台。"晚期龙尾道
则是从两阁前盘上的,并推测改制的时间,"废除正南龙
尾道而改为在两阁下盘上的时间,约是咸亨元年"①。请
注意,含元殿建成于龙朔三年(663年)四月,到咸亨元年
(670年)才使用了7年,在这期间文献上没有任何大灾难
的记载,含元殿为何要大修,而且要改变形制? 咸亨元年
发生的一件事是将大明宫的名称由蓬莱宫改为含元宫,长
安元年(701年)十一月,复称大明宫。宫城改名与正殿的
形制变化之间有什么必然联系? 如果有必然联系的话,那
么长安元年十二月将含元殿改称大明殿,是否其形制又有
变化? 这样的推测是站不住脚的。

　　考古发掘的结果显示,含元殿大台之南是殿前广场,
广场的地面是分层夯筑而成的,土质坚硬,含较多杂质。

①　杨鸿勋:《唐大明宫含元殿复原再论》,《城市与设计学报》(台湾)第一
　　期,1997年6月。

距殿前广场地表深 60—70 厘米处,存在有早于含元殿的遗迹和堆积(图 7)。遗迹是两个生土墩台,东西两壁抹有白灰墙皮,即该学者所称的早期龙尾道。这两个生土墩台与含元殿无关的理由有以下几条:(1)两个生土墩台与含元殿不在同一地层,生土墩台早于含元殿;(2)生土墩台的方向与含元殿不完全一致,墩台的方向是 181 度,而殿址的方向为 181 度 20 分;(3)两个生土墩台与殿上两阶并不完全对应。该学者也承认"两道与殿上两阶相对应(略有误差)"。考古发掘在栖凤阁阁下墩台的东侧发现残长 28 米的坡道,坡道上的路土质地坚硬,层理清晰。值得注意的是路土之下为生土,说明原设计的龙尾道就在这个位置,不可能是后来添加的。将两阁内侧盘上的龙尾道说成是咸亨元年改建的,缺乏根据。

对于唐大明宫含元殿龙尾道还有一种说法:"含元殿前有五条道,正相当于承天门的五个门道。中间三条供皇帝出入宫或在含元殿举行典礼用:中间为御道,专供皇帝乘软舆上下;两旁两条供随行群臣上下,在含元殿举行典礼时,群臣也由此上下。""含元殿最外侧在两阁内侧之道是专供群臣在日朝、常朝时入宫的,……很难想象唐帝为进行礼仪活动出入大明宫时没有专用御道而要与臣下同走侧道。"[1]

这种推测符合明清太和殿前御道制度,但是,唐代的

---

[1]　傅熹年:《对含元殿遗址及原状的再探讨》,《文物》1998 年 4 期。

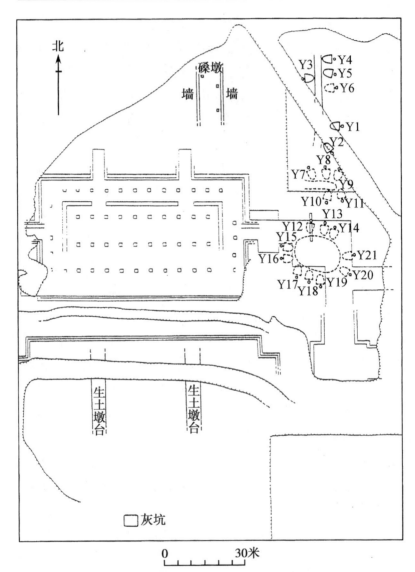

图 7　早于含元殿的遗迹图(引自发掘报告)

制度并不是这样的。皇帝在正殿举行典礼时,不是从殿南升殿,而是从西序门升殿。皇帝居住在宫城北部的寝殿,并不绕到正殿的南面,在群臣众目睽睽之下升殿,而且唐代开元以后是有"索扇"制度的,即皇帝登上御座之前,群臣见不到天子的尊容①。唐代的制度很严格,不要说群臣,即使是宰相也不能看到皇帝升殿的过程②。

　　关于銮驾出宫的仪式,《通典》有详细描述,皇帝是从正殿的西阶降殿③。《新唐书》对皇帝出宫的仪式也有相

① 《唐会要》(中华书局 1960 年)卷二十四第 463—464 页:"开元中,萧嵩奏:'每月朔望,皇帝受朝于宣政殿,先列仗卫,及文武四品以下于庭,侍中进外办,上乃步自西序门出,升御座。朝罢,又自御座起,步入东序门,然后放仗散。臣以为宸仪肃穆,升降俯仰,众人不合得而见之。乃请备羽扇于殿两厢,上将出,所司承旨索扇,扇合,上座定,乃去扇。给事中奏无事,将退,又索扇如初。'令以常式。"此外,《新唐书》卷二十三上,第488—489 页,也有相似记载。
② 《唐会要》卷二十四第 458 页:"会昌二年四月,中书门下奏:'元日御含元殿,百官就列,惟宰相及两省官,皆未索扇前,立于槛栏之内,及扇开,便侍立于御前。三朝大庆,万拜称贺,准宰相侍臣,同介胄武夫,竟不拜至尊而退,酌于礼意,似未得中。臣等商量,请御殿日,昧爽,宰相两省官对班于香案前,俟扇开,通事赞两省官再拜讫,遂升殿侍立。'从之。"
③ 《通典》卷一百零九第 2727—2728 页:"其日昼漏上水五刻,銮驾发引。发引前七刻,捶一鼓,为一严。侍中奏开宫殿门及城门。未明五刻,捶二鼓,为再严。侍中版奏:'请中严。'奉礼郎设从祀群官五品以上位,文官于东朝堂之前,西向,武官于西朝堂之前,东向,俱重行北上。从祀群官五品以上依时刻俱集朝堂次,各服其服。所司陈大驾卤簿于朝堂。发前二刻,捶三鼓,为三严。诸卫之属各督其队与钑戟,以次入陈于殿庭。通事舍人引从祀群官各就朝堂前位。诸侍卫之官各服其器服。侍中、中书令以下,俱诣西阶奉迎。乘黄令进玉辂于太极殿西阶之前,(转下页注)

同的记载①。这两条文献虽然都记的是皇帝出太极宫的仪式,但可以知道皇帝从正殿出宫,都是"降自西阶","乘黄令进玉辂于太极殿西阶之前",没有提到专用的御道。

御道是指皇帝专用的道路。但是,不同的时代,"御道"概念也略有变化。北魏时期的御道是指专门用两面墙隔出来的专道②,北魏洛阳城中的各城门内的大街都可称为御道③。隋唐文献中有"御道"的记载,虽然也指宫殿中的主要道路,但一般多指为皇帝行幸准备的道路,例如,隋炀帝"幸榆林,欲出塞外,陈兵耀武",先告诉突厥染干,

(接上页注)南向。千牛将军一人执长刀立于辂前,北向。黄门侍郎一人在侍臣之前,赞者二人在黄门之前。侍中版奏:'外办。'太仆卿摄衣而升,正立执辔。皇帝服衮冕,乘舆以出,降自西阶,称警跸如常。千牛将军执辔,皇帝升辂,太仆卿立授绥,侍中、中书令以下夹侍如常。黄门侍郎进,当銮驾前跪。奏称:'黄门侍郎臣某言,请銮驾进发。'俯伏,兴,退复位。銮驾动,又称警跸,黄门侍郎与赞者夹引以出,千牛将军夹辂而趋。"

① 《新唐书》卷二十三上第 489—490 页:"大驾卤簿。天子将出,前二日,太乐令设宫县之乐于庭。昼漏上五刻,驾发。前发七刻,击一鼓为一严。前五刻,击二鼓为再严,侍中版奏:'请中严。'有司陈卤簿。前二刻,击三鼓为三严,各督其队与钑、戟以次入陈殿庭。通事舍人引群官立朝堂,侍中、中书令以下奉迎于西阶,侍中负宝,乘黄令进路于太极殿西阶南向,千牛将军一人执长刀立路前北向,黄门侍郎一人立侍臣之前,赞者二人。既外办,太仆卿摄衣而升,正立执辔。天子乘舆以出,降自西阶,曲直华盖,警跸,侍卫,千牛将军前执辔,天子升路,太仆卿授绥,侍中、中书令以下夹侍。"

② 《太平御览》卷一百九十五引陆机《洛阳记》:"宫门及城中大道皆分作三,中央御道,两边筑土墙,高四尺余,外分之。唯公卿尚书章服从中道,凡人皆行左右。"

③ 周祖谟校释:《洛阳伽蓝记校释》,科学出版社,1958 年。

染干乃命"举国就役而开御道",自"榆林北境至于其牙,又东达于蓟,长三千里"①。唐高宗"将幸汾阳宫,以仁杰为知顿使。并州长史李冲玄以道出妒女祠,俗云盛服过者必致风雷之灾,乃发数万人别开御道。仁杰曰:'天子之行,千乘万骑,风伯清尘,雨师洒道,何妒女之害耶?'遽令罢之。高宗闻之,叹曰:'真大丈夫也!'"②。到明清时,御道一词才专指太和殿南面正中的道路。

目前,正殿南面正中的阶道从考古学上可追溯到元代。元上都遗址位于内蒙古锡林郭勒盟正蓝旗金莲川草原,分外城、皇城和宫城三重,外城周长近 9 公里。1996年,内蒙古文物考古研究所发掘了元上都 1 号宫殿基址。1 号殿址位于宫城的正中,与宫城的东西南三门相对。殿址分三层台基,上层基址东西宽 14 米,南北 10 米;其上留有柱础,可知原有建筑面阔 7 间,进深 6 间。中层台基呈正方形,东西宽 33.25 米,南北长 34.05 米,高 1.5 米。下层台基低于现地面,没有全面揭露,仅知道下层台基范围大于中层。值得注意的是中层台基南侧正中建有前窄后宽,平面呈凸字形的斜坡踏道(图 8)③。过去曾有学者推测此处建筑为文献上记载的大安阁。无论是否是大安阁,这个遗址是宫城中的主殿当是毫无疑问的。因此,可以说元上都正殿南面正中设有登殿的阶道。另一个例子是元

---

①　《隋书》卷五十一。

②　《旧唐书》卷八十九,中华书局,1975 年,第 2887 页。

③　中国考古学会:《中国考古学年鉴(1997)》,文物出版社,1999 年,第 109 页。

图 8　元上都 1 号宫殿基址南侧正中阶道（安家瑶摄）

中都宫城正殿。元中都是蒙元四都之一,遗址位于河北省张北县白城子村。1998—2000 年,河北省文物研究所等对元中都展开了考古工作。元中都由外城、皇城和宫城三重城墙相套而成。宫城南北长 620 米,东西宽 560 米,城垣四面正中各设一座城门。1 号宫殿台基位居宫城中心,台基平面为"工"字形,东西宽 50 米,南北长 100 米以上。① "工"字形台基南侧正中有登殿的坡道,南宽北窄,平面呈梯形,与南门三个门道的中门道相对。

　　正殿南面正中的阶道,考古学还没有发现早于元代的证据。唐代末年,长安城化为废墟,但唐代的典章制度、宫

———————

① 中国考古学会:《中国考古学年鉴(2001)》,文物出版社,2002 年,第114—116 页。

室布局等是宋代模仿的典范。"宋皇祐中欲行入阁仪,而莫知故实,后仁宗得《唐长安图》,其仪始定。"①虽然北宋和南宋的正殿还没有经过考古发掘,但从文献资料来看,正殿形制发生很大变化的可能性似乎不大。13世纪入主中原的蒙古族建立了元朝。元朝统治者一方面坚守本族旧俗,以维持其民族的存在;另一方面利用汉式制度,以实现对汉族等广大民众的统治。一些制度在元代发生了较大变化,例如,祀天的礼仪,元代初年行的是蒙古族原有的拜天礼,元世祖才开始圜丘祀天。元代圜丘的形制也由唐宋的象征十二辰的十二陛阶改为东西南北四方位的四陛阶②。因此推测,正殿南面正中的阶道,有可能开始于元代。

　　龙尾道设在殿堂两侧的形制很可能创自唐大明宫含元殿。殿堂南侧设"左右阶"是我国古代建筑的传统作法,龙尾道可以看作是一种变化了的"左右阶",以适用于十余米高的三层大台。含元殿是唐代举行外朝大典的场所,殿堂高大巍峨,又建在三层大台之上,充分显示了皇帝至高无上、与天相通的权威。殿前广场宽广平坦,能表现唐朝疆域辽阔统一。若将登殿踏道设在殿南正中,则会分割广场,并增加殿堂与广场的距离。龙尾道位于两阁内侧的设计,则更加突出殿堂高大、广场宽阔的特点,满足了外朝大典的礼仪需要。正是由于含元殿龙尾道的形制与以往

---

① 徐松:《唐两京城坊考》序,中华书局,1985年。
② 安家瑶:《唐长安城的圜丘及其源流》,《21世纪中国考古学与世界考古学》,中国社会科学出版社,2002年,第506—516页。

正殿前阶道的形制有所不同,才引起文人的注意,给了不同于一般阶道的名称——龙尾道,并留下诗赋,千古流传。

四、含元殿龙尾道的影响

唐代长安作为统一的多民族国家的首都和国际大都会,含元殿龙尾道的形制也影响到我国边疆地区民族政权和邻近国家。

渤海国(698—926 年)是以粟末靺鞨人为主建立的隶属于唐朝的地方民族政权。渤海人善于学习,积极吸收先进文化,热衷于盛唐文明,不断派遣王室及贵族子弟、学生、僧侣等到唐长安城学习。渤海上京龙泉府的形制和布局是模仿唐长安城的,建于天宝末年。其宫城相当于唐长安太极宫或大明宫,正门俗称"五凤楼",相当于承天门或丹凤门。宫内有五座殿址自南向北排列在中轴线上。第一座大殿相当于太极殿或含元殿。石砌殿阶基高 4 米余,殿上石础均在,为面阔十一间、进深四间的殿堂。殿阶基南面设左右阶,但不是在正对第三间和第九间的位置,而是设在对着第一间和第十一间的位置上(图9)。左右阶这样分开设置,可能是受含元殿龙尾道的影响。

大明宫给日本古代都城带来不少影响,所以日本史学界也有不少研究。长安大明宫与日本都城宫殿、内廷构造变迁的对比,及其影响程度是日本学者最为关心的问题。日本学者非常关注含元殿龙尾道的形制:"令专业唐史研究者高兴的是,1995—1996 年的大明宫含元殿遗址发掘的

图9　渤海上京龙泉府宫城第一座大殿殿南的阶道（安家瑶摄）

结果,对含元殿的柱网布置、大台形制、窑址、殿前广场等建立了新的认识,特别已经明确的是在成为大明宫外朝的含元殿前面,东西都有龙尾道。"①

　　含元殿龙尾道的形制直接影响到日本。平城宫第一次太极殿建在院北高地"龙尾坛"上,院子南部三分之二的宽阔地方为殿前广场。"龙尾坛"高出南部地面2.2米,砖砌拥壁,与含元殿大台相似。值得注意的是,广场北部也呈凸字形,左右两侧设坡道迂回上殿,与含元殿龙尾道十分相仿(图10、11)。长安三年(703年),日本第八次遣唐使的执节者粟田真人到长安后,武则天"宴之麟德殿",遣唐使赴宴途中必经含元殿。平城宫第一次太极殿建成于公元710年,其"龙尾坛"形制与含元殿大台和龙尾道的相似不会是偶然的。王仲殊的近作明确指出:"日

① 　妹尾达彦:《大明宫的建筑形式与唐后期的长安》,《中国历史地理论丛》1997年4期。

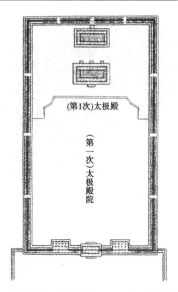

图 10　日本奈良平城宫第一次太极殿平面图(引自独立行政法人文化财研究所奈良文化财研究所:《日中古代都城图录》,68 页,2002 年)

图 11　日本奈良平城宫第一次太极殿复原图
(引自田中琢《平城京》,岩波书店,东京,1984 年,第 78—79 页)

本平城京和平安京宫内正殿亦建立在称为'龙尾坛'或'龙尾道'的高坛之上,可证它们是模仿唐长安大明宫含元殿的形制而建造的。"[1]"如所周知,唐大明宫正殿含元殿十分宏伟,其形制特点在于基址极高,前面左右沿栖凤、翔鸾两阁各有一条盘曲而上的长阶,称为'龙尾道'。上述日本平城宫的太极殿正是模仿唐大明宫正殿含元殿的

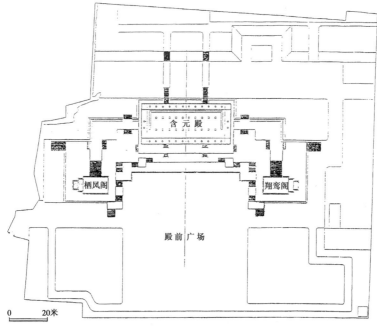

图 12　含元殿遗址保护工程的设计图(侯卫东设计)

---

① 　王仲殊:《论日本古代都城宫内太极殿龙尾道》,《考古》1999 年 3 期。

形制特点而建造,可谓明显之极。"①

　　联合国教科文组织及日本政府和中国政府合作保护含元殿遗址的项目已经顺利完成,根据考古发掘的成果设计了保护工程(图12),唐代的遗迹被全部保护下来;保护工程的材料采用灰砖、青石、素土等唐代使用的材料。隐蔽在殿后的大明宫博物馆和窑址保护厅也开放接待国内外游人。人们可以沿着东、西龙尾道登上殿基,领略含元殿的雄伟壮丽,感受大唐盛世的气势。

　　　　(原载于《新世纪的中国考古学——王仲殊先生
　　　　　　八十华诞纪念论文集》,中国社会科学院
　　　　　　考古研究所编著,科学出版社,2005 年)

① 王仲殊:《中国古代宫内太极殿的建置及其与东亚诸国的关系》,《考古》2004 年 11 期。

古代玻璃篇

莫高窟壁画上的玻璃器皿

近年来，人们对中国玻璃制造史越来越感兴趣，并对不同时期的中国玻璃做了许多研究工作。对我国中古时期玻璃器皿的研究一般是从两个方面进行的：一是文献考证，二是对出土实物的研究。由于这两方面材料的数量都不是十分丰富，因此有必要寻找其他类别的资料来补充文献和实物的不足。

历代绘画是我们研究古代社会的另一重要资料来源。莫高窟壁画是我国中古时期的绘画艺术宝库，记载了大量一般历史书籍所不能记载的具体形象资料。莫高窟壁画上有没有玻璃器皿的画面？这些壁画上的玻璃器皿是否表现当时社会上流行的玻璃器皿？这些画面能不能为我国的玻璃史研究提供一批有意义的资料？这些问题有待于调查研究。

1981年夏，我随导师宿白先生去敦煌实习，有幸观览了莫高窟的四百多个洞窟，留心观察了壁画上的各种器皿。它们经常出现在佛像画、经变画上,或持在佛、菩萨、弟子及供养人的手中,或摆放在供桌上。从器形和颜色来看,这些器皿绝大多是金器、银器和瓷器。从隋代起,壁画上开始出现一种透明材料的器皿,器皿内的供品或器皿后被遮挡的手都画得清清楚楚。这种有透明效果的器皿多达近百件,不可能出于画家的笔误。会不会由于天长日久,颜色脱落变浅而透露出原画的底线,造成了透明的错觉? 作者仔细观察过同画上的金银器和其他器物人物,尽管也有退色,但都见不到这种情况,所以可以说画出这种透明效果是画家的本意。

透明度这样高的古代器皿有两种:一种是水晶器皿,一种是玻璃器皿。壁画透明器皿的颜色多是浅蓝、浅绿、浅棕和白色,这几种颜色恰好是古代玻璃的常见颜色,而水晶中几乎没有浅蓝色或浅绿色的。壁画透明器皿的尺寸都比较大,最大径一般都在 10 厘米以上。这样大的玻璃器皿在中古时期虽然罕见,但出土实物早已证实了它们的存在。尽管魏晋以后的文献上有水晶器皿的记载,但当时"水晶"一词的概念并不清楚,有时也用来称呼玻璃[1]。考古发掘中至今还未见到过早于明清的较大水晶器皿。因此,壁画上的透明器皿应当是玻璃器皿。

本文仅对莫高窟壁画玻璃器皿及有关问题进行初步

---

[1]　葛洪:《抱朴子·内篇》卷二《论仙》:"外国作水精碗,实是合五种灰以作之,今交广多有得其法而铸作之者。"葛洪这里称呼的水精碗,从制作方法来看肯定是玻璃碗。

探讨,所选的 85 件壁画玻璃器皿经过了反复挑选,一些透明效果欠佳或画面模糊的不包括在内。

一、壁画玻璃器皿的分布和型式

莫高窟壁画上的 85 件玻璃器皿分布在 51 个窟中的隋、初唐、盛唐、中唐、晚唐、五代及西夏 7 个时期的壁画上(附表一),壁画年代的判别主要依据敦煌文物研究所的分期。这些器皿的器型主要有碗、杯、盘、钵、瓶几类(附表二)。器皿的尺寸对推测其用途及与实物进行对比都很重要,但由于壁画画面大小差异很大,器皿的画面尺寸并不能代表其实际尺寸,因此只能用持器皿的手作为参照物,对其大小作粗略估计。壁画玻璃器皿按其器型分述如下:

碗 46 大件。根据碗底及足的不同可分为三式。

Ⅰ式 37 件。平底,侈口。颜色多为天蓝、浅绿、土黄、白色。都持在胁侍菩萨手中,碗的口径略小于手长。此式碗从盛唐壁画开始出现,持续到西夏时期,在中晚唐壁画上出现得比较频繁。中晚唐时期的此式碗多用深褐色勾口沿,与同画上的金器勾线颜色一致。还有 12 件碗的器壁上带有圈点装饰(图一:1、2;图二)。第十二号窟西壁南侧普贤菩萨手中持的平底侈口碗是四曲口沿(图一:3),另外十四号窟的一菩萨的手部及玻璃器皿的器身部分已剥落,但从口沿部分来看,很可能是此式碗(图三)。

Ⅱ式 3 件。圈足,侈口,斜直壁。出现在三九四、二

十五、六十一号窟的隋、晚唐、西夏时期的壁画上,碗的口径略小于手长。在三九四号窟的隋代说法图中,此碗持在阿难手中。六十一号窟的碗比较特殊,出现在甬道北壁的供养僧端的托盘上,天蓝色透明,碗内靠口沿处画一红色下圆上尖状物,从颜色和形状来看,很可能是表现火苗(图一:13)。如果这个判断可以成立,那么这件碗很可能就是"琉璃灯"了。

Ⅲ式　6件。侈口,曲腹,喇叭形高圈足。白色或浅蓝色透明,出现在四〇〇、三〇六、三〇八号窟的西夏壁画上。器形较大,大都放置在画面中心的佛像供桌前,位置突出。由于这几幅画的透视关系明显,碗的大小不易估计。四〇〇窟北壁经变画的供桌上的高足大碗的口沿似圈形(图一:14),另外5件碗的口沿都是四曲花式口沿(图四)。

盘　14件。均为浅腹,侈口,圜底或平底。颜色有白色、黄色、浅蓝和浅绿色。都持在菩萨手中,口径略大于手长(图五、六)。自隋代壁画开始出现,持续到晚唐,其中盛唐至晚唐壁画上的5件盘子的口沿用褐色勾线,有的带有圈点纹的装饰(图一:4)。第四〇一窟的一件盘子比较特殊,口沿上有六个褐色圆钮装饰(图七)。

杯　5件。侈口,深腹,圜底。均为浅蓝色或黄褐色。出现在盛唐、中唐和西夏时期的壁画上,都持在胁侍菩萨手中,杯的高度略小于手长(图一:7、8)。

钵　12件。均为圜底,球腹,口内收。多为白色或浅绿色。出现在初唐、盛唐和西夏时期的壁画上,多持在药师佛、供养菩萨、供养僧侣的手中,钵的最大腹径等于或略小于手长(图八)。二二〇号窟和四四六号窟壁画上的钵带有圈点纹装饰(图一:5、9)。

瓶　8件。

Ⅰ式　1件。净瓶。细长颈,球腹,圈足,带器盖。出现在一九九号窟西壁南侧的观音菩萨手中,瓶高略大于手长。该瓶的足部、上腹部、颈部及器盖上都有纹饰,下腹部无纹饰,浅灰色透明,清楚地透出瓶后手的轮廓(图一:10)。

Ⅱ式　6件。侈口,细颈,球形腹,圈足,多为白色和浅蓝色。其中的圈足及口沿部用褐色勾线,器身部分白色透明。二七二号窟北壁的一玻璃瓶较为特殊,口沿和圈足是褐色,器身浅蓝色透明,有几道黑色波纹,腹部有三个褐色乳钉(图一:12)。二二五号窟东壁北侧和南侧的菩萨各持一玻璃瓶,内插莲花,玻璃质感很强(图一:11)。

Ⅲ式　1件。圜底,球腹,短颈,小口。出现在三三三号窟东壁南侧的僧侣手中,瓶子的最大腹径略小于手长。器身灰色发黑,推测其原色是白色,从瓶口引出三条盘卷着的细线,可能是表现香烟燎绕或表示从瓶口散发出的香气(图九)。

二、壁画玻璃器皿的写实性

一切艺术都来源于生活。敦煌壁画虽然是佛教艺术,但壁画中的具体形象还必然是从当时现实生活中吸取素材加工而成的。壁画玻璃器皿与当时社会上流行的玻璃器皿之间的吻合程度,直接关系到这批材料的史料价值。

　　壁画玻璃器皿多持在药师佛、胁侍菩萨、佛弟子等手中,或者放置在画面中心的供桌前,位置显要,但数量上远远少于同画面上的金银器。

　　我国宋代之前的文献都把玻璃器皿描述为非常珍贵的器物,西晋诗人潘尼在《琉璃碗赋》中赞美玻璃碗:"光映日曜,圆盛月盈。纤瑕罔丽,飞尘靡停。灼爓旁烛,表里相形。凝霜不足方其洁,澄水不能喻其清。刚坚金石,劲励琼玉。磨之不磷,涅之不浊。"①《洛阳伽蓝记》中也记有:"(后魏)河间王琛最为豪首,……琛常会宗室,陈诸宝器,金瓶银瓮百余口,瓯檠盘盒称是。自余酒器有水晶钵、玛瑙琉璃碗、赤玉巵数十枚,作工奇妙,中土所无,皆从西域而来。"②隋唐时期对玻璃器皿的记载虽然多了,北史中又有何稠制玻璃的记载③,但仍把质量高、器形大的玻璃器皿看作至宝,如《资治通鉴》卷二百二十五代宗大历十三年:"上因言,……嗣恭初平岭南,献琉璃盘,径九寸,朕以为至宝。及破载家,得嗣恭所遗载琉璃盘,径尺。"从这些文献记载中可以看出,我国宋代之前都把玻璃器皿看得

---

① 《艺文类聚》卷八十四《宝玉》下。
② 《洛阳伽蓝记》卷四《城西》。
③ 《隋书》卷六十八《何稠传》:"(何)稠博览古图,多识旧物。……时中国久绝琉璃之作,匠人无敢措意,稠以绿瓷为之,与真不异。"

比金银器皿更为珍贵、罕见。壁画玻璃器皿的位置重要，数量相对较少，是与文献记载相符合的。

考古发掘中也曾出土了一些宋代之前的玻璃器皿。这些玻璃器皿多出土于皇室、世族的大墓和佛教的塔基石函中，数量上也远远少于同期的金银器皿。这种现象与壁画玻璃器皿反映的情况也是基本一致的。

莫高窟壁画玻璃器皿最早出现在隋唐时期，晚于文献记载的年代，也晚于出土实物的年代。这种现象可能与壁画的画风与内容有关。莫高窟早期壁画内容以本生故事、因缘故事和佛传故事为主要题材，主要表现故事情节，画面上的器皿相应地少而小；又由于早期壁画多用晕染法表示器物的立体感，线条粗犷，很难分辨器皿的器形及质料。隋唐以后的壁画以经变画为主，画面规模巨大，中部均为佛国世界，富丽堂皇，佛弟子及菩萨手中往往持着贵重器皿，而且画风逐渐转变为细线条勾描，设色晕染，色彩鲜艳，玻璃器皿透明晶莹的特点就容易表现得比较清楚了。所以，壁画玻璃器皿出现得比较晚并不能看作是与文献或实物相矛盾。

更值得重视的是，一些壁画玻璃器皿的器形、颜色、大小及纹饰与出土的玻璃器皿相吻合。

壁画玻璃钵有12件，我国出土的玻璃器皿中也有几件钵，或与钵相类似的器皿，例如：（1）西晋鄂城碗，湖北鄂城五里墩 M121 出土，该墓为西晋墓葬。淡黄绿色透明，圜底，球腹，颈内收，口外侈，腹部和底部有圆形磨饰。

口径约 10.5 厘米,腹径约 12 厘米①。(2)北燕玻璃钵,辽宁北票冯素弗墓(415 年)出土,绿色透明,圜底,球腹,颈微收,口微外侈,口沿内卷。高 8.7 厘米,口径 9.5 厘米,腹径 10.5 厘米②。(3)北魏钵,河北定县北魏塔基(485年)出土。天青色透明,敛口,圜底,鼓腹,圆唇。高 7.9厘米,口径 13.4 厘米,最大腹径 14.7 厘米③。以上三件出土玻璃钵的器形、颜色与壁画玻璃钵很相近。出土玻璃钵的最大径都是腹径,约 10—15 厘米,略小于一般手的长度,与壁画玻璃钵的大小基本相符。西晋鄂城碗的器身有圆形磨饰,而一些壁画玻璃钵上恰恰有圈点纹装饰,因此纹饰上也可以说是相近的。

　　壁画玻璃器皿中有五件玻璃杯,都是侈口,圜底,筒形腹。我国出土的玻璃器皿中也有几件器形、颜色、大小相似的玻璃杯,例如:(1)东晋杯,南京象山七号墓出土(322年)。无色透明,泛黄绿色。筒形腹,圜底,口微侈,腹底部有磨花。高 10.4 厘米,口径 9.4 厘米④。(2)北燕杯,辽宁北票冯素弗墓出土,深翠绿色透明,侈口,圆唇,微上凹底,高 8.8 厘米,口径 8.8 厘米⑤。

　　何家村窖藏出土一件玻璃碗,无色透明,稍泛黄绿色,

①　湖北鄂城博物馆发掘资料。

②　黎瑶渤:《辽宁北票县西官营子北燕冯素弗墓》,《文物》1973 年 3 期。

③　河北省文化局工作队:《河北定县出土北魏石函》,《考古》1966 年 5 期。

④　南京市博物馆:《南京象山 5 号、6 号、7 号墓清理简报》,《文物》1972 年 11 期。

⑤　黎瑶渤:《辽宁北票县西官营子北燕冯素弗墓》,《文物》1973 年 3 期。

平底,侈口,口沿下有一阳弦纹,腹部有八组纵三环纹。高
9.8 厘米,口径 14.1 厘米①。这件碗的器形、大小与壁画
玻璃器皿中的Ⅰ式碗很相似。壁画玻璃器皿中的Ⅰ式碗
件数最多,达 37 件,比较集中地出现在中唐、晚唐壁画上,
与何家村窖藏碗的年代也相符合。壁画Ⅰ式碗中有 12 件
带有圈点纹,与何家村玻璃碗上的纵三环纹也很相似。

　　壁画玻璃器皿中Ⅱ式碗出现的次数少,出现的年代也
不连贯。与Ⅱ式碗相似的实物曾出土过一件北宋碗,西安
西关铁塔寺塔基中出土,深蓝色透明,侈口,圈足,口径
16.4 厘米,高 6.9 厘米②。

　　上述可以找到出土实物作对照的四种壁画玻璃器皿
一共 57 件,占全部壁画玻璃器皿的 67%。这数字表明,壁
画玻璃器皿与出土玻璃器皿的吻合绝不可能是偶然的巧
合。我们有理由认为,壁画作者在创作这些玻璃器皿的画
面时,是以当时社会上流行的玻璃器皿为模特,基本上是
写实的。因此,这些画面是确实可信的,是我们研究中古
时期玻璃器皿的重要资料之一。

三、壁画玻璃器皿多表现进口玻璃

　　我国已出土西汉至北宋的玻璃器皿 180 余件,根据其

---

① 　陕西省博物馆、文管会写作小组:《西安南郊何家村发现唐代窖藏文物》,
　　《文物》1972 年 1 期。
② 　西安市文物管理局发掘资料。

产地可分为国产品和进口品两大类。莫高窟壁画上的玻璃器皿是否也表现了这两种不同来源的玻璃？要搞清此问题，不仅需要将壁画玻璃器皿与我国出土的玻璃器皿相比较，而且需要与外国出土或传世的玻璃器皿相比较。

与壁画玻璃钵相似的我国出土物中，鄂城西晋碗和北票冯素弗墓出土的玻璃钵都被定为来自萨珊或罗马的进口品[①]。日本出土或传世的这种类型的玻璃钵比较多，如正仓院藏白琉璃碗、传安闲陵出土的白琉璃碗和橿原千冢126号墓出土的玻璃碗。这几件碗的器形、大小、纹饰都与壁画玻璃钵十分相似。日本学者经过多方面研究，认为上述三件器皿都是萨珊玻璃，来源于伊朗高原[②]。在伊朗吉兰省3—7世纪的墓葬中，这种图形磨花的碗钵出土了一百多件[③]，因此将这类碗钵的原产地定在伊朗高原是不会有太大问题的。

南京象山七号墓出土的玻璃杯和北票冯素弗墓出土的绿玻璃杯与壁画玻璃杯的器形十分相似，这两件器物被认为是罗马玻璃[④]。另外，本世纪初斯坦因在楼兰曾盗掘了一个五六世纪的墓葬，出土了一件玻璃杯，淡绿色，透明，侈口，筒形腹，腹部有圆形磨饰，高5.6厘米[⑤]。这件玻

---

① 安家瑶：《中国的早期玻璃器皿》待刊（后发表于《考古学报》1984年4期）。
② 由水常雄：《東洋のガラス》，三彩社，1977年。
③ 深井晋同、高桥敏：《ペルミァのガラス》，谈交社刊，1973年。
④ 安家瑶：《中国的早期玻璃器皿》。
⑤ A. Stain："Innermost Asia" P. 756, Oxford of Clarendon Press, 1928.

璃杯很可能就是表现罗马或萨珊的玻璃杯。

这种筒形杯除了我国出土的外,其他国家也多有出土。朝鲜半岛天马冢出土的一件深蓝色筒形杯,被认为是罗马产品①。阿富汗伯格拉姆遗址出土的大批高级罗马玻璃器皿中,也有多件这种筒形杯②。西亚及地中海沿岸三四世纪的罗马玻璃器皿中,这种玻璃杯更是常见器形,直到八九世纪,伊朗高原还生产这种类型的玻璃杯。

与壁画平底侈口碗比较相似的碗,解放后仅出土了一件,即西安何家村窖藏出土的玻璃碗。这件碗,据研究可能是萨珊玻璃③。这种类型的碗还有一些传世品。我在故宫博物院收藏的传世玻璃器皿中曾看到两件平底侈口碗,一件绿色,一件棕色,器形和颜色都与壁画Ⅰ式碗十分相近,可惜这两件碗的年代及出土地点都不知道。我国其他资料的碗中很少见到这种类型,因此壁画上的这种玻璃碗,很可能是表现进口玻璃碗。朝鲜半岛曾出土两件侈口平底玻璃碗,产地还没有最后确定④。

壁画上有14件玻璃盘的画面,但解放后的出土实物中只有一件玻璃盘,出土于满城刘胜墓。这件盘子经光谱

① 《天马冢》,学生社,1975年。
② J. Hackin:"Recherches Archéologiques à Begram, Memoises de la delegation Achéologque Francaise en Afghanistan"Tome Ⅸ,1937.
③ 安家瑶:《中国的早期玻璃器皿》。
④ 东京博物馆:《東洋古代ガラス——東西交渉史の視點ガり》,1980年。

分析,为铅钡玻璃,和战国以来经常出土的铅钡玻璃珠的成分一致,是我国的国产品[1]。(该盘翠绿色,几乎不透明,与壁画所表现的透明度很高的玻璃器皿不符。)类似于壁画上的浅腹侈口、圈底或平底的透明度很高的盘子在地中海沿岸的罗马玻璃和伊朗高原上的萨珊玻璃中常见。有的壁画玻璃盘上有圈点纹装饰,很可能就是表现萨珊玻璃中的带圆形磨饰的盘子。

　　莫高窟西夏时期壁画上出现的Ⅲ式碗,即玻璃高圈足大碗,虽然口沿的形状不一样,有圆形和四曲花式两种,但从碗的大小、足部和腹部的情况来看,可以视为同一类型。这种高圈足玻璃大碗在我国没有出土过,但日本正仓院藏有一件9—10世纪的高圈足大盘,无色透明,透明度好,高10厘米,口径29厘米[2],器形及尺寸都与四〇〇号窟北壁的高圈足大碗相似。日本学者一般都认为这件玻璃器皿是伊斯兰玻璃。

　　上述能在外国或进口玻璃器皿实物中找到参照物的壁画玻璃器皿共有69件,占总数85件的80%。因此,可以说壁画玻璃器皿多表现的是进口玻璃器皿。我国新疆地区曾多处发现过罗马及萨珊玻璃器皿的残片;文献中又有"览方贡之彼珍,玮兹碗之独奇,济流沙之绝险,越葱岭

---

[1]　中国社会科学院考古研究所、河北省文物管理处:《满城汉墓发掘报告》,文物出版社,1980年,第312页。
[2]　由水常雄:《東洋のガラス》。

之峻危,其由来也阻远"①和"中土所无,皆从西域而来"②
的记载,明确记录了玻璃器皿翻越葱岭,从陆路输入我国
的道路。莫高窟壁画上出现较多进口玻璃器皿的画面,又
从另一方面给我们提供了证据:这条历史上的东西交通要
道不仅是丝绸之路,而且也是玻璃之路。

四、壁画玻璃器皿提出的问题

　　莫高窟壁画上的85件玻璃器皿为中国玻璃史的研究
提供了一批宝贵资料,这不仅在于它们可与出土实物、文
献相互印证,从而证明了这些出土实物在社会上的流行,
而且这批资料中还有一些尚未见过实物的器形和装饰,使
我们扩大了眼界,为进一步研究中古时期的玻璃器皿提供
了一些可供参考的线索。

(一)玻璃盘的问题

　　我国出土的北宋以前的玻璃器皿中只有一件盘,即河
北满城一号汉墓出土的玻璃盘。之后一千年的玻璃器皿
出土物中都未发现过盘。是否汉代之后玻璃盘就没有在
社会上出现呢?

　　文献上对玻璃盘还有一些记载。除了《资治通鉴》中
所记唐大历年间的琉璃盘外,《杜阳杂编》有唐同昌公主

---

① 《艺文类聚》卷七十三《杂器物部》。
② 《洛阳伽蓝记》卷四《城西》。

以红琉璃盘盛夜明珠的故事①,另外在《宋会要辑稿·蕃夷》中,多次记录了进贡的琉璃盘。

　　莫高窟壁画上出现的玻璃盘达 14 件之多,从隋持续到晚唐,证明了文献的记载是有根据的。壁画中盘的器形基本一致,都是圜底浅盘。唐代的部分壁画玻璃盘的器壁上带有圈点纹,这种纹饰在同时期的壁画玻璃钵、I 式碗上都出现过。前文已讨论过这种圈点纹可能代表萨珊玻璃中的圆形磨饰。如果上述判断无误,那么壁画上带圈点纹的盘子很可能是表现萨珊时期的圆形磨饰盘。

　　根据壁画玻璃盘的画面,并结合文献记载,我们可以推论:唐代前后,我国社会上流行使用玻璃盘,其器形和颜色可参考莫高窟壁画上的玻璃盘,而且有一部分玻璃盘可能是从伊朗高原进口的萨珊玻璃器皿。

　　解放前流失于国外的传世玻璃器皿中有几件盘,如日本东京国立博物馆②、天理参考馆③、京都大学文学部博物馆④和英国伦敦 Victoria and Albert 博物馆⑤中都各藏了一件中国传世玻璃盘。这些盘子的年代不易估计,莫高窟壁画上的玻璃盘的画面可能对研究上述传世品有一些新的

---

① 《杜阳杂编》卷下:"咸通九年,同昌公主出降,宅于广化里,……一日大会韦氏之族于广化里,……韦氏诸家好为叶子戏,夜则公主以红琉璃盘盛夜光珠,令僧祁捧立堂中,而光明如昼焉。"

② 东京博物馆:《東洋古代ガラス——東西交涉史の視點ガり》。

③ 由水常雄:《東洋のガラス》。

④ 京都大学文学部:《考古学资料目录》第 169 页。

⑤ 由水常雄:《東洋のガラス》。

提示。

(二)玻璃器皿的镶金问题

　　古代玻璃器皿是很珍贵难得的器皿,罗马时期及伊斯兰时期的高级玻璃器皿经常配上黄金或白银的柄、托、口沿,配套成更高级的制品。这种工艺传统也影响到东方。西方玻璃中心的产品输入东方之后,常常被加配上金或银的柄和盖,甚至本国生产的玻璃器皿也与金银配套。日本正仓院藏的蓝琉璃杯是放置在银柄上的,一般认为蓝玻璃杯是萨珊或东罗马的产品,而银柄则是唐代的制品[①]。日本奈良唐招提寺的西国琉璃瓶是伊斯兰初期的产品,它的金质瓶盖却很难说出它的产地,有可能是玻璃瓶输入东方后才配制的[②]。我国出土的中古时期玻璃器皿中也可以看见这种现象,如河北定县五号塔基曾出土了一件方形玻璃瓶,瓶盖是莲花形的鎏金银盖[③]。玻璃瓶是伊斯兰玻璃,但根据银盖的器形纹饰,可以肯定银盖是我国制造的。辽宁法库叶茂台辽墓出土的绿玻璃器,四边都镶嵌了银边[④]。另外有一些肯定是东方生产的高铅玻璃器皿,也给配上金或银的盖子,如日本滋贺崇福寺塔址出土的舍利瓶

①　由水常雄:《東洋のガラス》。

②　由水常雄:《西国瑠璃瓶》,《P&P》4,P1,1978。

③　河北定县博物馆:《河北定县发现两座宋代塔基》,《文物》1972 年 8 期。

④　辽宁省博物馆、辽宁铁岭地区文物组发掘小组:《法库叶茂台辽墓记略》,《文物》1975 年 12 期。简报中未提该玻璃器。

和奈良法隆寺五重塔基发现的绿舍利瓶,都配有银盖[1]。

　　我国给玻璃器皿镶金银边或配金银盖的习俗反映了玻璃器皿的贵重和上层社会对这种制品的喜爱。这种工艺的渊源及其影响还没有引起人们的注意。莫高窟壁画玻璃器皿中有 35 件是口沿扣金边或配金盖托的,从盛唐开始出现,到晚唐非常普遍,与出土实物的年代相符,或稍早。壁画玻璃器皿多表现进口玻璃器皿,也将西亚玻璃器皿镶金银的工艺反映了出来。这些画面说明我国玻璃器皿镶配金银的工艺很可能也是受西方工艺的影响发展起来的。这些画面还提醒了我们,在发掘和研究玻璃器皿时要注意是否有配套的金属盖托或镶嵌的金属口沿,例如湖北郧县唐李泰墓出土过一件绿色玻璃瓶,残破已复原,口沿下经过打磨,壁薄于其他部分,打磨后未经抛光,成毛玻璃状[2]。看来打磨口沿是为了镶嵌金属口沿,发掘时未发现金属口沿,但该墓曾被盗掘,因此并不能完全排除镶过金属口沿的可能性。

　　使人感兴趣的是我国瓷器也有镶金的工艺,五代越窑的青瓷、宋定窑白瓷和景德镇青白瓷器都有镶金口、银口或铜口的做法,定县五号塔基出土的定窑刻花瓶,除包镶银足外,还配有银质带花盖。一般以为这种做法有两种用意:一种是为了表明使用者身份尊贵或显示豪华;一种是

---

① 　法隆寺国宝保存委员会:《法隆寺五重塔秘宝の调查》,1954 年,第 23 页。
② 　湖北省博物馆发掘资料。

为了弥补缺欠,如定窑和景德镇青白瓷因系覆烧,器物口部无釉,用包镶口办法把漏釉部位包起来。这类瓷器镶金与莫高窟壁画玻璃器镶金的形式上的相似,时间上又早晚衔接,很容易使人产生一个大胆的假想:我国瓷器镶金是否受到了玻璃器镶金的启示而产生? 这个问题有必要进一步探讨。

(三) 香料瓶和舍利瓶

莫高窟第三三三号窟东壁南侧初唐壁画上有一僧侣,右手持一玻璃瓶,圜底球腹,短颈小口,口上香烟燎绕。这种小口玻璃瓶内是不能点燃香料的,因为瓶内空气不流通。因此瓶口卷曲的细线不能理解为烟,而应理解为香气,那么瓶内装的一定是液体的香料即香水了。

地中海沿岸盛产香水,深受唐宋时期上层社会的喜爱。《清异录》和《老学庵笔记》记载了唐代薰香之盛[1]。《铁围山丛谈》中赞扬了伊斯兰的香水:"大食国蔷薇水虽贮琉璃缶中,蜡密封其外,然香犹透彻,闻数十步,洒着人衣袂,经十数日不歇也。"[2]唐宋时期我国进口了大量香水,盛着香水的玻璃瓶也随之进口到我国。洛阳关林唐墓

---

[1] 《清异录》卷下《薰燎门》:"中宗朝,宗纪韦武间为雅会,各携名香比试优劣,名曰斗香。"《老学庵笔记》卷一:"京师承平时,宗室戚里,岁时入禁中,妇女上犊车,皆用二小鬟持香球在旁;而袖中又自持两小香球。车驰过,香烟如云,数里不绝,尘土皆香。"

[2] 《铁围山丛谈》卷五。

出土一件细颈玻璃瓶,就是地中海沿岸以及伊朗高原普遍使用的香水瓶。值得注意的是,这件玻璃实物的器形和大小与莫高窟第三三三号窟的壁画玻璃瓶有相似之处。这幅僧侣手持香水瓶的唐代壁画也反映了我国佛教对香料的特殊爱好。陕西耀县隋代仁寿四年(604年)舍利塔基中出土过一件绿色玻璃瓶,瓶内盛有红色粘稠液体①。河北定县五号塔墓中的唐大中年间石刻铭文记有:"发旧基,得石函二,一大一小,函中有四珉像,金银钗钏,诸多供具,内金函,函中有七珍缭绕。银塔内有琉璃瓶,小白大碧,两瓶相盛,水色凝洁。"②这些塔基玻璃瓶中的液体很可能是香水。典型的伊斯兰香水瓶也多次在佛教塔基下出土,如河北定县北宋五号塔基中出土的刻花玻璃瓶③,安徽无为北宋塔基出土的刻花玻璃瓶④,浙江瑞安北宋慧光塔出土的刻花玻璃瓶⑤。这些玻璃瓶的出土,更一步证实了我国佛教对伊斯兰香水及玻璃瓶的喜好。

　　我国佛教遗址中出土的玻璃瓶中,除了香料瓶外,更多的是盛放舍利子的舍利瓶。较早的唐代舍利瓶都是细颈,小口,圜底球腹,器形与三三三号窟的壁画玻璃瓶相

---

① 朱捷元、秦波:《陕西长安和耀县发现的波斯萨珊朝银币》,《考古》1974年2期。
② 河北定县博物馆:《河北定县发现两座宋代塔基》。
③ 河北定县博物馆:《河北定县发现两座宋代塔基》。
④ 《无为宋塔出土的文物》,《文物》1972年1期。
⑤ 浙江省博物馆:《浙江瑞安北宋慧光塔出土文物》,《文物》1973年1期。

似,只是颈长一些,尺寸较小,例如甘肃泾川舍利瓶①和黑龙江宁安舍利瓶②。从目前的资料来看,玻璃舍利瓶是从我国唐代开始使用的,而且几乎都是国产的高铅玻璃③。玻璃舍利瓶的产生是否受了玻璃香料瓶器形的影响,尚需要进一步的研究。莫高窟三三三号窟东壁南侧壁画上的香料瓶为解决上述问题提供了一些线索。

(四)北宋时期的陆路贸易

宋代时,我国西北边陲战事较多,东西陆路受到一定阻碍。与此同时,航海业迅速发展,海路贸易频繁。阿拉伯与中国的交通路线也随之发生改变。《宋会要辑稿》中记载:"天圣元年十一月入内内侍省副都知周文质言:'沙州、大食国遣使进奉至阙,缘大食国北来皆泛海,由广州入朝。今取沙州入京,经历夏州境内,方至渭州,伏虑自今大食止于此路出入,望申旧制,不得于西番出入。'从之。乾兴初,赵德明请道其国国中,不许,至是恐为西人钞略,故令从海路至京师。"④《宋史》中也有相似的记载:"大食……先是,其入贡路繇沙州,涉夏国,抵秦州。……至天

---

① 甘肃省文物工作队:《甘肃省泾川县出土的唐代舍利石函》,《文物》1966年3期。
② 宁安县文物管理所、渤海镇公社土台子大队:《黑龙江省宁安县出土的舍利函》,《文物资料丛刊》二,1978年。
③ 安家瑶:《中国的早期玻璃器皿》。
④ 《宋会要辑稿·蕃夷》四之九一至九二。

圣元年来贡,恐为西人钞略,乃诏自今取海路繇广州至京师。"①玻璃器皿是阿拉伯输往中国的主要商品之一,当然大部分也改为海路输入中国。仅淳熙五年,宋朝收到三佛齐国的一次贡品中,就包括玻璃器皿 189 件之多②。三佛齐位于苏门答腊岛,是东西海路交通的必经之路。这样大批进贡的玻璃器皿,应该是从海上输入的伊斯兰玻璃器。

　　宋代的东西交通以海路为主,但是传统的陆路贸易并没有完全废弃,尤其是多财善贾的大食商人和回鹘商人仍然不顾险阻,活跃在丝路上。十一世纪中来过远东的阿拉伯旅行家夏乐夫·阿利沙门、泰显·马尔瓦则(Skarf Alzaman,Tahir Marvazi)曾记载当时阿拉伯商人从葱岭西向东到中国做进口交易的牙客③。宋京域及契丹上京临潢府都有不少回鹘商人④。陆路上的玻璃贸易也没有完全停止,咸平四年及乾德三年,西川回鹘可汗曾遣使向宋

①　《宋史》卷四百九十。

②　《宋会要辑稿·蕃夷》七之五五至五六:"(淳熙)五年正月六日,三佛齐国来进表贡……琉璃一百八十九事,观音瓶十,青琉璃瓶四,青口瓶六,阔口瓶大小五,环瓶二只,口瓶二,净瓶四,又瓶四十二,浅盘八,方盘三,圆盘三十八,长盘一,又盘二,渗金净瓶二,渗金劝杯连盖一副,渗金盛水瓶一,屈卮三,小屈卮二,香炉一,大小罐二十二,大小盂三十三,大小楪四,大小蜀葵楪二,小圆楪一,番糖四琉璃瓶,共一十五斤八两,番枣三琉璃瓶,共八斤,栀子花四琉璃瓶,共一百八十两……"

③　Marvazi on China,The Turks and India,English Traslation by Minorsky。

④　《宋会要辑稿·刑法》二之一六二:"大中祥符元年,帝(宋真宗)以京城金银价贵,以问三司使丁谓,谓言多为西域、回鹘所市入蕃,诏约束之。"《辽史》卷三十七:"回鹘营,回鹘商贩留居上京,置营居之。"

朝进贡，贡品中包括玻璃器①。这些玻璃器的品种及来源，文献上没有明确记载。

　莫高窟西夏时期的壁画为东西陆路玻璃贸易提供了新的证据。在西夏壁画上，我们见到了十一幅有玻璃器皿的画面，其中大幅是表现高圈足大碗，西夏之前的壁画上从未出现过这种器形，而这种器形恰好可以在伊斯兰的玻璃制品中找到相似者。壁画玻璃器皿的新器形的出现，完全排除了西夏时期画家临摹前人的可能性，说明当时确有玻璃器皿的新器形出现在敦煌。这种器形与伊斯兰玻璃的吻合，证明这个时期东西陆路上存在玻璃贸易，进而可以推测回鹘向宋朝进贡的玻璃有可能是伊斯兰玻璃。日本奈良正仓院藏的白玻璃大盘被定为伊斯兰玻璃，其器形与壁画高足大碗基本一致。壁画高足大碗的出现使我们在确定正仓院白琉璃大盘的输入路线时，除了考虑海路之外，也不能排除有陆路输入的可能性。

　利用绘画资料研究我国中古时期的玻璃器皿，是一项尝试性的工作。绘画资料有一定的局限性，例如只能看出壁画上的玻璃器皿的大致器形、颜色、纹饰和相对大小，无法进一步考察其工艺、成分；画家下笔也难免加入自己的想象或夸张，使绘画形象和实物之间存在一定的差距；早

---

① 《宋会要辑稿·蕃夷》七之十四："（咸平四年）四月十五日回鹘可汗王禄胜遣使曹万通来贡玉鞍名马，独峰无峰驼、宾铁剑甲、琉璃器。"同书《蕃夷》七之三："（乾德三年）十一月七日，西川回鹘可汗遣僧法渊贡佛牙及琉璃器、琥珀盏。"

晚期壁画上屡次出现的相同器形,甚至有后人抄袭前人的可能……这就要求我们不能孤立地考查、分析某一具体画面,而必须占有相当数量的资料,从整体上分析判断。出土实物和文献记载是绘画玻璃器资料的研究基础。

本文从莫高窟400余个洞窟壁画上集中收集了隋至西夏时期的85件玻璃器皿的画面进行研究,作为对我国中古时期玻璃器皿的研究的旁证和补充。

壁画玻璃器皿的主要器型有碗、盘、钵、瓶、杯等,其中多数的器型都可以在我国相应时期出土实物中找到类似的对照物。正是这样的写实性,使这批壁画玻璃器皿具有相当的史料价值。

85件壁画玻璃器皿的画面中,有69件表现萨珊、伊斯兰的玻璃器皿,这是西亚玻璃制品经过丝绸之路输入我国的又一证明。

这批壁画玻璃器皿不仅为我国中古时期玻璃史研究提供了一批宝贵资料,而且提出了一些值得进一步思考的问题。

附表一　壁画玻璃器皿出现情况一览表

窟号	年代	器型	颜色和纹饰	出现位置	壁画年代	备注
12	晚唐	I式碗	口沿褐黄、器身浅蓝	西壁南侧普贤菩萨手中	晚唐	花式口沿
12	晚唐	I式碗	口沿褐色	西壁北侧文殊菩萨手中	晚唐	

窟号	年代	器型	颜色和纹饰	出现位置	壁画年代	备注
14	晚唐	不清	不清	北壁下方东起第四供养菩萨手中	晚唐	内插莲花
18	晚唐	杯	口沿褐色	南壁净土变中胁侍菩萨手中	晚唐	内插莲花
18	晚唐	Ⅰ式碗	口沿褐色、器身浅绿	西壁南侧普贤菩萨手中	晚唐	
25	晚唐	Ⅱ式碗	口沿褐色、器身浅灰	西壁南侧普贤菩萨手中	晚唐	
26	盛唐	Ⅰ式碗	绿色透明，有圈点纹	南壁东起第二菩萨手中	中唐	口径 17 厘米，高约 8 厘米，手长约 17 厘米
31	盛唐	杯	浅蓝	东壁北侧	盛唐	
33	盛唐	Ⅰ式碗	口沿褐色、器身浅蓝	东壁南侧胁侍菩萨手中	西夏	内插花
57	初唐	盅	淡绿	南壁西方净土变势至菩萨手中	初唐	
57	初唐	钵	浅蓝	南壁西方净土变阿难手中	初唐	
61	宋	Ⅱ式碗	天蓝	甬道北壁一供养僧端的托盘上	西夏	内有红色火苗，可能是琉璃灯
85	晚唐	Ⅰ式碗	口沿褐色	南壁西方净土变一菩萨手中	晚唐	
99	五代	Ⅰ式碗		西壁南侧普贤菩萨手中	五代	

窟号	年代	器型	颜色和纹饰	出现位置	壁画年代	备注
112	中唐	I式碗	口沿褐色、器壁有白色圈点	西壁北侧文殊菩萨手中	中唐	内插花
112	中唐	I式碗	口沿褐色、器身土黄	南壁金刚经变一菩萨手中	中唐	内插花
112	中唐	I式碗	口沿褐色、器身无色透明	北壁西侧报恩经变一菩萨手中	中唐	
117	盛唐	盘	口沿褐色，有圈点纹	南壁经变一胁侍菩萨手中	晚唐	
129	盛唐	I式碗		南壁西方净土经变中胁侍菩萨手中	晚唐	
130	盛唐	I式碗	天蓝	二层楼甬道南壁上层西起第五供养菩萨手中	盛唐	
156	晚唐	I式碗	浅蓝	西壁北侧文殊菩萨手中	晚唐	
156	晚唐	盘	口沿褐色	西壁南侧普贤菩萨手中	晚唐	
158	中唐	I式碗	口沿褐色	东壁南侧经变一菩萨手中	中唐	
159	中唐	盘	口沿褐色、天蓝色圈点纹	西壁南侧普贤菩萨手中	中唐	内盛花

续表

窟号	年代	器型	颜色和纹饰	出现位置	壁画年代	备注
177	盛唐	II式碗	勾线黑色	东壁门上、六臂观音南侧一菩萨手中	中唐	内插莲花
177	盛唐	I式碗	口沿褐色	东壁门上、六臂观音南侧一菩萨手中	中唐	
188	盛唐	杯	蓝色	西壁北侧观音菩萨手中	中唐	内插花
196	晚唐	I式碗	口沿褐色	北壁下方东起第二供养菩萨手中	晚唐	内插花
197	中唐	I式碗	口沿褐色	前室南耳洞的西壁经变一菩萨手中	晚唐	
199	盛唐	I式瓶	浅灰	西壁南侧观音菩萨手中	中唐	
199	盛唐	杯	蓝色	西壁北侧势至菩萨手中	中唐	内插花
200	晚唐	I式碗	口沿褐色，有浅蓝圈点	南壁经变西侧胁侍菩萨手中	晚唐	内插花
200	晚唐	I式碗	口沿褐色，有浅蓝色圈点	南壁经变东侧胁侍菩萨手中	晚唐	内插花
201	盛唐	II式碗	口沿及底部褐色	北壁经变中菩萨手中	中唐	
201	盛唐	II式瓶	器身有斑点	南壁东侧菩萨手中	中唐	

窟号	年代	器型	颜色和纹饰	出现位置	壁画年代	备注
202	初唐	Ⅰ式碗	口沿褐色、器身浅蓝	南壁弥勒经变中胁侍菩萨手中	晚唐	
217	盛唐	盘	浅蓝色，有圈点纹	北壁西方净土变中的观音菩萨手中	盛唐	
217	盛唐	盘	白色，有浅蓝圈点纹	南壁法华经变中供养菩萨手中	盛唐	
218	盛唐	钵	绿色	东壁南侧药师佛手中	盛唐	
218	盛唐	盘	浅蓝绿	东壁南侧胁侍菩萨手中	盛唐	
220	初唐	钵	白色勾线	北壁药师变中西起第一药师手中	初唐	窟有贞观十六年的题记
220	初唐	钵	白色勾线	北壁药师变中东起第一药师手中	初唐	窟有贞观十六年的题记
220	初唐	钵	黄色	北壁药师变中西起第四药师手中	初唐	窟有贞观十六年的题记
220	初唐	钵	天蓝色，有圈点纹	南壁供养菩萨手中	初唐	窟有贞观十六年的题记
223	西夏	平底侈口碗	白色	龛内北壁供养菩萨手中	西夏	
225	初唐	Ⅱ式瓶	勾线黑色	东壁北侧南无观世音手中	中唐	内插莲花
225	初唐	Ⅱ式瓶	勾线黑色	东壁南侧南无观世音手中	中唐	内插莲花

窟号	年代	器型	颜色和纹饰	出现位置	壁画年代	备注
231	晚唐	盘	口沿褐色，上有天蓝圈点	西壁南侧普贤菩萨手中	晚唐	
231	晚唐	盘	口沿褐色	西壁北侧文殊菩萨手中	晚唐	
232	晚唐	Ⅰ式碗	口沿褐色	西壁南侧普贤菩萨手中	晚唐	
237	晚唐	Ⅰ式碗	口沿褐色，有蓝色圈点纹	北壁东侧天请问经变—菩萨手中	晚唐	
237	晚唐	Ⅰ式碗	口沿褐色，有蓝色圈点纹	北壁中间药师经变—菩萨手中	晚唐	内插莲花
237	晚唐	Ⅰ式碗	口沿褐色，有绿色圈点纹	西壁南侧普贤菩萨手中	晚唐	内插莲花
272	盛唐	Ⅱ式瓶	口沿、圈足褐色，器身浅蓝，有三个褐色乳钉	北壁西方净土经变南侧菩萨手中	盛唐	
272	盛唐	Ⅰ式碗	口沿褐色、器身天蓝	南壁光无量寿经变东侧菩萨手中	中唐	
306	西夏	Ⅲ式碗	浅蓝色	西壁供桌前	西夏	口径 26 厘米，高 17 厘米
306	西夏	Ⅲ式碗	勾线黑色	南壁供桌前	西夏	高 25 厘米，口径 33 厘米

续表

窟号	年代	器型	颜色和纹饰	出现位置	壁画年代	备注
306	西夏	Ⅲ式碗	绿色	东壁供桌前	西夏	高 15 厘米, 口径 23 厘米
307	西夏	钵	灰色	甬道南壁药师手中	西夏	口径 6 厘米, 腹径 8 厘米, 高约 5 厘米
308	西夏	Ⅲ式碗		东壁经变供桌前	西夏	口径 25 厘米, 高约 15 厘米
308	西夏	Ⅲ式碗	天蓝	西壁经度供桌前	西夏	口径 24 厘米, 高约 15 厘米
308	西夏	Ⅰ式碗	天蓝	南壁西侧菩萨手中	西夏	口径 8 厘米, 高约 6 厘米, 手长约 12 厘米
322	盛唐	盘	白色	南壁说法图西侧菩萨手中	盛唐	窟中有圣历元年的榜题
322	盛唐	钵	白色	西壁龛下南起第一供养菩萨手中	盛唐	窟中有圣历元年的榜题
322	盛唐	钵	浅蓝色	西壁龛下北起第六供养菩萨手中	盛唐	窟中有圣历元年的榜题
322	盛唐	钵	黑色勾线	西壁龛下北起第三个供养菩萨手中	盛唐	窟中有圣历元年的榜题
322	盛唐	盘	黄色	西壁龛下南起第四供养菩萨手中	盛唐	窟中有圣历元年的榜题
325	西夏	杯		北壁经变一胁侍菩萨手中	西夏	
328	盛唐	Ⅰ式碗	白色	东壁南侧菩萨	西夏	

窟号	年代	器型	颜色和纹饰	出现位置	壁画年代	备注
333	初唐	Ⅲ式瓶	器身发黑，可能原来是白色	东壁南侧一僧手中	初唐	
334	盛唐	钵	白色	龛内北壁维摩诘经变一僧手中	盛唐	
336	晚唐	Ⅰ式碗	口沿褐色	北壁弥勒经变一胁侍菩萨手中	晚唐	
369	中唐	Ⅰ式碗	口沿褐色，器身浅蓝，有绿色圈点纹	南壁东侧的经变中西侧胁侍菩萨手中	中唐	
369	中唐	Ⅰ式碗	口沿褐色，器身浅蓝，有绿色圈点纹	南壁东侧的经变中东侧胁侍菩萨手中	中唐	
369	中唐	Ⅰ式碗	口沿褐色，器身浅蓝，有绿色圈点纹	南壁中央西方净土经变中一胁侍菩萨手中	中唐	
375	隋	盘	勾线白色	北壁说法图中一胁侍菩萨手中	隋	
386	隋	杯	褐色勾线	南壁西方净土经变中一胁侍菩萨手中	中唐	
386	隋	Ⅰ式碗	口沿褐色，上有花纹	西壁观音菩萨手中	中唐	

窟号	年代	器型	颜色和纹饰	出现位置	壁画年代	备注
386	隋	Ⅰ式碗	口沿褐色，有浅蓝圈点纹	北壁东方药师经变中一胁侍菩萨	中唐	
394	隋	Ⅱ式碗		北壁说法图中阿难手中	隋	
400	西夏	Ⅲ式碗		北壁经变供桌上	西夏	内盛花
401	初唐	盘	浅蓝	北壁一菩萨手中	初唐	口沿上有六个褐色圆纽装饰
445	盛唐	Ⅱ式碗		南壁西方净土经变中一胁侍菩萨	盛唐	内插莲花
446	盛唐	钵	黑色勾线，有圈点纹	西壁北侧一药师手中	盛唐	
446	盛唐	盘	黑色勾线	南壁西方净土经变中一供养菩萨手中	盛唐	内盛花

附表二　壁画玻璃器皿排比表

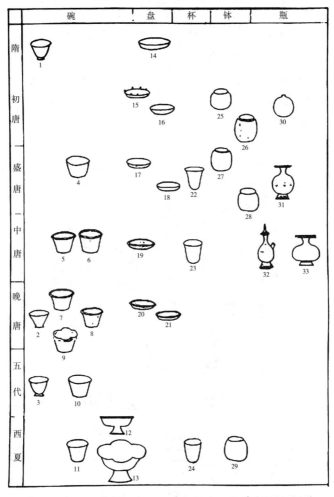

1. 碗（K375）　2. 碗（K25）　3. 碗（K61）　4. 碗（K130、445）
5. 碗（K112、156、177、272）　6. 碗（K26、112、369、386）　7. 碗
（K12、14、18、85、129、156、196、197、202、232、336）　8. 碗（K200、
237）　9. 碗（K12）　10. 碗（K33、99）　11. 碗（K223、308、328）

12. 碗（K400）　13. 碗（K306、307、308）　14. 盘（K375）　15. 盘（K401）　16. 盘（K57）　17. 盘（K217）　18. 盘（K218、322、446）　19. 盘（K159）　20. 盘（K117、231）　21. 盘（K156、231）　22. 杯（K31）　23. 杯（K188、199、386）　24. 杯（K325）　25. 钵（K57、220）　26. 钵（K220）　27. 钵（K218、322、334）　28. 钵（K446）　29. 钵（K307）　30. 瓶（K333）　31. 瓶（K272）　32. 瓶（K199）　33. 瓶（K225、177、201）

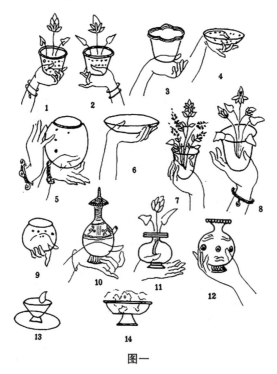

图一

1. 2. 碗（K200）3. 碗（K12）4. 盘（K217）5. 钵（K220）6. 盘（K57）7. 杯（K188）8. 杯（K199）9. 钵（K446）10. 瓶（K199）11. 瓶（K225）12. 瓶（K272）13. 碗（K61）14. 碗（K400）

图二:菩萨手持玻璃碗(K26)　　　图三:菩萨手持玻璃碗(K14)

图四:供桌前置一高足大碗(K306)　图五:南无越三界菩萨手持玻璃盘(K332)

图六：胁侍菩萨手持玻璃盘（K322）　　图七：菩萨手持玻璃盘（K401）

图八：药师佛手持玻璃钵（K220）　　图九：僧侣手持玻璃瓶（K322）

（原载于《敦煌吐鲁番文献研究论集》，
北京大学出版社，1983年）

中国的早期玻璃器皿[*]

　　近几年来，人们对我国玻璃制造史越来越感兴趣。国内外学术界以春秋战国的玻璃珠璧为对象，对中国玻璃起源问题进行了多方面的探讨，也对中国晚期（清代）玻璃进行过一些研究，但是对西汉至北宋的中国早期玻璃器皿，还停留在对个别器物的孤立描述分析上，缺乏综合研究。玻璃发展史上的几个很重要的问题，如我国最早的玻璃器皿始于何时，我国什么时候开始掌握吹制技术，我国历史上存在不存在钠钙玻璃等问题，都有待进一步研讨。1949年后各地陆续出土了一批西汉至北宋的玻璃器皿，初步具备了从考古实物方面研究这段时期的玻璃器皿的条件。

一、我国早期玻璃器皿的发现

　　我国对玻璃这一材料有多种称呼，考古报告中常常根

---

* 本文是作者的研究生（1982届）毕业论文，在宿白导师的指导下完成。

据其透明度分别定名为"玻璃"、"琉璃"和"料器"。一般把透明度较好、与现代玻璃相似的称为玻璃,把透明度差的称为琉璃,把色彩鲜艳的小件器物称为料器。三种名称并没有统一标准,使用较混乱。至于我国古文献中,玻璃的名称更是繁多,同一时代往往有几种不同名称,同一名称在不同时代所指的又有所不同。目前还不能将出土的器物材料与文献记载的名称完全统一起来,在这种情况下,还是采用该材料的现代名称——玻璃比较合适。本文将符合玻璃定义[①]的材料,不论原报告使用何名称,统一称为玻璃。

新中国成立后三十余年来,各地陆续出土了一批早期玻璃器皿,有关材料散见于各考古发掘报告或简报。本文收集48处187件早期玻璃器皿的材料,按大致时间顺序,汇集成表(附表一)。这些玻璃器皿都是发掘品,有可靠的出土地点。一部分器皿与有纪年的器物共出,年代可靠;另一部分器皿有考古地层、墓葬形制及共出器物等作参证,年代也比较可靠。这些器皿中约有160件基本完整或破碎复原,有9件是可以推测其器形的器皿残片,剩下的虽然不能推测其器形,但根据残片的弧度,可以肯定是玻璃器皿的残片。

新疆的材料有必要单独考虑。丝绸之路上的早期玻璃器皿碎片很多,1949年前外国探险家曾采集不少[2][3]。

---

① 玻璃是熔融、冷却、固化的非结晶无机物。见[1]。

新中国成立后自治区博物馆和考古所都做了大量工作,采集、发掘了很多玻璃残片。承蒙自治区博物馆和考古所协助,作者看到采集或出土的各种玻璃器皿残片共20余件。新疆的材料与内地不同,多是采集品,年代不太确切,有些残片的年代可能已超出本文讨论的范围,但是这些材料出自丝绸之路,为我们研究玻璃商品及技术输入我国的道路提供了重要证据,因此这批新疆的材料也是本文的研究对象。

对我国早期玻璃器皿的研究必须建立在合理的分类上,而合理的分类又必须依靠准确可靠的材料。遗憾的是,一般考古发掘报告对出土玻璃器皿的描述较为简单,从中不能得到玻璃质料及制造工艺的确切资料。为了掌握这批材料,笔者对104件玻璃器皿做了实物考察。玻璃的成分对搞清玻璃来源及性质有重要的指示作用,而我国古代玻璃作过组成成分分析的很少,尤其是玻璃器皿。最近几个单位对这批材料中的31件完整器物和21件残片的成分作了定性或定量分析,其结果见本期的《中国早期玻璃器检验报告》(附本文末)。本文在研究中利用了这一批资料,为便于查对,引用时用括号标出该报告的样品编号。

通过对这批材料的器形、纹饰、工艺及其成分的研究比较,发现自汉代到北宋我国一直存在着两类不同系统的玻璃器皿。一类玻璃器皿的器形有我国的传统特征,在同时期的陶瓷器或漆器中可以见到相似器形,而且这类玻璃工艺自成体系,从早到晚有继承发展的关系。另一类玻璃器皿的器形在我国出土物中罕见,与同时期的中国器物的器形和工艺没有明显的渊源关系,而相同或相似的玻璃器皿在国外有所发现,年代也比较接近。这两种不同类型的玻璃器皿,反映了两种不同的来源,国产和进口,这与历代文献上所记载的我国玻璃器皿的生产和输入情况相一致。

本文对这批玻璃器皿逐一考察,以期通过科学的方法进行正确的归类。在此基础上对我国西汉至北宋玻璃器皿的生产及有关问题进行初步探讨。

二、我国早期玻璃器皿的分类

我国出土的早期玻璃器皿分进口、国产两部分,还有一些玻璃器皿由于资料不全,目前还不能确定其归属,暂列在来源未定部分。

(一)进口玻璃器皿

我国西汉至北宋这一期间,地中海沿岸及伊朗高原先后出现了几个世界性的玻璃生产中心,我国与这几个玻璃中心都有着一定的贸易往来。我国进口玻璃器皿包括罗马玻璃、萨珊玻璃和伊斯兰玻璃三部分。

1. 罗马玻璃

罗马玻璃一般是指公元前 1 世纪到公元 5 世纪广大罗马帝国领域中的玻璃产品。西罗马灭亡之后到阿拉伯帝国兴起之前地中海东岸的玻璃产品也可以视为罗马玻璃。公元前1世纪,罗马帝国征服了地中海沿岸,希腊世界的两个玻璃中心——腓尼基、叙利亚海岸和埃及的亚历山大地区,先后落到罗马手中。也正在这个时候,玻璃生产发生了一场大革命,发明了吹制法,大大简化了生产,降低了成本,使先前一直是罕见昂贵的玻璃器变成了地中海地区的常见物品。罗马玻璃繁荣发展之际,我国正处在两汉魏晋南北朝时期。我国出土的这个时期的玻璃器皿中,有一些比较典型的罗马玻璃,分别描述如下。

(1)搅胎玻璃钵残片(图1)

江苏邗江甘泉二号汉墓出土[4]。此墓的年代推测为公元67年。墓中出土的玻璃器皿只剩三块残片,为紫红色和乳白色相间的透明体,外壁有模印的辐射形竖凸棱作为装饰。

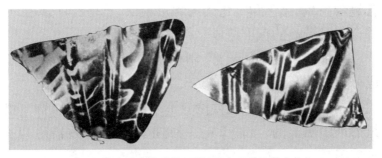

图1　搅胎玻璃钵残片(邗江甘泉二号汉墓出土)

遗存的这三块玻璃残片,复原的器形是钵。这种带竖凸棱条装饰的平底钵的器形在我国很罕见,而在公元前后

1世纪的地中海沿岸非常流行①。

　　此种玻璃采用搅胎装饰技法,即将熔融的紫红色透明玻璃液和白色半透明玻璃液混合起来,经过一定的搅拌,再灌模成型。成品产生了类似大理石花纹的艺术效果,非常美丽。掌握这种技法并不容易,首先两种不同颜色的玻璃一定要选热膨胀系数相同的,否则成品易破裂;其次还需要按一定规律搅拌,才能达到仿大理石纹路的艺术效果。公元前后罗马领地的玻璃匠经常采用这种技法,他们爱用的两种颜色多为蓝和白、褐和白、紫红和白,甚至还有用三种或四种不同颜色玻璃熔融在一起的。在搅拌方法的应用上,他们也是得心应手的,成品的纹路千姿百态。我国出土的玻璃器皿中只有这件采用搅胎技法,以玻璃残片的质量来看,出自纯熟掌握此种技法的工匠之手。

　　该残片经化学分析(样品3),为钠钙玻璃,氧化铝的含量较高,氧化钾和氧化镁的含量很低,不超过百分之一,符合罗马玻璃的标准组成。

　　此件玻璃残器的器形、制作方法、装饰手法及其主要成分,都与罗马帝国的同类产品相似,年代上也相符。与此很相似的一件器皿现存伦敦不列颠博物馆,是英国1世纪遗址中出土的[6](图2)。因此把这件玻璃残器定为罗马玻璃。

---

① 国外研究认为这种竖凸棱条装饰的钵在公元前1世纪末首先出现于意大利,很快传播到整个罗马世界,到公元1世纪中叶成为很常见的器形,公元1世纪末以后,这种类型的钵就消失了。见[5]。

图 2　搅胎玻璃钵(英国 1 世纪遗址出土)

（2）筒形磨花玻璃杯

南京象山七号墓男棺前端出土一件完整的磨花筒形杯(图3)。玻璃杯壁附着一层白色风化层[①]，玻璃无色透明泛黄绿色，气泡较少较小。直桶形，圜底。口缘下及底上磨有椭圆形花瓣纹，腹部有七个大椭圆形纹。同墓左侧女棺前端也出土一件玻璃杯，可惜已被压碎。从碎片来看，与男棺前端的完整器的器形、质料相似，颜色稍深，呈浅黄褐色[8]。

象山七号墓位于东晋门阀豪族琅琊王氏家族墓地内，发掘者推测是东晋初年王廙的墓葬。如果这个推断无误，这两只玻璃杯的年代可定为公元 322 年之前。值得注意

①　古代玻璃由于化学稳定性差，在长期受潮湿空气、雨水或地下水的侵蚀后，其表面分解变质形成风化层，这种风化层的颜色和化学组成与原玻璃不同，一般钠钙硅玻璃的风化层质地疏脆，起层，容易层层剥落，而铅玻璃的风化层不起层。各考古报告中对古代玻璃这种现象的描述术语不很统一，有的称之为白垩层，有的称之为银片，笔者认为称风化分解层，简称风化层比较合适。见[7]。

图 3　磨花筒形玻璃杯(南京象山七号墓出土)

的是,南京附近的东晋大墓中多次出土过这种质料很好的磨花玻璃,如南京石门坎六朝早期墓出土的多块玻璃残片①,南京大学北园东晋墓出土的玻璃片[10]和南京北郊东晋墓出土的浅黄绿玻璃片[11]。后两处出土的残片(样品6、7)成分相似,主要为硅、钠、钙,钾和镁的含量都比较低。值得重视的是,铁的含量很低,说明原材料经过精选;含有微量的锰,采用了二氧化锰作为脱色剂和澄清剂,这些都反映了玻璃制造水平之高。这批南京出土的磨花玻璃器的器形、工艺和成分均相似,说明来源可能相同。这种筒形杯的器形,不是我国的传统器形,而在罗马玻璃器

---

① 原发掘者认为"(玻璃残片)似为碗盏品,惟有制作精巧,似近代的机制物,是否后来塌入物未可知"。但是根据南京东晋墓多处出土质量很高的磨花玻璃,原发掘者的怀疑有可能是不正确的。见[9]。

中,却是常见的器形。这批玻璃器采用磨花技法,这种技
法是罗马工匠熟练掌握的[①]。我国出土的早期玻璃器皿
中,采用磨花技法的比较少见,南京东晋墓出土的这一
批磨花器皿是比较集中的。这种杯子及杯子上的图案
和装饰技法都没有在我国同期墓葬的其他质料的器物
中出现,应当考虑这批玻璃杯是从西方进口的。这批玻
璃的成分与德国出土的罗马玻璃相似,尤其和科隆4世
纪墓葬中出土的一块淡绿色透明玻璃瓶的残片成分几
乎完全相同[②]。那时的莱茵河流域是罗马帝国的第二个
玻璃中心。

　　我们选一件器形、装饰技法与南京七号墓的玻璃杯很
相似的罗马杯子作为参照(图4)。这件杯子大概出土于
东地中海地区,是3—4世纪的罗马产品[14]。

　　(3)鸭形器等

　　辽宁北票冯素弗墓(415年)出土五件玻璃器[15]。最

---

① 罗马的工匠不仅能在玻璃器皿表面打磨出花纹图案,而且可以在玻璃器
　皿表面进行人物和动物的雕刻,这种技法的顶峰是制作网状杯或称笼杯
　(diatreta),即把厚壁的玻璃杯透雕为两层,内层为薄壁的杯,外层为玻璃
　网格,几个很细的玻璃柱将两层联系在一起。这种精巧的玻璃杯,在现
　代化的今天也很难仿制。见[12]。

② 科隆墓葬出土的透明罗马玻璃残片的化学成分为:

SiO_2	Al_2O_3	Fe_2O_3	MnO	CaO	MgO	Na_2O	K_2O
68.10	2.31	0.63	1.52	6.87	0.84	18.61	0.95

　　这块玻璃片淡绿色透明,是瓶子的颈部,由于同墓葬出土了一枚君
士坦丁的钱币,这块玻璃片被认为是4世纪的产品。见[13]。

图 4　罗马玻璃杯 (地中海 3—4 世纪)

使人感兴趣的是鸭形器 (图 5) , 淡绿色透明, 外附白色风
化层, 部分地方有蓝紫色的虹彩①。横长身, 张扁嘴如鸭,
长颈鼓腹, 细长尾。颈腹部用玻璃条盘卷作出装饰, 颈部
为三角纹, 背上粘出双翅, 腹下粘出折线的双足, 腹底粘一
个平整的玻璃饼, 使圆腹得以放置平稳。

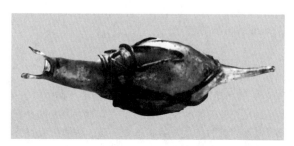

图 5　玻璃鸭形器 (冯素弗墓出土)

鸭形器是无模自由吹制成型的。从玻璃炉中挑出玻

---

① 　虹彩 (iridescent) , 古代玻璃由于表面风化而产生的一种薄膜干涉现象,
　玻璃界一般将这种光干涉现象称作虹彩现象或虹彩。见 [7] , 第 334 页。

璃料,经过多种多样的工序,一直到吹成为止,都要求有很
高的技术。吹制出这种造型复杂的鸭形器,需要更高的技
术。这种动物造型的玻璃器皿在我国仅出土了这一例,国
外也比较少见。公元1—2世纪地中海地区流行一种鸟形
玻璃器①(图6),与这件鸭形器在造型上有相似之处。

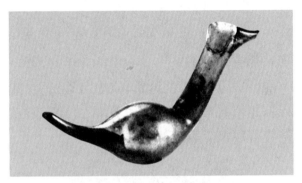

图6　鸟形玻璃器(公元1—2世纪地中海地区流行)

　　鸭形器的装饰是在玻璃熔炉前完成的。玻璃器成型
后,又从炉中挑出玻璃料拉成玻璃条,在玻璃条冷却之前
缠绕在器身上作为装饰,这种装饰手法也是罗马玻璃经常
采用的。阿富汗伯格拉姆遗址中发现了一大批2—3世纪
罗马高级玻璃器,其中鱼形器的成型、装饰技法都与这件
鸭形器相似②。另外罗马时期的莱茵河流域也有相似

---

①　见[14],第205页。
②　伯格拉姆出土的这两件鱼形器可能是香水瓶,同遗址还发现很多鱼形玻
　　璃瓶的碎片。一般认为这种瓶子起源于埃及,在罗马时期很流行,公元1
　　世纪的相似产品已在欧洲各地发现。也有一些人认为这种类型的东西
　　是3世纪以后才生产的。见[16]。

产品[17]。

除鸭形器外,其他四件玻璃器是碗、杯、钵和残器座。碗的质地光洁明彻,闪淡绿色,有虹彩现象。口微收向内卷沿,玻璃条缠圈足,底部有疤痕。这是在加工过程中把底部先粘在铁棒的顶部,加工完毕后去掉铁棒,底部就留下疤痕。

杯一件,深翠绿色透明,质地纯净,色泽鲜丽,侈口,圆唇,凹底,底部有疤痕。

钵一件(图7),淡绿色透明,质地与透明度略逊于碗。口沿部与碗相似,也是向内卷沿,圜底,因底部残缺较多,看不清是否有疤痕。有虹彩现象。

图7　玻璃钵(冯素弗墓出土)

残器座一件,玻璃的质料颜色与钵相似,有可能与钵原是同一件器物。

这四件玻璃器皿的工艺相似,都是无模吹制成型,采用了铁棒技术,口沿内卷成环状,这些工艺都是罗马时期常用的玻璃工艺。玻璃的熔制水平较高,尤其是碗和杯,气泡和杂质都很少,透明度好。从器形上看,碗的器形不太典型,国内外都有;杯的器形国内罕见,罗马时期的地中海沿岸常见;如果钵和残器座是同一件器物的话,就是一件高足杯。高足杯是罗马玻璃的常见器形。

　　冯素弗墓出土的五件玻璃器中,只有残破复原的钵作了成分分析(样品9),是钠钙玻璃,与罗马玻璃的基本组成相似,只是钾镁的含量略高。

　　总之,这五件玻璃器皿可归入罗马玻璃器,它们的具体产地还有待于进一步研究。

　　(4)波纹碗等

　　河北景县封氏墓群出土四只玻璃碗,现存二只,一为封魔奴墓中出土,一为祖氏墓中出土[18]。祖氏墓出土的淡绿色波纹碗非常精致,内外壁附着白色风化层,腹部缠贴三条波浪纹作为装饰,每条波纹有十个波峰,三条波纹互相衔接形成网目纹。口沿内翻卷成圆唇,底部缠玻璃条成矮圈足,底部有疤痕。这件玻璃碗的口沿、圈足、缠玻璃条的装饰手法均与冯素弗墓出土的玻璃器相同,不同的是,此件碗的器形更规整,器壁很薄,约0.2厘米,内壁很光滑,外壁有明显的水平纹理,说明采用的是模吹成型工艺。模吹成型即用吹管把料泡吹成适当形状和大小的时候,放入模子里吹制成型,冷却后自模子中取出。因此模吹的器皿比无模自由吹制的器皿更为规整。内壁是自由表面,很光滑。外壁与模子接触,由于料泡放进模子的同时还要不停地旋转,所以外壁往往有水平纹理。这件碗的外壁纹理比较明显,说明模子的材料较粗糙,可能是陶土制的。地中海地区玻璃模吹的历史很悠久,公元前 1 世纪吹制技术刚刚发明时,就采用了这种模吹技术。

这件玻璃碗经 X 荧光定性分析是普通的钠钙玻璃,与罗马玻璃的一般组成相符。

装饰技法与祖氏墓波纹碗相似的玻璃器国外发现较多,黑海北岸 5 世纪的罗马遗址出土过许多波纹、网纹玻璃残片,南俄还出土过一件完整的波纹高足杯[19],制造工艺和装饰技法与祖氏墓的波纹碗很相似。另外朝鲜半岛庆州的瑞凤冢[20]及皇南洞 98 号古坟[21](三国时代新罗,5—6世纪),也出土了风格相似的波纹玻璃杯。我国和朝鲜出土的这些玻璃器皿,可能都来源于罗马时期的黑海北岸。

封魔奴墓出土的玻璃碗(图 8),残破复原,绿色透明,风化较严重,风化层呈金黄色,风化层剥落处的表面凹凸不平,有虹彩现象,玻璃的气泡较多,直口圆唇,腹部有一

图 8　玻璃碗(封魔奴墓出土)

道细阳弦纹,矮圈足,底部有疤痕。

　这件碗是无模自由吹制成型,圈足及腹部的弦纹都是缠绕热玻璃条而成,与冯素弗墓出土的淡绿色玻璃碗的制作工艺相似,不同的是此件碗的口沿没有内卷,而是将口沿火烧成圆唇。X荧光分析其主要成分(样品10)与祖氏墓波纹碗的成分相似,不同的是此碗中含有较高的锡。朝鲜庆州瑞凤冢除了出土一件波纹杯外,还出土了两件蓝玻璃碗(图9),器形与封魔奴墓出土的碗非常相似,只是颜色不同。瑞凤冢的蓝玻璃碗最近也作了X荧光分析①,从分析结果来看,属于一般钠钙玻璃,值得注意的是也含有一定量的锡。封魔奴墓与瑞凤冢出土的玻璃碗器形和成分上的相似,说明它们的来源相同,可能都是罗马玻璃。

图9　玻璃碗(朝鲜庆州瑞凤冢出土)

　除以上几件比较典型的罗马玻璃之外,我国出土的早期玻璃器皿中还有一些可能是罗马玻璃。广州横枝岗西

① 瑞凤冢的蓝玻璃碗的X荧光分析是:Cu+,Sn+,Fe++。引自[22]。

汉中期墓（M2061）出土的三件玻璃碗[23]，有可能是我国出土的最早罗马玻璃器皿。三件碗的器形、颜色完全相同，都是深蓝紫色，模制成型，外壁及口沿经过打磨，口沿下的阴弦纹也是磨花，磨得不很规整，这种风格很像地中海南岸的罗马玻璃中心公元前1世纪的产品。其中一只碗经定性分析（样品1），是钠钙玻璃。

贵县出土的东汉墓玻璃碗（图10），现存中国历史博物馆。从实物来看，是模压成型，成型后经过抛光，淡绿色透明，表面经风化变乌。经X荧光分析，为一般钠钙玻璃（样品2），与罗马玻璃成分相符。此外广西东汉墓葬中多次出土玻璃器，如玻璃碗、玻璃托盏[24]，可能也是罗马玻璃。

图10　玻璃碗（广西贵县出土）

从我国早期玻璃器皿的工艺比较表上（附表二），可以看出我国出土的罗马玻璃的基本特点。玻璃成分是普通硅酸盐玻璃，即钠钙玻璃，与现代玻璃无太大差异。玻璃的质量一般较好。玻璃器皿多采用型压、无模吹制或有模吹制成型。器皿的装饰手法比较多样，有搅胎、型压、玻璃条的堆贴和磨花。罗马玻璃的器形多种多样,其口沿和底部有一些共同特点,口沿多折卷成环状,烧口成圆唇,或磨成平唇等方式,底部有圜底、凹底和圈足几种,底部中心多有加工时遗留的疤痕。

2. 萨珊玻璃

萨珊玻璃是指萨珊王朝(226—651年)时期伊朗高原生产的玻璃器。萨珊玻璃是受罗马玻璃的影响发展起来的,又有着自己的独特风格。

我国出土的萨珊玻璃器皿主要有以下几件:

(1)磨花玻璃碗

湖北鄂城五里墩 M121 出土一磨花玻璃碗[①],根据该墓葬的形制和共出器物,推断为西晋墓(265—316年)。玻璃残片无色透明,稍泛黄绿色,透明度好,有小气泡,尚未复原。根据此残片可以想象复原为圜底玻璃碗,球腹圜底,口沿外翻成侈口,平唇。腹部有三排磨花,磨花为椭圆形稍内凹的小平面,靠近底部的一排为八个磨花,上二排数目不清,底部也有一圆形内凹的磨花。口沿下有两条细阴弦纹,第一、二排磨花之间也有一条较宽的阴弦纹。

这种器形的玻璃碗在我国只出土了这一件,可是在伊朗高原吉兰省的3—7世纪的墓葬中却出土了一大批。另外日本橿原千冢126号墓[25](4世纪末)也出土了一只磨

---

① 根据湖北鄂城博物馆发掘资料,此碗已收入即将出版的《鄂城六朝墓》一书(于2007年由科学出版社出版——作者补注)。

花碗。器形、工艺、装饰法与鄂城玻璃碗完全一样,不同的是鄂城西晋墓的碗口沿被磨平,而千冢 126 号墓的碗口沿经火烧成圆唇(图 11)。这种玻璃碗按壁的厚薄分为两型,鄂城碗和千冢 126 号墓碗都属于薄壁型,是无模自由吹制成型的。对于这种圆形磨饰的玻璃碗,日本学者已作了详尽的研究,认为是伊朗高原吉兰省 3—7 世纪的产品,并得到世界学术界的公认。鄂城西晋磨花碗的残片经化学分析(样品 5),其成分与日本橿原千冢 126 号墓的磨花碗的成分几乎完全一致①。千冢碗与东京大学伊朗伊拉克遗迹调查团在伊朗高原采集的同类型碗的残片都做过

图 11　玻璃碗(奈良橿原千冢 126 号墓出土)

---

① 　千冢 126 号墓碗与鄂城碗的化学成分比较:

	SiO$_2$	Al$_2$O$_3$	CaO	Na$_2$O	K$_2$O	MgO	Fe$_2$O$_3$	MnO$_2$	CuO	P$_2$O$_5$
鄂城碗	64.22	1.64	9.19	17.51	3.59	3.21	0.57	0.04	0.02	
千冢碗	65.5	1.36	8.43	14.2	3.10	4.81	0.65	0.04		0.65

　千冢碗的数据引自[25],第 82 页。

原子吸收法来比较成分,结果是相近的①。这进一步证明
了这种类型的玻璃碗是萨珊玻璃。

鄂城 121 号墓是西晋墓葬,其年代不会晚于 4 世纪
初,因此这件玻璃碗是最早输入东方的萨珊玻璃之一。

（2）细颈瓶（图 12）

图 12　细颈瓶（洛阳关林 M118 唐墓出土）

河南洛阳关林 M118 唐墓出土②。玻璃为翠绿色透
明,外附厚风化层,风化层呈金黄色。细颈,球腹,微凹底。

---

① 　千冢碗与伊朗出土的同类型碗残片的成分比较:

	SiO_2	Al_2O_3	Fe_2O_3	Na_2O	K_2O	CaO	MgO	MnO
千冢碗	62	1.5	0.57	13	4.1	8.4	5.7	0.03
1	60	2.3	0.87	14	5.1	7.4	5.3	0.03
2	60	1.2	0.39	14	3.8	8.8	8.5	0.50
3	59	1.3	0.47	14	3.5	8.4	7.0	0.33

　　1 为薄壁磨花残片,黄色;2 厚壁磨花残片,与 1 同时出土;3 厚壁磨
花残片。引自[25],第 86 页。

② 　河南洛阳市文管会发掘资料。

　　这件玻璃瓶的造型较简单，无纹饰，无模自由吹制成型。这种细颈瓶是叙利亚海岸罗马后期和伊斯兰初期普通的香水瓶，伊朗高原吉兰省3—7世纪的萨珊玻璃器中也多有发现，《波斯玻璃》一书选载的一件细颈瓶[26]（图13）和关林唐墓细颈瓶几乎一模一样。关林唐瓶的残片作了化学分析（样品19），属于钠钙玻璃。从镁和钾的含量较高来看，与萨珊玻璃的成分更为接近，因此这件玻璃瓶可能是萨珊玻璃。

图13　细颈瓶（伊朗吉兰省）

　　1949年以前洛阳附近的墓葬中也出土过相同器形的玻璃瓶，后流失国外，现存加拿大安大略皇家考古馆[27]，经检验也是钠钙玻璃。该玻璃瓶可能与关林唐墓的细颈瓶一样，同来源于7世纪的伊朗高原。

　　（3）凸圈纹玻璃杯

　　西安何家村8世纪前后的窖藏中出土了一件凸圈纹玻璃杯[28]（图14）。平底侈口，口沿外翻卷成圆唇，口沿下有一阳弦纹,腹部有八组纵三环纹。玻璃无色透明,稍泛黄绿色。

图14　凸圈纹玻璃杯(西安南郊何家村窖藏)

　　日本正仓院保存着一个 7 世纪的蓝色环纹高柄杯[29],足柄是银制的。朝鲜庆州松林寺砖塔出土了一件环纹玻璃杯[30],虽然在器形上与何家村窖藏玻璃杯不一样,但工艺及装饰手法是类似的,都是吹制成型,并在器壁上用热玻璃条缠出环纹作为装饰。这一批玻璃器可能都是来源于伊朗高原,这样何家村窖藏的玻璃杯的年代有可能提早到 7 世纪初①。日本正仓院的蓝玻璃高柄杯为钠钙玻璃[31]。

　　虽然我国出土的萨珊玻璃器皿并不很多,但日本传世和出土的萨珊玻璃却不少。据日本学者研究,除上述橿原千冢 126 号墓出土的刻花玻璃碗和正仓院藏蓝玻璃高柄

————————————

①　何家村窖藏的埋入时间一般认为是 8 世纪末,但内含器物非常复杂,其中有 7 世纪初的东罗马金币和 6 世纪末、7 世纪初的波斯银币。参见[28]。

杯外,正仓院藏的 4—5 世纪的白琉璃碗、西琳寺出土的白
琉璃碗及冲之岛 8 号祭祀遗址出土的玻璃碗残片等都是
萨珊玻璃[1]。萨珊玻璃是通过我国传入日本的,已为大家
公认。

我国及日本、朝鲜出土的萨珊玻璃器皿的特点是:玻
璃的成分、成型工艺等都受罗马玻璃的影响,在器皿的器
形和装饰上却有着自己的风格,不论是磨花工艺,还是缠
贴玻璃条工艺,都喜欢在器皿的外壁装饰出圆形饰或环形
饰,这可能是萨珊文化中的联珠纹在玻璃器皿上的反映。

3. 伊斯兰玻璃

伊斯兰阿拉伯 7 世纪兴起,很快占领地中海东岸和伊
朗高原两个玻璃中心。伊斯兰玻璃在工艺和器形上直接
继承了罗马和萨珊玻璃传统。阿拉伯帝国地域广阔,其玻
璃多种多样,到 9 世纪开始形成自己的独特风格。我国出
土的玻璃器皿中有一些比较有代表性的伊斯兰玻璃。

(1)刻花[2]玻璃瓶

河北定县北宋五号塔基中出土一刻花玻璃瓶[32](图
15),无色透明,泛淡蓝色,光洁无锈,透明度好,细颈,折
肩,桶形腹,平底。颈部、腹部和底部都刻有几何形花纹。
这只刻花瓶的器形和几何形的刻花纹饰都是 10 世纪伊斯

---

① 见[19],第 82 页、101 页。
② 刻花和磨花实际上是相同的玻璃冷加工方法,只不过刻花用直径较小的砂
轮,形成的图案线条较细深,磨花用的砂轮直径较大,多形成平面、凹面。

兰玻璃的流行式样。德黑兰考古博物馆现存乃沙不耳出土的 10 世纪的水瓶[33]（图 16），器形和纹饰都与定县五号塔基出土的刻花玻璃瓶相似。

图 15　刻花玻璃瓶（定县五号塔基出土）　图 16　玻璃水瓶（伊朗乃沙不耳出土）

　　相似器形及工艺的刻花玻璃瓶我国还出土了两件。一件出土于浙江瑞安慧光塔（图 17），该塔兴建年代为公元 1034 年[34]。另一件为安徽无为舍利塔基出土（图 18），该塔兴建年代是公元 1036 年[35]。我国出土的三件刻花玻璃瓶中，定县的玻璃瓶年代最早，器形也较大。该瓶经 X 荧光分析（样品 26）是钠钙玻璃，与伊斯兰玻璃成分相符。

　　（2）深蓝玻璃瓶

　　河北定县五号塔基还出土了一件玻璃瓶，深蓝色透明，内外壁都光洁如新。器形比较特殊，细颈，长球形腹，圜底，不能立置（图 19），颈部有旋转的纹路，爆口，未经进

图 17　玻璃瓶(浙江瑞安慧光塔出土)　图 18　玻璃瓶(安徽无为塔基出土)

一步加工。此瓶为无模自由吹制成型,似玻璃器的半成品,有待进一步加工,但是这种深蓝色的细颈长球形腹的瓶子在伊朗 9—10 世纪的乃沙不耳遗址内多次发现[36](图 20)。看来这种瓶子并不是半成品,而是有意加工成这种样子的,用途不易推测。

图 19　玻璃瓶(定县五号塔基出土)　图 20　玻璃瓶(伊朗出土,9—10 世纪)

此瓶经 X 荧光分析(样品 29),是钠钙玻璃,含一定量的钾。

(3)直桶杯

河北定县北宋五号塔基内还出土了两件直桶杯。一件蓝色透明,表面发乌,上腹部有白色风化层,直壁直口平底,口沿部烧口成圆唇,底部有疤痕;另一件为无色透明,透明度好,器形和工艺与前件相同,只是器形较小(图 21、22)。

图 21　直桶杯(定县五号塔基出土)　　图 22　直桶杯(定县五号塔基出土)

这种器形的玻璃杯在我国很少见,瓷器中也无这种器形的器物。这种直桶杯在伊朗戈尔甘的 9—10 世纪的遗址上有出土[①](图 23),不同的是定县塔基出土的直桶杯的壁上没有刻花。

这两件直桶杯作过 X 荧光分析(样品 30、31),都为钠钙玻璃,含有一定量的钾。

———————

① 见[26],图 60。

图 23　直桶杯（伊朗戈尔甘出土，9 世纪）

（4）细颈瓶

河北定县北宋五号塔基还出土了两件细颈瓶，一件直颈，折肩，鼓腹，壁较厚，约 0.3—0.5 厘米，表面较光洁，透明度好，底部有疤痕（图 24）。另一件器形与前件相似，只是壁薄，约 0.1 厘米，凹底，外壁附较多白色风化层。

图 24　细颈瓶（定县五号塔基出土）

这两件细颈瓶与洛阳关林唐墓出土的萨珊玻璃细颈瓶的器形与工艺有一定相似之处，又不完全相似，两种细颈瓶可能有继承发展关系。

与定县五号塔基的细颈瓶非常相似的是日本奈良唐招提寺藏的西国琉璃瓶[37]，一般认为这个瓶子是8世纪鉴真和尚从中国带到日本的,并且认为此瓶带有很浓的萨珊玻璃风格,可能是伊朗高原上伊斯兰玻璃业的早期产品[38]。定县五号塔基出土的细颈瓶有可能与招提寺的西国琉璃瓶来源相同。

这两件细颈瓶作了X荧光分析(样品27、28),同属钠钙玻璃,并含有一定量的钾。

除以上几件玻璃器皿外,定县五号塔基还出土了一件圈足侈口碗(样品32),一件方形瓶(样品34),有可能也是伊斯兰玻璃。

(5)绿色把杯(图25)等

辽宁朝阳姑营子辽耿延毅墓出土[39]。深绿色透明,含有气泡。口微敛,作圆筒状,肩部突出,腹部急收而出假

图25　玻璃把杯(朝阳姑营子耿氏墓出土)

圈足。口与肩部连一扁圆把手,把之上端一角翘立,形若螭首。

　　这种把杯不是我国的传统器形,颇有伊斯兰器物的风格,尤其是把上端的翘首,在伊斯兰 9—11 世纪的金属器、玻璃器和陶瓷器上都能见到,是很典型的伊斯兰器物特征。和这件带翘首的把杯器形很相似的玻璃杯,出土于伊朗高原戈尔甘(图 26)①。日本正仓院藏的白琉璃瓶,把的上端也有这种翘首,也被研究定为伊斯兰玻璃②。

图 26　玻璃把杯(伊朗戈尔甘出土,9 世纪)

　　同墓还出土一件黄色玻璃盘,叠沿外卷,腹壁陡直。此种器形较简单,国内外都能见到。但报告描述该盘"腹

①　见[26]图 69,第 215—216 页。
②　见[19]图 73,第 105 页。

壁作出凹凸均匀之编织纹,酷似柳条筐箩纹样"。我国国产玻璃器中都未见到过这种纹饰,因此黄色玻璃盘有可能和绿色把杯同来源于伊斯兰时期的伊朗高原。

我国出土的伊斯兰玻璃的特点可以归纳为:成分属于钠钙玻璃,含较多的钾,玻璃质量较好。多采用无模自由吹制成型,装饰手法为几何纹刻花,素面器皿也比较多。

(二) 国产玻璃器皿

我国出土的早期玻璃器皿中有相当多的国产品,选部分有代表性的器物,按大致的时间顺序,分别描述如下。

1. 汉代

刘胜墓的玻璃耳杯和玻璃盘(图 27、28)

河北满城汉墓出土。这是迄今为止所掌握材料中最早的国产玻璃器皿。耳杯和盘的玻璃质料相同,都为翠绿色。微有光泽,呈半透明状,晶莹如玉。耳杯的器身椭圆形,两侧有耳,微向上翘,矮假圈足。盘为侈口平折沿,浅腹起棱,假圈足。部分表面附白色风化层,部分表面因腐

图 27　玻璃耳杯(满城汉墓出土)

图 28　玻璃盘(满城汉墓出土)

蚀而凹凸不平。玻璃盘经光谱定性分析,其主要成分为硅和铅,并含有钠和钡[40]。耳杯的化学成分应与玻璃盘的成分相仿。

从器形上看,玻璃耳杯是典型的中国器形,相同器形的漆耳杯,是汉代墓葬中最普遍的器物,而国外没有这种器形的器物。从玻璃的成分来看,这几件器物继承了战国以来独特的中国传统,属于铅钡玻璃系统。玻璃盘和耳杯的制作方法,与当时大量生产的玻璃璧、玻璃带钩相同,都是铸造法,只是工艺上更复杂一些,成型后通体打磨。汉茂陵附近曾发现了直径近一尺的大玻璃璧①。既然西汉能生产这样大型的璧,当然也有能力生产这种玻璃耳杯和盘。

2. 魏晋南北朝

定县塔基的玻璃钵和瓶(图 29)

---

① 出土的玻璃璧深蓝色半透明,面饰谷纹,直径 23.4 厘米,孔径 4.8 厘米,厚 1.8 厘米,重 1.9 公斤。见[41]。

图 29　玻璃钵、瓶(定县北魏塔基出土)

　　定县北魏塔基石函出土七件玻璃器皿[42]，从这一批器皿的玻璃质量与制作工艺来看，可能属于同一个来源，其中制作工艺水平最高的是玻璃钵，天青色透明，气泡较多，表面附白色风化层。敛口圆唇，鼓腹，圜底。器壁比其余六件要厚，约0.2厘米，底部厚0.5厘米。

　　两件玻璃瓶，都是天青色透明，器壁特别薄，约0.1厘米，有密聚的气泡，器壁附白色风化层。小口圆唇，短颈，鼓腹圜底，其中一个有小圈足。葫芦形小玻璃瓶三件，浅蓝色透明，腹作球形，上有长颈，颈口捏弯成短勾状(图30)。残器一件，天青色透明，气泡多，平底，器壁内敛，可能是盂类。

　　这几件玻璃器都采用了无模自由吹制成型，钵的口沿采用了烧口技术，瓶子的口沿似内卷成圆唇，缠贴玻璃条为圈足，这些玻璃技术都是罗马萨珊的传统技术，我国北魏以前出土的玻璃器上从未采用过这些技术，但北魏以后却一直沿用了下去。这几件器物虽采用了西亚的玻璃工

图30　玻璃瓶（定县北魏塔基出土）

艺,但掌握得并不纯熟,七件器物中六件是小型器,器形简单,也不很规整,玻璃含密集的气泡,与西亚的玻璃产品有较大差距。从器形上看,钵是我国传统器形;玻璃瓶的器形与魏晋南北朝时期大量使用的陶罐很相似,只是尺寸上小一些。玻璃葫芦瓶的器形在北魏其他材料的器物中虽没有出现过,但葫芦是我国最早驯化的作物之一[43][44]。河南陕县刘家渠唐墓出土过葫芦形青瓷尊,连云港海清寺宋代塔基中出土了青瓷葫芦瓶[45],浙江瑞安北宋慧光塔基出土了银葫芦瓶[34]。与此相反,国外葫芦瓶的器形很罕见。因此葫芦瓶的器形可视为我国的特有器形,北魏的玻璃葫芦瓶与唐代的细颈球腹的玻璃舍利瓶,及北宋大量出土的玻璃葫芦瓶有继承发展关系。从目前掌握的材料来看,这批玻璃器应为国产品。

3. 隋唐

（1）李静训墓的绿玻璃盒、蛋形器和管形器

西安郊区隋代李静训墓出土了八件玻璃器，全部完整无损，很引人注意[46]。根据玻璃的质料及制作工艺，这八件器物可以分两部分，绿玻璃盒、蛋形器和管形器属于同一类型。

绿玻璃盒一件（图31、32），绿色透明，稍泛草绿，透明度好，内外壁基本光洁无锈。小圆口，圜底，口上有圆形盖，器口及盖口都有磨平痕迹。

图31　玻璃盒与管形器（西安隋李静训墓出土）

图32　玻璃盒（西安隋李静训墓出土）

蛋形器二件（图33），绿色透明，与玻璃盒的颜色质料

基本一致。两蛋形器形状相同,大小各异,中空,较大一端有一孔。大者绕洞孔处有涂金痕迹,小者无涂金,孔亦较细。

图 33　玻璃蛋形器(西安隋李静训墓出土)

管形器一件(图 31),中穿通孔,一端孔径较小,中心处孔径较大,两端有磨平条痕。玻璃为草绿色,质料与绿玻璃盒基本一致。

这四件器物都是无模自由吹制成型,器物底部没有疤痕,说明加工时并没有采用底部粘铁棒技术。盒与管形器都采用了冷磨技术,但未经抛光,磨痕清晰可见。

绿玻璃盒是典型的中国器形,隋代墓葬中多次出土这种器形的瓷盒[47]。李静训墓中也出土了一件器形大小十分相似的白瓷盒①,只是白瓷盒盖上多了一个宝珠形的钮。报告中记此墓还出土了玻璃小珠"五颗,绿色,作宝珠形,下面已断,可能为其他器物之钮饰"②。会不会其中的一个宝珠形钮就是该玻璃盒盖上的钮呢?如果是的话,此玻璃盒与白瓷盒的器形就完全吻合了。

蛋形器的器形非常特殊,国外没有同类型的出土物,

---

① 见[46],第 15 页。
② 见[46],第 23 页。

我国东汉墓葬中曾出土了漆蛋形器[1],密县北宋塔基下也出土了几个玻璃蛋形器[48],因此这种蛋形器应是我国的传统器形。这种蛋形器的用途不好推测,从器形上看,没有什么实用价值。

李静训墓的管形器较长,内外径较细,很像是一支笔杆。日本奈良竜田御坊山3号墓中也出土了一件很相似的玻璃管形器[49],由于与三彩砚一起出土,证实了这种管形器就是玻璃笔杆。西晋陆云文中的"琉璃笔"[50]、北周庾信诗中的"琉璃彤管"[50]可能就是指用这种玻璃笔杆装配成的笔。

玻璃盒及盒盖经X荧光分析(样品13),成分相同,都是高铅玻璃。

(2)李静训墓的玻璃瓶和小杯

蓝色小杯一件(图34左),浅蓝色透明,外附淡蓝色不透明风化层,虹彩现象明显,风化层易剥落。吹制成型,直口,圆唇,后附圈足,底部有疤痕。

图34 玻璃小杯(西安隋李静训墓出土)

---

① 见[23],第354页,图版一一五:4。

　　绿色小杯一件（图 35 右），浅绿色透明，外附白色风化层，风化层致密，不易剥落。器形与制作工艺与上述蓝色小杯完全相似。

图 35　玻璃小杯（西安隋李静训墓出土）

　　无颈瓶一件（图 36），深绿色，质料很粗，多气泡和杂质，透明度不好，厚壁，口沿为玻璃条缠绕成圆唇，平底，底部有一明显凹痕，应是采用铁棒技术留下的疤痕。

　　绿扁瓶一件，绿色透明，玻璃质料较好，气泡和结石都很少，制作工艺精细，吹制成型，玻璃条缠圈足和口沿，器底有疤痕。

图 36　玻璃无颈瓶（西安隋李静训墓出土）

　　这四件器皿的制作工艺相似,都是无模吹制,底部有疤痕,说明加工时曾采用铁棒技术。两件玻璃小杯(样品14、15)及无颈瓶(样品12)经 X 荧光分析,为钠钙玻璃。

　　钠钙玻璃和铁棒技术是西方玻璃的一般工艺特点,隋代以前的国产玻璃器皿没有发现采用过这两项工艺,但是我们并不能仅根据这两点来区分进口玻璃和国产玻璃。随着我国玻璃制造业的发展,有可能采用或引进新技术,尤其在东西文化交流频繁的隋唐,从西方引进新技术的可能性就更大。因此我们必须认真分析每件玻璃器的器形,并从整个工艺水平来考虑该器物的产地。

　　李静训墓玻璃小杯的出土并不孤立,隋代姬威墓就出土了两件器形大小相似的玻璃小杯[52],隋代墓葬中还经常出土相似器形的瓷杯①,李静训墓中与两件玻璃小杯同时还出土了相似器形的镶金白玉杯②。与此相反,国外却没有出土过相似器形的玻璃杯。更值得注意的是,玻璃小杯的尺寸之小(高 2.4 厘米,口径 2.8 厘米),也是国外玻璃器皿中罕见的。国外玻璃器皿多是酒具、食具等实用器物,器形较大,一般碗杯的口径都在 10 厘米以上。在烈性酒发明之前,这样小的杯子是没有什么实用价值的,只可能是观赏品。纵观我国宋代以前的国产玻璃器皿,大多是小巧的艺术观赏品,很少有实用器。所以从玻璃小杯出土的数量、器形及尺寸大小来看,这两件钠钙玻璃小杯很可

---

①　见[47],第 70 页。
②　见[46],第 21 页。

能不是进口品,而是国产品。

　　无颈瓶的器形在国内外的玻璃器皿中都没有发现过。但这种器形与隋代和隋代之前所流行的陶罐却有许多相似之处,只是口更小了;而且我们还可以在宋元流行的瓷梅瓶的器形上找到不少与之相似的地方。这三种不同材料的器物的器形之间虽然有某些差异,但仍可以看出一定的渊源关系。这件无颈瓶质料较粗,含较多的气泡和杂质,颜色较深,表明原料中铁的含量高,没有经过精选,比一般进口的钠钙玻璃质量要差。无颈瓶采用了铁棒技术,但底部铁棒疤痕深凹,反映技术还不熟练。所以无论是从器形还是从工艺水平来看,这件无颈瓶都和国外同类产品有较大的差别,应归入国产品。

　　李静训墓出土的玻璃器皿中,绿扁瓶的质地和工艺水平已接近西亚玻璃,但国外却没有出土过相似器形的玻璃瓶。扁瓶的器形比较特殊,它使我们想起隋代前后中国流行的双耳瓷扁壶,最著名的是安阳北齐范粹墓出土的黄瓷扁壶[53],李静训墓中也出土了一件白瓷双耳扁壶①。我国五六世纪流行的这种双耳扁壶无疑是受伊朗高原1—3世纪的釉陶双耳扁壶的影响,但7世纪初的隋代,西亚早不流行这种扁壶了。所以玻璃扁瓶的出现很可能是受当时国内流行的瓷扁壶的影响,在国内生产的。

　　这四件器皿虽然采用了西亚玻璃的成分和一些工艺,

---

① 见[46],第15页。

但国外没有发现相似器形的产品,而国内可以找到相似器
形的器物。玻璃的质量不很稳定,有高有低,反映了熔制
钠钙玻璃的技术并不纯熟,器皿底部的疤痕也反映了铁棒
技术的使用时间尚短。在这种情况下,应该考虑这批玻璃
器皿是我国生产的。钠钙玻璃和铁棒技术是我国从西亚
引进的新技术。这两项技术在唐宋国产玻璃器皿中还可
以见到。

（3）耀县隋塔基的玻璃瓶（图 37）

图 37　玻璃瓶（耀县舍利石函出土）

陕西耀县仁寿四年舍利塔基石函中出土一绿色带盖
玻璃瓶[54],绿色透明,直颈微侈,球形腹,圈足,盖上有圆
形钮。国外没有出土过相似器形的玻璃器。从器形上看,
该瓶与汉代的壶比较接近,尤其带圆形钮的瓶盖是典型的
东方风格,西方的玻璃瓶很少带盖,更见不到圆形钮。该
瓶的制作工艺与玻璃的质料颜色均与李静训墓的绿玻璃
盒相似,因此这件瓶子可能也是我国生产的。

（4）定县塔基的天蓝色瓶（图 38）

图 38　玻璃瓶（定县五号塔基出土）

　　河北定县北宋五号塔基出土[42]。天蓝色半透明，侈口鼓腹，肩部有一条细阳弦纹，玻璃条缠圈足，底部有疤痕。该瓶作过 X 荧光分析，为钠钙玻璃，并含一定量的铅和铟。该瓶虽出土于北宋塔基，似应归入隋代国产玻璃。主要根据以下几点理由。

　　定县五号塔基共出土了 20 件玻璃器皿，其中 17 件作了 X 荧光分析（样品 23—39），根据成分和器形可以分为两大类：第一类为伊斯兰钠钙玻璃，第二类为国产高铅玻璃，这两类玻璃器皿无疑代表了北宋时的流行器物。但是这一件天蓝色瓶无论从哪方面看，都与上两类器皿找不到相似之处。此瓶（样品 23）成分虽属钠钙玻璃，但与伊斯兰玻璃不同，含较高的铅和铟；此外，伊斯兰玻璃一般含锰作为澄清剂和脱色剂，而此瓶不含锰，呈半透明，反映玻璃熔制水平的差异，两者不能视为同一类产品。从器形上看,此瓶不仅与上两类玻璃器皿不同,而且与宋代其他材料器物的器形以及伊斯兰玻璃流行的器形都没有相似之处。因此,这件天蓝色瓶可能另有来源。

从五号塔基出土的金石铭文可以知道,该塔原建于北魏,后经隋、唐、北宋几次重建,每次重建时都加入新的供奉品。塔基出土物大部分是北宋的,但也有北魏、隋、唐的文物。将这件天蓝色瓶与北魏、隋、唐时期的玻璃器相比较,我们发现此瓶的器形与耀县隋仁寿四年舍利塔基中出土的绿色带盖玻璃瓶的器形非常相似,都像是模仿我国汉代壶的造型;在成分上与隋代李静训墓的两件钠钙玻璃小杯较为接近;工艺上也与李静训墓的钠钙玻璃杯瓶相同,都是无模吹制,玻璃条缠圈足,底部有铁棒技术留下的疤痕,因此这件玻璃瓶有可能是隋代国产玻璃器。

五号塔基下出土的隋代鎏金方形铜函铭文,明确记载隋大业二年重建塔时,做玻璃瓶埋入塔基[①];唐代的石刻铭文记大中三年发旧塔基时,发现塔基内有隋代的琉璃瓶[②]。

①　隋代鎏金方形铜函铭文云:"大隋仁寿三年五月廿九日,静志寺与四部众修理废塔,掘得石函,奉舍利有四,函铭云大代兴安二年十一月五日。即建大塔,更作真金宝碗、琉璃瓶等,上下累叠,表里七重,至大业二年十月八日内于塔内。"见[32],第42页。

②　唐代的石刻铭文云:"……至大中二年四月曰开两寺,即静志、善心。度僧尼各三十人,明年十月,因发弥勒大像于正面,发旧基,得石函二,一大一小,函内有四珉像,金银钗钏,诸多供具,内金函,函中具七珍缭绕。银塔内有琉璃瓶二,小白大碧,两瓶相盛,水色凝结。……其塔中小石塔者,本天祐寺隋塔,有舍利两粒,贮瓶四重,琉璃金银漆,安在小塔顶。旧函中盖上四面厦寄之记。"见[32],第51页。

隋代玻璃瓶如果没有损坏,就有可能继续保存在塔基下。这件天蓝色玻璃瓶恰巧与隋代的玻璃相似,并不偶然,实物与铭文的吻合进一步证明了这件玻璃瓶很可能是隋代的国产钠钙玻璃器。

(5)唐李寿墓玻璃瓶

陕西三原县唐代李寿墓出土了玻璃残片,原简报报导:"玻璃瓶(残),一为淡黄色。一为翠绿色半透明,表面有银白色光彩。"[55]

1981年夏天我在陕西省博物馆看到李寿墓玻璃残片,残片的器壁很薄,仅1毫米。经核对,发现是三件不同腹径、不同颜色的玻璃器残片。一为淡黄色透明,外壁附白色风化层,器口残破,颈径约为3毫米,底部残缺。一为翠绿色透明,外壁附着黄白色风化层,圜底,底中心有一小尖,上腹部及颈部都残缺。另一个为淡黄色不透明,颈部与腹部都残缺。

这三件薄壁的小玻璃器的残片中没有发现口沿的残片。根据残片内壁光洁如新,色泽鲜艳,而外壁附厚厚风化层,可以判断这种玻璃瓶的器口很小,甚至可能是封闭的,瓶内空气与外界不流通,所以未起化学变化,保持了原来的色泽。瓶子的腹径很小,三个瓶子中最大的腹径2.7厘米,这样小的薄型瓶子恐怕没有什么实用价值,可能是观赏品或器物的器钮。

翠绿色玻璃残片经化学分析(样品16),是高铅玻璃。

(6)唐李泰墓黄玻璃瓶

唐太宗的第三个儿子李泰被贬后,永徽三年(652年)葬在湖北郧县。他的墓中出土四件玻璃器皿[1],其中两件是矮颈玻璃瓶,黄色透明,透明度好,表面附不透明的风化黄斑,壁厚薄不匀,厚 1.5—2 毫米。根据残片可以想象复原。侈口,圆唇,短颈,肩部较宽,腹部内收,微凹底。两瓶的器形相同,大小不同。

这两个玻璃瓶都是无模自由吹制成型,口部火烧成圆唇。瓶子的器形与隋代及初唐的陶罐极为相似,只是尺寸较小。其工艺与隋李静训墓出土玻璃瓶相似。残片经检验(样品 18),含氧化铅高达 64%。

(7)唐李泰墓的绿玻璃瓶和绿玻璃杯

这两件玻璃器的颜色和质料都相同,都是绿色透明,气泡较多,表面附有白色风化层。玻璃瓶小口,细长颈,球形腹,圜底,圈足。口沿下打磨 2.6 厘米,打磨部分未经抛光,似为嵌包金属口沿(图 39)。玻璃杯直口直壁,圈足,口沿火烧成圆唇。

两件器物都是无模吹制成型,圈足为后缠玻璃条。玻璃瓶的残片(样品 17)经检验是钠钙玻璃,含较多的镁和钾。

玻璃杯的器形国外没有发现过,但唐代常见的直口青瓷杯的器形和大小与此基本一致。该杯的器形与隋李静训的钠钙玻璃小杯的器形也很相似,只是尺寸上大了一

---

① 湖北省博物馆发掘资料。

图39　玻璃瓶(郧县李泰墓出土)

些,可以看作是从隋代小杯发展而来的。玻璃瓶的器形是
中国的传统器形,不仅唐代有相似的瓷瓶,早在汉代就有
类似的陶瓶,宋代很流行的玉壶春瓶与此瓶也有很多共同
点。虽然萨珊晚期和伊斯兰早期玻璃中有一种细颈球腹
瓶,但一般是平底,无圈足,颈部上下的粗细基本一致,与
腹部界限明显[56],和我国传统瓶的器形有显著差异。

　　该杯和瓶的制作工艺与隋李静训墓中的钠钙玻璃器
的工艺相似,都是无模吹制,玻璃条缠圈足,底部有疤痕,
只是器形较大,玻璃的熔制水平比较稳定。这两件钠钙玻
璃器皿可以看作是隋代钠钙玻璃器皿的继续和发展。

　　(8)唐代舍利瓶

　　1949年后出土的玻璃舍利瓶共有三件,器形完整,又
有明确纪年的是甘肃泾川舍利塔基下出土的玻璃舍利
瓶[57]。瓶内装舍利子,位于一套舍利容器的最内层,外有

金棺、银函、铜函和石函。舍利瓶无色透明,长颈,球形腹,微凹底,器壁非常薄,不足 1 毫米。瓶内底部附白色风化层,风化层的边缘发黄。口沿部自吹管上切割下来后未经加工,不很平整。

年代比泾川舍利瓶稍晚一些的是西安东郊开元八年(720 年)舍利塔基下出土的舍利瓶,置于鎏金铜棺中。舍利瓶的底部和下腹部已残缺,但还能看出原器形,绿色透明,光洁无锈,器壁很薄,约 1 毫米,细长颈,球形腹,颈部和腹部的界限明显,口沿部平齐,可能从吹管上切割下来后又经过加工。

黑龙江宁安县出土的舍利函中也有一只舍利瓶[58](图 40),出土地点是唐代渤海国故都上京龙泉府遗址的内城外东南,估计位于较大佛塔建筑的基础中心。舍利瓶

图 40　舍利瓶(宁安舍利函出土)

放在二层石函、铁函、铜匣、方形银盒、蛋形银盒之内。玻璃舍利瓶为淡绿色,外附白色风化层,壁薄如蛋壳,瓶呈圆形,长颈,鼓腹,底略凹,口略残。此舍利瓶出土的地点,说明舍利瓶制度的东传。

三件舍利瓶的成型工艺相同,都是无模自由吹制。西安的舍利瓶口沿磨平,颈部与腹部界限明显,从这些工艺上看比甘肃泾川和黑龙江宁安的舍利瓶复杂一些。后两者器形工艺相似,可能年代也较为相近。

1939年,日本山中商会的白江信三人从中国搞到一套唐代舍利容器,出土地点不明,后来这批文物又流落到美国。这套舍利器里有两件绿色玻璃舍利瓶。两瓶同形,细颈球腹,器壁极薄。比重5.5,分光法分析,其玻璃含氧化铅77%[59]。

朝鲜半岛7世纪遗址中也发现过这种器形的玻璃舍利瓶,如庆州松林寺砖塔出土的舍利瓶[60],细长颈,腹部横张成球形,绿色泛黄,透明,瓶栓为宝珠形,深绿色,比重约4.5。一般钠钙玻璃的比重在2.5左右,只有含铅量很高的铅玻璃的比重才能达到4.5。

日本也出土几件七八世纪的玻璃舍利瓶,器形与我国唐代舍利瓶很相似,例如,滋贺崇福寺塔址出土的舍利瓶[61]和法隆寺五重塔发现的绿舍利瓶[62],其成分为铅玻璃。日本、朝鲜出土的这些舍利瓶,可能都是从中国传入的,或是受中国影响在当地制造的。

4. 宋代

(1)塔基里的玻璃葫芦瓶

我国出土的北宋玻璃器皿中,数量最多的是寺院塔基里的葫芦形玻璃瓶。

河北定县五号塔基出土了十件器形相似的玻璃葫芦瓶①,颜色有蓝色透明、绿色透明、黄棕色透明、褐色透明和棕色不透明,壁多附白色风化层,器壁很薄。

定县六号塔基出土了 33 个玻璃瓶②,除了一个四联瓶,一个细颈瓶外,全部是葫芦瓶(图 41),大小不一,高3—5 厘米。有绿色透明、棕色透明或半透明和无色透明,器壁附白色风化层。有些葫芦瓶的瓶壁印有丝织品的纹路,看不清玻璃的颜色,这可能是由于长期被丝织品包裹,又经风化腐蚀所致。

图 41　葫芦瓶(定县六号塔基出土)

---

① 见[32],第 39 页。
② 见[32],第 39 页。

　　江苏连云港海清寺出土三件葫芦瓶,为乳白色不透明,质地脆而易碎①。

　　甘肃灵台的宋代舍利石棺内出土三件葫芦形玻璃舍利瓶[63],其中一件复原(图 42),无色透明,泛淡绿色。口沿部缠玻璃条,凹底。器壁很薄,约 0.1 厘米。另外两件未复原,一为淡黄色透明,一为淡绿色透明。

图 42　葫芦瓶(灵台舍利棺出土)

　　这一批北宋葫芦瓶的制作工艺基本相同,都是无模吹制,底部无疤痕,说明未使用铁棒技术。口部一般加工粗糙,器壁都很薄。

　　定县五号塔基和六号塔基的八件玻璃葫芦瓶(样品25、35—38、41—43)经 X 荧光分析,全部是铅玻璃,其中一块绿色透明的残片(样品 36)经化学定量分析,含铅量为 70%。甘肃灵台葫芦瓶(样品 44、45)含氧化铅 50%

_____

① 见[45],第 35 页。

以上。

这批宋代玻璃葫芦瓶的器形、成分及工艺都说明了它们肯定是国产品。

另外北京顺义辽净光舍利塔基下的"五件银盒中,每件都盛有装舍利用的葫芦瓶。葫芦瓶不知是什么质料做的,稍动即成粉状"。[64]这座塔筹化修建是辽统和二十五年(1007年),开泰二年(1013年)奠定塔基,从时间上看,与葫芦形舍利瓶流行的北宋相吻合,该辽塔出土的葫芦形舍利瓶的质料很可能是玻璃的。

(2)定县塔基的玻璃碗

定县北宋五号塔基和六号塔基各出土一件侈口薄壁碗①。五号塔基出土的碗,绿色半透明,内外壁附着白色风化层,侈口,凹底,底部有疤痕。器壁很薄,不足0.15厘米。定县六号塔基出土的碗(图43),淡绿色半透明,外附黄白色风化层。口外侈,六瓣花式口沿,束腰,鼓腹,凹底,

图43　玻璃碗(定县六号塔基出土)

---

① 　见[32],第39页。

底部中心有 0.5 厘米长的蒂,可能是采用铁棒技术后留下的疤痕。薄壁,不足 0.15 厘米。

这两件碗的工艺相同,都是无模自由吹制成型。成型后底部粘在铁棒上,进行剪口、烧口并用钳子将口沿夹成侈口或花式。

两件碗经 X 荧光分析(样品 33、40),都是铅玻璃,并含少量的铜,两碗着上漂亮的绿颜色是氧化铜的作用。

这种凹底、侈口花式口沿的碗,在国外没有发现过。碗的尺寸较大,但器壁很薄,不易运输,玻璃碗的制造地点,应当离定县不远,碗底留下的疤蒂很长,说明采用铁棒技术并不纯熟。花式口沿可能是受北宋瓷器的影响。

(3)密县塔基的小型玻璃器

河南密县北宋三色琉璃塔的玻璃器出土数量比较多,能看出器形的约 50 余件[1]。作者看到这批玻璃器中的4 件。

宝莲形物。红棕色半透明,壁薄如纸,内外壁附暗灰黄色的风化层,部分风化层呈金色。器形如莲花花蕾,又似瓜棱罐,腹部有八条瓜棱,顶部(或底)有圆形凸起,器形工整,有可能是有模吹制。

蛋形器。黄棕色,壁薄如纸。如鸭蛋大小,一端有孔。与隋代李静训墓的蛋形器的器形、工艺完全一样。经检验(样品 46),为铅玻璃。

---

① 见[48],第 63 页。

　　长颈瓶。翠绿色透明附黄白色风化斑,细长颈,球形腹,底部残缺。口部缠玻璃条,为无模吹制。

　　葫芦瓶。绿色透明,薄壁,约1毫米。表面有黄白色风化斑。器形与工艺与定县塔基下出土的葫芦瓶相同。

　　从这四件器物的器形和工艺来看,密县塔基下出土的这批玻璃器是国产品,这批器物的大部分可能都是高铅玻璃。

　　北宋佛塔下出土的小型薄壁玻璃瓶还有以下三处:浙江瑞安北宋慧光塔①、江苏镇江甘露寺铁塔[65]、江苏连云港海清寺塔②和安徽寿县宋塔,后者经检验为高铅玻璃[66]。

(三)产地未定的玻璃器皿

　　(1)高足杯　西安郊区隋墓出土,墓志年代为开皇十二年(592年)。此高足杯"呈青绿色玻璃状,含有大量气泡,半透明。大口深腹,下有喇叭形足,器形不甚规整"。③

　　作者没有见到实物,从照片和报告描述来看,确定此高足杯的来源比较困难。这种喇叭形足的器形,在隋代瓷器中常能见到,可是国外玻璃器中也有相似器形。该高足杯的成型工艺比较复杂,要分别吹两个大小不等的料泡,并趁热把两个料泡粘在一起,之后大料泡剪口,整型成杯子,小料泡剪口整型成喇叭足。我国出土的早期玻璃器皿

---

① 见[34]。

② 见[45],35页。

③ 见[47],83页。

中,只有这一件采用了这种技法,而罗马玻璃、伊斯兰玻璃中经常采用这种技法。但与国外同类型产品比较,此高足杯的器形却不很规整,尺寸也较小。该杯没有作成分测定,从器壁较厚这一点来看,有可能是钠钙玻璃。该杯的来源难以确定,我倾向于该杯是国产品的意见。

(2)蓝玻璃碗　　西安西关外原铁塔寺中的舍利塔基出土[①],该寺的年代为北宋。深蓝色,半透明,表面发乌,有水平抛光的痕迹。侈口,直壁,圈足,凹底,底部有疤痕。

这件碗的器形与北宋的瓷碗器形相似,但是稍早一些的伊朗高原上的釉陶碗也有这种器形,因此不能仅根据器形判断其来源。该碗是圈足,但与我国出土的其他早期玻璃器皿上的圈足不一样,不是缠玻璃条,而是用夹钳直接在碗底夹出圈足。这种工艺我国早期玻璃器皿中仅有这一例,而且技术并不熟练,使碗底部明显上凹。这种技法在罗马玻璃中经常采用。该碗没有作成分测试,根据颜色和壁的情况,可能是钠钙玻璃。这件碗有可能是采用伊斯兰玻璃原料,在中国制造的。

(3)未定名绿玻璃器(图44)　　辽宁法库叶茂台七号辽墓出土[②]。器形特殊,面呈正方形,中间微凹,四周镶裹银边。下有四只袋形足,袋足之间,有阴弦纹沟通。玻璃器原裂成三块,用三个小银锔子将玻璃锔合在一起。玻璃

---

① 西安市文管局发掘材料。

② 见[67]。但是简报中未提到这件玻璃器。该器物现存辽宁省博物馆辽金陈列室。

绿色透明,壁较厚,约4—5毫米,铸造成型,成型后经过打磨,打磨痕迹很清楚。

图44　未定名玻璃器(法库叶茂台七号辽墓出土)

该玻璃器的器形特殊,国内外都没有同型物发现。银扣边和银镉钉的年代是否与玻璃器的年代一致,也很难说。从工艺上讲,该器采用铸造成型,工艺比较简单,我国的玻璃生产水平是能够胜任的。

还有几件不能确定其归属的玻璃器皿,由于材料不全,故不一一描述①。

三、我国早期玻璃器皿的有关问题

(一)我国早期玻璃器皿制造的几个阶段

国产玻璃器皿大多与有纪年的器物同时出土,其时代是清楚的。最早的国产玻璃器皿是西汉刘胜墓的玻璃盘

---

① 见[47],第83页,[68]—[73],[110],[111]。

和耳杯,采用铸造法,其工艺的精巧可以与当时世界性的玻璃中心埃及的产品媲美。5 世纪末的河北定县北魏塔基,出土一批吹制玻璃器皿。到 6 世纪末和 7 世纪的隋代和初唐,玻璃器皿的制造业一度繁荣发展,品种和数量增多。10 世纪后半叶及 11 世纪初的北宋玻璃器皿又一度增加。总的来看,自西汉至北宋,我国的玻璃器皿生产虽发展得不很顺利,但可视为持续不断。

我国制造玻璃珠玉的历史很长,东周墓中不乏玻璃的小型随葬品,但由于汉之前文献中对玻璃的称呼尚不清楚,对玻璃制造的记载更少,所以文献考证尚存在一定困难。《穆天子传》记有:"(天子)东征,……爰有采石之山,……凡好石之器于是出。……五日丁酉,天子升于采石之山,于是取采石焉。天子使重𬨎之民铸以成器于黑水之上。"[74]因《穆天子传》的成书年代尚有争议,而且"采石铸器"比较含糊,不能确定是铸铜器、铁器还是玻璃器,因此这条史料只能作参考。最早明确记载制玻璃的是东汉王充的《论衡》:"《禹贡》曰'璆琳琅玕'者,此则土地所生,真玉珠也。然而道人消烁五石,作五色之玉,比之真玉,光不殊别。兼鱼蚌之珠,与《禹贡》璆琳皆真玉也,然而随侯以药作珠,精耀如真,道士之教至,知巧之意加也。"[75]这段记载比西汉玻璃盘和耳杯要晚二百年。文献和实物可以印证,汉代的玻璃是作为玉的仿制品而制造的,铸造成形后也完全按照玉的工艺加工。

《北史·大月氏传》中的一段记载是最引人注目的:

"（北魏）太武时，其国（大月氏）人商贩京师，自云能铸石为五色琉璃。于是采矿山中，于京师铸之，既成，光泽乃美于西方来者。乃诏为行殿，容百余人，光色映彻，观者见之，莫不惊骇，以为神明所作。自此，国中琉璃遂贱，人不复珍之。"[76] 根据这段记载，我们知道 5 世纪中叶，大月氏人在大同附近曾生产过玻璃。那么，河北定县北魏塔基中出土的玻璃器皿与大同生产的玻璃有没有关系呢？从年代上看是有可能的，塔基的年代晚于太武年间；从塔基下出土物来看，除了玻璃器之外，还有金币、银币、金银器，都是罕见珍宝。夏鼐先生对其中的萨珊银币做过专文研究，他认为："这些建塔时的施舍品，很可能有一部分便是皇室贮藏库（御府）中拨调出来的。"[77] 所以我们有理由认为：大月氏人在大同为北魏宫廷生产的玻璃器，很可能有一部分作为"施舍品"而埋在定县塔基石函中。值得注意的是，这批玻璃器皿的工艺与汉代玻璃盘和耳杯大不相同，采用了吹制的成型工艺。虽然吹制玻璃技术早在公元前 1 世纪就在地中海沿岸出现①，吹制玻璃器皿在 2 世纪就进口到我国，但古代技术的传播往往比商品的流通要慢得多，技术的传播常与工匠的迁移有密切关系，我国采用吹制玻璃技术也许与外来工匠有关。如果《北史》中的记载与北魏塔基出土的玻璃器皿之间确有联系，那么我们可

---

① 一般认为玻璃吹制技术在公元前 50 年在地中海东岸发明。由于当时正处于罗马统一时期，吹制技术传播得很快，到纪元前后，玻璃吹制技术就传播到了整个罗马世界。见[5]，第 29 页。

以得出下述结论:5世纪时中亚的工匠将吹制玻璃技术传到中国。这是中国玻璃史上的一个重要转折。北魏以后的玻璃器皿,绝大多数都采用了吹制技术。

　　隋代只维持短短的37年,却出土5批13件国产玻璃器皿,而且相当精巧。这种情况并非偶然,文献中有隋代制造玻璃的记载:"(何)稠博览古图,多识旧物。……时中国久绝琉璃作,匠人无敢措意,稠以绿瓷为之,与真不异。"何稠是隋代的能工巧匠,很受隋文帝的赏识,"开皇初,授都督,累迁御府监,历太府丞",在仿制波斯锦及恢复琉璃制作成功后,"寻加员外散骑侍郎"。[78]何稠制琉璃是隋代的一件大事,但他"以绿瓷为之,与真不异"的琉璃到底是瓷器还是玻璃,只根据文献是难以推测的。隋代玻璃器皿的出土为研究隋代玻璃制作提供了实物证据。

　　现有的13件隋代玻璃器皿中,除了一小杯是蓝色的外,其余全部是绿色的。有的是深绿色,与绿釉的颜色基本一致;从器形来看,这批隋代玻璃器皿中有的完全模仿瓷器,如李静训墓出土的绿玻璃盒和小杯,带有很浓厚的中国瓷器的效果。从这个角度上可以理解为什么隋代玻璃要记载成"以绿瓷为之"。隋代的玻璃器皿的器形虽小,但工艺水平大大提高了,我国传统的铅钡玻璃转变为高铅玻璃(含氧化铅60%以上),高铅玻璃料性长,更适用于吹制技术。此外,出现钠钙玻璃和铁棒技术,基本上掌握西亚的玻璃制造工艺,这与东西文化交流的频繁是分不开的。何稠一家的迁移路线也许能够为我们提供一点儿线索。"(何)稠字桂林,国子祭酒妥之兄子也。父通,善琢玉。"[78]"何妥字栖凤,西城人也。父细胡,通商入蜀,遂家郫县,事梁武陵王纪,主知金帛,因致巨富,号为西州大贾。"[79]有人认为何稠是南方人[80],不错,何稠的祖父在四川经商了一个时期,但四川并不是何稠的祖籍。日本学者桑原骘藏和向达先生详细考证了何稠家世,提出何稠家来自西域的何国[81][82]。何国是昭武九姓之一,位于现在撒马尔干和布哈拉之间的 Koshania,是粟特人。何稠出身于一个精通西亚技术的粟特人家庭,具备了将西亚玻璃技术与我国传统玻璃技术相结合的条件。隋代玻璃技术的发展提高,与东西文化交流的环境分不开。

北宋初年,我国玻璃业又一次兴起。文献上的有关记载很多。看来,宋代人已经比较普遍地了解了有关玻璃制造的知识。这说明玻璃业已走出宫廷作坊,开始了较为普遍的民间生产。玻璃出土物数量增多,质量并没有超出隋唐产品,正说明玻璃生产的普及。

为什么我国古代玻璃制造业几遭曲折,没有发展起来? 这个问题与我国玻璃的原料、性质及用途有直接关系。

(二)早期国产玻璃器皿的特点及其用途

我国生产的玻璃器皿的最大特点是以铅玻璃为主,而同时期的外国产品多是钠钙玻璃。尽管前 17 世纪巴比伦的楔文板上记载了铅釉的配方,Nineveh 出土的前 7 世纪的楔文板上记载了铅玻璃的配方[83],前 8—前 6 世纪 Nimrud(古代亚述的首都)遗址中也曾出土过一块火漆红色的玻璃块,含氧化铅达 22.8%[①],但国外铅玻璃的发现都是零星的、不连贯的,出土物也多是红色或黄色的小型装饰品。唯有我国自战国秦汉到宋代,铅玻璃一直持续下来,而且有数量可观的一批铅玻璃器皿。

　　文献中明确记载铅玻璃技术的是在宋代。苏东坡作《药玉盏》诗"镕铅煮白石,作玉真自欺"[85],与出土的宋代玻璃器皿的成分完全吻合。更早的文献虽没有明确记载铅玻璃,但有"光泽乃美于西方来者"的记载。我们知道氧化铅不仅是玻璃的助熔剂,其本身也是玻璃的组成部分。氧化铅还可以提高玻璃的折射率,现代的光学玻璃和装饰品玻璃中往往有意加入氧化铅。正是由于早期国产玻璃器皿含铅,玻璃的折射率高于钠钙玻璃,所以其光泽比进口玻璃要好。

　　铅玻璃本身的缺点是化学稳定性差,不耐腐蚀,所以出土的玻璃器皿大多已失去当年美丽的丰彩,变得暗淡无光,并常常附着厚厚的黄白色风化层。

---

① Nimrud 的红色玻璃块的化学组成:

SiO_2	Cu_2O	PbO	Sb_2O_3	SnO_2	$Fe_2O_3+Al_2O_3$	CaO	Na_2O	K_2O
39.50	13.58	22.80	4.07	0.32	4.35	4.40	9.71	1.91

此分析是大英博物馆 H. J. Plenderleith 作的。引自[84]。

国产玻璃器皿在造型上的特点是小型器皿多,薄壁器皿多,器形基本上保持了中国器物的风格。本文所涉及的138件国产玻璃器皿中,有126件是最大尺寸不超过8厘米的小型器皿,壁厚1毫米的器皿超过100件。不仅小型器皿壁薄,就是口径16厘米之大的侈口碗(定县五号塔基出土),碗壁也只有1.5毫米厚。其他玻璃产地的产品很少有这种特点。小巧玲珑、壁薄如纸的玻璃盒、玻璃葫芦瓶更是我国独有的玻璃制品。

国产玻璃器皿在工艺上也有自己的特点。多采用无模自由吹制,口沿的修整多用火烧成圆唇,常常将热玻璃条缠成圈足,或在器盖上粘贴球形钮。器身多是素面,没有纹饰。

宋代文献多处记载了国产玻璃器皿与进口玻璃器皿的差异:"然中国所铸有与西域异者,铸之中国则色甚光鲜,而质则轻脆,沃以热酒,随手破裂。至其来自海舶者,制差朴钝,而色亦微暗,其可异者,虽百沸汤注之,与磁银无异,了不损动,是名番琉璃也。"[85]"琉璃出大食诸国,烧炼之法与中国同,其法用铅硝石膏烧成,大食则添入南鹏砂,故滋润不烈,最耐寒暑,宿水不坏,以此贵重于中国。"[86]国产玻璃"色泽光鲜"、"质则轻脆",与出土实物相符。不耐寒暑的原因除了原料上的差异外,还可能是由于没有退火。玻璃在成型过程中,内外层总存在着一定的温度差。这种温度差在玻璃制品中形成相应的应力。由于局部的、不均匀的应力的存在,制品的强度减弱。退火的目的就是使制品内的应力减小到可以容许的程度①。从早期国产玻璃器皿多薄壁器推测,我国当时还没有很好地掌握退火技术。

总之,早期国产玻璃器皿,既接受了中亚和西亚工艺的影响,又保持了中国原料和器形上的传统。

我国文献对玻璃器皿种类的记载很多,有碗、卮、瓶、罂等等②。文献对玻璃器皿的用途也有记载,如作酒器、食器、服药器、舍利器等等③。但是从文献上无法看出国产玻璃器皿与进口玻璃器皿在用途上的差别。从本文的材料可以看出,进口玻璃器皿多为食具和香料瓶。国产玻璃器皿多为艺术观赏品和佛塔塔基中的舍利瓶。当时的人们大概不会知道铅玻璃有一定的毒性,不宜作食具。可能是由于国产玻璃原料的费用高,又没有解决退火问题,无力与造价低廉、经久耐用的瓷器竞争,因此没有大量生产食具等实用器。

可能正是由于原料、性质和用途上的限制,历史上的

---

① 见[1],第351页。

② 关于玻璃碗、卮、瓶、罂的记载很多,如"王敦初尚主……婢擎金澡盘盛水,琉璃碗盛澡豆",见[87];"晋傅咸《污卮赋》曰,人有遗余琉璃卮者",见[88];"废帝因悉书清望官姓名内琉璃瓶中",见[89];"《异苑》曰月支国有佛发,盛以琉璃罂",见[90]。

③ 关于玻璃器皿用途的记载很多,如"王公与朝士共饮酒,举琉璃碗",见[87];"武帝尝降王武子家,武子供馔并用琉璃器",见[87];"秦嘉妇与嘉书曰:今奉金错碗一枚,可以盛水,琉璃碗一枚,可以服药酒",见[90]卷760,第3372页;"乃取金瓶、琉璃各三十,以琉璃盛金瓶,置舍利于其内",见[91]。

玻璃业虽几经复兴,始终没有发展成我国主要手工业之一。同时国产铅玻璃器皿化学稳定性差,壁薄,一般条件下不易保存。上述两点可以解释为何国产玻璃器皿出土较少。

(三)关于早期国产玻璃器皿中的钠钙玻璃

我国早期国产玻璃中有没有钠钙玻璃器皿?什么时候开始出现钠钙玻璃?我国的钠钙玻璃为什么没有发展起来?这几个问题一直是国内外学者非常关心、经常讨论的问题。

李约瑟认为:"从汉代到唐代,中国玻璃从铅钡硅类型发展为铅钠钙硅类型,最终变为普通的软玻璃(钠钙硅玻璃)。这是一个粗略的判断,也有一些例外。看来铅釉从唐代以来已经放弃。"[92]李约瑟先生的这个粗略判断可能是根据陶瓷器上釉的变化而得出的,并没有玻璃器实物分析作为根据。

日本学者对唐宋时期输入日本的中国玻璃器皿进行了详尽的研究,并且做了许多成分测试,结果全部是铅玻璃,因此由水常雄先生认为我国唐宋时期还不能制造钠钙玻璃①。

我国三四世纪的文献中就记载有外国玻璃制作的方法。葛洪在《抱朴子》中写道:"外国作水精碗,实是合五

① 见[19],第122页。

种灰以作之,今交广多有得其法而铸作之者。"[93]万震在《南州异物志》中也记有:"琉璃本质是石,欲作器,以自然灰治之。自然灰状如黄灰,生南海滨,亦可浣衣,用之不须淋,但投之水中,滑如苔石,不得此灰,则不可释。"①从万震对自然灰的描述来看,自然灰即自然纯碱或草木灰。这两处文献说明至少在三四世纪,我国就有人知道国外用碱来制玻璃。但是我国制造钠钙玻璃的具体情况,还必须依赖对出土实物的综合研究。

本文的资料证明,我国早期国产玻璃器皿是以铅玻璃为主,自汉代至北宋,铅玻璃系统一直持续下来,但最晚在隋代,与铅玻璃同时存在的还有国产钠钙玻璃器皿。

现已测试过玻璃成分的材料中,隋代李静训墓的8件国产玻璃器皿中有3件是钠钙玻璃;北宋定县塔基出土1件隋代钠钙玻璃瓶;唐代李泰墓的4件国产玻璃器皿中有2件是钠钙玻璃;另外我国新疆地区采集的玻璃残片都是钠钙玻璃,其中宋元时期的一部分钠钙玻璃有可能是当地生产的。由于条件所限,本文所涉及的国产玻璃器皿,有许多没能做成分测定,所以有可能其中仍包括若干钠钙玻璃器皿。看来我国隋唐能够生产钠钙玻璃是没有疑问的。

李泰墓出土的绿玻璃瓶作了定量分析,为钠钙玻璃,镁和钾的含量较高,与罗马玻璃差别较大,与萨珊玻璃的

---

① 见[88]卷八十四,第1441页。

成分较为相似,与 8 世纪中亚撒马尔干地区玻璃作坊遗址出土的绿色容器残片的成分更为接近①。这说明我国的钠钙玻璃与西亚中亚的玻璃制造业可能有一定的关系,为我们推测国产钠钙玻璃的渊源提供了线索。

　　既然隋唐之际我国能够生产钠钙玻璃,为什么以后国产钠钙玻璃器皿又很少发现呢? 这主要应该从原料上来分析。关于钠钙玻璃的原料问题,特别是助熔剂碱的来源问题有必要进一步讨论。古代钠钙玻璃中的碱有两个来源:一是高纯度的自然纯碱(Na_2CO_3),一是草木灰(K_2CO_3)。古代埃及玻璃和罗马玻璃都使用地中海南岸碱湖出产的自然纯碱(Natron),那里的碱质量很高,10 世纪以后,欧洲玻璃才采用当地的草木灰作助熔剂。我国的天然资源比较缺乏自然纯碱。明代以前的地理志中对碱全无记载[95],我国古代玻璃业是否可能采用进口碱作为国产钠钙玻璃的原料呢? 公元 1 世纪希腊人的《爱利脱利亚海周航记》中不仅记载了玻璃东运的情况,还记载了"未加工的玻璃(crude glass)"的东运[96],未加工的玻璃可能就是指玻璃原料。北宋时对进口伊斯兰玻璃原料有

---

① 李泰墓玻璃瓶残片成分与中亚玻璃残片的主要成分比较:

	SiO_2	CaO	MgO	Na_2O	K_2O
李泰瓶残片	61. 58	6. 27	6. 43	17. 86	3. 53
片治肯特 8 世纪绿玻璃残片	64. 75	6. 50	5. 95	15. 44	3. 20

片治肯特 8 世纪玻璃残片成分见[94]。

比较明确的记载,《铁围山丛谈》记有:"时(政和四年)于奉宸中得龙涎香二琉璃缶,玻璃母二大筐。玻璃母者,若今之铁滓然,块大小犹儿拳,人莫知其方,又岁久无籍,且不知其所从来,或云柴世宗显德间大食所贡,又谓真庙朝物也。玻璃母,诸珰以意用火煅而模写之,但能作珂子状,青红黄白随其色而不克自必也。"[97] 既然北宋时期我国进口伊斯兰玻璃原料,那么早一些的隋唐时期也有可能进口玻璃原料。可能正是由于原料来源上的困难,隋唐时期已能生产的钠钙玻璃没有能够发展起来。

(四)我国新疆地区的玻璃器皿残片

自汉武帝时张骞开凿西域以来,中西文化交流进入新的时代。我国新疆地区正处于中西交通要道,在交通要道上发现大量的玻璃残片是不令人感到奇怪的。新疆的早期玻璃器皿残片可分为三类。

第一类为罗马玻璃器皿残片。楼兰遗址出土的四块玻璃残片①,其中一块为器壁残片,淡黄绿色透明,带有长椭圆形花瓣式磨饰。一块为玻璃杯口沿残片,淡黄色透明,带有弦纹和椭圆形磨花。从这两块残片的玻璃质料及磨花的风格来看,与南京象山七号东晋墓出土的磨花杯非常相似。同时出土的还有两块没有磨饰的玻璃容器残片,一为残口沿,乳白色半透明,一为腹部残片,绿色透明。这

———————
① 新疆维吾尔自治区博物馆发掘资料。

两块没有纹饰的残片做了成分定量分析(样品 47、48),结果与南京东晋墓玻璃残片的成分、三四世纪罗马玻璃的成分几乎完全一致。虽然南京东晋墓的玻璃器不可排除海路运来的可能,但新疆出土的罗马玻璃残片至少证明罗马玻璃经过丝绸之路输入我国。

　　第二类为萨珊玻璃残片。这类玻璃残片的数量很多,斯坦因曾在楼兰盗掘的古墓中获得一件五六世纪萨珊磨花玻璃碗,还收集了不少圆形磨饰的玻璃残片[2]。1949年后新疆自治区博物馆和考古所也收集了不少萨珊玻璃残片,比较突出的有和阗买利尕瓦堤遗址的菱形磨饰的玻璃残片(样品 49)、巴楚脱库孜萨来遗址的淡黄色带有凸起圆柱装饰的玻璃残片(图 45)。此装饰是萨珊玻璃特有的,伊朗吉兰省三四世纪的墓葬中出土过不少这种完整的玻璃杯[26](图 46),日本冲之岛 8 号祭祀遗址也出土这种凸起圆柱磨花玻璃的残片[98]。新疆巴楚出土的这种玻璃残片,证明三四世纪时这种萨珊玻璃杯通过丝绸之路到达

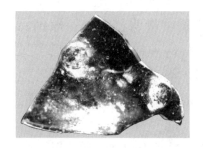

图 45　凸纹玻璃残片(新疆巴楚)　图 46　凸纹玻璃杯(伊朗出土,3—4 世纪)

东方。

　　第三类为熔制质量较差、没有纹饰的玻璃残片。这类残片数量多,分布也较广。我见到乌鲁木齐市博物馆在轮台、和阗、喀什、伊梨、叶城等地采集的一部分玻璃残片都是属于这一类型。这类残片多是绿色、褐色,颜色较深,含较多的气泡和杂质,透明度较差,反映熔制水平较低。这类残片多是吹制成型的器皿残片,但也有少数残片并不是成品残片,很像是制作过程中剪裁下来的废料。喀什木尔吞木遗址采集的暗黄色半透明玻璃残片(样品 50)、和阗叶城锡堤牙遗址采集的淡绿色玻璃残片(样品 52)和伊犁阿里玛古城采集的淡绿色玻璃残片(样品 51),成分分析证明都是钠钙玻璃,而且各类氧化物的含量十分接近,属于同一玻璃系统。

　　最近上海硅酸盐研究所分析了一片新疆若羌出土的玻璃残片,其外貌与成分[①]都和上述玻璃相似,也应属于新疆第三类玻璃。

　　新疆第三类玻璃比较特殊,氧化硅和氧化钠的含量较低,而氧化钾、氧化镁和氧化铝的含量明显高于一般钠钙玻璃。在世界古代玻璃谱系中,这种钠钙玻璃是很罕见的,它既不同于用自然纯碱作助熔剂的罗马玻璃系统,也不同于用草木灰作助熔剂的欧洲中世纪玻璃。从氧化镁、

---

① 　若羌玻璃组成为:SiO_2,51.11;Al_2O_3,9.57;Fe_2O_3,1.89;CaO,5.27;MgO,4.79;K_2O,6.40;Na_2O,16.89;MnO,0.05;TiO_2,0.11。见[66],第 71 页。

氧化钾和氧化铝含量较高来看,这种玻璃很可能是用硝作为助熔剂熔制的。由于其他地区没有发现过这种玻璃,土硝又是新疆地区易得的助熔剂,因此这类玻璃很可能是在新疆当地生产的。

　　这类玻璃残片除若羌瓦石峡遗址的外,其余的都是采集品。从采集地点来看,叶城锡堤牙遗址的年代是宋元,伊犁阿里玛古城是元代遗址,其他采集地点的年代虽然不太清楚,但这类玻璃残片的成分一致,熔制水平相似,说明它们的年代接近,可能也是宋元时期的。上海硅酸盐研究所将若羌出土的玻璃残片年代定为唐代,但是据说若羌瓦石峡遗址与大量玻璃残片同时出土的还有唐宋钱币和忽必烈时代的文书。如果这种情况属实的话,该遗址的下限定在宋元比较稳妥。

　　苏联对葱岭以西的中亚地区作了许多考古发掘工作,在西土耳其斯坦发掘了多处8—13世纪的玻璃作坊遗址。撒马尔干地区八九世纪的钠钙玻璃成分[1]与新疆第三类玻璃成分虽不属于同一玻璃系统,但有某些相似。因此我们可以推测新疆当地生产的钠钙玻璃可能与葱岭以西的玻璃生产有某种联系。我国新疆地区钠钙玻璃业发展的具体情况,还有待于该地区早期玻璃作坊遗址的发现。

　　新疆地区的早期玻璃器皿残片,不仅证明玻璃作为商品从西向东输入中国,而且证明玻璃技术也由西向东传入

---

[1]　见[94],第202页的附表。

我国,这条东西交通的要道不仅是丝绸之路,而且也是玻璃之路。

(五) 我国新疆以东早期玻璃器皿生产地点的推测

如果能够确定我国玻璃的具体产地,则可以进一步研究我国玻璃的原料及当时的商品流通情况。遗憾的是,至今还没有发现宋元以前的玻璃作坊遗址,目前只能根据玻璃器皿的出土地点及文献上的有关记载作些初步推测。

汉代文献对国产玻璃的产地没有记载,从目前的考古资料来看,出土玻璃璧、玻璃耳珰及其他小型玻璃珠饰的汉墓比较多,分布范围也很广泛,如甘肃酒泉北稍门外汉墓出土蓝色玻璃耳珰(样品 4),广州汉墓出土大量玻璃珠①,扬州西汉"妾莫书"墓出土玻璃近六百片[99]。看来汉代玻璃的制作地点比较多,但是工艺复杂的玻璃器皿和特别精致的玻璃制品大都出土于王室大墓,如茂陵附近出土的大型蓝玻璃璧和满城刘胜墓出土的玻璃盘、耳杯和镶嵌绿玻璃的乳钉纹铜壶。根据壶上的铭文知道,该壶曾一度是长乐宫中之物。这几件精美的玻璃制品可能都是出自宫廷作坊。

西晋葛洪记有:"今交广多有得其法而铸作之者。"[93]交广即今天的广西、广东和越南附近,也就是说,广西、广东附近在西晋时即可制造玻璃。两广确实出土不少西汉

---

① 见[23],第 165、242、291、351、453 页。

及稍后的玻璃器皿、玻璃珠饰。从玻璃器皿的器形、纹饰来看，找不出传统的中国因素，与当时地中海南岸的罗马玻璃中心的产品却较为相近。因此现在还不能肯定西晋时广西、广东等地已能生产玻璃器皿。但出土的大量玻璃珠饰，有一部分经化学分析，其成分既与中原的铅钡玻璃不同，也与一般罗马玻璃成分不同，含氧化钾极高，达13.72%[①]。这一部分玻璃珠饰有可能是当地或东南亚地区用草木灰为助熔剂制作的。

北魏、隋代和初唐的玻璃器皿的出土地点有共同的特点，即都出土于皇室家族成员的墓葬或与皇室有直接关系的佛教遗址中。《北史》中记有大月氏人到北魏宫廷制玻璃。隋代何稠身为御府监、太府丞，他制造玻璃的地点当然也是宫廷作坊了。文献记载与玻璃器皿的出土地点都说明北魏到初唐这个时期，玻璃工艺主要掌握在皇室御用手工业中。唐代舍利瓶分布较广，器形也较相似，有可能某些寺院也掌握玻璃瓶的制作工艺。

宋代的玻璃器皿分布广，出土量大，不同地点出土的玻璃器皿又有一定的特点，说明不是同一产地的产品，也说明宋代玻璃业走出宫廷作坊，开始比较普遍地生产。宋代杜绾撰《云林石谱》记有："西京洛河水中出碎石，颇多青白，间有五色斑烂，采其最白者，入铅和诸药，可烧变假玉或琉璃用之。"[100]看来洛阳附近有玻璃业，密县北宋塔

---

① 见[23]，第292、353页。

基出土的 50 余件小型玻璃器皿,可能就是洛阳附近的产品。河北定县北宋塔基出土的国产玻璃器皿很多,看来与密县的玻璃器皿有差异,可能是定县当地产品。《太平寰宇记》记有"幽州土产有琉璃"[101]。幽州即今北京市,顺义县辽塔的葫芦瓶可能与幽州的琉璃有关。

国外学术界对玻璃制造业与其他行业的关系一直很重视,有人认为玻璃的发生发展与陶瓷业紧密相关①,有人则认为与陶瓷业完全无关,而与冶金业有直接关系[102]。我国古代玻璃器的考古资料,尤其是走出宫廷作坊的宋代玻璃器皿的资料,可能提供一些解决此问题的线索。出土宋代玻璃器比较集中的几个地点,如密县、定县,都是当时烧瓷的重要地区。我国玻璃制造与瓷釉的制造有没有关系,还值得深入讨论研究。清代文献记载了明清时期山东博山和北京的琉璃厂,除生产殿瓦外,还生产鱼瓶、葫芦瓶等器皿[103]。这种情况有可能追溯到宋代。《营造法式》中记载了琉璃瓦原料的制造方法[104],与宋代玻璃器皿的成分基本一致。我国玻璃与陶釉的关系也有必要进一步研究。

(六) 进口玻璃器皿的输入路线

从考古实物的出土地点及出土数量来研究东西交通的路线,是研究东西交通史的一个不可忽视的领域。外国

---

① 见[12],第 16 页。

玻璃器皿在我国的发现,与罗马金币、萨珊银币等一样,为东西交通的路线提供了可靠的证据。

　　从进口玻璃器皿的出土地点看,两汉时期我国出土的外国玻璃器皿主要是罗马玻璃,多集中在广东、广西、江苏等沿海地区。这种现象与文献记载相符,《汉书·地理志》记有武帝时使人入海市琉璃[105],公元前1世纪的一位希腊人周航红海、波斯湾、印度半岛东西两岸,写了《爱利脱利亚海周航记》,书中记载了中国的位置和物产,也记载了地中海沿岸的玻璃器东运的情况[96]。在东西海路交通的重要港口——印度半岛的本地治里出土了1世纪的罗马玻璃残片[106],其中一块模制的竖凸棱条钵的残片(图47)与江苏邗江甘泉二号墓出土的残片很相似,另一块凸弦纹碗的残片与广西贵县出土的碗几乎完全一样。文献和出土实物都说明两汉时期进口玻璃器皿多是由海路输入。

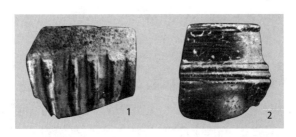

图47　罗马玻璃残片(印度本地治里出土,1世纪)

　　魏晋南北朝时期,南方的东西交通路线继承了两汉的传统,仍然以水路为主,仅南京东晋墓就出土七件罗马玻璃。这个时期的文献对海路输入玻璃也有记载,《吴历》记:"黄武四年,扶南诸外国来献琉璃。"①这个时期的北方,多依靠陆路交通。西晋诗人潘尼在《琉璃碗赋》中说:"览方贡之彼珍,玮兹碗之独奇。济流沙之绝险,越葱岭之峻危,其由来也阻远。"②明确记载了玻璃碗通过丝绸之路输入我国,与新疆发现多处罗马玻璃残片相符。河北景县虽离海不远,但墓主人封魔奴曾作为北魏的使臣出使过张掖[107],所以封氏墓地出土的几件罗马玻璃碗可能从丝绸之路传入。辽宁北票冯素弗墓的五件罗马玻璃器除了有从上述路线传入的可能,还有从北方草原路线传入的可能性。

隋唐时期的进口玻璃器皿多集中于西安、洛阳,反映了两京在东西贸易中的重要地位。这个时期的进口玻璃器皿多是伊朗高原的产品,与《隋书·西域传》"波斯……多颇黎……琉璃"的记载相符。新疆出土的萨珊玻璃残片及敦煌壁画上磨花玻璃的画面[112],都是萨珊玻璃经过丝绸之路输入我国的证据。

我国宋代主要进口伊斯兰玻璃,河北定县五号塔基一次就出土八件进口玻璃器皿,说明伊斯兰玻璃进口之多。《宋会要辑稿》所记的历代朝贡中,多次出现了玻璃器的进口,仅淳熙五年正月六日三佛齐国一次就进贡了189件

---

① 见[88]卷八十四,第1441页。
② 见[88]卷七十三,第1262页。

玻璃器^[108]，三佛齐国位于苏门答腊岛^①，它进贡的玻璃器应是由海路输入的伊斯兰玻璃，出土宋代进口玻璃器皿的三个地点中，浙江瑞安滨海，安徽无为靠江，由此也可以看出伊斯兰玻璃主要应以海路输入为主。

综前所述，玻璃器皿作为商品的输入路线和其他商品的输入路线是一致的。

小　结

我国的早期玻璃器皿，按其来源可分为国产品和进口品两大类。本文对建国以来出土的西汉—北宋的二百余件玻璃器皿（包括新疆的二十余件残片）进行整理和考察，通过形态观察和成分分析逐一归类，并讨论了早期国产玻璃器皿的有关问题。

尽管玻璃制造业不是我国古代主要手工业之一，但却始终持续、缓慢发展。从目前所掌握的考古资料来看，国产玻璃器皿的出现不晚于西汉中期，吹制玻璃器皿的出现不晚于北魏。国产玻璃器皿以铅玻璃为主要体系，自汉至宋，连续不断。其间，也有发展变化，最晚在隋代，高铅玻璃开始取代铅钡玻璃。钠钙玻璃器皿和铁棒技术的出现不晚于隋代。这些新技术的采用和钠钙玻璃的出现与魏晋南北朝隋唐时期频繁的东西交通有关。玻璃器皿不仅

---

① 三佛齐，据冯承钧考证，位于苏门答腊岛。《诸番志》对三佛齐的物产有记载，并记该国大部分物产来自大食。见[109]。

作为商品通过海路、陆路输入我国,更重要的是,西亚的玻璃技术通过丝绸之路传入我国,对我国的玻璃制造业发生了一定的影响。

参考书目

[1] 西北轻工业学院主编:《玻璃工艺学》,第 1 页,轻工业出版社,1982 年。

[2] A. Stein, Innermost Asia p190, 199, 212, 220, 224, 756, 760, Oxford at Clarendon Press, 1928。

[3] Gerd Gropp, *Archaologische Funde aus Khotan Chinesisch-Ostturkestan* p349, 1974。

[4] 南京博物院:《江苏邗江甘泉二号汉墓》,《文物》1981 年 11 期。

[5] David F. Grose, "Early Blown Glass", *Journal of Glass Studies* Vol. 19 p24, 1977。

[6] 由水常雄《古代ガラス》,第 63 页,平凡社,1980 年。

[7] Charles Singer, *A History of Technology* Vol. 2p333, Oxford, 1956。

[8] 南京市博物馆:《南京象山 5 号、6 号、7 号墓清理简报》,《文物》1972 年 11 期。

[9] 李鉴昭、屠思华:《南京石门坎乡六朝墓清理记》,《考古通讯》1958 年 9 期。

[10] 南京大学历史系考古组:《南京大学北园东晋墓》,《文物》1973 年 4 期。

[11] 南京市博物馆:《南京北郊东晋墓发掘简报》,《考古》1983 年 4 期。

[12] Jaroslav R. Vavra, 5000 *Years of Glass Making* pp42-45, Prague, 1954。

[13] Earle R. Caley, *Analysis of Ancient Glasses* 1790-1957 p36, Corning, 1962。

[14] Axel von Saldern, *Gläser der Antike* p185, Köln, 1975。

[15] 黎瑶渤:《辽宁北票县西官营子北燕冯素弗墓》,《文物》1973年3期。

[16] J. Hackin, *Recherches Archéologiques à Begram, Memoises de La délégation Achéologique Francaise en Afghanistan T"me* X, Fig41, Fig43, Fig44, Fig45, 1937。

[17] Hugo Borger, *Das Römisch-Germanische Museum Köln* p99, Callwey, 1977。

[18] 张季:《河北景县封氏墓群调查记》,《考古通讯》1957年3期。

[19] 由水常雄《东洋のガラス》,第63页,三彩社,1977年。

[20] 小泉显夫:《庆州瑞凤冢の发掘》,《史学杂志》38卷1号,1927年。

[21] 国立中央博物馆:《新罗双坟　庆州98号古坟》,1975年。

[22] 东京国立博物馆:《东洋古代ガラス——东西交涉史の视点から——》,第162页,1980年。

[23] 广州市文物管理委员会等:《广州汉墓》,第239页,文物出版社,1982年。

[24] 广西壮族自治区文物管理委员会:《广西出土文物》,图142、143,文物出版社,1978年。

[25] 橿原考古学研究所:《新沢千冢126号坟》,第46—48页,奈良,1977年。

[26] 深井晋司、高桥敏:《ベルッアのガラス》,图34,淡交社刊,1973年。

[27] C. G. Seligman and H. C. Beck, "Far Eastern Glass, Some West-

ern Origins", *Bulletin of the Museum of Far Eastern Antiquites* No. 10,p45,1938。

[28]陕西省博物馆、文管会写作小组:《西安南郊何家村发现唐代窖藏文物》,《文物》1972年1期。

[29]正仓院事务所编:《正仓院の宝物》,第84页,朝日新闻社,1965年。

[30]金关恕:《松林寺砖塔发见の遗宝》,《朝鲜学报》第十八辑,1963年。

[31]小林行雄:《続古代の技術》,第239页,塙书房,1972。

[32]河北定县博物馆:《河北定县发现两座宋代塔基》,《文物》1972年8期。

[33]并河万里、林良一:《ベルッアの遗宝》,图155,新人物往来社,1979年。

[34]浙江省博物馆:《浙江瑞安北宋慧光塔出土文物》,《文物》1973年1期。

[35]《无为宋塔出土的文物》,《文物》1972年1期。

[36] Susan H. Auth,*Ancient Class at the Newark Museum* p166,New Jersey,1976。

[37]森本孝顺:《唐招提寺》,第78页,每日新闻社,1973年。

[38]由水常雄:《西国琉璃瓶》,《P&P》4,pl,1978年。

[39]朝阳地区博物馆:《辽宁朝阳姑营子辽耿氏墓发掘报告》,《考古集刊》4,第187页,1983年。

[40]中国社会科学院考古研究所、河北省文物管理处:《满城汉墓发掘报告》,第212页,文物出版社,1980年。

[41]王志杰、朱捷元:《汉茂陵及其陪葬冢附近新发现的重要文物》,《文物》1976年7期。

[42] 河北省文化局工作队:《河北定县出土北魏石函》,《考古》1966 年 5 期。

[43] 浙江省博物馆自然组:《河姆渡遗址动植物遗存的鉴定研究》,《考古学报》1978 年 1 期。

[44] 游修龄:《葫芦的家世——从河姆渡出土的葫芦种子谈起》,《文物》1977 年 8 期。

[45] 连云港市博物馆:《连云港海清寺阿育王塔文物出土记》,《文物》1981 年 7 期。

[46] 中国社会科学院考古研究所:《唐长安城郊隋唐墓》,第 22—23 页,文物出版社,1980 年。

[47] 中国科学院考古研究所:《西安郊区隋唐墓》,第 69 页,科学出版社,1966 年。

[48] 金戈:《密县北宋塔基中的三彩琉璃塔和其它文物》,《文物》1972 年 10 期。

[49] 森浩一:《探访日本の古坟》,第 400—402 页,有斐阁,1981 年。

[50]《陆士龙文集》卷八《与平原书》,四部备要本。

[51]《庚子山集》卷九《谢赵王示新诗启》,四部丛刊本。

[52] 陕西省文管会:《西安郭家滩隋姬威墓清理简报》,《文物》1959 年 8 期。

[53] 河南省博物馆:《河南安阳北齐范粹墓发掘简报》,《文物》1972 年 1 期。

[54] 朱捷元、秦波:《陕西长安和耀县发现的波斯萨珊朝银币》,《考古》1974 年 2 期。

[55] 陕西省博物馆、文管会:《唐李寿墓发掘简报》,《文物》1974 年 9 期。

[56] Rachel Hasson, *Early lslamic Glass* p13,20,21,Jerusalem,1979。

［57］甘肃省文物工作队:《甘肃省泾川县出土的唐代舍利石函》, 《文物》1966 年 3 期。

［58］宁安县文物管理所、渤海镇公社土台子大队:《黑龙江省宁安 县出土的舍利函》,《文物资料丛刊》2,第 196 页,1978 年。

［59］梅原末治:《战后の韩国における仏舍利具の诸出土につい て》,《史迹と美术》399 号,1969 年。

［60］金载元:"Treasures from the Songyinisa Temple in Southern Ko-rea", Artibus Asia Vol. 22,（12）,1959。

［61］福山敏男:《世界美术全集 2》,日本角川书店,1960 年。

［62］法隆寺国宝保存委员会:《法隆寺五重塔秘宝の调查》,第 23 页,1954 年。

［63］秦明智、刘得祯:《灵台舍利石棺》,《文物》1983 年 2 期。

［64］北京市文物工作队:《顺义县辽净光舍利塔基清理简报》,《文 物》1964 年 8 期。

［65］江苏省文物工作队镇江分队、镇江市博物馆:《江苏镇江甘露 寺铁塔塔基发掘记》,《考古》1961 年 6 期。

［66］张福康、程朱海、张志刚:《中国古琉璃的研究》,《硅酸盐学 报》第 11 卷第 1 期。

［67］辽宁省博物馆、辽宁铁岭地区文物组发掘小组:《法库叶茂台 辽墓记略》,《文物》1975 年 12 期。

［68］广西壮族自治区文物工作队:《广西合浦县堂排汉墓发掘简 报》,《文物资料丛刊》4,第 47、56 页,1981 年。

［69］广西省文物管理委员会:《广西贵县汉墓的清理》,《考古学 报》1957 年 1 期。

［70］湖北省博物馆:《湖北汉阳蔡甸一号墓清理》,《考古》1966 年 4 期。

[71]陕西省文物管理委员会:《西安羊头镇唐李爽墓的发掘》,《文物》1959年3期。

[72]前热河省博物馆筹备组:《赤峰县大营子辽墓发掘报告》,《考古学报》1956年3期。

[73]李文信:《义县清河门辽墓发掘报告》,《考古学报》第八册,第181页,1954年。

[74]《穆天子传》卷四,平津馆丛书本。

[75]《论衡·率性篇》,第22页,上海人民出版社,1974年。

[76]《北史·西域传》,第3226页,中华书局,1974年。

[77]夏鼐:《河北定县塔基舍利函中波斯萨珊银币》,《考古》1966年5期。

[78]《北史·何稠传》,第2985页,中华书局,1937年。

[79]《隋书·何妥传》,第1709页,中华书局,1973年。

[80]蒋玄怡:《古代的琉璃》,《文物》1959年6期。

[81]桑原骘藏:《隋唐时代に支那来住した西域人に就いて》,《内藤博士还历纪念支那学论丛》,1926年。

[82]向达:《唐代长安与西域文明》,《燕京学报》专号之二,第22页,1933年。后收入《唐代长安与西域文明》论文集,第23页,三联书店,1957年。

[83] R. J. Forbes, *Studies in Ancient Technology* Vol. 5pp 131-135, Leiden,1957。

[84]《铅ガラスの诞生》,《P&P》3,p4,1977年。

[85]《宋本程氏演蕃露》卷三,续古逸丛书本。

[86]《诸番志校注》卷下,第129页,中华书局,1956年。

[87]《世说新语》卷下之下,第473页,上海古籍出版社,1982年。

[88]《艺文类聚》卷七十三,第1259页,中华书局,1965年。

[89]《新五代史》卷五十五,第 628 页,中华书局,1974 年。

[90]《太平御览》卷七百五十八,第 3364 页,中华书局,1960 年。

[91]《广弘明集》卷十七,《舍利感应记》,周楚汇刊,1912 年。

[92] Joseph Needham, *Science and Civilisation in China* Vol. 4:1, p103, Cambridge,1962。

[93]《抱朴子·内篇》卷二《论仙》,第 22 页,中华书局,1980 年。

[94] 由水常雄:《正仓院の绀琉璃壶について》,《アジア文化史论丛》1,第 257 页,山川出版社,1978 年。

[95] 章鸿钊:《古矿录》,地质出版社,1954 年。

[96] *The Periplus of the Erythraean Sea* p45,London,1912。

[97]《铁围山丛谈》卷二十五,《知不足斋丛书》本。

[98] 冈崎敬:《冲ノ岛 8 号祭祀遗迹出土の玻璃碗》,《宗像冲ノ岛》,第 334 页,宗像大社复兴期成会,1978 年。

[99] 扬州市博物馆:《扬州西汉"姜莫书"木椁墓》,《文物》1980 年 12 期。

[100]《云林石谱》卷中,《学津讨原》本。

[101]《太平寰宇记》卷六十九,幽州,江西乐氏刻本。

[102] Leo Biek、Fustine Bayley, "Glass and Other Vitreous Materials", *World Archaeology* Vol. 11 No. 1,p3,1979。

[103]《颜山杂记》卷四,《孙文定公集》本。

[104]《营造法式》卷十五,商务印书馆,1954 年。

[105]《汉书·地理志下》,第 1671 页,中华书局,1962 年。

[106] R. E. M. Wheeler, "Arikamedu:an Indo-Roman Trading Station on the East Coast of India", *Ancient India* No. 2,p101,1946。

[107]《魏书·封懿传》,第 761 页,中华书局,1974 年。

[108]《宋会要辑稿》第 199 册,蕃夷七之五五至五六,第 7867 页,

中华书局,1957 年。

[109]《诸番志校注》,第 13 页,中华书局,1956 年。

[110]北京市文物工作队:《北京西郊西晋王浚妻华芳墓清理简报》,《文物》1965 年 12 期。

[111]广西壮族自治区文物工作队:《广西壮族自治区钦州隋唐墓》,《考古》1984 年 3 期。

[112]安家瑶:《莫高窟壁画上的玻璃器皿》,《敦煌吐鲁番文献研究论集二》,第 425—464 页,北京大学出版社,1983 年。

附表一 解放后出土的玻璃器皿一览表

序号	出土地点	年代	器物	分类	参考书目
1	河北满城刘胜墓	西汉 113BC	盘 1 件,耳杯 2 件	国产	[40]
2	广州横枝岗西汉墓	西汉	碗 3 件	罗马玻璃	[23]
3	广西合浦县堂排汉墓 M2 或 M3	西汉晚期	碗 1 件	(材料不全)	[68]
4	江苏邗江甘泉二号汉墓	东汉 AD76?	搅胎钵残片	罗马玻璃	[4]
5	广西贵县火车站东汉墓	东汉	碗 1 件	罗马玻璃	[24]
6	广西贵县南斗村汉墓	东汉	托盏 1 套	罗马玻璃	[24]
7	广西贵县汉墓	东汉	碗 1 件	(材料不全)	[69]
8	广西贵县汉墓	东汉	碗 1 件	罗马玻璃	
9	湖北鄂城五里墩 M121	西晋	碗 1 件	萨珊玻璃	
10	北京西郊华芳墓	西晋	盘 1 件	(材料不全)	[110]

续表

序号	出土地点	年代	器物	分类	参考书目
11	江苏南京石门坎六朝墓	六朝早期	碗盏器残片	罗马玻璃	[9]
12	湖北汉阳蔡甸一号墓	六朝早期	瓶(?)1件	(材料不全)	[70]
13	江苏南京象山七号墓	东晋 AD322?	杯2件	罗马玻璃	[8]
14	南京大学北园东晋墓	东晋	杯1件	罗马玻璃	[10]
15	江苏南京北郊东晋墓	东晋末	杯2件,不明器形1件	罗马玻璃	[11]
16	辽宁北票县西官营子冯素弗墓	北燕 AD415	碗1件,杯1件,鸭形注1件,钵1件,残器座1件	罗马玻璃	[15]
17	河北定县塔基	北魏 AD481	钵1件,瓶2件,葫芦瓶3件,残器底1件	国产	[42]
18	河北景县封魔奴墓	北魏 AD521	碗1件	罗马玻璃	[18]
19	河北景县祖氏墓	北魏	杯1件	罗马玻璃	[18]
20	陕西西安郊区M586	隋 AD592	高足杯1件	产地未定	[47]
21	陕西耀县舍利塔基	隋 AD604	瓶1件	国产	[54]
22	陕西西安郊区隋墓	隋 AD608	瓶2件,杯2件,盒1件,蛋形器2件,管形器1件	国产	[46]

序号	出土地点	年代	器物	分类	参考书目
23	陕西西安郭家滩姬威墓	隋 AD610	小罐 1 件, 杯 2 件	国产	[52]
24	广西钦州隋唐墓 M1	隋	杯 1 件	(材料不全)	[111]
25	陕西三原李寿墓	唐 AD631	小瓶 3 件	国产	[55]
26	湖北郧县李泰墓	唐 AD652	瓶 1 件, 杯 1 件, 矮颈瓶 2 件	国产	
27	陕西羊头镇李爽墓	唐 AD668	杯 1 件	(材料不全)	[71]
28	甘肃泾川舍利石函	唐 AD694	舍利瓶 1 件	国产	[57]
29	陕西西安东郊舍利函	唐 AD719	舍利瓶 1 件	国产	
30	黑龙江省宁安县舍利函	唐	舍利瓶 1 件	国产	[58]
31	河南洛阳关林唐墓 M118	唐	瓶 1 件	萨珊玻璃	
32	陕西西安南郊何家村窖藏	唐	杯 1 件	萨珊玻璃	[28]
33	陕西西安唐代西市遗址	唐	残器 1 件	(材料不全)	
34	陕西西安郊区 M504	中晚唐	残器 2 件	(材料不全)	[47]
35	河北定县五号塔基	北宋 AD976	瓶 5 件, 碗 1 件, 杯 2 件	伊斯兰玻璃	[32]
			碗 2 件, 瓶 2 件, 葫芦瓶 8 件	国产	

续表

序号	出土地点	年代	器物	分类	参考书目
36	河北定县六号塔基	北宋 AD995	葫芦瓶33件，侈口碗1件	国产	[32]
37	河南密县北宋塔基	北宋 AD999	小型玻璃器约50件	国产	[48]
38	陕西西安市一中内宋塔基	北宋	碗1件	产地未定	[63]
39	甘肃灵台舍利石函	北宋?	葫芦瓶3件	国产	
40	江苏连云港海清寺塔基石函	北宋 AD1027	葫芦瓶3件	国产	[45]
41	浙江瑞安慧光塔石函	北宋 AD1034	刻花瓶1件	伊斯兰玻璃	[34]
			小瓶1件	国产	
42	安徽无为宋塔基	北宋 AD1036	刻花瓶1件	伊斯兰玻璃	[35]
43	江苏镇江甘露寺铁塔基	北宋 AD1078	瓶1件	国产	[65]
4	安徽寿县宋塔	宋	小瓶2件	国产	[66]
45	辽宁赤峰大营子辽墓	辽 AD959	瓶1件	（材料不全）	[72]
46	辽宁法库叶茂台辽墓	辽	未定名器1件	产地未定	[67]
47	辽宁朝阳姑营子耿延毅墓	辽 AD1020	把杯1件，盘1件	伊斯兰玻璃	[39]
48	辽宁义县辽墓	辽	小碗残片	（材料不全）	[73]

附表二　部分中国早期玻璃器皿工艺比较表

器物 \ 工艺	玻璃颜色	钠钙玻璃	铅玻璃
广州横枝岗碗	深　蓝	√	
江苏邗江甘泉二号墓钵	紫　白	√	
南京象山七号墓杯	淡　黄　绿	√	
辽宁北票冯素弗墓鸭形注	淡　绿		
辽宁北票冯素弗墓碗	淡　绿		
辽宁北票冯素弗墓钵	淡　绿	√	
辽宁北票冯素弗墓杯	深　绿		
河北景县封魔奴墓碗	绿	√	
河北景县祖氏墓杯	淡　绿	√	
湖北鄂城五里墩碗	淡　黄　绿	√	
河南洛阳关林唐墓瓶	绿	√	
西安何家村窖藏杯	淡　黄　绿		
河北定县五号塔基刻花瓶	淡　蓝	√	
河北定县五号塔基方形瓶	无色透明	√	
河北定县五号塔基直桶杯	无色透明	√	
河北定县五号塔基直桶杯	蓝　色	√	
河北定县五号塔基瓶	深　蓝	√	
河北定县五号塔基细颈瓶	淡　黄　绿	√	
河北定县五号塔基细颈瓶	白	√	
河北满城汉墓耳杯	浅　绿		√
河北满城汉墓盘	浅　绿		√
西安李静训墓无颈瓶	绿	√	
西安李静训墓小杯	蓝	√	
西安李静训墓盖带盒	绿		√
陕西三原李寿墓小瓶	翠　绿		√
湖北郧县李泰墓杯	绿	√	
湖北郧县李泰高颈瓶	绿	√	
湖北郧县李泰矮颈瓶	黄		√
甘肃泾川舍利瓶	白		√
河北定县五号塔基葫芦瓶	绿		√
河北定县五号北县定塔基侈口碗	绿		√
河北定县五号塔基长颈瓶	白		√
河北定县六号塔基葫芦瓶	棕		√
河北定县六号塔基侈口碗	淡　绿		√
甘肃灵台葫芦瓶	淡　绿		√

罗马玻璃（广州横枝岗碗至河北景县祖氏墓杯）
萨珊玻璃（湖北鄂城五里墩碗至西安何家村窖藏杯）
伊斯兰玻璃（河北定县五号塔基刻花瓶至河北定县五号塔基细颈瓶）
国产玻璃（河北满城汉墓耳杯至甘肃灵台葫芦瓶）

成型法				装饰法					器型特点											
									壁厚薄		口沿					底部				
铸造	型压	无模吹制	模吹	搅胎	模压	堆贴	磨花	素面	>1.5mm	≤1.5mm	烧口	折卷	磨边	切割	加圆唇	平底	圜底	内凹	圈足	加工疤痕
	✓						✓		✓							✓				
	✓			✓	✓		✓		✓								✓			
																		✓		
		✓						✓				✓							✓	✓
		✓						✓			✓	✓						✓		
		✓						✓										✓	✓	✓
		✓						✓											✓	✓
			✓							✓										
		✓						✓					✓				✓			
		✓						✓				✓								✓
						✓		✓												
			✓				✓				✓									
			✓				✓				✓									
		✓						✓							✓			✓		✓
		✓						✓						✓				✓		✓
		✓						✓									✓			
		✓						✓												✓
		✓						✓		✓										
✓								✓								✓				
✓								✓								✓				✓
		✓						✓			✓					✓	✓			
		✓						✓				✓							✓	
		✓						✓				✓							✓	✓
		✓						✓		✓								✓		
		✓						✓		✓	✓							✓		
		✓						✓		✓				✓						
		✓						✓		✓						✓				
		✓						✓		✓	✓					✓				
		✓						✓		✓						✓				✓
		✓						✓		✓						✓				
		✓						✓		✓					✓					

中国早期玻璃器检验报告

建筑材料研究院　　清华大学
中国社会科学院考古研究所

自战国以来,我国历代的出土物中都有玻璃器,但品种数量少,出土地点零散,单纯用器型学进行比较研究存在着一定的困难。因而我国古代玻璃的研究进展较慢,尤其缺少对汉以后玻璃器的研究。为了改变这种局面,我们对西汉—北宋的 52 件玻璃样品进行了成分分析。

(一)样品来源和外貌观察

本文样品大多数为西汉—北宋的玻璃器皿和器皿残片,也有少量的玻璃珠饰。其中 46 件为 1949 年后的发掘品,年代比较可靠;另外 6 件是新疆丝绸之路上的早期玻璃,都是采集品,年代不太清楚。

1. 西汉玻璃碗　广州横枝岗西汉墓出土[①]。蓝紫色半透明,含有气泡。内壁润滑光洁,无锈;外壁发乌,经过打磨。受检部位为碗的外壁。

2. 东汉玻璃碗　广西贵县东汉墓出土[②]。浅蓝绿色透明,含气泡不多,但有几个大气泡,呈纵梭形。玻璃表面

---

① 广州市文物管理委员会等:《广州汉墓》,文物出版社,1982 年,第 239 页。
② 范世民、周宝中:《馆藏部分玻璃制品的研究》,《中国历史博物馆馆刊》1983 年 5 期。

发乌,有皱裂纹,内外壁有水平磨痕,底部磨痕方向较乱。受检部位为碗的外壁。

3. 东汉搅胎玻璃钵残片　江苏邗江甘泉二号墓出土[1]。紫红色透明玻璃和乳白色玻璃搅胎,内含气泡较少较小。玻璃表面稍发乌,钵的外壁有竖凸棱纹。

4. 汉耳珰　甘肃酒泉北稍门外汉墓出土[2]。蓝紫色透明,内含小气泡,表面稍发乌。

5. 西晋玻璃碗残片　湖北鄂城五里墩 121 号墓出土[3]。淡黄绿色透明,基本光洁无锈,透明度好,内含小气泡。外壁有椭圆形磨饰。

6. 东晋玻璃杯残片　南京大学北园东晋墓出土[4]。淡黄色透明,透明度好,含小气泡。外壁有磨饰。

7. 东晋玻璃杯残片　南京北郊东晋墓出土[5]。淡黄绿色透明,内含方向排列一致的椭圆形气泡。外壁有磨饰。

8. 东晋玻璃碎粒　出土地点同上。深蓝色透明,有小气泡。

9. 北燕玻璃钵残片　辽宁北票县西官营子冯素弗墓

---

① 南京博物院:《江苏邗江甘泉二号汉墓》,《文物》1981 年 11 期。

② 甘肃省博物馆发掘资料。

③ 湖北鄂城博物馆:《鄂城六朝墓》,待刊(后来在科学出版社出版,2007 年)。

④ 南京大学历史系考古组:《南京大学北园东晋墓》,《文物》1973 年 4 期。

⑤ 南京市博物馆:《南京北郊东晋墓发掘简报》,《考古》1983 年 4 期。

出土①。浅绿色透明,有气泡,部分表面有白色风化层,部分表面有虹彩现象。

10. 北魏玻璃碗　河北景县封魔奴墓出土②。绿色透明,内含气泡较多。表面因严重风化而呈现大量圆滴状凹坑。有虹彩现象,局部表面呈金色。受检部位为外底部。

11. 北魏玻璃碗　河北景县祖氏墓出土③。淡绿色透明,内含小气泡。表面附白色风化层,有明显虹彩现象。碗腹部缠绕波纹状纹饰。受检部位为外底部。

12. 隋玻璃瓶　西安郊区李静训墓出土④。深绿色透明,含较多气泡和杂质,透明度较差。表面基本光洁无锈。受检部位为外腹壁。

13. 隋玻璃盒　出土地点同上。绿色透明,内含小气泡,透明度尚好,表面基本光洁无锈。盒盖的颜色质料与盒相同,只是表面有黄白色风化层,有彩虹现象。受检部位为盒腹部和盒盖。

14. 隋小杯　出土地点同上。浅蓝色透明,内含小气泡。表面附着蓝紫色风化层,风化层呈层状,易剥落。受检部位为杯壁光洁处和风化层较厚处。

15. 隋小杯　出土地点同上。浅绿色半透明,内含小

① 黎瑶渤:《辽宁北票县西官营子北燕冯素弗墓》,《文物》1973 年 3 期。
② 张季:《河北景县封氏墓群调查记》,《考古通讯》1957 年 3 期。
③ 同上。
④ 中国社会科学院考古研究所:《唐长安城郊隋唐墓》,文物出版社,1980年,第 22—23 页。

气泡,表面均匀地附着白色风化层。风化层致密,不易脱落。受检部位为底部风化层较薄处。

16. 唐玻璃小瓶碎片　陕西三原李寿墓出土[1]。翠绿色透明,内壁光洁无锈,外壁布满白色风化层。风化层致密不易脱落。

17. 唐玻璃瓶残片　湖北郧县李泰墓出土[2]。绿色透明,有气泡。表面被腐蚀呈凹凸不平状,且不均匀地附着白色风化层。

18. 唐玻璃瓶残片　出土地点同上。黄色透明,内含小气泡,透明度好。表面有一些不透明的黄色风化斑点。

19. 唐细颈瓶残片　河南洛阳关林 118 号唐墓出土[3]。绿色透明,内含较多小气泡,条纹和结石较多。表面附着一层均匀的金黄色风化层,有明显的虹彩现象。

20. 唐玻璃残片　西安唐代西市遗址出土[4]。浅蓝色透明,含小气泡。表面附着风化层,风化层疏松易剥落,虹彩现象明显。

21. 唐玻璃珠　辽宁朝阳西大营子唐高英淑墓出土[5]。样品为半粒破碎珠子,表面严重风化,呈浅黄色不透明,但从新鲜断裂面看,中心部分仍保持晶莹透明,呈绿

① 陕西省博物馆等:《唐李寿墓发掘简报》,《文物》1974 年 9 期。
② 湖北省博物馆发掘资料。
③ 洛阳市文物工作队发掘资料。
④ 中国社会科学院考古研究所西安唐城队发掘资料。
⑤ 辽宁朝阳县文化馆发掘资料。

色,内含小气泡。

22. 唐玻璃小罗汉　出土地点同上。表面严重风化,呈淡黄色不透明,虹彩泛浅紫色。受检部位为背部平坦处。

23. 北宋(?)玻璃瓶　河北定县五号塔基出土[①]。天蓝色半透明,内含小气泡。部分表面被腐蚀,附着白色风化层。受检部位为瓶腹部。

24. 北宋细颈瓶　出土地点同上。无色透明,有小气泡,透明度好。内壁风化较严重,附着黄白色风化层,外壁基本光洁。受检部位为下腹部。

25. 北宋葫芦瓶　出土地点同上。淡绿色透明,内含小气泡,透明度好。内外壁基本光洁,无风化现象。受检部位为下腹壁。

26. 北宋刻花瓶　出土地点同上。无色透明,淡蓝色,透明度好。内外壁基本光洁,无风化现象。颈部、腹部和底部都刻有几何形花纹。受检部位为瓶底部。

27. 北宋细颈瓶　出土地点同上。无色透明,泛黄绿色,内含小气泡,透明度好。腹部底部光洁无锈,颈部和口沿处有白色风化层。底壁厚5毫米,腹壁厚3毫米。

28. 北宋细颈瓶　出土地点同上。无色透明,泛淡黄绿色,透明度好。表面附着较多的风化层。瓶壁较薄,约1毫米。

---

①　河北定县博物馆:《河北定县发现两座宋代塔墓》,《文物》1972年8期。

29. 北宋玻璃瓶　出土地点同上。深蓝色透明,腹部有椭圆形气泡,四壁光洁无锈。受检部位为瓶腹部。

30. 北宋直桶杯　出土地点同上。蓝色透明,有气泡。表面发乌,上腹部附着风化层。受检部位为杯的下腹部。

31. 北宋直桶杯　出土地点同上。无色透明,内含小气泡,透明度好,四壁基本光洁无锈。受检部位为杯外壁。

32. 北宋玻璃碗　出土地点同上。无色透明,稍泛黄绿色,内含气泡,透明度好,四壁光洁无锈。受检部位为碗外壁。

33. 北宋玻璃碗　出土地点同上。绿色半透明,内外壁均匀地附着一层薄薄的白色风化物。风化物致密,不易剥落。受检部位为碗外壁。

34. 北宋玻璃方瓶　出土地点同上。无色透明,稍泛黄绿色。表面发乌,部分有虹彩现象。受检部位为瓶壁。

35. 北宋葫芦瓶　出土地点同上。黄色透明,内含小气泡,透明度好,四壁基本光洁无锈。受检部位为下腹部。

36. 北宋葫芦瓶　出土地点同上。绿色透明有小气泡,透明度好,表面有黄白色风化斑点。受检部位为瓶下腹部。

37. 北宋葫芦瓶　出土地点同上。褐色不透明,表面有网络状风化纹。受检部位为下腹部。

38. 北宋葫芦瓶　出土地点同上。蓝色透明,内含小气泡,透明度好。受检部位为下腹部。

39. 北宋葡萄残片　出土地点同上。黑紫色不透明，部分表面有薄薄一层白色风化物。残片经研磨抛光制成薄片时，呈红色，在显微镜下可看到小气泡。

40. 北宋玻璃碗　河北定县六号塔基出土[1]。内外壁附着黄白色风化层，表面因风化不透明，但中心部分仍保存绿色透明。受检部位为碗外壁。

41. 北宋葫芦瓶　出土地点同上。浅黄色透明，有小气泡，表面附着黄白色风化层。受检部位为上腹部风化层较薄处。

42. 北宋葫芦瓶　出土地点同上。棕紫色半透明，表面附着黄褐色风化层，风化层较厚，印有丝织品的纹路。受检部位为下腹部。

43. 北宋葫芦瓶　出土地点同上。绿色透明，表面附较厚风化层。受检部位为下腹部。

44. 北宋葫芦瓶残片　甘肃灵台舍利石棺出土[2]。无色透明，稍泛绿色，有小气泡，透明度好。表面基本光洁无锈。

45. 北宋葫芦瓶残片　出土地点同上。淡黄色透明，透明度稍差，表面基本光洁无锈。

46. 北宋蛋形器　河南密县北宋塔基出土[3]。棕黄色半透明，壁薄如纸，内外壁附着暗灰色风化层，部分风化层

---

① 河北定县博物馆：《河北定县发现两座宋代塔基》，《文物》1972 年 8 期。

② 秦明智、刘得祯：《灵台舍利石棺》，《文物》1983 年 2 期。

③ 金戈：《密县北宋塔基中的三彩琉璃塔和其它文物》，《文物》1972 年 10 期。

呈金色虹彩。

47. 玻璃残片　新疆楼兰遗址采集①,年代不详。绿色透明,表面发乌,有皱裂纹,虹彩现象明显。

48. 玻璃口沿残片　采集地点同上。白色半透明,表面风化凹凸不平。

49. 玻璃口沿残片　新疆和阗县买利尕瓦堤遗址采集②,年代不详。无色透明,稍泛黄绿色,内含小气泡。外壁磨有菱形纹饰。表面有些发乌,壁厚3毫米。

50. 玻璃残片　新疆喀什县木尔吞木遗址采集③,年代不详。暗黄色半透明,有较多气泡。表面发乌。

51. 玻璃残片　新疆伊犁阿里玛元代城址采集④。蓝绿色透明,内含气泡,基本光洁无锈。

52. 玻璃残器座　新疆叶城县锡堤牙宋元居住遗址上采集⑤。浅绿色半透明,表面附着白色风化层,有虹彩现象。

(二)方法和结果

对古代玻璃进行技术检验时,首先要鉴别样品是不是玻璃,其次是对样品成分进行定性分析,然后进行化学成

① 新疆维吾尔自治区考古研究所资料。
② 新疆维吾尔自治区博物馆资料。
③ 新疆维吾尔自治区博物馆资料。
④ 新疆维吾尔自治区博物馆资料。
⑤ 新疆维吾尔自治区博物馆资料。

分定量分析和其他各种性能的测定研究。

　　玻璃通常是易于用肉眼辨认的。古代玻璃熔制温度较低,澄清质量差,一般都存在着不同数量的气泡,很容易用肉眼或低倍显微镜看出。而水晶、玛瑙等天然材料制品是不含气泡的。此外,古代玻璃的风化表面与新鲜断裂面在质地和光泽上有明显差别,天然材料制品则很少有这种现象,这也可以用来作为判别玻璃的依据。一些出土玻璃因不透明或严重风化,难以用肉眼辨认;有一些天然材料制品(如水晶玛瑙)外观上很像玻璃,易被误认为玻璃;还有一些古代人造珠实际上是一种只含少量玻璃相的石英烧结体(也称 faience)[①],也易被误认为是玻璃。对于这些难以区别的样品,一般采用 X 射线衍射分析,这是区别晶态物质与玻璃态物质的常用方法。如果被检测对象系半透明或不透明物质,则可以将样品研磨抛光,制成薄片,在偏光显微镜下观察是否系玻璃态物质和有无气泡。

　　对玻璃样品的成分分析有多种方法手段。本文样品的成分定性分析采用光谱分析、同位素 X 射线荧光分析和测试比重三种方法。化学定量分析中一部分组成采用原子吸收光谱法,一部分组成采用了传统化学法分析。

1. 光谱定性分析

　　在确定受检样品为玻璃后,即取少量样品进行光谱定

---

① 　R. J. Forbes, *Studies in Ancient Technology* Vol. 5, p110, Leiden, 1957。

性分析。由光谱分析,确定出组成玻璃的主要氧化物种类,然后再进行定量分析。有的样品量很少,仅够进行光谱定性分析,如样品49,通过光谱定性分析,知道主要含Si、Na、K、Al、Mg、Ca、Cu、Fe、Ba 几种元素,属于钠钙玻璃。

2. 化学成分分析

一般常规化学湿法分析,需要消耗较多的试样。为减少试样的用量,我们尽可能采用仪器分析。本文样品中的大部分成分采用了原子吸收光谱法分析,部分组成采用化学法分析。为保证分析的可靠性,在采样时对表面风化较严重的玻璃,尽量除去风化层和各种表面污物。详见文末表一。

3. 同位素 X 射线荧光分析

这是一种对样品无损伤的多元素同时分析法[①]。它主要利用放射性同位素放出的射线来激发被测样品中的原子,受激原子在退激过程中会放出单能的 X 射线来。这种单能 X 射线的能量与各种元素是一一对应的,所以又称为特征 X 射线荧光。测定出荧光的能量和强度,就可确定出样品内的元素和含量。图一是对样品 22 进行荧光分析所得到的特征 X 射线能谱图,每个峰代表一种元素。在测量条件相同的情况下,峰的高低就反映了该元素

---

① 张日清、曲长芝:《同位素 X 射线荧光法对稀珍文物的无损分析》,《考古学集刊》2,社会科学出版社,1982 年,第 194 页。

量的多或少,如果再配标准样品进行校正,就可以确定每种元素的量。本文样品的测试还未作到定量,全部是定性分析结果。样品的测试部位都选平坦、光洁处,一般避开风化层。

同位素 X 荧光分析法不破坏样品,分析速度快,比较准确,但这种方法对一些原子序数低的元素不灵敏,不能鉴别出样品中是否含 Na、Al 等元素。详见文末表二。

4. 密度的测定

玻璃的密度与玻璃成分密切相关,尤其是 PbO 对玻璃密度有最重要的影响。一般钠钙玻璃的密度为 2.5 克/

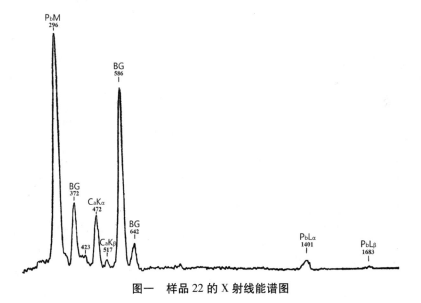

图一　样品 22 的 X 射线能谱图

厘米^3 左右,而我国古代铅玻璃的密度一般都在 3 克/厘米^3 以上。因此可以根据密度大小来区分铅玻璃和钠钙玻璃。

玻璃密度可用"浮力法"测定。先用天平称出样品在空气中的重量,然后再称出其在水中的重量,就可算出玻璃密度。此方法简单易行,又不损坏样品。详见文末表三。

本报告是由建筑材料研究院的史美光、清华大学的曲长芝、张日清和中国社会科学院考古研究所的李敏生、安家瑶共同检验写成的。

表一　化学成分分析结果

样品编号	样品名称	SiO_2	Al_2O_3	CaO	Na_2O	K_2O	MgO	Fe_2O_3	MnO_2	CuO	PbO	其他氧化物
3	东汉搅胎玻璃钵残片	64.79	3.44	7.66	18.18	0.88	0.61	1.30	2.45	0.03		
4	汉耳珰	49.33	2.10	3.16	9.30	0.51	1.40	0.48	0.33	0.09	21.62	BaO:8.83
5	西晋玻璃碗残片	64.22	1.64	9.19	17.51	3.59	3.21	0.57	0.04	0.02		CoO:0.04
6	东晋玻璃杯残片	69.39	1.89	6.81	19.60	0.49	0.27	0.58				
7	东晋玻璃杯残片	67.70	3.43	6.05	19.23	0.45	0.94		1.63	0.02		
8	东晋玻璃碎粒	69.15	2.09	5.79	15.84	0.33	0.55	1.22	0.03	0.27		Sb_2O_3:0.29
9	北燕玻璃钵残片	64.82	2.71	6.14	16.02	4.43	2.35	0.82	0.08	0.02		CoO
16	唐玻璃小瓶	36.16	2.42	1.09	10.01	0.95	2.84	0.69			46.65	
17	唐玻璃瓶残片	61.58	1.66	6.27	17.86	3.53	6.43					
18	唐玻璃瓶残片	30.49	1.61	0.20	0.31	0.27	0.3	0.33	0.04		64.23	TiO_2:0.15
19	唐细颈瓶残片	62.70	2.75	6.57	18.11	2.60	4.84	1.05		0.41		
21	唐玻璃珠	26.08		0.18	0.29	0.06	0.09	0.26	0.02		68.51	
36	北宋葫芦瓶残片			0.35	0.18	0.34	0.10	0.19	0.02	0.41	70.04	

续表

样品编号	样品名称	SiO_2	Al_2O_3	CaO	Na_2O	K_2O	MgO	Fe_2O_3	MnO_2	CuO	PbO	其他氧化物
44	北宋葫芦瓶残片	26.85	2.22	0.13	0.29	10.09	0.10	0.16	0.02	0.13	50.31	
45	北宋葫芦瓶残片	36.32		0.18	0.11	11.94	0.04	0.29	0.01		53.40	
46	北宋玻璃蛋形器	31.66		3.35	0.11	13.75	0.30	4.39			41.57	
47	早期玻璃残片	67.24	2.58	9.18	18.31	0.85	0.54	0.30	0.12	0.02		
48	早期玻璃口沿残片	69.89	1.98	5.77	19.18	0.48	0.52	0.31	0.03	0.02		
50	早期玻璃残片	54.14	7.78	9.11	15.66	5.66	5.50	1.06	0.04			
51	元玻璃残片	60.43	4.09	8.16	15.87	5.27	4.71	0.35	0.04	0.02		
52	宋元玻璃残片	58.27	5.38	11.88	12.87	5.51	4.04	0.97				
52	宋元玻璃残片	61.03		5.68	15.18	6.06	3.81	1.01	0.04			

表二 同位素 X 射线荧光分析结果

样品编号	样品名称	Si	Cl	K	Ca	Mn	Fe	Ni	Cu	Sr	Zr	Pb	Ag	In	Sn	Ba	Sb
1	西汉玻璃碗	+++		++	++		+		+	+		+				+	
2	东汉玻璃碗	+++			+++		+									+	
10	北魏玻璃碗	+++	++	++	+++		+		+	+	+	+	+	+	+		
11	北魏玻璃碗	+++	++	++	+++	+	+	+	+	+			+	+			
12	隋玻璃瓶	+++		++	++		+									+	
13	隋玻璃盒（腹部）	+++		++	++							+++			+		
13	隋玻璃盒(盖)	+++		++	++							+++					
14	隋小杯（透明处）	+++	++	++	+++		+					+			+	+	
14	隋小杯（风化层处）	+++		++	+++		+										
15	隋玻璃小杯	+++			+++	+	+									+	
20	唐玻璃残片		++	++	+++		+		+								
22	唐玻璃小罗汉	+++			++							+++				+	
23	北宋玻璃瓶	+++	+		++		++		++			++					
24	北宋细颈瓶	+++		++	++		+					+++					

续表

样品编号	样品名称	Si	Cl	K	Ca	Mn	Fe	Ni	Cu	Sr	Zr	Pb	Ag	In	Sn	Ba	Sb
25	北宋葫芦瓶	+++			++	+		+									
26	北宋刻花瓶	+++	+	++	+++		+									+	
27	北宋细颈瓶	+++	++		++	+										+	
28	北宋细颈瓶	+++	++	++	+++	+										+	
29	北宋玻璃瓶	+++	++		++	+	+	+								+	
30	北宋直桶杯	+++	++	++	+++	+										+	
31	北宋直桶杯	+++	++		+++	+										+	
32	北宋玻璃碗	+++	++	++	+++	+	+									+	
33	北宋玻璃碗	+++	++	++	+++		+	+				+++					+
34	北宋玻璃方瓶	+++	+		+++	+										+	
35	北宋葫芦瓶	+++	+	++	+			+									
36	北宋葫芦瓶	+++	+	++	+		+	+				+++					
37	北宋葫芦瓶	+++		++	+			+				+++					
38	北宋葫芦瓶	+++	+	++	+		+	+				+++					
39	北宋玻璃葡萄	+++		++	++		+	+				+++				+	
40	北宋玻璃碗	+++	+	++	++		+	+				+++					

续表

样品编号	样品名称	Si	Cl	K	Ca	Mn	Fe	Ni	Cu	Sr	Zr	Pb	Ag	In	Sn	Ba	Sb
41	北宋葫芦瓶	+++		++	++		+					+++					
42	北宋葫芦瓶	+++		++	+++		+		+			+++					
43	北宋葫芦瓶	+++		++	++		+					+++					
44	北宋葫芦瓶	+++	+	++	++							+++					
45	北宋葫芦瓶	+++		++	++							+++					

注:+为微量元素,++为一般元素,+++为多量元素。

样品 23 为钠钙玻璃,并含一定量的铅和铟;器形与耀县隋塔基中出土的绿带盖瓶近似,故疑此瓶亦为隋代物。

表三　密度测定结果

样品编号	样品名称	密度(克/厘米^3)	玻璃类别
3	东汉搅胎玻璃钵残片	2.539	钠钙玻璃
8	东晋玻璃碎粒	2.475	钠钙玻璃
23	北宋玻璃瓶	2.51	钠钙玻璃
25	北宋葫芦瓶	5.34	铅玻璃
26	北宋刻花玻璃瓶	2.51	钠钙玻璃
32	北宋玻璃碗	2.46	钠钙玻璃
39	北宋玻璃葡萄残片	3.748	铅玻璃
40	北宋玻璃碗	3.75	铅玻璃

续表

样品编号	样品名称	密度(克/厘米³)	玻璃类别
42	北宋葫芦瓶	3.50	铅玻璃
44	北宋葫芦瓶	3.76	铅玻璃

(原载于《考古学报》1984 年第 4 期,后被译成英文,
伦敦东方陶瓷协会出版成书:"*Early Glassware*",
Trans. by M. Henderson. The Oriental
Ceramic Society,No. 12. 1987)

北周李贤墓出土的玻璃碗

——萨珊玻璃器的发现与研究

1983年秋宁夏回族自治区博物馆和固原县文物工作站在固原县发掘了北周李贤夫妇墓,出土了一些珍贵文物,其中包括一件完整的玻璃碗(照片1、2;图一,1)。本文试图对这件玻璃碗以及我国出土的另外几件有关玻璃器皿进行研究讨论。

照片1. 李贤墓出土玻璃碗　　　　照片2. 李贤墓玻璃碗背面

一

发掘简报对这件玻璃碗描述较简单:玻璃碗 1 件,碧绿色,口径 9.5 厘米,高 8 厘米,腹深 6.8 厘米,下腹最大径 9.8 厘米。碗外壁饰突起的圆圈图案二圈,上圈 6 个,下圈 8 个,上下错位,从一处可透视对面三个以上同样突起的圆圈图案。可知当时已较好地运用了凹面镜透光原理①。

笔者根据实物补充如下:玻璃为淡黄绿色,内含气泡,气泡都很小,直径一般不超过 0.5 毫米,气泡分布均匀,不见明显的条纹、结石,透明度好。碗内壁光洁无锈,外壁有风化层,主要分布在下腹部和底部,风化层呈金黄色。口沿有水平磨痕。碗壁厚约 4 毫米,突起纹饰最厚处为 7 毫米。腹部突起的圆形纹饰不很规整,有的呈长椭圆,有的呈扁椭圆,一般长径 27—29 毫米,短径 25—26 毫米。圆饰面呈凹球面,貌似吸盘。圆饰基本成排,略略错落不齐,圆饰之间的距离也不完全一致。底部的圈足也是由一个长径 31 毫米短径 31 毫米的突起凹球面构成。玻璃碗重 245.6 克,比重 2.46 克/厘米^3,经 X 荧光法无损检测,不含铅钡。从比重和 X 荧光检测结果来看,这件玻璃碗是钠钙玻璃。

这件玻璃碗的颜色较浅,透明程度好,气泡小,反映了

---

① 宁夏回族自治区博物馆、宁夏固原博物馆发掘组:《宁夏固原北周李贤夫妇墓发掘简报》,《文物》1985 年 11 期。

玻璃的原料比较纯净,含铁低,熔制温度较高。碗腹部的突起圆形纹饰与碗壁浑然一体,说明纹饰不是成形后补加上去的,而是一次成形。碗内壁光洁无锈,无打磨抛光痕迹,外壁磨痕明显,方向多是水平和垂直的,碗壁厚薄不匀,暗示了这件碗是吹制成型的厚壁碗,外壁经磨琢变薄,留下两排圆形纹饰和底部,形成突起的效果,圆形纹饰的面又被磨琢成凹球面。磨琢后的玻璃碗通体经过抛光,但有些部位不易被抛光,磨痕仍清晰可见。这种厚壁的玻璃碗很可能是有模吹制成形的。

总之李贤墓出土的这件玻璃碗原料纯净,熔制水平较高,采用了冷加工的磨琢工艺,纹饰独特,是古代玻璃的精品。这种类型的完整玻璃碗在我国是首次发现,为我国古玻璃的研究提供了宝贵的资料。

二

与李贤墓玻璃碗可能有某种关系的玻璃器皿和残片以前在国内发现过几件,比较突出的是北京西晋华芳墓出土的玻璃碗、湖北鄂城西晋墓出土的玻璃碗、新疆楼兰出土的玻璃杯和巴楚采集的玻璃残片。

(1)北京西晋华芳墓出土的玻璃碗　华芳墓由北京市文物工作队在1965年发掘,墓中出土的西晋骨尺等是人们非常重视的,而对同墓出土的玻璃残片却没有进行必要的研究。原报告报道:"料盘一件,残碎不全,观其口沿和底足,是盘形器,足作乳头状,从两足的间距及弧度推测,该盘应有八足,盘口径为 10.4 厘米,盘壁极薄,断面呈绿色。"[①]这件玻璃器的真实面貌是最近才被人们认识的。1985 年 9 月份,中国社会科学院技术室的丁六龙工程师仔细拼对了该墓的玻璃残片,成功地复原了这件玻璃碗(照片 3、4;图二)。这件碗圜底,球腹,颈部微收,侈口。高 7.2 厘米,口径 10.7 厘米,腹部有 10 个椭圆形乳钉作为装饰,乳钉列为一排。乳钉不很规整,一般高出碗外壁 5 毫米,长径 10—15 毫米,短径 5—11 毫米,其中 8 个乳钉的长径平行于口沿,另外 2 个乳钉的长径垂直于口沿。底部有七对突起的刺排成椭圆形,刺高 2 毫米,这些刺既是装饰又是足,能使圜底得以放稳。

这件玻璃碗为淡绿色透明,内含较多气泡和条纹,气泡大小不一。由于气泡多,玻璃的透明程度不太好。内外壁风化不很明显,有轻度的虹彩现象,碗壁较薄,1—2 毫米,口沿部分特别薄。腹部乳钉有明显的水平条纹,与器身玻璃的条纹不一致。根据这些情况可以推测,这件玻璃碗是无模自由吹制成形,底部的对刺是成形后在炉边趁热用小钳子夹挑出来的,腹部的乳钉是用烧软的玻璃条趁热粘贴上去的。

中国社会科学院考古研究所化验室和建筑材料设计院分别对这件碗的残片进行了化学定量分析,其结果见表二。

---

① 　北京市文物工作队:《北京西郊王浚妻华芳墓清理简报》,《文物》1965 年12 期。

照片 3. 华芳墓出土的玻璃碗　　照片 4. 同 3(底部)

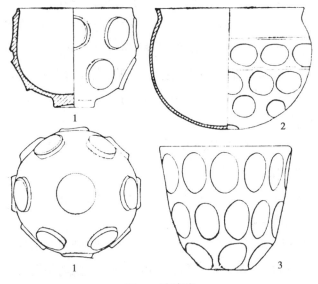

图一　玻璃碗

1.李贤墓出土　2.鄂城西晋墓出土　3.楼兰出土

　　西晋华芳墓玻璃碗与北周李贤墓玻璃碗的共同之处在于都是圜底碗,腹部有成排的突起圆形纹饰,底部的足与纹饰有一定的关系。

　　（2）湖北鄂城西晋墓出土的玻璃碗残片　　1978 年 9
月鄂城博物馆配合基建,发掘了五里墩 121 号墓,出土了
几件瓷器和这些玻璃残片①。根据墓葬形制和瓷器的类
型,该墓被推断为西晋墓。玻璃残片为淡黄绿色,透明度
好,有小气泡。这件玻璃器尚未修复,根据残片可以想象
复原为圜底玻璃碗(图一,2),球腹圜底,颈部微收,侈口,
口径约为 10.5 厘米,壁厚 2 毫米左右,腹部有二条阴弦纹
和三排椭圆形稍内凹的纹饰。每个椭圆形不太规整,一般
长径为 17—19 毫米,短径为 15—16 毫米。每排椭圆形纹
饰的数目不同,靠近底部的一排为 8 个,上两排的数目尚
不清楚。底部也有一个直径较大的圆形内凹纹饰。纹饰
上经过抛光,但仍留下清晰可见的磨痕,透明度低于碗壁
未有纹饰处。

　　这件玻璃碗是无模吹制成形,其纹饰是成形冷却后经
砂轮打磨出来的。

　　中国社会科学院考古研究所化验室检验了其中一块
残片,为钠钙玻璃②。

　　鄂城西晋墓的玻璃碗与北周李贤墓的玻璃碗相比,器
形虽不相同,却都采用了成排的圆形或椭圆形作为纹饰,
圆饰面都呈凹球面,底部都有一个较大的圆饰,靠近底部

①　根据湖北鄂城博物馆发掘资料,此碗已收入即将出版的《鄂城六朝墓》一
　　书(后于 2007 年由科学出版社出版)。
②　建筑材料研究院等:《中国早期玻璃器检验报告》,《考古学报》1984 年
　　4 期。

的一排圆饰都是 8 个,而且两件碗的纹饰都是经冷加工磨琢而成的。

(3)新疆楼兰出土的玻璃碗及类似的玻璃残片 斯坦因 20 世纪初在新疆楼兰 L. K 遗址的一座 5—6 世纪的墓葬中盗掘了一件玻璃碗(图一,3)。据《亚洲腹地》一书记载,这件玻璃碗浅绿色透明,平底侈口,腹部有三排圆形纹饰,圆形面呈凹球面。靠近底部的一排圆饰为 7 个。碗高 5.6 厘米,口径 6.7 厘米,底径 2.4 厘米[①]。

报告中未记碗壁厚度,无法推测是无模吹制成型还是有模吹制成型,不过它腹部的圆形凹球面纹饰,肯定和李贤墓的玻璃碗一样,是冷加工磨琢而成。

除了这件玻璃碗外,斯坦因在新疆还采集了几片带有圆形磨饰的玻璃残片。1949 年后新疆博物馆和考古所也多次采集到类似磨饰的玻璃残片。

(4)新疆巴楚的突纹玻璃残片 新疆博物馆在巴楚脱库孜萨来遗址的佛寺中采集到两块突纹玻璃残片,根据佛寺的残佛头像判断该遗址的年代为 4—5 世纪[②]。较大的一块玻璃残片长约 6 厘米,宽约 4 厘米,厚约 3—4 毫米,是一件玻璃容器的腹部残片,上面有两个突起的圆形装饰,其中一个直径约为 3.5 厘米,圆饰面呈凹球面,另一个突起圆形装饰较小,直径约 0.7 厘米,圆饰面平坦不内凹,圆饰面高出器壁约 3 毫米。较小的一块玻璃残片长约

---

① A. Stein,"Innermost Asia",Oxford,1928.

② 新疆博物馆发掘资料。

4厘米,宽约3厘米,与较大的玻璃残片同属于一件容器腹部,上面也有两个突起的圆形装饰,都是小圆形装饰,直径为6—7毫米。

这两块玻璃残片淡黄色稍泛绿色,内含气泡较少,透明度好。外壁基本光洁,但肉眼可以看出其曲率不一致,有高有低,在低倍显微镜下可以看到清晰的磨痕,说明这件玻璃器的外壁经过打磨和抛光。这两块玻璃残片的颜色、质量、工艺和装饰法与李贤墓的碗基本一致。

我国出土的以上几件玻璃碗和残片与李贤墓玻璃碗在纹饰上有共同特征,集中出土于3—6世纪的墓葬和遗址,与李贤墓的年代一致,因此可以看作是同一类玻璃器。

三

与李贤墓玻璃碗类似的玻璃器在日本、韩国也有发现。日本学术界对这些玻璃器非常重视,多人多次地写文章研究讨论,现简单介绍其中的几件。

(1)千冢玻璃碗　日本橿原新沢千冢126号墓出土[①],同墓还出土了一件深蓝色玻璃盘。根据墓葬形制和随葬器物,126号墓被定为5世纪。这件玻璃碗圜底球腹,颈微收,口外侈,腹部五排底部三排圆形磨饰,腹部一、三、五排的圆形磨饰未经抛光,呈半透明状。玻璃碗的口径7.8厘米,最大腹径8.7厘米,高约6.8厘米,壁厚1.5

---

① 橿原考古学研究所:《新沢千冢126号坟》,奈良,1977年。

毫米。玻璃为淡绿色透明,气泡较多,透明度不太好。这件玻璃碗是无模吹制成型,冷却后用砂轮打出圆形纹饰。

(2)冲之岛的突纹玻璃残片 日本福冈县宗像神社冲之岛祭祀遗址先后出土了两块玻璃残片,属于同一件玻璃容器的腹部①。玻璃淡绿色透明,内含气泡,壁厚3毫米,在外壁有一个突起的圆形纹饰,圆饰直径2.8厘米,高出外壁3—5毫米,圆饰面呈凹球面。这件突纹玻璃残片与李贤墓玻璃碗的纹饰完全相同,制作工艺也相同。冲之岛的突纹玻璃残片的年代被定为5—6世纪,与李贤墓的年代相符。

(3)安闲陵玻璃碗 这件碗相传是安闲陵出土,年代约为6世纪②。这件玻璃碗无色透明,稍泛褐色。圜底球腹,口微敛,高8.6厘米,口径12.0厘米。腹部有五排圆形纹饰,底部也磨有一个直径较大的圆形凹球面。

(4)正仓院藏玻璃碗 正仓院藏的这件玻璃碗非常著名,一般认为它的年代是4—7世纪③。这件玻璃碗淡褐色透明,圜底球腹,口微敛,高8.5厘米,口径12厘米,腹部和底部的装饰与安闲陵碗相似,甚至圆饰的凹球面曲率也一致,只是正仓院碗腹部的凹球面相叠,从正面看不是圆形而是六角形。

---

① 冈崎敬:《冲ノ岛8号祭祀遗迹出土の玻璃碗》,《宗像冲ノ岛》,宗像大社复兴期成会,1978年。
② 由水常雄:《东洋のカラス》,三彩社,1977年。
③ 由水常雄:《东洋のカラス》。

　　（5）上贺茂玻璃残片　这块玻璃残片是坂东善平先生 1964 年在京都府上贺茂调查绳纹遗址时偶然采集到的[①]。玻璃片长约 6 厘米，宽 4.2 厘米，白色不透明，气泡很多，是玻璃容器的腹部残片，外表面有突起的同心圆纹饰。根据残片的弧度及纹饰，可以想象复原为一件圈底碗，碗腹部的同心圆纹饰也是用砂轮打磨抛光形成的。

　　（6）韩国庆州皇南洞 98 号墓玻璃碗　韩国庆州市皇南洞 98 号墓的北墓出土，同墓的南墓还出土了一件波纹玻璃杯和一件凤首形玻璃瓶。皇南洞 98 号墓属于朝鲜半岛三国时代的新罗墓葬，即 5—6 世纪[②]。这件玻璃碗淡绿色透明，圈底，口外侈，腹部有六排椭圆形凹球面磨饰，底部也有一个较大圆形凹球面。这件玻璃碗的制作装饰工艺与正仓院碗和安闲陵碗基本相同。

　　日本和朝鲜半岛出土的以上几件玻璃碗和残片都有成排的圆形纹饰，纹饰的加工方式也与李贤墓碗相同，都是经磨琢抛光而成。值得注意的是这些玻璃碗都出现在寺院珍藏、皇室大墓和神社的祭祀遗址，说明这种玻璃器在当时是罕见的珍贵之物。

四

　　一些国家的博物馆和私人手中也收藏有与李贤墓玻

---

① 坂东善平、森浩一：《京都上贺茂の白琉璃碗の破片》，《古代学研究》第 44 号。
② 国立中央博物馆：《新罗双坟　庆州 98 号古坟》，汉城，1975 年。

璃碗相类似的带圆形纹饰的玻璃碗,如美国的康宁玻璃博物馆、费城大学博物馆、英国的牛津博物馆、日本的冈山市埃及美术馆、出光美术馆等都有收藏,但多是从近东古董市场上买去的传世品,没有明确的出土地点和共出器物。不过这类玻璃集中来源于近东市场,似乎提示了玻璃的产地①。1960 年代日本东京大学伊拉克伊朗遗址调查团先后两次在伊朗吉兰省东部的泰拉门地区发掘了一批帕提亚—萨珊时代的墓葬群,出土了一些珍贵的玻璃器,这样才证实了德黑兰古董市场上的玻璃器是来源于伊朗高原的墓葬②。

　　伊朗吉兰省出土的玻璃碗数量较多,大都带有圆形纹饰,根据其纹饰的差异可简单分为四型③:

　　一型　凹球面磨饰玻璃碗。这种类型的玻璃碗在伊朗高原出土最多,流行时间最长,据深井晋司统计出土有 100 余件。碗的器形简单,一般都是圜底球腹,碗的腹部用砂轮磨出成排的圆形纹饰,圆饰面呈凹球面,底部往往磨出一个较大的凹球面,靠近底部的一排圆饰的数目多在 7 个左右。碗的大小不一,但口径在 10—11 厘米的中型碗数量最多。这种类型的碗根据碗口的不同又可分为三式。

---

① Axel von Saldern, "Achaemenid and Sassanian Cut Glass", Ars Orientalis, VolV, Washington, 1963。

② 曾野寿彦、深井晋司:《デーラマン》Ⅲ,《东京大学イラク・イラン遗迹调查团报告书 8》,东京,1964 年。

③ 深井晋司、高桥敏:《ベルッアのかラス》,淡交社刊,1973 年。

Ⅰ式　口微敛。根据壁的厚度可分为薄壁碗和厚壁碗,薄壁碗的壁一般不超过2.5毫米,是无模吹制成型;厚壁碗的壁厚多在3毫米以上,是有模吹制成型。完整保存下来的多是厚壁碗。

Ⅱ式　侈口,斜直壁,多是厚壁。

Ⅲ式　颈部明显,口外侈,壁薄。这式碗由于壁薄极易破碎,很难完整保存下来,出土一件完整的Ⅲ式碗,现存巴格达国家博物馆。

二型　突起的圆形凹球面装饰碗(照片5)。一般圜底球腹,微敛口,圈足,腹部有一排或两排突起的圆形凹球面装饰,每排有7个左右圆饰,圈足本身也是一个直径较大的突起圆形凹球面。这型玻璃碗的颜色多是淡绿色、淡褐色,口径多在10厘米上下,碗壁很厚,腹部的圆饰都是成形冷却后磨琢而成的。

照片5.伊朗吉兰省出土的玻璃碗

三型　同心圆装饰碗。这种碗的纹饰实际上是二型突起的圆形凹球面装饰的发展,即在圆形凹球面装饰周围刻磨出一圈凹糟,形成同心圆的效果。这型碗都是厚壁,腹部除了同心圆纹饰外,往往还磨出一些辅助条纹。

四型 乳突装饰碗。一般是无模吹制成形的薄壁碗,侈口,颈微收,圜底,腹部和底部有乳状突起装饰,类似贝壳表面,例如哈桑尼·马哈拉(Hassani Mahale)7号墓出土一件完整的突起装饰玻璃碗(照片6),腹部最大腹径处有9个类矩形乳钉,下腹部有10个细长的龙骨突起,底部有10个小乳突围成一圈,代替圈足。这种类型的装饰与前三型有一些共同之处,但制作工艺却不相同,前三型的装饰都是在砂轮上磨琢出来的,而四型装饰是在玻璃炉前趁热粘贴或钳夹出来的。

照片6.伊朗吉兰省出土的玻璃碗

根据墓葬的年代,伊朗高原这四种类型的碗流行年代大致如下:一型碗数量多,流行时间最长,大约始于帕提亚王朝晚期,萨珊王朝时期最为兴盛,到伊斯兰早期衰落。二型碗的数量少于一型碗,流行时间也稍晚,大约始于3

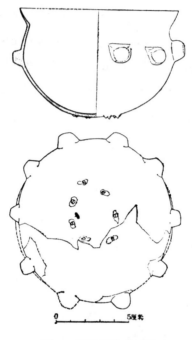

图二　华芳墓出土玻璃碗

世纪,不见于 6 世纪。三型碗的流行时期大约在 4—5 世纪。四型碗的流行时间早于前三型碗,1—5 世纪的墓葬都有出土,帕提亚王朝晚期最流行。总的看来,玻璃器的发展变化十分缓慢,一种器型往往持续几百年,萨珊王朝时期是流行这几种碗的最主要时期。

五

以上分别介绍了我国、日本、朝鲜半岛和伊朗高原上出土的带圆形纹饰的玻璃碗,现在我们将讨论这三者之间的关系,是各自孤立存在互无影响,还是同源产品。将三个地区的出土物相互比较(表一),就会惊奇地发现我国、日本和朝鲜半岛出土的带圆形纹饰玻璃碗都可以很容易地在伊朗高原找到相似器物,而且可以毫不勉强地参加伊朗高原玻璃碗的分型分式。李贤墓玻璃碗可归入二型,正仓院和安闲陵的玻璃碗属于一型Ⅰ式,楼兰碗和庆州碗属于一型Ⅱ式,鄂城碗和千冢碗属于一型Ⅲ式,巴楚的残片、冲之岛的残片和李贤墓碗一样,可归入二型,上贺茂的残片可分入三型,华芳墓玻璃碗可归入四型。有意义的是我国、日本、韩国出土的玻璃碗,不仅器形上与伊朗高原玻璃碗相似,而且年代上也完全符合。

　　三个地区出土的这类玻璃残片中的一部分已经作了化学分析,比较这几个组成成分的数据(表二),发现这几件玻璃残片虽然出土地点远隔千山万水,但组成成分却十分相似。

　　如果仅仅是某一二方面相似,完全有可能是三种独立产品的偶合。如果是外观和年代等方面相似,也有可能是一个地区的原产品,另外两个地区进行了仿制。如果不仅外观上相似,而且工艺和成分也相近,就很难解释为三种独立的产品。因为玻璃的成分主要取决于熔制玻璃的原料,三个地区的自然环境不同,原料中所含元素比例各不相同,即便采用同一个玻璃配方,熔制出来的玻璃也不可能完全相同,而且在成型、装饰的工艺过程中也必然会有所差异。因此中国、日本、韩国及伊朗出土的这种圆形纹饰碗,很可能是同一个玻璃产地的产品。

这批玻璃碗的产地到底在哪里呢?

日本这几种类型的玻璃碗的年代集中在 5—7 世纪,与同时代其他质料器物相比,这几件玻璃碗不仅数量少,而且器形、纹饰都非常特殊,很难找出日本器物的风格。与日本出土的其他玻璃制品相比,也是异大于同。日本绳纹时代出土过玻璃勾玉及生产勾玉用的范,这些勾玉无疑是日本当地制造的,经检验都是铅玻璃。正仓院保存了 7 世纪玻璃珠子的配方,记载了需用大量的氧化铅。这几件带有圆形纹饰的玻璃碗与传统的日本铅玻璃不同,都是钠钙玻璃,而且与铸造成型的日本传统工艺不同,因此这几件玻璃碗不会是在日本制造的。朝鲜半岛只出土了一件磨花玻璃碗,恐怕不会是磨花玻璃碗的原产地。

我国的圆形纹饰玻璃碗集中出土于六朝时期,这个时期我国还出土了几批重要玻璃器皿:南京四座东晋墓出土刻花玻璃杯等 6 件,辽宁北票冯素弗墓出土玻璃鸭形器等 5 件,河北景县封氏墓群出土玻璃碗 2 件,河北定县北魏塔基出土玻璃钵等 7 件①。南京东晋墓玻璃杯虽然有椭圆形纹饰,并采用了磨琢工艺,但玻璃成分却明显不同,是典型的罗马玻璃。冯素弗墓中的钵、封氏墓群的杯器形上勉强可以说接近本文所讨论的碗,但却没有圆形纹饰。定县北魏塔基出土的玻璃碗经研究可能是我国最早生产

---

① 安家瑶:《中国的早期玻璃器皿》,《考古学报》1984 年 4 期。今收入本书。

的吹制玻璃。显然,以李贤墓为代表的国内出土的带圆形纹饰玻璃碗与上述几批玻璃器的来源并不相同。

　李贤墓玻璃碗等都是食具,六朝时期我国瓷器趋于成熟,瓷器是当时的主要食具。从出土的大量瓷器来看,还找不出与李贤墓玻璃碗或华芳墓玻璃碗十分相似的瓷器。李贤墓玻璃碗器形一般,南方的青瓷碗中可以见到相似器形,但突起的凹球面纹饰是从来没有出现过的。华芳墓玻璃碗的器形在魏晋南北朝的瓷器,尤其是食具中没有类似器形。乳钉和凹球面的纹饰更是少见,因此以李贤墓为代表的带圆形纹饰玻璃碗不能看作是我国典型的传统器物。魏晋南北朝的文献有我国制造玻璃的记载,也有从西方进口玻璃的记载,李贤墓等带圆形纹饰玻璃碗出土数量少,纹饰不是典型的中国风格,很可能不是我国制造的。

　伊朗高原的这类玻璃器皿出土数量多,品种齐全,除了上述四种类型玻璃碗外,还出土了瓶、盘等玻璃器皿和大量的玻璃珠饰、玻璃纺轮等。值得注意的是玻璃容器的器形和装饰能在同时期的陶器或石器中找到相似物,例如在德阿尔站遗址(Dearjan)出土的陶钵,其器形和纹饰都与一型Ⅲ式玻璃碗相似。圆形或椭圆形凹球面的纹饰在帕提亚时期的陶器上比较常见。突起的凹球面装饰在帕提亚、萨珊时期的玛瑙或水晶制的印章或指环上也能见到[1],说明这种独特的纹饰在伊朗高原一度很流行。因此

---

① 深井晋司、高桥敏:《ベルッアのかラス》。

这种带有圆形纹饰的玻璃碗,应是伊朗高原当地的产品。

西晋诗人潘尼在《琉璃碗赋》中说:"览方贡之彼珍,玮兹碗之独奇。济流沙之绝险,越葱岭之峻危,其由来也阻远。"诗中描写的通过丝绸之路输入我国的玻璃碗很可能是伊朗高原的玻璃。敦煌莫高窟壁画上有 80 余件玻璃器皿的画面,其中大部分是表现玻璃碗[1]。使人感兴趣的是壁画上玻璃碗和钵的器形与李贤墓碗和华芳墓碗接近,而且其中 15 件壁画碗钵上画有圈点纹,这些画有圈点纹的玻璃碗很可能是表现从伊朗高原输入我国的带圆形纹饰的玻璃碗。

六

对伊朗高原玻璃制品的认识是最近一些年才开始的。从日本东京大学伊拉克伊朗遗迹调查团在伊朗高原的发掘来看,伊朗高原的玻璃制造业历史很悠久,公元前 1000 年前后,在两河流域的影响下就开始生产玻璃珠饰等。1 世纪开始生产吹制玻璃器皿。3—7 世纪是伊朗高原玻璃业最为兴旺发达的时期,除了生产大量玻璃珠饰、纺轮外,还制造精美的高级玻璃器皿,供上层社会享用和出口,本文所讨论的碗在其中占很大比重。由于这个时期主要是萨珊王朝时期,一般将它们简称为萨珊玻璃。萨珊玻璃器

---

[1]　安家瑶:《莫高窟壁画上的玻璃器皿》,《敦煌吐鲁番文献研究论集二》,北京大学出版社,1983 年。今收入本书。

表一 玻璃碗的器型、纹饰、工艺比较表

	名称	年代	口沿	口径	壁厚	成型工艺	纹饰	装饰工艺	备注
伊朗高原	一型I式碗	A.D.1—7世纪	敛口	10cm±	厚 / 薄	模吹 / 无模吹制	小凹球面	磨琢	
	一型II式碗	A.D.1—7世纪	侈口	10cm±	厚 / 薄	模吹 / 无模吹制	小凹球面	磨琢	
	一型III式碗	A.D.1—7世纪	颈微收口外侈	10cm±	薄	无模吹制	小凹球面	磨琢	
	二型碗	A.D.3—6世纪	敛口	10cm±	厚	模吹	突起的凹球面	磨琢	
	三型碗	A.D.4—5世纪	侈口或敛口	10cm±	厚	模吹	浮雕同心圆	磨琢	
	四型碗	A.D.1—5世纪	颈微收口外侈	10cm±	薄	无模吹制	乳突或刺突	热粘或钳夹	
日本和韩国	干家碗	A.D.5世纪	颈微收口外侈	7.8cm	1.5mm	无模吹制	小凹球面	磨琢	与伊朗高原一型III式碗相似

续表

名称	年代	口沿	口径	壁厚	成型工艺	纹饰	装饰工艺	备注
冲之岛玻璃残片	A.D.5—6世纪			3mm	模吹	突起的凹球面	磨琢	与伊朗高原二型碗相似
安闲陵碗	A.D.6世纪	敛口	12cm	厚	模吹	小凹球面	磨琢	与伊朗高原一型I式碗相似
正仓院碗	A.D.4—7世纪	敛口	12cm	厚	模吹	小凹球面	磨琢	与伊朗高原一型I式碗相似
上贺茂玻璃残片				厚	模吹	浮雕同心圆	磨琢	与伊朗高原三型碗相似
庆州碗	A.D.5—6世纪	侈口				小凹球面	磨琢	与伊朗高原一型II式碗相似
李贤墓碗	A.D.6世纪	敛口	9.5cm	厚	模吹	突起的凹球面	磨琢	与伊朗高原二型碗相似
华芳墓碗	A.D.3世纪	颈微收口外侈	10.7cm	薄	无模吹制	乳突和对刺	热粘和钳夹	与伊朗高原四型碗相似
鄂城碗	A.D.3世纪	颈微收口外侈	10.5cm	薄	无模吹制	小凹球面	磨琢	与伊朗高原三型III式碗相似
楼兰碗	A.D.5—6世纪	侈口	6.7cm			小凹球面	磨琢	与伊朗高原二型碗相似
巴楚玻璃残片	A.D.4—5世纪			厚	模吹	突起的凹球面	磨琢	与伊朗高原一型II式碗相似

（左侧标注：中国）

表二　玻璃成分比较表

	SiO$_2$	Al$_2$O$_3$	CaO	Na$_2$O	K$_2$O	MgO	Fe$_2$O	MnO$_2$	CuO	备注
华芳碗	64.33	1.24	7.25	16.03	4.19	2.45	0.26			考古所测试
华芳碗	65.36	1.76	7.1	17.05	4.13	3.56	0.18			建材院测试
鄂城碗	64.22	1.64	9.19	17.51	3.59	3.21	0.57	0.04		见272页注②
千冢碗	65.5	1.36	8.43	14.2	3.10	4.81	0.65	0.04	0.02	见274页注①
千冢碗	62	1.5	8.4	13	4.1	5.7		0.03		同上
伊朗薄壁磨花碗残片	60	2.3	7.4	14	5.1	5.3		0.03		同上
伊朗厚壁磨花碗残片	60	1.2	8.8	14	3.8	8.5		0.50		同上
伊朗厚壁磨花碗残片	59	1.3	8.4	14	3.5	7.0		0.33		同上
伊朗淡绿玻璃残片	67.1	2.20	6.21	14.9	3.63	4.15				见277页注①
伊朗磨花玻璃残片	63.0	1.0	8.5	17.6	2.3	4.7				同上

皿造型浑朴,喜欢用连续的圆形作为装饰,与萨珊时期流行的联珠纹相一致。萨珊玻璃工艺继承了罗马玻璃工艺的特点,特别是发展了冷加工的磨琢工艺,在玻璃碗上磨琢出凹球面或突起的凹球面,形成一个个小凹透镜。

透过碗前壁的凹球面装饰,可以看到后壁的数十个小圆形装饰,充分地表现出玻璃的美丽丰彩。

萨珊玻璃的发现及研究虽然较晚,但在世界玻璃史上却占有重要地位,它填补了罗马玻璃衰落之后、伊斯兰玻璃兴起之前玻璃制造史上的空缺。萨珊玻璃在世界玻璃中心由西向东转移的过程中是重要的过渡站,在继承和发展玻璃工艺上起到承前启后的作用。

李贤墓出土的玻璃碗体现了萨珊玻璃器形和纹饰上的独特风格和精湛的磨琢工艺,是我国出土的萨珊玻璃的代表。特别有意义的是这件碗完整无损,风化层少,基本保持了当年的光泽色彩,这不仅在国内罕见,就是在国外也很少见。伊朗高原出土的萨珊玻璃大多严重风化,不仅失去了当年的光彩,而且无法细致地研究其制作工艺,例如,关于二型厚壁碗的成型工艺,国外一直存在着两种推测,有人认为是铸造的,有人认为是吹制的[①],李贤墓玻璃碗的内壁光洁无锈、平滑无纹,肯定是吹制成型的内表面,从而推翻了铸造成型的假设。

通过对李贤墓玻璃碗的研究,我们还认识了 1949 年

---

① 深井晋司:《正仓院宝物白琉璃碗考》,《国华》第 812 号。

后出土的一批类似的玻璃器皿。这批玻璃器皿集中出土于魏晋南北朝时期的墓葬，可见当时上层社会非常喜爱的玻璃器皿中有许多是来自伊朗的萨珊玻璃。西晋华芳墓玻璃碗和鄂城玻璃碗提供了萨珊玻璃进口到我国的最早时间，李贤墓玻璃碗及新疆的玻璃残片则提供了萨珊玻璃输入路线的实物证据。通过对我国李贤墓等玻璃碗的研究或许能对日本、韩国出土的类似玻璃器皿提出一些有益的启示。

补记：

最近镇江文物精华展览在中国历史博物馆展出，展品中有 1985 年刚从镇江句容六朝墓出土的一件完整玻璃碗。这件玻璃碗无色透明，透明程度好。器形与华芳墓玻璃碗、鄂城西晋墓玻璃碗相似，侈口，球腹，圜底，颈部微收。碗的纹饰与正仓院藏的白琉璃碗相似，六排凹球面圆饰相互错叠，形成龟甲纹纹饰，也是采用了冷加工的磨琢工艺。这是最近发现的又一件典型的萨珊玻璃精品。

（原载于《考古》1986 年第 2 期）

我国古代玻璃研究中的几个问题

玻璃在现代生活中是一种很常见的材料,但是在古代,玻璃一直被人们看作是一种最漂亮、最富有神秘色彩的材料。玻璃是古代人类最重要的发明之一,因此古代玻璃的出土引起考古工作者和硅酸盐工作者的极大兴趣。近几年来,关于我国古代玻璃的研究文章越来越多,在探讨中国玻璃的起源和发展等方面取得可喜进展。但是研究中有一些基本问题至今还比较混乱,影响了古代玻璃研究的深入发展,例如什么是玻璃?西周的人造珠管是否是玻璃?我国古代在生产铅玻璃的同时,是否也生产钠钙玻璃?这些问题都有必要进一步讨论与澄清。

一 玻璃与费昂斯(Faience)

研究古代玻璃必须首先明确什么是玻璃、玻璃的结构和特征、玻璃的制造方法和玻璃与其他材料的区别。

我们在日常生活中遇到的大多数固态无机物都是由

晶体构成,如水晶、食盐等;玻璃却是例外,虽然看起来亮晶晶、非常坚硬,但不是晶体,是一种非晶态的固体材料。

晶体都有固定的熔点。熔融的晶体可以任意改变形状,其内部元素之间虽然相互联系,但排列并不规则,当温度下降到熔点以下时,其结构会发生突然的变化,分子形成特定的几何形状,分子之间排列成非常规则的格子状或重网状,凝成固态。非晶态物质却没有固定的熔点,玻璃正是这样。当温度下降时,玻璃液变得越来越粘稠,直至成为固体,其间,内部结构并没有发生明显的改变,仍然保持着液态不规则的结构。因此,玻璃没有固定的熔点,只有一个软化的温度范围。现以水晶、石英玻璃和普通的钠玻璃为例,绘出玻璃和晶体在内部结构上的差异(图一)。玻璃是内部仍保持液态结构的固态物质,所以有人认为把玻璃看作是一种状态比看作是一种材料更合适[1],也有人认为玻璃是物质的固态、液态、气态之外的第四种状态[2]。

熔制玻璃的原料很简单,石英砂(SiO_2)是主要原料。单纯用石英砂就可以制成石英玻璃,但石英砂的熔点很高,要在1700℃以上的高温下才能熔化。这样高的温度在一般条件下很难达到,在古代更是无法达到,这就需要加进助熔剂来降低熔制温度。一般常用的助熔剂是自然

[1]　Leo Biek and Fustine Bayley:"Glass and Other Vitreous Materials", World Archaeology vol. 11, No. 1, P. 3, 1979.

[2]　Ruth Hurst Vose:"Glass"P. 24, Collins Archaeology, Collins, 1980.

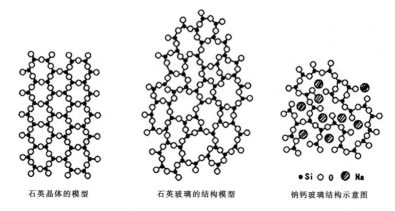

石英晶体的模型　　　　石英玻璃的结构模型　　　　钠钙玻璃结构示意图

• Si ○ O ⊘ Na

图一　按无规则网络结构学说绘制的玻璃结构模型示意图

纯碱(Na_2CO_3)、草木灰(K_2CO_3)和铅丹(PbO)。此外还需要加进一些石灰($CaCO_3$)作为稳定剂。有了这三种原料,经过熔化、成型和退火即能制造出简单的玻璃。这里需要强调的是玻璃制作的工艺程序是先将原料熔融,然后再塑造成一定器形。原料如果未被完全熔融,其内部必然存在大量晶态二氧化硅,也就不能称其为玻璃,所以我们一般把先熔融、后成型的非晶态无机物称为玻璃。

陶瓷表面涂盖的釉和金属表面的珐琅都是玻璃态物质,但是釉和珐琅不能单独制成器物,只能用来涂盖其他材料,构成表面层,而且釉和珐琅的制作工艺与玻璃完全不同,所以在一般情况下,我们并不称它们为玻璃。

费昂斯(faience)是一种外观上和原料上都与玻璃相似的材料。美索不达米亚和埃及地区从公元前4000年、印度从公元前3000年都开始生产费昂斯制品,有些地区费昂斯的生产一直延续到 14 世纪①。费昂斯虽然有多种不同类型,但它的主体材料一般是用磨细的石英砂,羼合上少量的碱水,塑成一定形状后,加热到 900℃ 左右而制成。表面的二氧化硅熔融了,形成一薄层光亮的釉,内部石英颗粒的表面在碱和温度的作用下也熔融了,互相粘结在一起,但石英颗粒的内部并没有熔融,仍保持晶体状态。由于这种材料的主要组成是结晶态的石英粉末,制作工艺程序是先成型后烧结,所以也不能称作玻璃。有人根据费昂斯制品表面常可见到涂盖的釉层,将费昂斯制品归类到釉器②。

有的同志对陕西宝鸡茹家庄弡伯夫妇墓出土的多件人造珠管进行了研究,认为是玻璃制品,而文章中所引用的各种技术鉴定却恰恰说明其内部主要是晶体二氧化硅③。用"玻璃体流失已尽"来解释没有发现大量无定形二氧化硅是不妥的。玻璃中的钠、钾等元素可能水解、流失,但是作为玻璃主体的无定形二氧化硅却很难"流失已尽";在高温高压条件下,无定形二氧化硅可以重新结晶,但是在常温常压下,它却绝不可能重新结晶。西周人造珠管经鉴定很少有无定形二氧化硅,而主要是结晶态的 α-

---

① A. Lucas:"Glazed Ware in Egypt, India and Mesopotamia", The Journal of Egyptian Archaeology, Vol. 22, PP. 141–160, 1936.
② A. Lucas:" Anciant Egyptian Material and Industries ", PP. 179 – 206, 3rd. rev. London, Arnold, 1948.
③ 杨伯达:《西周玻璃的初步研究》,《故宫博物院院刊》1980 年 2 期。

石英,这正说明大部分石英颗粒在制作过程中并没有被熔融过,因此这些人造珠管不能称作玻璃制品。

张福康等曾检测了河南洛阳、陕西沣西出土的西周人造珠子。测试结果又一次显示出这类珠子内部主要是晶体状二氧化硅,而不是玻璃。张福康将这种珠子称为"人造多晶石英珠"[1]。

笔者曾观察洛阳中州路,陕西沣西、张家坡等西周墓出土的数十件人造珠管。外表呈白色、浅绿、浅粉色,不透明,一部分表面有釉,一部分看不到明显的釉。断面通常是白色不透明,质地疏松,手捏即碎。在显微镜下观测,可见大量尖锐的有棱角的石英颗粒。这种材料不能称作玻璃,而应称作费昂斯。

从目前已发表的资料来看,还没有足够证据证明我国西周时期已能生产玻璃。

玻璃的起源问题至今仍不甚清楚,目前学术界有几种推测。一种观点认为陶釉的成分与玻璃相似,又早于玻璃,应该是玻璃的鼻祖[2];一种观点认为玻璃虽然是非金属,但是制造玻璃的工艺过程与金属冶炼成型过程极为相似,玻璃又诞生在铜器时代,因此玻璃的发明可能受到炼

---

①　张福康等:《中国古琉璃的研究》,《硅酸盐学报》,Vol. 11, No. 1, PP. 67-76, 1983。

②　Jaroslav R. Vavra:"5000 Years of Glassmaking"P. 16, Prague, 1957。

铜废渣的启示①；另一种观点认为费昂斯与玻璃成分上相似，玻璃的出现逐步取代了费昂斯制品，因此玻璃的发明应与费昂斯有直接关系②。玻璃的起源到底与什么有直接关系，国外的讨论文章很多，不容易很快统一认识，但是有一点大家都很清楚，即釉、金属和费昂斯都不是玻璃，不能与玻璃混淆在一起讨论。

二　历史文献与考古实物

　　研究古代玻璃有两种主要方法，一是历史学方法，即依据古代文献的记载，进行去粗取精、去伪存真的研究，解决玻璃史上的一系列问题；一是考古学方法，即根据考古发掘出来的玻璃作坊遗址或玻璃实物，并对玻璃实物的器形、工艺、纹饰、成分等方面进行比较研究，得出各时代玻璃器物的具体资料，再与文献结合进行综合研究。两种方法都很重要，尤其是近几十年中现代考古学的迅速发展，为自然科学史研究开拓了广阔的道路，考古学正在成为古代玻璃研究的最重要方法。很多实例都证明了在没有考古实物验证的情况下，仅靠研究文献是难以得出可靠结论的。

---

①　Evans R. T and Tylecote R. F："Vitrified Products"Bulletin of Historical Metallurgy Gp1，PP. 22−23，1967.

②　Stone，J. F. S. and Thomas，L. C. "The Use and Distribution of Faience in the Ancient East and Prehistoric Europe"，Proceedings of the Prehistoric Society，Vol. 22，P. 37，1956.

　　最早明确记录了玻璃发明经过的文献是罗马博物学家大普里尼（Pliny）的《自然史》①，该文献写于1世纪70年代。书中写道，腓尼基商船从非洲运载了一船自然纯碱，一天傍晚，商船停泊在伯鲁斯（Belus）河的入海口宿营，沙滩上找不到石块，商人们就从船上搬来碱块支锅子烧饭，出乎意料的是火底下流出来闪亮的玻璃液，玻璃就这样发明了。我们知道伯鲁斯河口的纯净沙子的确是制造玻璃的优质原料，腓尼基、叙利亚海岸也曾是希腊世界的玻璃生产中心，但是由于两河流域和埃及地区多次发现远远早于希腊时期的玻璃制品，说明腓尼基、叙利亚海岸不可能是玻璃的发源地。因此大普里尼关于玻璃发明的那段记载就不能看作是信史，而只能当作是传说故事。

　　我国玻璃史研究中也出现过类似情况。解放前，在玻璃实物出土还不多的时候，老一辈学者曾对中国文献中有关玻璃的记载作过详细周密的研究，碰到的第一个难题就是难以确定文献中玻璃的名称。很多人认为较早的玻璃名称是"流离"，第一次出现在西汉扬雄的《羽林赋》中："方椎夜光之流离，剖明月之珠胎。"②流离在这里肯定是指某件东西，很可能是指玻璃或玻璃质的釉③，也有人以

---

① Bailey, K. C. "The Elder Pliny's Chapters on Chemical Subjects", Vol. 2, P. 147, London, 1929.

② 《汉书·扬雄传》卷八十七上，中华书局，1962年，第335页。

③ Joseph Needham："Science and Civilisation in China" Vol. 4（1）P99, Cambridge1962.

同样的理由认为是指某种珍贵的蓝宝石①。《汉书》中还提到璧流离,有人认为是指玻璃璧,但也有人认为璧流离是青玉②。总之,汉代文献中还没有明确肯定流离是玻璃的记载。三四世纪以后的文献才有比较明确的记录,如《南州异物志》中记有:"琉璃本质是石,欲作器,以自然灰治之。"③但是直至唐代,很多人仍然分不清琉璃是天然之物还是人工之物。唐代著名学者颜师古在为《汉书·西域传》作注时说:"《魏略》云大秦国出赤、白、黑、黄、青、绿、缥、绀、红、紫十种流离。孟(康)言青色,不博通也。此盖自然之物,采泽光润,逾于众玉,其色不恒。今俗所用,皆销治石汁,加以众药,灌而为之,尤虚脆不贞,实非真物。"④玄应在《一切经音义》中也把琉璃分为天然琉璃和人工琉璃⑤。西安何家村窖藏中的一个提梁大银罐里装有一件圆圈纹玻璃杯、一件水晶碗,罐盖里面题记是"琉璃杯碗各一"⑥,当时显然是把水晶碗和玻璃杯都称为琉璃器。

玻璨或颇黎一词出现得比琉璃要晚,直到唐代,人们

① 周连宽等:《汉代我国与东南亚国家的海上交通和贸易关系》,《文史》第九辑。
② 沈福伟:《璧流离和印度宝石贸易》,《中华文史论丛》第四辑。
③ 《艺文类聚》卷八十四,中华书局,1965 年,第 1441 页。
④ 《汉书·西域传》卷九十六上,中华书局,1962 年,第 3885 页。
⑤ 玄应:《一切经音义》卷二十四,武进庄氏校刊本。
⑥ 戴应新等:《关于〈何家村出土医药文物补证〉一文的讨论》,《考古》1983 年 2 期。

都是把天然宝玉称为"颇黎"①。慧琳说:"颇胝,……梵言塞颇胝迦,此云水玉,或言白珠,旧言颇黎是也。大论云此宝出山石窟中,过千年,冰为颇黎珠。案:西域暑热无冰,极饶此物,非冰所化,但石之类。"②何家村窖藏出土的提梁大银罐,罐盖里题记:"颇黎等十六段。"罐内装有蓝宝玉七块、紫宝石二块、翠玉六块、黄精一块,共计十六块③。显然,唐人把这几种天然宝石、美玉都称为"颇黎"。

　　唐代的"玻璃"一词并不是指玻璃,"琉璃"一词既指玻璃也指某些天然材料,这已得到文献和考古实物的印证。魏晋南北朝时期"琉璃"一词的含义可能与唐代没有太大差异。汉代"流离"和"璧流离"是否指玻璃,至今还没有足够的材料肯定或否定。我国战国时期的玻璃名称至今尚不清楚,展开这方面的研究讨论非常重要。有学者根据战国时期"陆离"一词,按文字音韵来解,是汉代"流离"的转音,把"陆离"解释为玻璃④。如前所述,目前汉代的"流离"是否指玻璃还不能下十分肯定的结论,如果没有新的考古材料作为凭据,仅仅从音韵上来推测"陆离"就是战国时的玻璃,也是缺乏根据的。

　　我国文献中还有一些名称可能是指玻璃,如五色玉、

①　沈福伟:《"颇黎"释名》,《中国古代史论丛》第二辑。
②　慧琳:《一切经音义》卷四十八,白莲社版刻本。
③　戴应新等:《关于〈何家村出土医药文物补证〉一文的讨论》,《考古》1983年2期。
④　史树青:《"陆离"新解》,《文史》第十一辑。

水精、水玉、药玉、罐子玉、假玉、硝子等,这些名称也都存在上述问题,即难以确定这些名称的使用范围,是否与某些非玻璃材料混用。由于文献记载的含糊不清,越来越多的研究者把着重点从文献转向考古出土的玻璃实物,并且认识到只有考古实物与当时的文献相互印证的时候,我们的研究才能立在坚实可靠的基础上。1949 年后各地陆续出土了一批玻璃器,这些玻璃实物为我们提供了可靠的地点、年代、器形、纹饰、成分、制造工艺、实际用途等资料,今天我国古代玻璃研究的成绩,主要是在这批实物研究的基础上取得的。

三　铅玻璃与钠钙玻璃

我国古代玻璃研究中经常提到铅玻璃与钠钙玻璃问题。由于近几年的研究着重于国内玻璃,忽略了国外的一些研究进展,人们很容易形成这样一条简单的概念:古代西方的玻璃制品是属于苏打做助熔剂的钠钙硅玻璃,而我国传统的玻璃是以铅做助熔剂的铅玻璃①。仿佛古代西方一直没有铅玻璃,我国制造的玻璃中也没有钠钙玻璃似的,实际情况并不是这样简单。

我国铅玻璃的问题是这样提出来的:20 世纪初的一些国内外学者都曾根据文献认为玻璃不是我国的传统产

---

① 　杨伯达:《关于我国古玻璃史研究的几个问题》,《文物》1979 年 5 期。

品,而是从西方传入的①,随着战国及两汉墓葬中玻璃器物出土越来越多,而且有不少典型的中国器型,如玻璃璧、玻璃带钩、玻璃剑饰等,人们对上述结论产生疑问。1930年代赛里格曼(C. G. Seligman)和伯克(H. C. Beck)首次用化学分析和X线为手段,研究了一大批中国古代玻璃,发现大部分样品含有铅和钡②。由于当时人们对公元前的铅玻璃几乎一无所知,已检验的埃及玻璃和罗马玻璃样品中仅有几件含有微量的氧化铅,因此很容易产生只有中国生产铅玻璃的印象。

　　现在我们对铅玻璃认识得比较清楚了。氧化铅能够降低玻璃的熔融温度,提高玻璃的折射率和可塑性。实际上,氧化铅本身也是玻璃的构成者,它的作用和二氧化硅一样,已知玻璃含氧化铅可高达90%。氧化铅还可以增加铜、锑、锡等元素的溶解性,制成完全不透明的玻璃。铅玻璃在今天的玻璃生产中也占有很重要的地位,遮挡X线的防护玻璃和高级装饰品玻璃都离不开氧化铅。关于铅玻璃历史的最早文献资料,是伊拉克尼尼微(Nineveh)出土的公元前7世纪的楔文泥版,记载了铅玻璃的配方③。在公元前8—公元前6世纪的尼姆鲁德(Nimrud)遗址中也曾

① "Victoria and Albert Museum:"Chinese Art"Vol. 2 PP. 58-69,London,1906.

② C. G. Seligman and H. C. Beck:"Far Eastern Glass:Some Western Origins", The Museum of Far Eastern Antiquities,No. 10,pp. 1-64,1938.

③ R. J. Forbes:"Studies in Ancient Technology"Vol. 5,PP. 131-135,Leiben, E. S. Brill,1957.

出土过鲜红色的玻璃块，经化验，含氧化铅高达
22.80%①。中国从公元前 4 世纪以来一直存在着铅玻璃
的生产。日本从弥生时代起也开始生产铅玻璃勾玉、珠管
等小型装饰品，1977 年在日本冈山市百间川遗址发现了
弥生时代的玻璃作坊遗迹②。不仅亚洲东部有铅玻璃遗
物，就连英国和北欧的一些铁器时代遗址中也出土了铅玻
璃③。苏联出土的一批中世纪的玻璃中，珠子和手镯含有
20%至 30%的氧化铅，玻璃窗和玻璃盘也含有大量的氧化
铅④。至于铅釉的使用看来要比铅玻璃早，公元前 17 世
纪的巴比伦泥版书上记载过铅釉的配方，在土耳其阿拉拉
克(Alalakh)公元前 17 世纪的地层中也发现了使用铅釉
的证据⑤。

　　从目前的研究成果来看，铅玻璃具有相当悠久的历
史，最早诞生于两河流域，之后虽然在西欧、北欧等地也发
现铅玻璃的小型装饰品，但是与钠钙玻璃或钾钙玻璃相

① Turner, W. E. S. "Glass Fragments from Nimrud of the－8th－6th Century"
　 Iraq, Vol. 17, P. 57, 1955.
② 《古代史発掘一九七八―八二年新遗迹カタロク》，朝日新闻社 1983 年，
　 第 14 页。
③ Hughes, M. J. "A Technical Study of Opaque Red Glass of the Iron Age in
　 Britain," Proceedings of the Prehistoric Society, Vol. 38, PP. 98－107, 1972.
④ Besborodov, M. A. "A Chemical and Technological Study of Ancient Russian
　 Glasses and Refractories," Joural of Society for Glass Technology, Vol. 41,
　 PP. 168－84, 1957.
⑤ Leo Biek and Fustine Bayley: "Glass and Other Vitreous Materials", World
　 Archaeology vol. 11, No. 1, P. 3, 1979.

比,国外铅玻璃数量少,年代上也不很连贯。唯有我国自战国以来,铅玻璃一直持续下来,由铅钡玻璃发展为高铅玻璃,由主要生产小型装饰品发展为生产薄壁的玻璃器皿,形成风格独特的一支,在世界铅玻璃史上占重要地位。

提起中国古代玻璃中的铅,就会想起钡,因为一般研究文章经常笼统地说传统的中国玻璃是铅钡玻璃。赛里格曼等曾对中国蜻蜓眼作过研究,得出平均含钡量高达4%的结论[1]。解放后我国学者袁翰青[2]、张福康等[3]也对战国和两汉玻璃作过检测,含钡量在 5.92% 至 13.57%,这种现象受到国外学者的重视,因为直到 19 世纪,为了制造光学玻璃,欧洲才开始把钡引进玻璃的原料中。在此之前,无论是欧洲还是西亚的玻璃都不含钡(除非是作为微量元素),因此将钡的存在作为中国玻璃的显著特征。应该注意的是,钡并不是自始至终地存在于中国玻璃,战国和两汉时期的中原玻璃多含有氧化钡,而汉代以后的玻璃很少含氧化钡,到隋唐时期,含钡的玻璃几乎见不到了。我国玻璃制造业的这种变化是值得进一步研究的。

钠钙玻璃的历史比铅玻璃要长,古代埃及和两河流域最初生产的玻璃都是属于钠钙玻璃。尽管对玻璃最早诞

---

① Besborodov, M. A. "A Chemical and Technological Study of Ancient Russian Glasses and Refractories," Joural of Society for Glass Technology, Vol. 41, PP. 168-84, 1957.

② 袁翰青:《1957 年化学会论文摘要》,第 80—81 页。

③ 杨伯达:《西周玻璃的初步研究》,《故宫博物院院刊》1980 年 2 期。

生于埃及还是两河流域的问题至今还有争议,但从目前的
考古发掘资料来看,两河流域的玻璃生产早于埃及。在阿
斯玛尔(Asmar)出土的乌尔第三王朝时期的玻璃残片,把
玻璃制造史上溯到公元前 2300 年。钠钙玻璃器皿大约出
现在公元前十五六世纪。埃及的玻璃制品稍晚于两河
流域①。

　　我国古代有没有钠钙玻璃? 什么时候出现钠钙玻璃?
这些问题是国内外学者非常关心、经常讨论的问题。

　　有人根据洛阳中州路出土的西周料珠中不含铅钡,推
测"在战国铅钡玻璃工艺形成之前,我国似曾生产过不含
铅、钡的玻璃"②。不但中州路的西周料珠不含铅钡,杨伯
达检测的五件西周样品中仅有一件含微量的铅③,张福康
等检测的三件西周样品都不含铅钡④。然而如前所述,这
些西周样品都不是玻璃,而是费昂斯,因此还不能说我国
西周时期已能生产钠钙玻璃。我国战国时期铅钡玻璃与
西周时期费昂斯在成分上的差异,也可以看出两者没有直
接的渊源关系。

　　经检验的战国和两汉的玻璃器中虽然有少部分是钠
钙玻璃,例如勾践剑上镶嵌的玻璃块和一些战国墓出土的

---

① 由水常雄:《古代ガテス》,平凡社,1980 年,第 25 页。

② 范世民、周宝中:《馆藏部分玻璃制品的研究》,《中国历史博物馆馆刊》
　　1983 年 5 期。

③ 杨伯达:《西周玻璃的初步研究》,《故宫博物院院刊》1980 年 2 期。

④ 张福康等:《中国古琉璃的研究》,《硅酸盐学报》,Vol. 11, No. 1, PP. 67–
　　76,1983。

蜻蜓眼,但是由于这些玻璃珠的器形比较简单,国外同时期也有类似产品,不能排除它们是通过东西贸易输入我国的西亚产品。这个时期的典型中国风格的玻璃器物都是铅钡玻璃,目前尚没有充分证据说明我国这个时期已经生产钠钙玻璃。

　　我国三四世纪的文献中记载有外国玻璃的制作方法。葛洪在《抱朴子》中写道:"外国作水精碗,实是合五种灰以作之,今交广多有得其法而铸作之者。"[1]万震的《南州异物志》中也记有:"琉璃本质是石,欲作器,以自然灰治之。自然灰状如黄灰,生南海滨,亦可浣衣,用之不须淋,但投之水中,滑如苔石。不得此灰,则不可释。"[2]这两处文献说明,最迟在 4 世纪,我国不仅知道国外用碱制造玻璃的方法,而且在广西、广东一带有过这种实践。笔者作研究生期间,在宿白导师的指导下研究过这个时期的玻璃器皿[3],其中南京两座六朝墓出土的三件玻璃残片、湖北鄂城西晋墓出土的磨花玻璃碗、汉阳蔡甸六朝早期墓出土的玻璃残片、辽宁北票北燕冯素弗墓出土的玻璃钵、河北景县北魏封氏墓群出土的玻璃碗、杯曾经做过检测,都是钠钙玻璃。但是这些玻璃器都不是典型的中国器形,在国外玻璃制造中心多能找到类似产品,其成分也与罗马玻璃、萨珊玻璃大致相同,很可能都是进口品。河北定县北

①　安家瑶:《中国的早期玻璃器皿》,《考古学报》1984 年 4 期。
②　《艺文类聚》卷八十四,中华书局,1965 年,第 1441 页。
③　安家瑶:《中国的早期玻璃器皿》,《考古学报》1984 年 4 期。

魏塔基出土七件玻璃器皿,从器形来看,是我国制造的,但是制作工艺上吸收了国外的一些技法,如玻璃吹制成型、口沿内折卷等。遗憾的是这批玻璃没有经过检测,不知是否是钠钙玻璃。这个时期的玻璃珠饰也出土了一些,但都没有经过深入研究,其中可能有一部分是国产的钠钙玻璃。

笔者还研究了我国隋唐时期的玻璃器皿,发现我国当时既能生产铅玻璃,又能生产钠钙玻璃。西安郊区隋代李静训墓出土的绿玻璃盒是铅玻璃,而同墓出土的矮颈瓶和玻璃小杯都是钠钙玻璃。湖北郧县唐李泰墓出土的黄玻璃瓶是高铅玻璃,而同墓出土的细颈瓶和绿玻璃杯却是钠钙玻璃。李泰墓的细颈瓶残片作了化学定量分析,为钠钙玻璃,镁和钾的含量较高,与罗马玻璃成分差别较大,与萨珊玻璃成分较为相似,与8世纪中亚撒马尔干地区玻璃作坊遗址出土的绿色容器残片的成分更为接近[1],这说明我国的钠钙玻璃可能与中亚的玻璃业有一定的关系。另外新疆若羌瓦石硖钠钙玻璃遗址的发现,说明我国宋元时期新疆地区生产钠钙玻璃。

这里还应该提一下钾钙玻璃的问题。钾和钠是化学性质十分相似的元素,两者直到19世纪才被正确地区分。古代美索不达米亚、埃及以及罗马帝国时期的玻璃制造业

---

① 由水常雄:《正仓院の绀瑠璃壶につぃて》,《アジア文化史论丛》1,山川出版社,1978年,第257页。

都是用地中海南岸碱湖出产的自然纯碱(Na_2CO_3)作为助熔剂,10世纪以后,随着欧洲兴建教堂,玻璃需求量猛增,才改用当地的草木灰(K_2CO_3)作助熔剂,生产钾钙玻璃。我国广州汉墓出土的一部分玻璃珠饰经检验,含较高的钾,属于钾钙玻璃,与当时中原生产的铅钡玻璃不同,也与一般罗马生产的钠钙玻璃不同[1]。这部分玻璃是我国产品还是东南亚地区的产品,目前还难以确定,但是这种情况值得注意,它说明我国或东南亚生产的钾钙玻璃早于欧洲,并且证明万震在《南州异物志》中描述的自然灰有可能是草木灰,而不是自然纯碱。

中国古代玻璃是世界古代玻璃的重要组成部分,中国玻璃虽然风格独特,相对独立,但是与世界性玻璃中心还是有技术上的交流,况且西方的玻璃器一直受到我国的欢迎,源源不断地输入我国,因此我们不能够孤立研究国内的玻璃,不顾及其他国家的玻璃史研究动态。至于如何看待玻璃的成分问题,我们可以看出,无论是国外生产的玻璃,还是国内生产的玻璃,其成分虽然有规律可循,但都是相当复杂的,并且随着时代和地区的不同有所变化,不可能用简单的一句话来概括,更不能仅仅根据一两个成分来确定产地。因此,我们必须对出土玻璃器的器形、纹饰、工艺及其成分进行分析,并与国内其他质料的同器形产品,以及国外玻璃中心的产品进行对比,只有在这种综合研究

---

[1] 广州博物馆:《广州汉墓》,文物出版社,1982年,第292、353页。

的基础上,才能得出比较可靠的结论。

我国古代玻璃的研究工作起步较晚。1949 年前出土的玻璃实物多已流散到国外,引起国外收藏家和研究者的兴趣,以致在对中国古代玻璃的研究上一度出现了国内研究落后于国外研究的现象。1949 年后随着我国考古事业的蓬勃发展,各地陆续出土了一批玻璃实物。这批实物与流散国外的材料相比,都是考古发掘出土物,有可靠的出土地点,有许多是与有纪年器物共出,年代可靠,而且新的资料会不断出现。只要各地考古文物工作者重视古代玻璃的出土,尤其是重视玻璃作坊遗址的发现,对其进行细致研究,迅速报道,并与硅酸盐界专业人员密切协作,我国古代玻璃的研究水平必然能很快达到世界先进水平。

本文仅对目前我国古代玻璃研究中存在的几个问题提出自己的看法,肤浅和有误之处,请同道们指正。

（原载于《中国考古学研究——夏鼐先生考古五十年纪念论文》,文物出版社,1986 年）

伊斯兰玻璃和中国考古
发现的伊斯兰玻璃

　　黑石号沉船出水两件玻璃器,其中一件完整的小瓶在这次展览中。玻璃瓶高 7 厘米,无色透明,泛蓝绿色。圈足,腹部筒状,收肩,长颈外侈,圆唇,颈外部饰有凸弦纹(图 1)。另一件玻璃器是残片,器型无法判断。新加坡亚洲文明博物馆推测黑石号船是中东制造的,但船上的中东物品不多,只有孔雀蓝釉陶罐和这件玻璃瓶,瓶中可能装药品或化妆品[①]。美国弗利尔美术馆推测这个蓝色的小玻璃瓶里面装着的神秘的物质也可能是从西亚带来的[②]。如果这些推测是正确的,船上的玻璃瓶很可能是船员随身

---

① Alan Chong and Stephen A. Murphy: The Tang Shipwreck, Art and Exchange in the 9th Century , California: Gingko Press, 2017, p. 261.
② Regina Krahl: Shipwrecked: Tang Treasures and Monsoon Winds , Washington: Smithsonian Books, 2011, p. 43.

携带的用品,那么有必要探讨一下伊斯兰的玻璃及其在中国考古发现的情况。

图1　玻璃瓶　唐
黑石号沉船出水

一、伊斯兰玻璃的发现及其研究

7世纪初,在拜占庭帝国地中海东岸的行省中发生了重要的历史事件:出生在麦加的穆罕默德在阿拉伯半岛创立了伊斯兰信仰。622年,穆罕默德从麦加迁徙进麦地那城(Medina),创建了政教合一的穆斯林公社。这一年被定为伊斯兰纪元之始。632年,穆罕默德在麦地那辞世,享年63岁。之后,经过穆罕默德四个继承人的短暂统治,出现了第一个伊斯兰王朝——伍麦叶王朝(Umayyads or Omayyads)。伍麦叶王朝趁拜占庭帝国和萨珊王朝衰败之机会,迅速扩张,将西至西班牙,东至伊朗的广大地区都扩入了版图。伍麦叶王朝的第一任哈里发选择罗马城市大马士革作为都城,将大叙利亚地区(今天的叙利亚、约旦、黎巴嫩、以色列和巴勒斯坦)作为伊斯兰王朝的中心。其后,中世纪伊斯兰文化在阿拔斯王朝达到极盛时期。8世纪中期,随着阿拉伯人的向外征服,形成了地跨亚、非、欧的幅员广大的阿拉伯帝国,伊斯兰教成为世界性的宗教。9世纪中叶起,阿拉伯帝国开始解体,境内各地先后出现了多个独立的伊斯兰王朝,但经济、文化仍继续发展。13世纪蒙古人西征灭阿拔斯王朝,中世纪伊斯兰文化逐渐趋向衰落。伊斯兰文化是在希腊、罗马文明的基础上发展起来的。伊斯兰帝国新征服的广大地区,如叙利亚、埃及、美索不达米亚、波斯、北印度等是古代东方文明的发源地,有着优秀的传统科学和文化遗产。中世纪阿拉伯帝国各族人民在吸收融汇东西方古典文化的基础上而共同创造的具有伊斯兰特点的新文化是中世纪文化的高峰,它对欧洲的文艺复兴及其近现代科学文化的发展产生了重要影响,对人类文明做出了辉煌的贡献。伊斯兰世界对数学、天文学、化学、医学等学科发展做出的贡献,在世界科学史上的重要地位世人皆知。然而,人们对伊斯兰世界的艺术、手工业等方面的成就,了解得不多,对伊斯兰玻璃重要性的认识,也是近年才逐步得到提高。科学史学者麦克法兰(Mac Farlane)在《玻璃的世界》一书中明确指出:"在9—12世纪伊斯兰实验活动的巅峰时期,玻璃工具发挥了关键作用,只要看看阿拉伯思想家做出最杰出贡献的那些领域即可证明。在医学方面,利用玻璃观察微生物或检验化合物是实验的中心内容。在阿拉伯人成就卓著的化学方面,玻璃试管、曲颈瓶、长颈瓶是实验室的必要设备。至于反馈过来深刻影响了物理和几何的光学,这方面阿拉伯实验室中棱镜和镜子的作用我们也有所了解。"①伊斯兰玻璃对西方科学文化所产生的影响不容忽视。

　　玻璃制造是伊斯兰世界的重要手工业之一,对伊斯兰玻璃的学术研究,起步很晚。20 世纪 20 年代末,瑞典斯德哥尔摩大学研究生卡尔·约翰·拉姆(Carl Johan Lamm)研究了萨马拉(Samarra)考古发掘出土的 377 件玻璃残片,于 1928 年发表了论文《萨马拉的玻璃》。② 1929 年,卡尔·约翰·拉姆发表了他的博士论文《中世纪近东的玻璃和石雕器》③,奠定了伊斯兰玻璃的研究基础。萨马拉是阿拔斯王朝的首都之一,位于巴格达以北 120 公里的底格里斯河畔,建于 833 年,废于 883 年。因此,萨马拉遗址就成为反映 9 世纪中期伊斯兰文化的最好材料。20 世纪初,法国和德国学者就开始在这个遗址上进行大规模的考古发掘调查。拉姆的研究就是从德国学者的考古发现开始的。

---

① 艾伦·麦克法兰等:《玻璃的世界》,北京:商务印书馆, 2003 年,第 38—39 页。

② Carl Johan Lamm: Glas von Samara, Forschungen zur islamischen Kunst 2, Berlin, 1928

③ Carl Johan Lamm: Mittelalterliche Glaser und Stinschnittarbeiten aus dem Nahen Osten , Forschungen zurislamischen Kunst 5, Berlin, 1929-30.

在第一次世界大战和第二次世界大战期间,与伊斯兰玻璃有关的最重要的考古发掘有两次。一次是1931—1938年丹麦学者在叙利亚的哈玛(Hama)遗址进行的大规模的发掘。一次是纽约大都会艺术博物馆于1935—1940年和1947年对伊朗高原尼什布尔(Nishapur)的考古发掘。二战之后的主要考古发掘有美国埃及研究中心在埃及福斯塔特(Fustat)9个季度的发掘,英国波斯研究所对波斯湾的伊朗港口尸拉夫(Siraf)7个季度的发掘,德国考古研究院大马士革研究所在叙利亚拉卡(Raqqa)的考古发掘。拉卡的考古发掘还发现了9世纪初的玻璃作坊遗址,清楚地展现了中世纪玻璃制造的过程。

伊斯兰玻璃在世界历史上起了承前启后的主要作用。当罗马帝国衰亡、欧洲进入中世纪的黑暗时代,伊斯兰阿拉伯7世纪统治了地中海东岸,继承了已经衰败的玻璃业,使罗马玻璃的精湛技术免于失传。在以后的800年中,伊斯兰玻璃始终持续发展,并于14世纪将玻璃制造的技术反传回意大利的威尼斯。众所周知,现代玻璃是从威尼斯玻璃发展而来的。伊斯兰玻璃除了继承罗马玻璃的技术外,还在玻璃装饰技术上有所突破。金属光泽彩绘(lustre)和釉料彩绘是伊斯兰玻璃的创新。此外,伊斯兰玻璃在马赛克(mosaic)、刻花(cutting)、刻纹(engraving)、热塑(trailing)、模吹(mold blowing)、镀金(gilding)等工艺上都有所发展。

阿拉伯帝国广阔的领土、繁荣的经济,激发了地区间空前广泛的贸易。据研究,穆斯林商人的贸易北达斯堪的纳维亚半岛,以换取毛皮、蜡、琥珀;南到非洲以获得黄金、象牙和乌木;东达中国以得到丝绸和瓷器。玻璃器是伊斯兰阿拉伯帝国的重要商品之一,此外,玻璃器又是装载贮藏其他商品的很好的容器。因此,伊斯兰玻璃在旧大陆的各个角落都有发现。伊斯兰玻璃作为贸易品的最有力的证据是 1977 年在爱琴海发现的塞尔斯利曼(Serce Limani)沉船。沉船的地点据土耳其西南海岸不远。船上装载了大量的玻璃器皿,此外,还装载了 2 吨的玻璃料块和 1 吨准备回炉再生产的玻璃碎片。根据水下考古出水的船上物品可以推定这艘船沉没的年代应在 1025 年后的不久。出土的所有玻璃器都保存在土耳其博德鲁姆(Bodrum)水下考古博物馆,分类修复工作还在进行,正式的发掘报告还没有完成,仅发表了几份简报。这批玻璃器无疑是 11 世纪初的伊斯兰玻璃的标准器。在中国和日本发现的伊斯兰玻璃,也是阿拉伯商人贸易的可靠证据。

　　考古发掘和研究的成果,极大地促进了伊斯兰玻璃的研究。人们对伊斯兰玻璃的兴趣也越来越浓厚。为了满足人们的需求,纽约大都会艺术博物馆、美国康宁玻璃博物馆和希腊雅典贝纳基博物馆联合举办了国际专题展览《苏丹的玻璃》,展览从 2001 年 5 月持续到 2002 年 5 月。展览借调了 11 个国家 19 个博物馆的 150 件伊斯兰玻璃精品,全面展现了伊斯兰玻璃的魅力及对伊斯兰玻璃的最新研究成果。

二、中国考古发现的伊斯兰玻璃精品

近几十年在中国考古发掘出土的伊斯兰玻璃给世界伊斯兰艺术史的学者们极大的惊喜。笔者曾对 1980 年之前中国出土的伊斯兰玻璃做过研究,特别是河北定县静志寺塔基(976 年)、浙江瑞安慧光塔(1034 年)和安徽无为舍利塔(1036 年)分别出土的伊斯兰刻花玻璃瓶[1](图 2、图 3、图 4)。20 世纪 80 年代是我国伊斯兰玻璃发现最为丰硕的年代。[2] 1987 年,陕西扶风法门寺地宫出土的了 18 件精美的伊斯兰玻璃容器,下限为 874 年(图 5);1986 年内蒙古奈曼旗辽代陈国公主墓(1018 年)出土 7 件伊斯兰玻璃器(图 6);1983 年天津蓟县独乐寺白塔塔身(1058 年)发现伊斯兰刻花瓶(图 7)。1990 年扬州城考古队发掘了一处唐代中晚期住宅遗址,出土了一批伊斯兰玻璃残片(图 8)。[3] 20 世纪末至 21 世纪初,伊斯兰玻璃器在中国不断有所发现。中国学者对伊斯兰文物的兴趣越来越浓厚,马文宽发表了《伊斯兰世界文物在中国的发现与研究》,比较全面地总结了伊斯兰玻璃在中国的发现[4]。由

---

① 安家瑶:《中国的早期玻璃器皿》,《考古学报》1984 年 4 期。
② 安家瑶:《试探中国近年出土的伊斯兰早期玻璃器》,《考古》1990 年 12 期。
③ 安家瑶:《玻璃考古三则》,《文物》2000 年 1 期。
④ 阿卜杜拉·马文宽:《伊斯兰世界文物在中国的发现与研究》,北京:宗教文化出版社,2006 年。

于中国发现的伊斯兰玻璃器数量多,有可靠的年代和出土地点,多是精品,中国已经成为产地之外的最重要的伊斯兰玻璃发现地之一。

图2　刻花玻璃圆腹瓶　北宋
河北定县静志寺五号塔基出土
定州博物馆藏

图3　磨花玻璃舍利瓶　北宋
浙江瑞安慧光塔出土
浙江省博物馆藏

图4　刻花玻璃舍利瓶　北宋
安徽无为舍利塔出土
安徽省博物馆藏

图5-1　蓝色玻璃四瓣花盘　唐
陕西扶风法门寺地宫出土
法门寺博物馆藏

图 5-2　黄色玻璃石榴纹盘　唐
陕西扶风法门寺地宫出土
法门寺博物馆藏

图 6　磨花玻璃高颈瓶　辽
内蒙古奈曼旗辽代陈国公主墓出土
内蒙古文物考古研究所藏

图 7　刻花玻璃瓶　辽
天津蓟县独乐寺白塔塔身出土
天津博物馆藏

图 8　玻璃残片　唐
江苏扬州文化宫遗址出土

图9　绿色玻璃瓶 五代
广东广州南汉康陵出土
广州市文物考古研究所藏

　　2003年广州市文物考古所在广州市东南15公里的小谷围岛发掘了南汉王朝的两座帝陵。其中一座墓前室立有"高祖天皇大帝哀册文"石刻,明确记载:高祖于大有十五年(942)四月崩,于光天元年(942)九月迁神于康陵。因此,可以确认这是南汉开国的皇帝刘龑的陵墓——康陵[①]。该陵墓曾遭多次盗掘,随葬品中完整器极少,多为陶瓷罐和碗的残片,还有石俑残件、玉石片、银环、开元通宝铜币等。非常令人关注的是该墓出土了玻璃残片一百余件。这批玻璃残片仅有一件修复复原,为绿色玻璃瓶;高12厘米,口径5.2厘米;绿色透明,玻璃内含较多气泡;侈口,圆唇,短颈,折肩,收腹;腹部到颈部装饰有11个竖

[①]　广州市文物考古研究所:《广州南汉德陵、康陵发掘简报》,《文物》2006年7期。

棱条(图9)。在已知的考古发掘中和博物馆收藏中,还没有见到与康陵出土的带竖棱条的短颈折肩玻璃瓶完全一样的玻璃器,但是伊斯兰玻璃中有相似的器形和相同的装饰。康陵出土的直口鼓腹玻璃瓶和侈口长颈鼓腹玻璃瓶也是伊斯兰玻璃器的常见器形。分析这批玻璃残片的制作工艺和化学成分,可以得出康陵玻璃是伊斯兰玻璃的结论[1]。

　　南汉康陵出土的伊斯兰玻璃是对历史文献很好的印证。广州自先秦时代便是海上交通的重要港口。自汉至唐,广州在中国海上交通和贸易的地位越来越重要。《新唐书·地理志》记载了其入四夷之路与关戍走集最要者七:"一曰营州入安东道,二曰登州海行入高丽渤海道,三曰夏州塞外通大同云中道,四曰中受降城入回鹘道,五曰安西入西域道,六曰安南通天竺道,七曰广州通海夷道。"[2]广州是唯一的海路枢纽。《旧唐书》记载:"广州地际南海,每岁有昆仑乘舶以珍物与中国交市。"[3]唐代宗视为珍宝的琉璃盘故事也发生在广州。代宗大历八年(773),循州刺史哥舒晃杀岭南节度使吕崇贲,占据岭南。路嗣恭提升为广州刺史,并兼岭南节度使,执行平叛。大

---

① 安家瑶、冯永驱:《南汉康陵出土的伊斯兰玻璃》,《考古一生——安志敏先生纪念文集》,北京:文物出版社,2012年,第474—487页。

② 《新唐书》卷四十三"地理志·七下",北京:中华书局,1975年,第1146页。

③ 《王方庆传》,《旧唐书》卷八十九"列传三十九",北京:中华书局,1975年,第2897页。

历十年(775),路嗣恭攻克广州,斩哥舒晃。《旧唐书·路嗣恭》记:"及平广州,商舶之徒,多因晃事诛之,嗣恭前后没其家财宝数百万贯,尽入私室,不以贡献。"①实际上,这段记载不够准确,路嗣恭并不是没有向朝廷进贡。大历十三年(778),代宗对江西判官李泌的一番话说出了实情:"嗣恭初平岭南,献琉璃盘,径九寸,朕以为至宝。及破载家,得嗣恭所遗载琉璃盘,径尺。"②也就是说,广州平定后,路嗣恭贡献给唐代宗一个玻璃盘,直径九寸,代宗以为这么大的玻璃盘是天下至宝了。不久,宰相元载获罪于专横贪婪,代宗派人查抄了元载的家,在元载家中抄出一个直径达一尺的玻璃盘,这个玻璃盘也是路嗣恭平定岭南后送给元载的。代宗发现路嗣恭没有把最大的玻璃盘贡献给自己而献给了宰相,心中非常不快。在诛杀了元载一年以后,代宗与李泌谈起玻璃盘这件事,还耿耿于怀,忌妒怨恨之情跃于纸上。路嗣恭在广州得到的玻璃盘,应该是通过海上贸易从阿拉伯帝国运来的西方玻璃了,正因为这种玻璃盘在中国很难得到,所以代宗"以为至宝"。

　　在广州其他遗址的考古工作中也出土过唐代的玻璃器。2000年,广州南越王宫署遗址的唐代地层出土了一些玻璃残片和玻璃珠子。经修复,复原了一件玻璃杯:平

---

① 《路嗣恭传》,《旧唐书》卷一二二"列传七十二",北京:中华书局,1975年,第3500页。
② 《资治通鉴》卷二百二十五"唐纪四十一",北京:中华书局,1956年,第7253页。

底稍上凹,直壁,口稍敛,无色透明,稍泛黄绿色,底部有顶棒瘢痕。口径 7.85 厘米,底径 7.65 厘米,高 3.8 厘米(图10)。这种平底玻璃杯是伊斯兰玻璃中的常见器形。纽约大都会艺术博物馆在伊朗尼什布尔的考古发掘中出土了 36 件未经装饰的玻璃碗杯盘,都是自由吹制成型,年代为 9—10 世纪。其中与广州平底直壁杯的器形完全一样的就有 11 件,大部分高 4 厘米,口径 8 厘米(图11)①,说明这种器形的玻璃杯是当时人们经常使用的容器。这种玻璃杯在叙利亚拉卡遗址也有出土,其年代可以早到阿拔斯王朝早期,即 8—9 世纪。

图 10　平底玻璃杯　唐
广东广州南越王宫署遗址出土

图 11　平底玻璃杯 9—10 世纪
伊朗尼什布尔出土
大都会艺术博物馆(The Metropolitan
Museum of Art)藏

　　五代时期,广州依然是海上贸易的重要港口,很多海外的珍奇异宝都来自广州。据《旧五代史·梁书》记载,

---

① Jens Kroger, *Nishapur*: *Glass of the Early Islamic Period*, New York: The Metropolitan Museum of Art, 1995,pp. 41-45.

刘龑于梁贞明三年(917)称帝之前,广州向梁太祖进贡就有五次之多:"广州进奇宝名药,品类甚多。"①"广州进献助军钱二十万,又进龙脑、腰带、珍珠枕、玳瑁、香药等。"②"广州进龙形通犀腰带、金托里含棱玳瑁器百余副,香药珍巧甚多。"③"广州贡犀玉,献舶上蔷薇水。"④"广州贡犀象奇珍及金银等,其估数千万。"⑤这五次进贡的物品中应该有伊斯兰玻璃器,因为香料名药的贮存容器多用玻璃。特别是蔷薇水,也就是现代称作玫瑰油的珍贵香料,一般都装在玻璃瓶中。

　　2003 至 2005 年,印度尼西亚有关机构与西方的水下考古机构合作,对爪哇北岸井里汶(Cirebon)外海 100 海里的沉船进行了水下考古,出土遗物达到 49 万件⑥。包括 30 余万件的各类瓷器,大量铅钱铜币、银锭、铜镜、铁锭、铁锚、漆器等,文物主要来自中国,也有来自马来半岛、苏门答腊、泰国、斯里兰卡、中东叙利亚或波斯乃至东非地区等几乎包括了印度洋周边贸易圈内的各式遗物。遗物中有伊斯兰玻璃器,数量不多,但从已发表的照片来看,比较完整的玻璃器皿约有 20 余件,都是伊斯兰玻璃。有的玻璃瓶与河北定州静志寺地宫的刻花玻璃瓶相似,有的玻

---

① 《旧五代史》,卷三"梁书三·太祖纪第三",第 52 页。
② 《旧五代史》,卷三"梁书三·太祖纪第三",第 55 页。
③ 《旧五代史》,卷三"梁书三·太祖纪第三",第 55 页。
④ 《旧五代史》,卷三"梁书五·太祖纪第五",第 84 页。
⑤ 《旧五代史》,卷三"梁书六·太祖纪第六",第 100 页。
⑥ 《井里汶沉船出水文物笔谈》,《故宫博物院院刊》2007 年 6 期。

璃瓶与浙江瑞安慧光塔的刻花玻璃瓶接近,有的玻璃杯与
广州南越王宫署唐代地层出土的直筒杯一样,还有鼓腹长
颈的玻璃瓶与康陵出土的玻璃残片反映的器形很相似。
引人注意的是井里汶沉船中"有若干形状不规则,体积很
大,呈深绿色的玻璃原料。这些原料是否就是《铁围山丛
谈》中所记的玻璪母?"①虽然目前还不能确定井里汶沉船
的准确年代,学者们比较一致的意见是船的失事年代应是
10 世纪的中后期。也就是说,沉船的年代与南汉康陵的
年代相近。井里汶沉船的资料全部发表之后,沉船上的玻
璃器必然对康陵玻璃器的深入研究有帮助。

　　南汉康陵出土的玻璃器虽然只复原了一件,但是通过
工艺的分析,可以确定这批玻璃是通过海上丝绸之路进口
到中国的伊斯兰玻璃。因此,康陵玻璃器是 10 世纪东西
贸易的重要物证。

　　近年考古发现的伊斯兰玻璃还有:内蒙古辽祖陵 1 号
陪葬墓出土的玻璃碗②(图 12),南京大报恩寺地宫出土的
刻花玻璃瓶③(图 13),江苏仪征北宋许元(989—1057 年)

①　齐东方:《玻璃料与八卦镜——井里汶沉船文物札记》,《故宫博物院院
刊》2007 年 6 期。
②　安家瑶:《辽祖陵 1 号陪葬墓出土玻璃器》,《中国考古学会第十四次年会
论文集》,北京:文物出版社,2012 年,第 500—508 页。
③　张治国等:《古代鎏金银器、玻璃器、香料保护技术——南京阿育王塔及
出土文物保护技术研究》,北京:科学出版社,2014 年,第 90—108 页。

墓出土的刻花玻璃瓶①(图14),陕西蓝田北宋吕氏家族墓地出土的绿色刻花玻璃碗②(图15),内蒙古多伦县辽代贵妃墓出土的4件伊斯兰玻璃器(图16)。2017年沈阳市考古所在沈阳市康平县沙金台乡张家窑林场西部边缘的长白山发掘了10世纪中期至11世纪中期的契丹墓群,4号墓出土了一件伊斯兰黄色玻璃瓶(图17)。这一批伊斯兰玻璃多是精品,还有待深入研究。

图12　玻璃碗　辽　　　　　　**图13-1　刻花大玻璃瓶　北宋**
内蒙古巴陵左旗辽祖陵　　　　　　江苏南京大报恩寺地宫出土
1号陪葬墓出土　　　　　　　　　　南京博物院藏

---

① 刘勤:《茶香袅袅 书香氤氲——从许元墓出土文物漫谈北宋士大夫的风雅生活》,《文物鉴定与鉴赏》2017年4期。

② 陕西省考古研究院等:《蓝田吕氏家族墓园》,北京:文物出版社,2018年,第340页。

图 13-2　刻花小玻璃瓶　北宋

江苏南京大报恩寺地宫出土

南京博物院藏

图 14　刻花玻璃瓶　北宋

江苏仪征北宋许元墓出土

图 15　绿色刻花玻璃碗　北宋

陕西蓝田北宋吕氏家族墓地出土

图 16-1　带把玻璃杯　辽

内蒙古多伦辽代贵妃墓出土

内蒙古文物考古研究所藏

图 16-2　带把玻璃杯　辽
内蒙古多伦辽代贵妃墓出土
内蒙古文物考古研究所藏

图 17　黄色玻璃瓶
10 世纪中期至 11 世纪中期
辽宁康平辽代契丹贵族墓群
4 号墓出土

三、中国发现与黑石号出水玻璃瓶 相似的伊斯兰玻璃

　　黑石号出水玻璃瓶是用于盛放香料或药品的普通生活器皿,不是伊斯兰玻璃的精品。从中国的历史文献记载来看,香料或药品多是盛放在玻璃瓶中经海上丝绸之路输入中国。玻璃瓶作为香料或药品的盛器是很有优势的,玻璃表面稳定,不易与香料或药品发生化学反应;玻璃瓶透明,可以看到盛放物;玻璃瓶多细颈小口,盛放物不易挥发;小玻璃瓶还易于随身携带。瓶内的香料或药品使用完后,这种玻璃瓶还可以作为他用。

　　《宋史》中多次记载蔷薇水装在琉璃瓶中进贡朝廷,

例如淳化四年（993）大食副酋长李亚勿来贡番锦药物：
"都爹一琉璃瓶，无名异一块，蔷薇水百瓶。""至道元年
（995），其国（大食）舶主蒲押陁黎赟蒲希密表来献白龙脑
一百两，腽肭脐五十对，龙盐一银合，眼药二十小琉璃瓶，
白沙糖三琉璃瓮，千年枣、舶上五味子各六琉璃瓶，舶上褊
桃一琉璃瓶，蔷薇水二十琉璃瓶，乳香山子一坐，蕃锦二
段，驼毛褥面三段，白越诺三段。"①这二条文献还明确记
载了进贡的路线都是首先通过海路到广州，充分肯定广州
在海上丝绸之路上的重要地位。从文献来看，不仅是蔷薇
水用玻璃瓶存储运到中国，其他药品如眼药、五味子和食
物如白沙糖、千年枣、扁桃等也用玻璃器存储。西亚的货
物经海上丝绸之路运到中国后，香料或药品用完之后，玻
璃瓶并没有被丢弃，仍被中国人所喜爱，有些作为其他
用途。

　　这种没有过多装饰的伊斯兰玻璃瓶在中国考古发掘
出土过。河南洛阳关林118号唐墓出土一件玻璃瓶，鼓腹
细颈小口，高11.0厘米，最大腹径11.5厘米；玻璃为翠绿
色透明，外表面附着厚厚的风化层，呈金黄色（图18）。②
类似玻璃瓶多发现在佛教塔基内，用作盛放舍利的容器。
1998年陕西周至仙游寺法王塔的地宫出土了盛放10粒

① 《宋史》卷四百九十"列传二百四十九·外国六·大食"，中华书局，1985年，第14119页。
② 洛阳文物工作队：《洛阳出土文物集粹》，北京：朝华出版社，1990年，图98。

舍利子的玻璃瓶,器形和尺寸与黑石号沉船出水的玻璃瓶
相似,直颈粗腹,高约 4.6 厘米,瓶口外径约 1.3 厘米,内
径约 0.8 厘米,瓶腹外径约 2.7 厘米(图 19)。[①] 地宫中出
土的石碑两面都刻有铭文,一面刻有隋《舍利塔下铭》,另
一面刻有唐《仙游寺舍利塔下铭》。根据铭文可知,舍利
是隋文帝仁寿年间(601—604 年)供奉的,唐开元四年
(716)曾重出舍利,开元十三年(725)重入灵塔。盛放舍
利的玻璃瓶不会早于仁寿,也不会晚于开元十三年。舍利
瓶的年代与黑石号沉船的年代相近。瘞埋舍利的制度在
唐代已经形成,最有代表性的是甘肃泾川唐大云寺塔基
(延载元年,694 年)出土的一套舍利器(图 20)和陕西临
潼唐庆山寺舍利塔基地宫(开元二十九年,741 年)出土的
舍利器(图 21)。舍利都是盛放在小玻璃瓶中,这种玻璃
瓶都是国产的铅玻璃,壁薄如纸,器形简单,与进口的伊斯
兰玻璃有明显的区别。周至仙游寺法王塔地宫的舍利瓶
采用进口的伊斯兰玻璃瓶,说明唐代人们对伊斯兰玻璃的
重视。

　　对伊斯兰玻璃的喜爱持续到宋代。1969 年在陕西西
安市第一中学发现的北宋舍利容器,盛放舍利的玻璃瓶方
腹细颈,无色透明,泛蓝绿色,瓶高约 7 厘米(图 22)。[②] 这

---

① 刘呆运:《仙游寺法王塔的天宫地宫与舍利子》,《收藏家》2000 年 7 期。
② 中国文物交流中心:《正仓院故乡——中国の金银ガラス展》,大阪:NHK
　　大阪放送局,1992 年,第 65 页。

图 18　玻璃细颈瓶　唐
河南洛阳关林 118 号唐墓出土
洛阳博物馆藏

图 19　玻璃舍利瓶　唐
陕西周至仙游寺法王塔
地宫出土

图 20　玻璃舍利瓶　唐
甘肃泾川大云寺塔基出土
甘肃省博物馆藏

图 21　玻璃舍利瓶　唐
陕西临潼庆山寺舍利塔基地宫出土
临潼博物馆藏

件玻璃瓶是有模吹制成型的,瓶身呈方形。这种玻璃瓶是伊斯兰玻璃中的常见器形。瓶内盛有二粒舍利,瓶盖是特制的莲花白玉塞,玻璃瓶放在黄金锤揲成的盒子里,盒子上錾刻有"女弟子杨氏王氏舍葬释迦舍利愿与一切众生早成佛果"。金盒和瓶塞都是按照玻璃瓶的尺寸在中国制作的,可以看出对伊斯兰玻璃瓶的珍惜。

图 22　玻璃舍利瓶　北宋
陕西西安铁塔寺舍利塔出土
西安博物院藏

　　河北定州静志寺地宫出土的一件玻璃瓶也是方形腹细颈,瓶盖为铜制镀金莲花宝珠形(图 23)[①],这个瓶盖肯

[①]　出光美术馆:《地下宫殿の遗宝——中国河北省定州北宋塔基出土文物展》,东京:平凡社,1977 年,图 53。

定是在中国制作的。玻璃瓶的尺寸也很小,与瓶盖一起的总高 9.1 厘米,玻璃瓶的高度大约 6 厘米。同塔基还出土一件玻璃瓶,无色透明泛黄色,鼓腹直颈,无模吹制成型,高 7.1 厘米(图 24)。五代南汉康陵出土的破碎玻璃片中也有细颈瓶的口沿(图 25),虽然不能复原,但可以肯定是伊斯兰玻璃瓶。2013 年甘肃泾州发现宋代龙兴寺的大中祥符六年(1013)的舍利陶棺中有 6 件玻璃瓶,其中 2 件方形瓶高约 8 厘米,[①]也是伊斯兰玻璃(图 26)。

图 23　金莲花宝珠盖玻璃瓶 北宋
河北定州静志寺地宫出土
定州博物馆藏

图 24　玻璃瓶 北宋
河北定州静志寺地宫出土
定州博物馆藏

---

① 张利亚:《北宋舍利崇奉的世俗化趋势——以甘肃泾川龙兴寺出土舍利砖铭为例》,《西北师大学报(社会科学版)》2014 年 5 月第 51 卷第 3 期。

图25　玻璃瓶残口　南汉　　　　图26　玻璃舍利瓶　宋
广东广州南汉康陵出土　　　　甘肃泾州宋代龙兴寺出土

　　作为商品的包装玻璃瓶也分高低不同的档次,刻花玻璃香料瓶由于工艺复杂,艺术性强,也是伊斯兰玻璃的精品,受到人们的喜爱,对其研究也比较多,如河北定州静志寺地宫出土刻花玻璃瓶、天津蓟县独乐寺白塔出土的刻花玻璃瓶、内蒙古奈曼旗辽陈国公主墓出土的刻花玻璃瓶,以及南京大报恩寺地宫出土的刻花玻璃瓶和江苏仪征北宋许元墓出土的刻花玻璃瓶等。没有什么装饰的玻璃瓶,一般不太受到重视,对其研究也比较少。然而,这些作为商品包装的普通伊斯兰玻璃瓶也是海上丝绸之路的重要证据,特别是商品运到中国后,对玻璃瓶的再利用所反映的社会风气和价值观,值得深入探讨。研究唐宋时期的玻璃器首先要辨别玻璃的产地,也就是说是国产玻璃还是进口玻璃。这两种玻璃往往同时发现于同一地点,例如,周至仙游寺法王塔的地宫出土玻璃舍利瓶是进口的伊斯兰玻璃,而法王塔二层天宫出土的玻璃葫芦瓶则是国产玻璃;河北定州静志寺地宫出土的玻璃瓶中有伊斯兰玻璃,也有国产玻璃。宋代程大昌在《演繁露》中对宋代的玻璃器作了很中肯的总结:"然中国所铸,有与西域异者,铸之中国则色甚光鲜,而质则轻脆,沃以热酒,随手破裂,至其来自海泊者,制差朴钝,而色亦微暗,其可异者,虽百沸汤注之,与磁银无异,了不损动,是名番琉璃也。"①进口玻璃器和国产玻璃器的鉴别除了器形的比较,最科学的方法是对玻璃成分的测试,唐宋时期的国产玻璃一般是铅玻璃,而进口的伊斯兰玻璃多是钠钙玻璃。

　　黑石号沉船出水的玻璃瓶引起我们对中国出土的普通伊斯兰玻璃器的重视。伊斯兰玻璃研究进展缓慢,主要是由于阿拉伯世界中基本没有关于玻璃的文献记载,传世的伊斯兰玻璃器往往提供不出年代、生产地点等的确切信息。中国发现的伊斯兰玻璃器大多数有可靠的年代和出土地点。虽然中国不是伊斯兰玻璃的产地,但是玻璃器的埋葬年代提供了这类玻璃器生产年代的下限。因此,中国考古出土的伊斯兰玻璃对伊斯兰玻璃的研究有不可替代的重要作用。

　　(原载于《大唐宝船》,上海书画出版社,2020 年)

---

① 《演繁露》卷三,清学津讨原本。

中国古代玻璃与日本吉野里的
玻璃管饰

　　日本九州吉野里遗址北部的坟丘墓内的一座瓮棺里，出土了一柄丁字把铜剑和 75 件玻璃管饰①。这些管饰色泽艳丽，透明度好，最大的管饰长 6.8 厘米，直径 0.8 厘米，是早期玻璃管饰中的精品。吉野里的大型玻璃管饰的出土不仅引起日本学术界的重视，也引起对古代玻璃感兴趣的学者们的关注。

　　玻璃是人类最早发明的人工材料之一。虽然关于玻璃的起源至今还没有搞清楚，但根据考古发掘的实物，公元前 3000 纪中期的美索不达米亚和稍晚的埃及都已出现了小型玻璃制品，也就是说玻璃的出现距今至少有 4000余年，晚于青铜器，早于铁器。其他材料自发明后很快就

---

① 佐贺县教育委员会:《环壕集落吉野里遗迹概报》,吉川弘文馆,1990 年,
　　第 70 页。

发展成为生产和生活用具的材料,但玻璃从产生后经历了2000 多年的漫长岁月,到公元前 1 世纪中叶吹制法发明之后,才逐步转变为日常用品的材料。在此之前,玻璃以其美丽的色彩、坚实的质地、稀少的数量,一直是极少数上层人士才能享用的奢侈品。《圣经·旧约·约伯记》第 28 章写道:"黄金和玻璃不能与智慧相比。"由此可以看出直到公元前 4 世纪西亚玻璃的价值仍然和黄金相提并论。玻璃自诞生起就是受欢迎的贸易品。公元前 2000 纪的两河流域和埃及的玻璃难辨源流,应是早期玻璃贸易频繁的证据。罗马帝国时期的玻璃和伊斯兰阿拉伯帝国时期的玻璃制品远销到旧大陆的各个角落,中国、日本和朝鲜半岛都出土了罗马玻璃和伊斯兰玻璃。正是由于玻璃出土物可以提供很多信息,所以研究考古学、历史学、玻璃制造史以及东西贸易史的学者们都必然对古代玻璃发生兴趣。

一

在与日本吉野里出土的玻璃管饰作比较之前,我们先回顾一下中国古代玻璃发生发展概况。中国古代玻璃的起源一直是学术界讨论的问题。中国国内主要有两派学说:1. 自创说,即中国古代玻璃的产生没有受到外来影响,是独立发明的。2. 传播说,即中国古代玻璃的产生受到了西方玻璃产品和技术的影响。从目前考古发掘的资料来看,自创说还缺乏证据。

中国中原地区玻璃制品最早出现在春秋末战国初,即公元前五六世纪。这个时期的玻璃制品是珠饰和嵌在剑柄上的小玻璃块。河南固始侯古堆一号墓出土了几颗镶嵌玻璃珠,在绿色球形玻璃母体上镶嵌着蓝、白两种色调的同心圆。这种珠子又名"蜻蜓眼"。侯古堆一号墓除了发现大量随葬品外,还发现 17 个殉葬的人,足以看出墓主人的地位不寻常。根据墓内出土铜簠铭文,墓主人是宋景公的妹妹,后来嫁给吴国太子夫差做夫人①。河南辉县琉璃阁发现吴王夫差剑,剑身阴线纹刻有"攻吾王夫差自作其元用"的篆字铭文,剑格上嵌有三小块透明度很高的玻璃②。湖北江陵望山 1 号墓出土越王勾践剑,剑身布满菱形暗纹,靠近格处有"越王鸠浅自作用剑"八字鸟篆铭文,剑格一面嵌有蓝色玻璃③。另一处出玻璃的墓葬是战国初的湖北随县曾侯乙墓。该墓出土了著名的编钟,同时也出土了 173 件镶嵌玻璃珠和 1 件透明玻璃珠④。从以上四个例子可以看出,中国最早的玻璃器都是与身份很高的贵族相联系,当时玻璃珍贵罕见的程度也就可想而知了。固始侯古堆 1 号墓的玻璃珠经化学分析为钠钙玻璃,吴王夫差剑、越王勾践剑格上的玻璃块和曾侯乙墓的 1 颗镶嵌玻

① 固始侯古堆一号墓发掘组:《河南固始侯古堆一号墓发掘简报》,《文物》1981 年 1 期。
② 崔墨林:《吴王夫差剑的考究》,《中原文物》1981 年特刊。
③ 湖北省文化局文物工作队:《湖北江陵三座楚墓出土大批重要文物》,《文物》1966 年 5 期。
④ 湖北省博物馆:《曾侯乙墓》,文物出版社,1989 年。

璃珠经 X 荧光无损测试,可以确定为普通钠钙玻璃。

在这几件最早的玻璃制品中,镶嵌玻璃珠最有特征。这种套色同心圆的纹饰并没有在中国春秋末其他器物上出现,是新出现的一种纹饰,而且这种珠子的制作工艺复杂精湛,绝不是玻璃制造初级阶段所能达到的水平。在这种情况下,我们不能不考虑舶来品的可能性。

镶嵌玻璃珠在世界很多地方都有发现,与中国早期镶嵌珠相似的珠子在公元前 1000 纪西亚很流行。日本东京大学曾在伊朗高原吉兰省做过发掘,并在公元前 6—公元前 2 世纪的墓葬中发现相当数量的镶嵌珠,也是在蓝色或绿色的球形玻璃母体上嵌入一排 3 个或 4 个同心圆,或者嵌入两排 6 个或 8 个同心圆[①]。伊朗高原在这个时期之前已有很长的玻璃制造历史,中国最早的镶嵌玻璃珠很可能来自伊朗高原。

中国的中原地区与西亚虽然相隔上万公里,但是公元前 2000 纪和前 1000 纪的铜器时代,东西两大文明之间活跃着许多游牧民族,他们依靠牲畜的力量,往来于漫漫的中亚沙漠地带,对东西文化贸易交流起了重要的中介作用。玻璃珠色彩美丽,便于随身携带,是游牧民族喜爱的装饰品。游牧民族将这种镶嵌玻璃珠从西亚带到中国是完全有可能的。新疆地处中亚,以前探险家在新疆曾多次发现这种珠子,但年代不好确定。近年,中国社会科学院

---

① 　深井晋司等:《ベルッアのガラス》,淡交社刊,1973 年,图 39—42。

考古研究所在新疆轮台县发掘了一批公元前8—公元前5世纪的墓葬,出土了一些玻璃珠,其中也有这种同心圆为主题的镶嵌玻璃珠①。这一发现进一步证实了中国最早的玻璃珠是从西亚经中亚传入的贸易品。

　　西方的玻璃制品传入中国,立即受到上层社会的喜爱和重视。少量的舶来品无法满足社会需求,这就必然促进中国的手工业仿制西方的玻璃制品。在战国早期,两种西方蜻蜓眼的仿制品开始出现,一种是釉陶珠,外表上看起来很像西方蜻蜓眼,但实际上是陶胎,表面挂厚釉;另一种是玻璃珠,但玻璃的成分与西亚玻璃全然不同。玻璃熔制原料很简单,西方古代玻璃多采用石英砂、石灰和自然纯碱,但中国的中原地区恰恰缺乏自然纯碱资源。中国匠人可能受到冶炼青铜的启示,成功地用氧化铅和氧化钡代替自然纯碱,制造出与西方钠钙玻璃完全不同的铅钡玻璃。战国早期玻璃珠外表上多还是模仿西亚制品,只是尺寸略大,直径多在1—2厘米,例如洛阳中州路M2717出土的镶嵌玻璃珠②(图一,3)。战国中期以后,中国匠人将西方的同心圆主题与其他几何纹饰相结合,制造出世界上最复杂、最漂亮的镶嵌玻璃珠,例如山东曲阜鲁国故城出土的玻璃珠③(图一,1、2、4)。

---

①　中国社会科学院考古研究所新疆队发掘资料。

②　中国科学院考古研究所:《洛阳中州路(西工段)》,科学出版社,1959年,第115页。

③　山东省文物考古研究所等:《曲阜鲁国故城》,齐鲁书社,1982年,第178页。

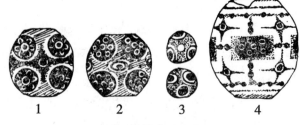

图一　镶嵌玻璃珠

1、2、4. 曲阜鲁国故城战国墓出土　3. 洛阳中州路 M2717 出土

战国中期,新建立起来的中国玻璃业很快与中国的文化传统相融合,开始生产玉的仿制品。玉在中国文化中具有特殊意义,但玉料难得,磨琢加工也很困难,而这时的玻璃多为半透明,外表上与玉相似,而且模压出来的纹饰与玉磨琢后的效果很像,却又省工省时,所以玻璃作为玉的代用品受到欢迎。战国时期的玻璃制造品除了镶嵌珠外,主要生产玻璃璧、带钩、剑饰和印章等中国文化风格的器物①。由于成功地解决了原料问题,并且得到传统文化的认可,中国最迟在战国中期已经建立起自己独特体系的玻璃制造业。

中国汉代时期的玻璃生产继续发展,大量发现的还是小型的玻璃珠饰,但珠子中的仿西亚式样的镶嵌珠越来越少,取而代之的是单色珠子,以蓝色和绿色为主。厚重的玻璃容器在西汉时期已经能够制造,河北满城中山靖王刘胜墓(公元前 113 年)出土了 1 件玻璃盘和 2 件玻璃耳杯,

① 高至喜:《论我国春秋战国的玻璃器及有关问题》,《文物》1985 年 12 期。

说明中国西汉时期已经能够成批生产较大型的铅钡玻璃容器①。

　　战国时期以来中国虽然已经能够制造玻璃，但西方的高级豪华玻璃还是达官贵人争相追求的珍奇宝物，不断地进口到中国来。东汉时期的江苏邗江甘泉二号墓（67年）出土马赛克玻璃残片，经检测可确认是地中海沿岸流行的罗马玻璃②。可以说，自春秋末以来，中国玻璃业一直与世界有着交往。

二

　　现在我们再来看看日本的古代玻璃。日本最早的玻璃出现在弥生中期，即公元前1世纪至公元后初年，相当于中国西汉中期和晚期。最早的玻璃集中出土在北九州，如福冈市附近的须玖冈本、饭冢市的立岩和吉野里遗址③。日本最早玻璃的出现情况与中国很相似。玻璃制品首先出现在身份特殊的大墓中，吉野里75件大型玻璃管饰出土于坟丘墓的一座瓮棺里，而同墓地的其他瓮棺中很少有随葬品，玻璃管饰与铜剑显然是墓主人的财富和权力的象征。吉野里的玻璃管饰是日本年代最早的玻璃，但

①　中国社会科学院考古研究所等：《满城汉墓发掘报告》，文物出版社，1980年，第212页。

②　安家瑶：《中国的早期玻璃器皿》，《考古学报》1984年4期。

③　山崎一雄等：《中国古代玻璃与弥生时代古墓中出土的玻璃之间的关系》，《中国古玻璃研究》，中国建筑工业出版社，1986年，第47—52页。

色泽鲜艳,技术纯熟,没有相当技术水平的工匠是无法制作出这样精美的管饰的。吉野里玻璃管饰是日本当地制作的还是从中国输入的成为人们关心的问题。我们将吉野里的玻璃管饰与中国战国西汉时期的玻璃制品做一下比较。

1. 吉野里玻璃管饰的制作方法与中国相同,都是采用缠心法,即将玻璃料条在火焰上烤到可塑状态,然后缠绕到金属丝上,金属丝上多附一层粘土或其他材料,以便玻璃管冷却后从金属丝上取下来。这种方法制成的珠、管形态上不规整,有时能看到玻璃丝缠绕的痕迹,珠、管穿孔内壁往往残留粘土。这是最古老的制作方法,中国自战国即采用,直至今天缠心法仍然是中国制造珠、管的主要方式(图二)。

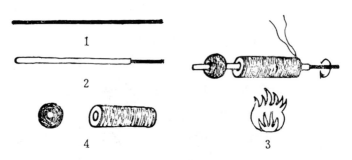

图二　缠心法制珠、管

1.选粗细适中的金属丝作为芯棒。2.将芯棒蘸上一层粘土浆或石灰浆,晾干。3.在火焰上将玻璃料条烤软,拉成细丝,搭在芯棒上,芯棒不停旋转,将玻璃丝缠成珠、管。4.冷却后,抽出芯棒。

2. 吉野里的玻璃管饰的化学成分与中国基本一致。中国黄河长江中下游地区战国—汉代的玻璃普遍含有铅钡,一般氧化铅的含量在 30% 左右,氧化钡的含量超过 10%[①]。氧化钡的含量之高引起各国学者的重视,因为直到 19 世纪,为了制造光学玻璃,欧洲才开始把钡引入玻璃的原料。在此之前,无论是欧洲还是西亚的玻璃都不含钡(除非是微量元素),因此国外一般将钡的存在作为中国玻璃的特征。应当指出,近年来中国的研究结果表明,中国汉代并不仅生产铅钡玻璃一种,在广东和广西一带还流行着另外一种以草木灰为助熔剂的钾钙玻璃[②]。另外,钡也并不是自始至终存在于中国玻璃中,汉代以后,黄河长江中下游地区的玻璃逐渐变为不含钡的铅玻璃,所以铅钡玻璃应当是战国中期到两汉时期黄河长江中下游地区的产品。

吉野里的玻璃管饰和北九州其他遗址出土的玻璃珠都是铅钡玻璃,这种成分分析结果有力地说明,日本弥生中期出现的玻璃与中国黄河长江中下游地区关系密切。

3. 吉野里玻璃管饰的形制与中国有一定的差别。吉野里的玻璃管饰一般长 3—4 厘米,最长的达 6.8 厘米,直径 0.5—0.8 厘米。中国战国西汉的玻璃珠以球形为主,虽然也有玻璃管出土,但器形多有变化,如束腰的喇叭形

---

① 史美光等:《一批中国古代铅玻璃的研究》,《中国古玻璃研究》,中国建筑工业出版社,1986 年,第 5—9 页。

② 黄启善:《广西古代玻璃制品的发现及研究》,《考古》1988 年 3 期。

的耳珰或六棱柱形管,或者是镶嵌玻璃管①。中国玻璃管的长度一般都不超过 3 厘米,像吉野里这样大型的单色圆筒管在中国很少见到,应该在日本文化中寻找渊源。

日本绳纹时代已发现少量的石制的圆筒形管饰,弥生时代的圆形管饰数量明显增多,主要用碧玉和铁石英制成,一般长 2—3 厘米,到了古坟时代,仍然盛行这种碧玉管饰。玻璃管饰应该是碧玉管饰的仿制品,也就是说这种管饰是日本文化色彩的器物。

4. 吉野里的玻璃管饰的佩挂方式与中国不同。中国战国西汉的玻璃珠饰根据出土位置和数量一般可分为三种情况。第一种是墓葬中只出土了一二件或几件,可能是耳饰或服装、棺饰上的单个挂件②。第二种情况是几十件或上百件玻璃珠管集中出土于墓主人的胸部附近,有可能是作为项链或者是组合佩饰。湖北江陵义地楚墓出土了玻璃珠及骨管等装饰品,同时出土的还有彩绘木俑 2 件(图三)。木俑胸前画着成串的佩饰,左右各一串,由珠、管、璜、环等组合而成,应当反映出随葬珠管的佩挂方式③。这种佩挂方式出乎今天人们的想象,应当是当时的一种流行佩挂方式。第三种情况是墓葬中玻璃珠出土数量大,有时超过 1000 颗,珠子较小,这种情况可能不是一般

---

① 黄启善:《广西古代玻璃制品的发现及研究》,《考古》1988 年 3 期。

② 湖北省荆州地区博物馆:《江陵马山一号楚墓》,文物出版社,1985 年,第 92 页。

③ 江陵县文物局:《湖北江陵武昌义地楚墓》,《文物》1989 年 3 期。

图三　湖北江陵义地楚墓出土彩绘木俑

佩饰,而是"珠襦"。《吴越春秋》卷二:"吴王有女滕玉……乃自杀。阖闾痛之,葬于国西阊门外……,金鼎、玉杯、银樽、珠襦之宝皆以送女。"《汉书·董贤传》:"及至东园秘器,珠襦玉柙,豫以赐贤,无不具备。"颜注引《汉旧仪》云:"珠襦,以珠为襦,如铠状,连缝之,以黄金为镂。"玉柙,我们现在已经清楚了它的形制,即满城汉墓的金缕玉衣和广州南越王墓的丝缕玉衣,但珠襦的形制还没有搞清楚,有可能像颜师古所说,以珠为襦如铠状,也可能缝缀在丝质的衣服上。

吉野里的70余件玻璃管饰集中在瓮棺中部,这些管饰很大,数量又多,如果穿成一串,其长度可能不短于3

米。看来这些管饰不会是服装上的单个挂件或珠襦,而是成组的佩饰。根据吉野里玻璃管饰的出土位置集中在墓主人的胸部偏下,70余件管饰成排成组地佩挂在胸前,像胸甲一样,这种佩挂管饰的方式,可能不是中国的传统,也应该在日本文化中寻找来源。

鉴于以上四点分析比较,吉野里的玻璃管饰的制作方法及玻璃成分与中国相同,而管饰的形态及佩挂方式与中国不同,可以推测吉野里的玻璃管饰是在中国熔制好的玻璃料块运到日本后加工成型的,而制造方法也是从中国传去的。以前,根据日本弥生后期出现的玻璃勾玉和铸造勾玉的范,可以肯定在弥生后期日本已经能够加工玻璃。吉野里玻璃管饰的研究结果使日本加工玻璃的历史至少提前了一二百年。

日本弥生中期是否能在本土用当地原料熔制玻璃呢?从目前的资料看来还没有证据。日本学者山崎一雄教授曾测试了2件中国汉代的玻璃璧和3件日本九州弥生时期玻璃管饰和勾玉的铅同位素的含量,其结论是这5件玻璃非常像是从同一矿区来的,而古坟后期的日本玻璃珠,大部分是用日本铅矿制得的铅玻璃[1]。日本弥生中期不能熔制铅钡玻璃的另一个证据是,我们通过试验发现,熔制铅钡玻璃需要非常好的耐火材料坩埚。铅玻璃在高温下有很强的腐蚀作用,一般的粘土坩埚在熔制过程中都易

---

[1]　山崎一雄等:《中国古代玻璃与弥生时代古墓中出土的玻璃之间的关系》,《中国古玻璃研究》,中国建筑工业出版社,1986年,第47—52页。

被穿漏。中国自商周以来即有瓷土烧制的原始青瓷,这种原始青瓷坩埚能耐受熔制铅玻璃。日本弥生时期的陶器恐怕还达不到熔制铅玻璃的水平,但是将已熔制好的玻璃料块进行再加工还是完全有能力的。

　　在一个地方熔制玻璃,然后将半成品的玻璃料块作为商品运到另一个地方加工成型,这是世界玻璃制造史上的普遍现象。玻璃成品在运输过程中易损坏,但运输玻璃料块不仅没有损坏问题,而且在海运中往往作为压舱物,不占舱位,非常经济。公元前1世纪希腊人写的《红海周游记》中,就记载了玻璃料的东运①。二十世纪七十年代在地中海塞尔斯利曼发现的11世纪的沉船上装载着2吨多玻璃料块,这也是玻璃料块作为商品运输的例证。公元前1世纪中国和日本之间很可能也存在着这种贸易。

三

　　我们讨论的最后一个问题是,运往日本的玻璃料块的原产地在中国的什么地方? 这个问题实际上又回到了日本学术界最关心的弥生时期中国和日本的交通路线问题。

　　目前还没有发现中国西汉时期的玻璃遗址,但根据玻璃的出土地点,可分为两大玻璃产区:黄河长江中下游地区和两广地区。两广地区以生产钾钙玻璃为主,不会是运往日本的铅钡玻璃料块的产地。黄河长江中下游地区生

---

① "The Perplus of the Erythraean Sea", P. 45, London, 1912.

产铅钡玻璃,其中湖南以玻璃璧和剑饰为主,湖北湖南以珠饰为主,河北和江苏出土较大型的玻璃容器。在这几个地点中,值得特别重视的是江苏。江苏扬州甘泉山西汉晚期的"姜莫书"墓出土了玻璃衣片 600 余片,这是用玻璃制作的当时流行的"玉衣"。衣片大小不等,有长方形、梯形、圆形等 11 种,其中以长方形 6.2×4×0.4 厘米的数量最多。经检测,玻璃衣片是铅钡玻璃[①]。生产这样一件玻璃衣,没有相当规模的铅钡玻璃生产是不可能的。江苏徐州北洞山西汉楚王墓(公元前 128 年)出土了 16 件铅钡玻璃筒形杯和 1 件残破玻璃兽,每件筒形杯的重量都超过 500 克,残破仅剩半只的玻璃兽重 852 克,可以看出西汉时期已有能力熔制较大的玻璃料块[②]。江苏徐州附近有丰富的矿藏资源,西汉时期的徐州一带有可能是中国玻璃的重要产地之一,运往日本的玻璃料块的原产地很可能在江苏。

---

① 扬州博物馆:《扬州西汉"姜莫书"木椁墓》,《文物》1980 年 12 期。
② 李银德:《徐州发现一批重要西汉玻璃器》,《东南文化》1990 年 Z1 期。

附表 吉野里的玻璃管饰与中国古代玻璃化学成分比较

成分＼样品	日本吉野里玻璃管饰（公元前1世纪—公元1世纪）	河南辉县固围村1号墓（约公元前3世纪）			徐州北洞山西汉楚王墓（约公元前128年）		
		镶嵌玻璃珠样品1	镶嵌玻璃珠样品2	镶嵌玻璃珠样品3	玻璃杯残片	深蓝色小玻璃块	玻璃兽
SiO_2	41.2	43.41	37.56	36.53	34.66	41.63	39.18
Al_2O_3	0.46	4.80	4.95	7.36	1.48	1.52	0.96
Fe_2O_3	0.06	0.14	0.49	0.25	0.11	1.46	0.2
CaO	0.42	0.69	1.75	1.69	0.42	1.96	0.85
MgO	0.27		1.41		0.1	0.76	0.1
K_2O	0.25	0.27		0.39	0.11	0.15	0.26
Na_2O	6.82	7.28	4.47	4.72	3.65	4.23	3.66
PbO	35.72	26.88	32.00	31.83	39.25	25.64	41.28
BaO	11.43	14.37	16.07	15.49	16.23	19.46	11.15
C1		2.02	1.22	1.79	1.44		
	①	②	②	②	③	③	③

（原载于《中国考古学论丛——中国社会科学院考古研究所建所40年纪念》，科学出版社，1993年）

---

① 佐贺县教育委员会:《环壕集落吉野里遗迹概报》，吉川弘文馆，1990年，第70页。

② 建筑材料科学研究院建筑材料测试中心史美光等检测。

③ 李银德:《徐州发现一批重要西汉玻璃器》，《东南文化》1990年Z1期。

镶嵌玻璃珠的传入及发展

　　玻璃作为人工制造的材料在公元前 2500 年前后的西亚或埃及发明后，首先用于制造珠饰。公元前 16—公元前 13 世纪希腊迈锡尼的单色压制的珠饰是当时玻璃珠饰的精品。公元前 15 世纪后，开始出现彩色玻璃珠，一般是缠上不同颜色的条纹或点上不同色彩的驳点。在玻璃珠的母体上镶进同心圆，制造出"眼睛"效果的镶嵌玻璃珠大约出现在公元前 1000 纪初的地中海沿岸，到公元前 6—公元前 4 世纪在黑海、里海沿岸非常流行。

　　玻璃珠自发明后就是人们喜爱的装饰品，游牧民族特别喜欢这种色彩美丽、便于随身携带的玻璃珠，因此玻璃珠常常随游牧民族的迁移而传播。镶嵌玻璃珠在玻璃珠中工艺最为复杂，外观非常漂亮，有着明显特征，因此可以用作研究早期贸易路线的可靠物证。对中国来说，研究镶嵌玻璃珠的发生和发展，不仅能提供早期贸易路线的证据，而且有可能解决中国玻璃的起源问题。

　　本文将就镶嵌玻璃珠的工艺、中国镶嵌玻璃的分期和镶嵌玻璃珠的传播路线三个问题研讨。

一

　　镶嵌玻璃珠是指在单色玻璃珠的母体上嵌进另外一种或几种不同于母体颜色的玻璃,构成美丽的图案。由于镶嵌玻璃珠上的图案主题多是同心圆,一环套一环,有动物眼睛的效果,因此它的英文名称为"复合眼珠"(compound eye-bead),在中国又俗称"蜻蜓眼"。

　　镶嵌玻璃珠的尺寸一般都比较小,直径只有1—2厘米,在现代人的眼里这样小小的一颗玻璃珠似乎没有什么了不起,但是它的制作工艺相当复杂,即使在今天仿制出这样一颗镶嵌玻璃珠也很不容易。

　　日本学者与玻璃工匠合作,仿制出镶嵌玻璃珠,其工艺过程如下[①](图1):

　　1. 用金属棒分次蘸上不同颜色的熔融的玻璃料,并趁热拉成细丝。冷却后截成小段,成为截面为同心圆的图案单元。

　　2. 将金属芯棒蘸上一层粘土浆或石灰浆,晾干;在火焰上将玻璃料棍拉成细丝,缠绕在芯棒上,芯棒不停旋转,形成玻璃珠母体。

　　3. 在玻璃珠母体尚未冷却变硬时,将第一步骤已做好

---

① 　由水常雄:《东洋のガラス》,三彩社,1977年,第30页。

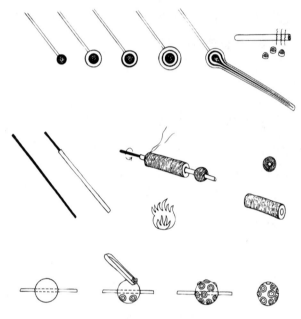

图 1　镶嵌玻璃珠的工艺过程示意图

的图案单元压进母体,再趁热放在金属板或石板上滚动,使图案单元与母体形成一个整体。

4. 冷却后泡进水中,抽出芯棒。一颗镶嵌玻璃珠就制作成功了。

　　用这种压进图案单元的方法无疑可以制造出外观效果与古代镶嵌玻璃珠完全一样的珠子,然而从珠子的断面上看,问题就复杂了。笔者仔细考察了十余个古代镶嵌玻璃珠的断面,发现无论嵌入的图案单元简单或者复杂,每一种不同颜色的玻璃嵌入物都独立地成球状面(图2)。这种现象是上述方法无法解释的。因此,笔者认为在第一个步骤中,并不是将不同颜色的玻璃首先制成截面为同心圆的图案单元,而是将不同颜色的玻璃料分别拉成不同直径的细丝,截成薄片。在第三步骤中,将较大的单色的玻璃薄截面压入玻璃珠母体上,待与母体形成一体后,加热,烤软表面,再分次嵌入其他颜色的较小薄截面,形成复杂的图案单元。笔者认为第二种制作工艺可能更接近古代工艺,也更费工费时。无论采用哪种工艺,工匠必须很好地掌握火候,即温度与玻璃软化的关系。由于制珠的每一步骤都是完全靠手工操作,所以成品并不规整,几乎无法找出两个完全一样的镶嵌玻璃珠。

图2　河南辉县固围村1号墓出土镶嵌玻璃珠样品一、
样品二、样品三(自左至右)
下图为上图的背面

镶嵌玻璃珠的复杂工艺,决定了它的价值。藏学中心总干事多杰才旦先生告诉笔者,西藏高原的藏民至今还非常钟爱这种世代相传下来的镶嵌玻璃珠,一颗漂亮的镶嵌玻璃珠可以换一头大牦牛。

<h1 style="text-align:center">二</h1>

　　我国春秋末战国初到西汉时期的墓葬中出土了相当数量的镶嵌玻璃珠。1949 年前的古董市场上常有出售，因而一些外国人购买了这种镶嵌玻璃珠，带到国外，并逐渐引起国外学界的重视。1930 年代初，英国学者赛里格曼（Seligman）和伯克（Beck）研究了加拿大多伦多皇家安大略博物馆、瑞典斯德哥尔摩远东古物博物馆和英国剑桥大学考古和民族博物馆收藏的中国镶嵌玻璃珠，首先发现中国的镶嵌珠外观纹饰与西方产品相似，但绝大多数的玻璃成分与西方玻璃完全不同。[1] 近年来又有一些国外学者对国外博物馆中国镶嵌玻璃珠的藏品进行研究，[2] 但由于他们手中的材料都不是科学发掘品，只能根据藏品的外观图案进行分类，而不能解决中国镶嵌玻璃珠的发生和发展的问题。

　　随着我国近几十年科学考古发掘的增多，一批镶嵌玻璃珠也陆续出土。根据已发表的材料，至少有三十余处三百余颗镶嵌玻璃珠已经出土，基本具备了重新评价中国镶

---

[1]　C. G. Seligman and H. C. Beck, "Far Easter Glass: Some Western Origins." Bulletin of the Museum of Far Eastern Antiquities, Stocktolm, No. 10, pp. 1-64.

[2]　Doris Dohrenwend, "Glass in China, A Review Based on the Collection in the Royal Ontario Museum," Oriental Arts, Richmond Surrey. 1980, Vol26, Number4, pp. 426-446.

嵌玻璃珠的条件。

从考古资料来看,镶嵌玻璃珠在中原出现的时间大约在春秋末战国初,之后一直持续到西汉时期。西汉以后虽然偶然仍有零星发现,但已不属于同一发展序列,或是传世品,或是另有来源。例如,西安东郊隋代舍利墓出土的10颗玻璃彩珠,[①]虽然也可视作镶嵌玻璃珠,但其工艺、色彩都与西汉以前的镶嵌珠有较大差别,并不是直接继承汉以前的传统,应另有来源。本文仅讨论西汉及西汉以前的中国古代镶嵌玻璃珠。

中国古代镶嵌玻璃珠依据时代早晚可分为三期:春秋末战国初、战国中晚期和西汉时期。三个时期的镶嵌珠的出土数量、图案纹饰及化学成分都有变化。

春秋末战国初,即公元前5世纪前后,镶嵌玻璃珠首次在中国中原地区出现,数量虽然不多,但都出土于等级相当高的大墓,例如,河南固始侯古堆一号墓[②](图3)、山西长治分水岭270号墓[③]、湖北隋县曾侯乙墓[④](图4)、山东临淄郎家庄一号墓[⑤]和洛阳中州路2段M2717

① 郑洪春:《西安东郊隋舍利墓清理简报》,《考古与文物》1988年1期。
② 固始侯古堆一号墓发掘组:《河南固始侯古堆一号墓发掘简报》,《文物》1981年1期。
③ 山西省文物工作委员会晋东南工作组等:《长治分水岭267、270号东周墓》,《考古学报》1974年2期。
④ 湖北省博物馆:《曾侯乙墓》,文物出版社,1989年,第423—425页。
⑤ 山东省博物馆:《临淄郎家庄一号东周殉人墓》,《考古学报》1977年1期。

（图5）。[1] 曾侯乙墓出土了成套编钟，是国内外皆知的贵族大墓。侯古堆一号墓出土的带铭文铜簠，暗示着墓主人很可能是春秋末宋国君的妹妹，后嫁给吴国太子夫差做夫

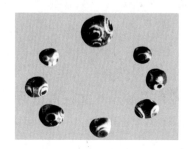

图3　河南固始侯古堆一号墓出土的镶嵌玻璃珠

图4　曾侯乙墓出土的镶嵌玻璃珠

图5　洛阳中州路出土的镶嵌玻璃珠

---

[1]　中国科学院考古研究所：《洛阳中州路（西工段）》，科学出版社，1959年，第115页。

人。分水岭 270 号墓和郎家庄一号墓中都有殉葬人,可以推测墓主人不会是普通百姓。

春秋末战国初镶嵌玻璃珠多为类球形,但不规整,有的看起来像扁方形,或扁鼓形。珠子的尺寸较小,一般直径都在 1—1.5 厘米左右,仅有极少数的珠子直径大于 2 厘米。曾侯乙墓共出土 173 颗镶嵌珠,只有 2 颗的直径大于 2 厘米。

镶嵌玻璃珠的母体颜色多为蓝色、绿色和桔黄色三种。蓝色有时偏浅蓝,有时偏深蓝。母体玻璃都为半透明。

这个时期镶嵌珠的纹饰比较简单,图案的主题都是同心圆,但外圈的层数不同,一般为三层,有的多达五六层。同心圆中心的点多用蓝色,外圈层色多为白褐相间或白蓝相间。不透明白色是构画出中心点的最重要的颜色,几乎每个镶嵌珠的纹饰都离不开白色。每个珠子上嵌入的图案单元个数不同,少则在腹部嵌入一排三个或四个小同心圆,或嵌入二排六个或八个小同心圆,多则嵌入四排二十个以上的小同心圆,最常见的是嵌入一排四个或二排八个同心圆。嵌入的同心圆与母体浑然一体,不突出,也很少脱落。

这个时期的镶嵌玻璃珠只有两件做过化学成分测试(见附表),侯古堆一号墓的镶嵌珠为一般的苏打玻璃,与西亚的镶嵌玻璃珠的成分基本一致;曾侯乙墓的 E.C.11:240 也可看作是普通的钠钙玻璃,但含有 2.8% 的氧化铅。

　　由于春秋末战国初的镶嵌玻璃珠是突然出现的,而且都集中出土于贵族大墓,而且这一时期的镶嵌玻璃珠都可以在西亚找到相似的对照物,玻璃的化学成分也都是钠钙玻璃,因此我们可以推断这个时期的镶嵌玻璃珠有相当一部分应是从国外进口的舶来品。当然,也不能完全排除有一部分是国内仿制的可能性,特别是曾侯乙墓出土 173 颗镶嵌珠,数量这样多,很难确定是全部进口的还是有部分国内仿造的。

　　战国中晚期,即公元前 4 世纪和公元前 3 世纪,镶嵌玻璃珠的出土地点明显增加,遍布全国,相对集中出土于湖南、河南和湖北三省。与春秋末战国初不同,这个时期的镶嵌玻璃珠不仅出土于身份较高的大墓,也出土于普通百姓的墓葬,例如,河南辉县固围村一号墓[①]、湖北江陵马山一号楚墓是大型墓葬[②],但是湖南资兴旧市[③]和陕西咸阳黄家沟[④]的战国墓葬都是中小型墓葬。

　　这个时期的镶嵌玻璃珠还是以球状为主,与早期珠子相比,珠子的形状较为规整,尺寸普遍比早期略大一圈,例如山东曲阜鲁国故城出土的 19 颗镶嵌玻璃珠,最大的直

① 中国科学院考古研究所:《辉县发掘报告》,科学出版社,1956 年,第 82 页。
② 湖北省荆州地区博物馆:《江陵马山一号楚墓》,文物出版社,1985 年,第 92 页。
③ 湖南省博物馆:《湖南资兴旧市战国墓》,《考古学报》1983 年 1 期。
④ 秦都咸阳考古队:《咸阳市黄家沟战国墓发掘报告》,《考古与文物》1982 年 6 期。

径2.7厘米,最小的直径1.5厘米。① 除了球状的珠子外,还出现了镶嵌玻璃管,圆筒形,尺寸也比较大。江陵马山一号楚墓的镶嵌玻璃管长达7.2厘米,直径0.8厘米。

　　战国中晚期的镶嵌玻璃珠的纹饰丰富多彩。早期的单纯同心圆纹饰仍然存在,但不占统治地位。这个时期最流行的纹饰是图案组合。一种组合是在大圆圈中并存数个小圆圈,小圆圈的数目为3个、7个或9个不等,以7个小圆圈组成梅花图案的为最多,例如湖北江陵雨台山楚墓出土的镶嵌玻璃珠②和曲阜鲁国故城出土的玻璃珠(图6)。另一种图案组合是同心圆与其他几何纹饰相结合,最常见的几何纹是弦纹、菱形纹和三角纹作为地纹,同心圆均匀地布在地纹上,或是用连点布出网纹,将图案隔成小的单元。这种图案组合的最典型的代表是湖南湘乡牛形山战国中期楚墓出土的镶嵌玻璃管(图7)。③ 战国中晚

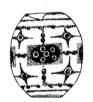

图6　曲阜鲁国故城出土

---

① 山东省文物考古研究所等:《曲阜鲁国故城》,齐鲁书社,1982年,第178页。
② 湖北省荆州地区博物馆:《江陵雨台山楚墓》,文物出版社,1984年,第115页。
③ 湖南省博物馆:《湖南湘乡牛形山一、二号大型木椁墓》,《文物资料丛刊》第3辑。

期的镶嵌玻璃珠除了图案复杂多变外,作为纹饰主题的同心圆本身也与早期有所不同,有的嵌入的同心圆有意突出于珠子的母体,造成鼓眼的效果,有的纹饰主题有意嵌成偏心圆,像正在斜视的眼珠,使图案更加生动活泼,如河南淮阳平粮台十六号楚墓出土的镶嵌珠(图8)。[①] 这个时期有的珠子嵌入的同心圆与母体结合得不牢,出土时已经脱落。

图7　湖南湘乡牛形山出土

图8　河南淮阳平粮台出土

　　战国中晚期的镶嵌玻璃珠的图案虽比早期珠子丰富多彩,但玻璃的颜色却没有什么突破,珠子母体最常见的颜色是深蓝色,其次是绿色,早期的桔红色母体很难见到。

①　河南省文物研究所等:《河南淮阳平粮台十六号楚墓发掘简报》,《文物》1984年10期。

纹饰常用的颜色是不透明白色、蓝色、绿色和土黄色。

　　战国中晚期镶嵌玻璃珠的化学成分与春秋末战国初的珠子有很大变化，绝大部分已经不是普通的钠钙玻璃，而是以氧化铅和氧化钡做助熔剂的铅钡玻璃。铅钡玻璃是古代玻璃中很独特的一种玻璃，古代西亚玻璃中虽然有少量的铅玻璃，但含钡的玻璃是世界其他古玻璃从未出现过的，因此学术界都把钡的存在作为中国古代玻璃的显著特征。作者最近又请建材院测试中心的史美光高级工程师对辉县固围村 1 号墓出土的三件镶嵌玻璃珠做了测试，是典型的铅钡玻璃（见附表）。这与同时期的玻璃璧、玻璃带钩的成分是一致的，而后者都是中国的传统器型，从镶嵌玻璃珠的玻璃成分的改变可以看出，最晚在战国中期中国已建立起铅钡玻璃业。

　　与战国中晚期的镶嵌玻璃珠同时存在的还有一种釉陶珠。这种釉陶珠外表上与镶嵌玻璃珠非常相似，但珠子母体不是玻璃，而是涂以厚釉的陶胎，郑州二里冈即出土了 18 件这种釉陶珠，[1]笔者曾观察过几个釉陶珠，发现其陶胎颜色较白，可能采用的是瓷土或其他材料，而不是一般的陶土。这种釉陶珠应是镶嵌玻璃珠的仿制品，纹饰与战国中晚期的镶嵌珠子极为相似，多是同心圆与几何纹饰的图案组合。与镶嵌玻璃珠相比，釉陶珠的母体表面多采用白色或较浅的颜色，纹饰喜欢用天蓝色和棕黄色，色彩

---

① 　河南省文化局文物工作队：《郑州二里冈》，科学出版社，1959 年，第 78 页。

比玻璃镶嵌珠更鲜艳,器形也往往大于玻璃珠。中国历史博物馆最近展出了一颗新征集来的釉陶彩珠(图9),直径约7—8厘米,可称作釉陶珠之王了。

　　镶嵌玻璃珠在战国时期不仅作为首饰之类随身佩带,还嵌入其他器物作为装饰。河南辉县固围村发现的鎏金镶玉银带钩,带钩上就嵌入了由三个小同心圆组成图案的镶嵌玻璃珠。

图9　河南洛阳征集的釉陶彩珠

　　西汉时期是中国古代镶嵌玻璃珠的第三个发展阶段。西汉时期的镶嵌玻璃珠的数量明显减少,出土地点多分散在远离汉代政治经济中心的偏远地区。四川冬笋坝的船棺葬①和奉节县风箱峡的崖棺葬(图10)②发现了镶嵌玻璃珠,广州黄花岗3号墓③和南越王墓也都出土了少量镶

---

① 四川博物馆:《四川船棺葬发掘报告》,文物出版社,1960年,第82页。
② 《四川奉节县风箱峡崖棺葬》,《文物》1978年7期。
③ 广州市文物管理委员会:《广州黄花岗003号西汉木椁墓发掘简报》,《考古通讯》1958年4期。

嵌玻璃珠,①而在战国中晚期非常流行玻璃珠的湖南、河南和湖北却很难见到汉代镶嵌玻璃珠。

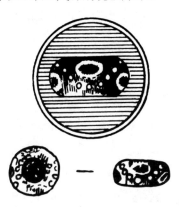

图 10　四川风箱峡崖棺葬出土

　　西汉镶嵌玻璃珠的纹饰仍是以同心圆为主题花纹,配以简单的几何纹。与战国中晚期的珠子相比,纹饰是大大地简化了。从西汉时期镶嵌玻璃珠的数量和纹饰来看,都不能不说镶嵌玻璃珠已经走下坡路了。西汉之后,这种特殊工艺的珠子就很少在中原地区出现了。

　　西汉时期虽然镶嵌玻璃珠作为单个珠饰很少在中原出现,但是这种带同心圆纹饰的其他玻璃饰品还是受到欢迎。江苏徐州北洞山西汉楚墓(公元前 128 年)出土了一批玻璃器,其中有 3 块玻璃饰板,大约 1.5 平方厘米,厚0.2 厘米,深蓝色半透明,表面嵌有四或六个同心圆纹饰。

---

① 象岗汉墓发掘队:《西汉南越王墓发掘初步报告》,《考古》1984 年 3 期。

从其大小、形状判断,应为器物上的嵌饰物。① 这种带同心圆的饰板看来是从镶嵌玻璃珠发展而来的,其玻璃的化学成分与战国汉代国产的玻璃一样,是铅钡玻璃(见附表)。

三

与镶嵌玻璃珠的起源地西亚相比,中国的镶嵌玻璃珠的出现非常突然。西亚的镶嵌玻璃珠的出现晚于彩色玻璃珠饰几百年,而彩色玻璃的首次出现又晚于单色玻璃珠饰一千多年,所以可以说单色的玻璃珠饰经过漫长的岁月才发展成为彩色的镶嵌玻璃珠。但是中国的情况却不是这样的,镶嵌玻璃珠与单色的玻璃饰块是同时出现在春秋末战国初的。河南辉县琉璃阁发现的吴王夫差剑,剑身铸线刻有"攻吾王夫差自作其元用"的篆字铭文,剑格上嵌有 3 小块透明度很高的玻璃。② 湖北江陵望山 1 号墓出土越王勾践剑,剑身布满菱形暗纹,靠近格处有"越王鸠浅自作用剑"八字鸟篆铭文,剑格一面嵌有蓝色玻璃。③ 这两件嵌单色玻璃块的剑的年代与出土镶嵌玻璃珠的河南固始侯古堆一号墓的年代几乎同时,都是春秋末战国初。中国至今还没有发现比春秋末更早的玻璃制品,也就是说中国最早的玻璃中即有镶嵌玻璃珠。没有任何发展过程

---

① 李银德:《徐州发现一批重要西汉玻璃器》,《东南文化》1990 年 Z1 期。
② 崔墨林:《吴王夫差剑的考究》,《中原文物》1981 年特刊。
③ 《湖北江陵三座楚墓出土大批重要文物》,《文物》1966 年 5 期。

就突然出现的镶嵌玻璃珠只能用贸易品来解释。

　　镶嵌玻璃珠在世界上很多地方都有发现,几乎整个旧大陆都有它的踪迹,在公元前 1000 纪的中叶到纪元前后,比较集中在地中海东岸和黑海、里海沿岸。日本东京大学曾在里海南岸的伊朗高原吉兰省做过发掘,在公元前 6—公元前 2 世纪的墓葬中发现了相当数量的镶嵌珠,与中国春秋末战国初的镶嵌珠非常相似,也是在蓝色或绿色的球状玻璃母体上嵌入一排三个或四个同心圆,或者嵌入二排四个或八个同心圆(图 11)。[①] 伊朗高原在这个时期之前,已经有了很长的玻璃制造历史。

图 11　伊朗高原出土

　　中国的中原地区与西亚虽然远隔万里,但是在公元前 2000 纪和公元前 1000 纪的铜器时代,东西两大文明之间活跃着许多游牧民族,他们依靠牲畜的力量,往来于漫漫的中亚沙漠地带,对东西文化贸易交流起了重要的中介作用。玻璃珠色彩美丽,便于随身携带,是游牧民族喜爱的装饰品。游牧民族将这种镶嵌玻璃珠辗转地从西亚带到中国是完全有可能的。

------

① 　深井晋司等:《バルミアハガラス》,淡交社刊,1973 年,图 39—42。

附表：镶嵌玻璃珠化学成分

样品	SiO_2	PbO	BaO	Al_2O_3	Fe_2O_3	CaO	MgO	K_2O	Na_2O	CuO	MnO	其他	注释
河南固始侯古堆M1镶嵌玻璃珠绿玻璃	56.01	2.80		1.37	0.65	9.42	0.39	0.52	10.94				353页注②
湖北随县曾侯乙墓镶嵌玻璃珠 E.C.11:240			0.05		1.02	4.07	2.24	2.60	6.99	0.37	0.04		353页注④
河南辉县固围村1号墓镶嵌玻璃珠样品一	43.41	26.88	14.37	4.80	0.14	0.69		0.27	7.28				356页注①
河南辉县固围村1号墓镶嵌玻璃珠样品二	37.56	32.00	16.07	4.95	0.49	1.75	1.41		4.47				356页注①
河南辉县固围村1号墓镶嵌玻璃珠样品三	36.53	31.83	15.49	7.36	0.25	1.69	0.39		4.72				356页注①
江苏徐州北洞山西汉楚王墓蜻蜓眼纹玻璃饰板	41.63	25.64	19.46	1.52	1.46	1.96	0.76	0.15	4.23	0.08	0.07		362页注①

　　我国的新疆地区位于古代东西两大文明的接触点,是古代游牧民族最活跃的地区。本世纪初的探险家曾在新疆发现过这种镶嵌玻璃珠,但因是采集品,珠子的年代不易确定。[①] 1986年中国社会科学院考古研究所新疆队在轮台县群巴克发掘了一批公元前8—公元前5世纪的墓葬,出土了一些玻璃珠,其中第28号墓的一件镶嵌玻璃珠为深蓝色球状母体,嵌入了8—9个蓝白相间的同心圆,圆心的点为深蓝色,同心圆排列不整齐,[②]与伊朗高原出土的一种镶嵌玻璃珠非常相似。这一发现进一步证实了在公元前1000纪的中叶,镶嵌玻璃珠经过丝绸之路从西亚传入中国。春秋末战国初我国中原地区出现的镶嵌玻璃珠很可能是经过新疆地区传入的。

　　至于是哪一支游牧民族将镶嵌玻璃珠带到中国的,这是很难单独用考古学研究来回答的问题。目前在新疆地区发掘出来的墓葬都还不能确定族属,还有待于多学科的综合研究。国外对我国玻璃的传入也做过很多研究,其中很有影响的是恩格尔(A. Engle)的《中国的玻璃制造》一文。[③] 他认为中国最初的玻璃制造可能与西亚的胡里安(Hurrian)民族有关。这个民族在西亚古文明中起过重要作用。当公元前7世纪亚述结束了乌拉尔图王朝,一部分

① 黄文弼:《罗布淖尔考古记》,北京大学出版社,1948年,第175页。

② 中国社会科学院考古研究所新疆队发掘资料。

③ Anita Engle,ed. "Glassmaking in China",Readings in Glass History,Nos. 6-7(1976)pp. 1-39。

胡里安人迁移到其他地区。有可能其中的一支通过斯基泰游牧民族到达中国,而且这支胡里安人知道制造玻璃的技术。当他们来到有丰富方铅矿资源的中国时,就生产了他们在西亚早已熟悉的镶嵌玻璃珠。这种推测的证据之一就是镶嵌玻璃珠上的 7 个小圆形组成的梅花图案,可以追溯到伊朗高原的史前时代。

通过对中国考古出土的镶嵌玻璃珠的研究,我们发现中国最早的镶嵌玻璃珠出现在春秋末战国初,其工艺、纹饰和化学成分与西亚同类产品相似,很可能是通过游牧民族传播到中国中原地区的。镶嵌玻璃珠传到中原地区后,受到上层贵族的喜爱,这种社会需求促进了匠人利用当地的原料进行仿制。最迟在战国中期就成功地用氧化铅和氧化钡代替自然纯碱制造出铅钡玻璃,并将早期单纯同心圆纹饰发展为与其他几何纹饰相结合,创造出世界上最漂亮的镶嵌玻璃珠。由于中国还未发现过早于春秋末战国初的玻璃制品,所以可以说,随着镶嵌玻璃珠的传入和仿制,中国诞生了玻璃制造业。镶嵌玻璃珠的传入,反映了东西两大文明之间的贸易和文化交流,这种交流可以追溯到公元前 1000 纪的中叶。镶嵌玻璃珠在中国的发展,也反映了中华民族吸收外来文化的优良传统。

中国镶嵌玻璃珠的出土及研究,将为国外博物馆的同类藏品的研究提供断代的依据。笔者在国外考察时见到的一些博物馆的玻璃珠藏品,数量可观,其中大部分当属于战国中晚期在中国制造的铅钡玻璃珠,有的藏品纹饰繁

图 12　加拿大多伦多皇家安大略博物馆藏

丽,国内还没有见到类似的出土品,例如加拿大多伦多皇
家安大略博物馆的藏品(图 12)。国外这一批中国的镶嵌
玻璃珠的藏品,还有待于中外学者的共同研究。

(原载于《十世纪前的丝绸之路和东西文化交流》,

新世界出版社,1996 年)

玻璃考古三则

在我国考古发掘出土的器物中,玻璃器的出土量很小,对其研究也很少。实际上,玻璃器本身所含的信息往往是其他器物所不能替代的。今作玻璃考古三则,与同行探讨。

一、玻璃人头坠子

1997年秋,国家文物局人事处组织文物部门老专家安金槐、史树青等十余人赴青岛休养。在考察文物市场时,专家们在一家小古董店发现一批玻璃器,史树青先生认为很可能是真品,坚持为博物馆购回。这批玻璃器包括20余件蜻蜓眼、2件乳钉纹管珠、1件玻璃瓶、4件人头坠子。据说这批玻璃器是沂南一位农民卖给古董店的。这批玻璃器被带回北京后,请不少文物鉴定专家看过,说法不一。笔者一般只研究考古出土的玻璃器,对传世品缺乏兴趣,但是看到这批玻璃器中的人头坠子,感到非常有意

思,因为国内还没有发现过类似玻璃器。笔者尝试用考古
学方法对这几件人头坠子进行研究。

　　鬈发络腮胡须人头坠子2件(图1)。2件形象基本
一样。一件总高5.5厘米,宽3.6厘米,厚1.2厘米;一件
总高5.9厘米,宽3.6厘米,厚1.2厘米。2件均破损后粘
接过。人头为西亚人的形象:鬈发,络腮胡须,圆目,高鼻。
玻璃人头坠的外表附着厚厚的风化层,风化层呈白色,不
易剥离。仔细观察,人头坠子是由蓝、黑、红、白四种颜色
的玻璃制成。主体玻璃是湖蓝色半透明的。鬈发、胡须、
眼睛和眉毛是用黑色玻璃热贴上去的。红色玻璃点出圆
唇和太阳穴上的红痣。白色不透明玻璃点出颧骨外侧的
凸白点和眼珠的外圈。人头的顶部热粘了一个珠子作为
坠子的穿孔,孔径0.9厘米。

图1　玻璃鬈发络腮胡须人头坠子

　　2件无下巴人头坠子的形象大体相同(图2),呈桃
形,总高3.8厘米,宽3.2厘米,最厚处1.7厘米。玻璃主

体为绿色半透明,外表附着淡灰绿色风化层。风化层与玻璃体结合紧密,不易剥离。人头的形象怪异:圆目,上挑眉,宽鼻,无下巴。人头的眼睛、眉毛、眉心痣都是用黑色玻璃热贴上去的。鼻子下的几点胡须也是用黑色玻璃点上去的,但不突出。

图2　玻璃无下巴人头坠子

这4件玻璃人头坠子使笔者立即想起腓尼基人生产的玻璃人(兽)头坠子或珠子。公元前1200年,腓尼基人以现在的黎巴嫩为中心,逐渐成为当时航海和贸易的带头人。他们沿地中海东岸南岸航行,有可能已达到非洲南海岸。腓尼基商人主要以黎巴嫩雪松换取塞浦路斯的铜,非洲的黄金、宝石、象牙和香料。玻璃珠子也是腓尼基的主要出口商品之一。

公元前7世纪,腓尼基人在北非迦太基创造出玻璃人头珠子和坠子,公元前6—公元前2世纪,玻璃人头坠子是非常受欢迎的贸易品,地中海沿岸多有发现。玻璃人头坠子发明之前,腓尼基人主要生产西亚广泛流行的玻璃

"眼"珠,我们称作"蜻蜓眼"。西方学者研究古人佩带玻璃"眼"珠,主要是为了避邪,多只眼睛可以帮助人防卫。玻璃人头坠子可以看作是玻璃"眼"珠的发展,比"眼"珠具有更大的神力,可以帮助佩带者避开邪恶[①]。

　　腓尼基玻璃人头坠子在西方各大博物馆都有收藏。与国外收藏品相比,青岛收购的人头坠子有明显不同。第一个不同是其尺寸大于国外藏品。国外腓尼基玻璃坠子的尺寸多在2—3.5厘米之间。虽然大英博物馆的一件藏品(British Museum,1906-6-27、33)尺寸很大,总高6.2厘米,是在俄国南部发现的,但是总的来说大于5厘米的玻璃人头坠是很罕见的。第二个不同是其厚度较薄。腓尼基玻璃人头坠是三维立体的,其厚度与宽度差别不大,而青岛收购品明显扁平。因此,我们可以判断青岛收购的玻璃人头坠子不是腓尼基人的作品。

　　为了得到更多信息,笔者将1件鬈发络腮胡须人头坠子和1件无下巴人头坠子送到中国历史博物馆文物保护实验室,姚青方副研究员对这2件器物做了无损测试(表一)。DX-95能谱分析结果表明2件人头坠子的玻璃成分均为铅钡玻璃,与我国战国至汉代的玻璃成分基本一致。铅钡玻璃自东汉以后就不再出现,这可能是由于提炼

---

① Lois sherr Dubin,"The History of Beads", Harrry N. Abrams,Inc.,Publishers,New York,1987,P48.

铅的手段有所改进,玻璃的配方也改变了[①]。我国现代料器生产中还采用铅玻璃,但见不到氧化钡的成分。人头坠子为铅钡玻璃,基本排除了是现代人制作的赝品的可能性。

表一　玻璃人头坠子 DX-95 能谱分析结果

（中国历史博物馆文物保护实验室）

样品	Na$_2$O	Al$_2$O$_3$	SiO$_2$	K$_2$O	CaO	BaO	MnO	Fe$_2$O$_3$	CaO	ZnO	Ga$_2$O$_3$	PbO$_2$	SrO
1		5.96	54.64	0.82	5.47	4.02		1	0.57	1.5		26.01	
2	2.16	6.88	50.89	0.93	4.31	20.66		3.37		1.78		8.69	0.37
3	4.13	3.58	49.64	0.55	3.77	6.21	2.09	1.62	0.26	0.17	0.24	27.62	0.13

样品 1　鬈发络腮胡子人头坠子　　检测点为风化层较薄的鼻子
样品 2　鬈发络腮胡子人头坠子　　检测点为太阳穴处红点
样品 3　无下巴人头坠子　　　　　检测点为右耳破碴口

　　说到我国战国至西汉的铅钡玻璃,不得不提到镶嵌玻璃珠,俗称"蜻蜓眼",西方称之为"眼"珠。笔者曾研究过镶嵌玻璃珠,提出"通过对中国考古出土的镶嵌玻璃珠的研究,我们发现中国最早的镶嵌玻璃珠出现在春秋末战国初,其工艺、纹饰和化学成分与西亚同类产品相似,很可能是通过游牧民族传播到中国中原地区的。镶嵌玻璃珠传到中原地区后,受到上层贵族的喜爱,这种社会需求促进了匠人利用当地的原料进行仿制。最迟在战国中期就成功地用氧化铅和氧化钡代替自然纯碱制造出铅钡玻璃,并

①　赵匡华:《试探中国传统玻璃的源流及炼丹术在其间的贡献》,《自然科学史研究》第 10 卷第 2 期(1991)。

将早期单纯同心圆纹饰发展为与其他几何纹相结合,创造出世界上最漂亮的镶嵌玻璃珠。由于中国还未发现过早于春秋末战国初的玻璃制品,所以可以说,随着镶嵌玻璃珠的传入和仿制,中国诞生了玻璃制造业。"[①]玻璃人头坠子与镶嵌玻璃珠的生产工艺及化学成分相近,使我们有理由推测:在西亚玻璃"蜻蜓眼"输入中国的同时,也有少量的腓尼基玻璃人头坠子传入中国。我国战国至西汉的匠人用铅钡玻璃仿制西亚"蜻蜓眼"的同时,也仿制了少量人头坠子。史先生为博物馆购回的人头坠子有可能是战国末至西汉的仿制品。这个推测的正误有待于玻璃人头坠子的考古发现。

二、北魏永宁寺西门出土的印度玻璃珠

1994 年冬,中国社会科学院考古研究所洛阳汉魏故城工作队在发掘北魏永宁寺的西门遗址时,发现了 15 万余枚小玻璃珠(图 3)。发掘报告将这些小玻璃珠归类于料器串珠:"出于西门遗址。出土时已散乱地混在灰土内,但分布十分集中。经清理,共清出大小珠 15 万余枚(T53:4994)。其中除极少数或为水晶珠、玛瑙珠外,其余皆为料(玻璃)珠,分别呈各种红、蓝、黄、绿及黑色,色泽异常鲜艳。珠体最大的,直径约 0. 35 厘米,小的直径不足

---

① 安家瑶:《镶嵌玻璃珠的传入及发展》,《十世纪前的丝绸之路和东西文化交流》,新世界出版社,1996 年,第 351—367 页。

0.1厘米。此类料珠,皆作扁圆形,中有穿孔,当系由细管状料切割而成。"[1]

图 3

　　笔者有幸到洛阳汉魏故城队考察了这批珠子,当发掘者段鹏琦和钱国祥搬出两箱子标本时,笔者眼前一亮:这批玻璃珠尺寸之小,数量之多,保存状况之好,色彩之艳丽令人惊叹。更令人折服的是这批珠子不是保存在容器中一起出土的,而是散落于遗址的地层中,与泥土混在一起。珠子太多太小,无法在现场捡出珠子,于是发掘者将夹杂有珠子的泥土全部取回,像选矿一样,经过多次水洗,泥土随水流走,留下了玻璃珠子。这批玻璃珠子的出土,体现了洛阳汉魏故城队细致的工作作风和高超的田野技术。

① 中国社会科学院考古研究所:《北魏洛阳永宁寺1979~1994年考古发掘报告》,中国大百科全书出版社,1996年,第136页。

　　这批玻璃珠为不太规则的圆柱形,直径 1—5 毫米,孔径 0.5—2 毫米,高 1—6 毫米。直径等于或小于 3 毫米的珠子约占 95%以上。这批珠子色彩斑斓,但每一枚珠子只有一种颜色,可称为单色珠。由于珠子数量大,全部进行统计比较困难,笔者随机统计了 1000 枚珠子的颜色,发现黑色玻璃珠的数量最多,占总数的 31.2%;其次为绿色半透明的占 17.9%,黄色不透明的占 15.8%,砖红色不透明的占 14.3%,无色透明的占 7.2%,深蓝色透明的占 4.3%,白色不透明的占 3.8%,天蓝色半透明的占 3.5%,豇豆红色不透明的占 1.9%。无色透明和深蓝色珠子的透明度较好,可以看到少量气泡和未熔的杂质。黑色、黄色、砖红色和豇豆红色珠子呈不透明状。深蓝色透明珠子的表面多附着一层白色不透明的风化层,其余颜色的玻璃珠艳丽如新。

　　这批玻璃珠的制作方法很特殊,是将熔融的玻璃液以特别的工具拉成空心的细管,再将细管截成小珠子。这种玻璃珠的制作方法被称作拉制法(drawn beads)。拉制法制成的珠子可以看到以下特征:①珠子的基本形态为圆柱形;②玻璃中气泡为椭圆形,气泡长径的方向与穿孔是平行的;③穿孔内壁一般是光滑的,没有粘结物。

　　我国考古出土的玻璃珠中很难见到这种拉制法制成的珠子。我国玻璃珠生产一直使用缠心法:即将玻璃料条在火焰上烤到可塑状态,然后缠绕到金属丝上,成珠状。金属丝上多附着一层粘土或其他材料,以便玻璃珠冷却后可以从金属丝上取下来。这种方法制成的珠子形态多不规整,有时能看到玻璃丝缠绕的痕迹,珠子穿孔的内壁往往残留粘土,玻璃内气泡也呈椭圆形,但长径的方向与穿孔垂直。我国自战国初年即以缠心法制造玻璃珠,而且这种制珠传统一直流传到今天。

　　这批珠子中有 7 枚做了化学成分检测(表二),是钠钙玻璃,但氧化铝的含量特别高,6 枚高出 10%;氧化钙含量相当低。氧化钙在玻璃中是起稳定作用的,一般认为氧化钙含量高于 6%,玻璃的化学稳定性才比较好。令人惊奇的是这批玻璃珠的氧化钙含量低于 5%,经千余年埋在地下,出土时保存状况却很好,说明其玻璃稳定性相当好,这个现象值得玻璃工艺科学家深入研究。

表二　北魏永宁寺遗址出土玻璃珠化学成分分析结果

编号	颜色	直径(mm)	SiO_2	Na_2O	K_2O	CaO	MgO	Fe_2O_3	GuO	MnO	Al_2O_3	ZnO
YNS-1	砖红色	3.5	66.31	8.69	4.01	2.73	—	1.23	3.25	0.48	11.01	
YNS-2	深蓝色	2.1	58.3	16.2	2.47	6.21	0.208	1.24	0.81	0	14.1	0.0330
YNS-3	黄色	2.2	55.5	17.2	2.36	1.10	0.313	1.27	0.426	1.64	18.2	0.0235
YNS-4	黑色	2.1	69.2	15.7	2.50	1.46	1.459	2.43	0.392	0	7.95	0.0325
YNS-5	无色透明	2.0	63.1	16.2	2.11	4.37	0.277	1.04	0.415	1.37	12.6	0.0446
YNS-6	砖红色、表面风化	1.8	51.9	15.8	2.34	2.28	0.541	2.40	5.2	0	18.3	0.0495
YNS-7	砖红色	4.2	67.43	9.13	3.90	2.72	—	1.34	3.20	0.49	12.0	—

　　这类玻璃珠在我国中原地区并不多见,但在南亚、东

南亚、我国东南沿海以及朝鲜半岛南岸都有发现,延续的
年代也相当长。美国学者彼特·弗朗西斯是多年从事玻
璃珠研究的专家,他称这类珠子为印度洋-太平洋玻璃
珠,这是以其分布的区域而命名的。他认为印度洋-太平
洋玻璃珠首先是在印度阿里喀满都(Arikamedu)生产的,
这个地区是亚洲的一个玻璃珠制造中心,兴盛时期大约从
公元前3世纪持续到公元10世纪。这类玻璃珠及玻璃珠
生产技术沿海岸向东传播。斯里兰卡的曼泰(Mantai)自
1世纪起也成为生产这类珠子的一个中心,并一直延续到
10世纪。泰国的克拉比(Kuan Luk Pat)2—6世纪的遗址
多出土这类玻璃珠,有可能当地已掌握了这类玻璃珠的生
产技术①。离生产中心最远的发现地是朝鲜半岛,在1—3
世纪的金海贝冢,就发现这类玻璃珠。6世纪的武宁王陵
也发现了这类珠子②。这类玻璃珠准确地反映出贸易和
文化交流的路线。遗憾的是这类珠子的研究并没有引起
足够的重视。虽然发现了不少珠子,但大多数不是经过考
古发掘出土的,其年代不能准确确定。经过化学检测的珠
子,更是微乎其微。因此目前我们还无法确定永宁寺玻璃
珠的产地,只能模糊地说是印度玻璃珠。随着更多的玻璃

① Peter Francis Jr. , " Beads,the Bead Trade and State Development in South-east Asia","Ancient Trades and Contacts in Southeast Asia",The Office of the National Cultural Commission,Bangkok,Thailand,1996. pp128-139。

② In-sook Lee,etc," Chemical Analyses of Some Ancient Glasses from Korea", The International Association for the History of Glass, Amsterdam, 1993 pp163-176。

珠的考古出土和深入研究,这个问题会逐渐搞清楚的。

北魏永宁寺遗址出土来自印度的玻璃珠不是偶然的。南北朝时期是中国佛教全面持续高涨的时期,北魏诸帝除太武帝外无不扶植佛教。北魏迁都洛阳后,洛阳成为佛教中心。据《洛阳伽蓝记》《魏书·释老志》记载,至北魏末年,仅洛阳城内即有寺院 1367 所。为接纳四方僧人,宣武帝在洛阳专门营建了永明寺,其时,来洛的百国沙门,多达三千余人,其中有来自南印度的僧人。北魏也多次派僧人赴印度取经学法。创建永宁寺的胡太后派洛阳崇立寺比丘惠生入天竺取得大乘经典百七十部。佛教法华经中经常提到的璎珞、衣珠、数珠等都离不开珠子。在北魏洛阳永宁寺遗址发现了印度玻璃珠正反映出北魏时期中印佛教文化交流的频繁。

三、扬州出土的伊斯兰玻璃残片

1990 年,扬州城考古队发掘一处唐代中晚期住宅遗址时,出土了一批玻璃残片[1]。发掘队队长蒋忠义先生将所有的残片带回北京整理,使笔者有机会进行分析。

这批残片大小不一,笔者按国际研究玻璃残片的惯例对其进行统计学分析。残片中面积小于 2 平方厘米的忽略不计,面积大于 2 平方厘米的残片共有 190 块。所有残

---

[1]　扬州城考古队:《江苏扬州市文化宫唐代建筑基址发掘简报》,《考古》1994 年 5 期。

片表面都呈现出不同程度的风化,有的显虹彩现象,有的表面模糊发暗。

所有玻璃残片都是透明的,主要有以下几种颜色:绿色、深蓝色、黄色、黄绿色和无色透明。

绿色玻璃残片 153 块,占总数的 80.5%。残片厚度 1—1.5 毫米,其中有 3 块玻璃质量较好,看不见明显气泡,表面风化发暗。其余 150 块质量一般,可以看见较多的气泡和结石。

淡绿色玻璃残片 15 块,占总数的 7.9%。其质量与大多数绿色玻璃残片的质量相同,但是更薄一些,厚度为 0.3—0.9 毫米。从残片的弧度看,都是吹制器皿的腹部。

黄绿色玻璃残片 8 块,占总数的 4.2%。玻璃质量很好,肉眼几乎看不到气泡。这种残片的弧度小,可能是装香料的小玻璃瓶破碎的残片。

无色透明玻璃残片 7 块,占总数的 3.7%。玻璃质量是这批残片中最好的,肉眼看不到气泡和结石,可以与现代玻璃相比。其中 2 块上刻有纹饰。这种高质量的玻璃残片也是出自香料瓶。

深蓝色玻璃残片 4 块,占总数的 2.1%。残片厚度在 2—3 毫米。透过光源观察这种残片,其颜色为亮蓝,很可能是用氧化钴作为玻璃染色剂。这种深蓝色玻璃的质量比绿色玻璃要好,比无色透明玻璃的质量要差一些。

黄色玻璃残片 3 块,仅占总数的 1.6%。质量一般。这 3 块残片都是玻璃瓶或杯的上凹底部。

　　这批玻璃残片没有一件可以完全复原,所以讨论玻璃器的确切器形比较困难,但是从残片可以看出分属以下几种器皿:鼓腹水瓶、香料瓶、直筒杯、碗或盘、胆形瓶。

　　鼓腹水瓶。扬州城队将 52 块绿色残片粘接起来,成功地复原出来 1 件水瓶的腹部和底部(图一:1、2)。虽然这件水瓶的颈部以上无法复原,但器形基本上是清楚的:球状鼓腹,长颈,底部明显上凹,并有加工时粘贴金属杆的痕迹。最大腹径 23.5 厘米,腹部壁厚 1—1.3 毫米。这种器形的玻璃水瓶在伊斯兰早期器物中经常能见到。我国内蒙古奈曼旗辽陈国公主墓出土的长颈水瓶也是这种器形,只是时代稍晚[①]。

　　香料瓶。没有 1 件可以复原,但从 2 块颈部残片、2块底部残片和 1 块肩部残片可以看出大致器形:直颈,折肩,鼓腹,平底。香料瓶的尺寸明显小于鼓腹水瓶,高度约在 10 厘米上下,腹部壁厚 2—3 毫米。我国定州静志寺塔基曾出土一件完整的玻璃香料瓶[②],其器形及玻璃质量与扬州的这类残片很相似。

　　直筒杯。没有 1 件可以复原,但从 2 块口沿残片和 2块底部残片可以看出器形:直壁,口部稍内敛,唇部内折卷,平底,底部有加工时铁杆顶底的痕迹(图一:3、4、6)。

────────────

① 　安家瑶:《陈国公主与驸马合葬墓出土的玻璃器皿及有关问题》,《辽陈国公主墓》,文物出版社,1993 年,图版一四:1。

② 　《地下宫殿の遗宝——中国河北省定州北宋塔基出土文物展》,出光美术馆,1997 年,图 46。

扬州玻璃残片中约有十余块最薄的玻璃片都是这种直筒杯的壁部。直筒杯是伊斯兰玻璃中的常见器形,我国陕西法门寺地宫出土过类似的玻璃直筒杯[①]。

　　碗或盘。没有 1 件可以复原。4 块口沿残片和 1 块底部残片是属于这种类型的器皿。口沿部的作法很有特色,外翻卷一圈成圆唇(图一:5)。从口沿的弧度可以复原碗盘的直径,最大 18 厘米。这种碗的底部也明显上凹,有加工痕迹。法门寺地宫出土的玻璃盘与这种器皿十分相似。

　　胆形瓶。4 块深蓝色玻璃残片是属于胆形瓶的。其器形与暖水壶的瓶胆十分相似:细颈,腹部橄榄形,圜底。法门寺地宫和定州静志寺地宫各出土一件这种深蓝色玻璃胆形瓶。

　　扬州出土的这批玻璃残片中有 9 块表面加工有纹饰,其中 2 块为刻花玻璃,另外 7 块为刻纹玻璃。

　　刻花玻璃 2 块,均为无色透明玻璃,表面用砂轮打磨出弦纹(图一:9)。由于残片太小,无法看出纹饰的主题,很可能是刻有几何纹的高级香料瓶的一部分。我国曾出土过数件刻花玻璃瓶,但年代上都晚于这 2 块残片。

　　刻纹玻璃是指用钻石之类的工具在玻璃表面刻出阴线纹,7 块残片表面都刻有抽象的针叶纹(图一:7、8)。从残片的弧度看,有的属于盘子的内表面,有的属于水瓶的

---

① 　安家瑶:《法门寺地宫出土的伊斯兰玻璃器》,《首届国际法门寺历史文化学术研讨会论文选集》,陕西人民教育出版社,1992 年,第 263 页。

外表面。这7块残片的玻璃质量一般,比刻花玻璃的质量要差。我国法门寺地宫出土的8件刻纹玻璃盘是伊斯兰玻璃中的精品。

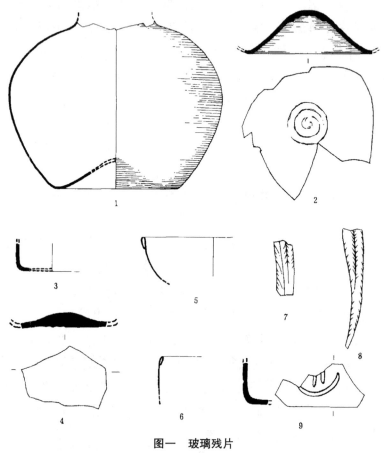

图一　玻璃残片

1. 鼓腹水瓶　2. 彭腹水瓶底部　3、4. 直筒杯底部　5. 碗口沿
6. 直筒杯口沿　7、8. 刻纹玻璃　9. 刻花玻璃(1、2、5、6为1/3,余皆为2/3)

从这批玻璃残片反映出的器形来看,都是典型的伊斯兰玻璃。为了进一步证实这个推断,笔者选了 2 块面积小于 1 平方厘米的残片送交中国建筑材料研究院玻璃陶瓷测试中心进行化学成分分析。样品 1 是绿色残片,表面附着风化层。样品 2 是淡绿色薄片,表面有虹彩现象。史美光高级工程师完成了检测分析工作(表三)。化学分析结果表明,这 2 块残片均为伊斯兰玻璃中最常见的钠钙玻璃。

表三　唐扬州城玻璃残片化学成分分析结果

(中国建筑材料研究院玻璃陶瓷测试中心)

样品	SiO_2	Al_2O_3	Fe_2O_3	CaO	MgO	K_2O	Na_2O	MnO	Cl
绿色透明玻璃	64.95	2.51	0.49	5.09	6.44	2.61	15.62	1.72	0.54
淡绿色透明玻璃	67.74	2.17	0.71	5.22	5.72	3.58	13.68	0.58	

扬州是唐代一座繁荣的大都市,也是对外贸易的重要港口。阿拉伯人和波斯人来华经商的不少,扬州专门开设有波斯胡店。据《旧唐书·邓景山传》记述,上元元年(760 年)因神功大掠扬州,杀死大食、波期胡商数千人,可见当时扬州的外国商人之多。考古发掘者推测出土玻璃残片的遗址为波斯邸胡店:"这座民舍房址旁邻罗城南北大街,又临近城内官河,地当交通要道,而且基址内不仅出有黄金和大量的国内诸多窑口的产品,还伴出有波斯孔雀蓝陶器、玻璃器皿……根据这类遗迹,当非普通的住宅民居。我们有理由怀疑它兼有商业用房——邸店、旅舍,该

房址或为波斯邸胡店。"①这个推断是有道理的。

8—10 世纪,伊斯兰玻璃制造业在伊朗高原、阿拉伯半岛及北非一带已达到了相当高的制作水平。扬州玻璃残片中的 18 块残片的质量很好,是伊斯兰世界生产的高级玻璃,代表了当时的高水平,占百分之九十以上的玻璃质量很一般。这些质量一般的残片从弧度上看多为器形大器壁薄的水瓶、碗、杯等器皿。很难想象怎样才能将器壁仅有 1 毫米左右的易碎玻璃容器安全运抵中国。这批玻璃残片分属很多个体,没有一件可以复原。这种现象使我们想到伊斯兰玻璃业经常将破碎的玻璃片运到很远的地方后,再进行熔融,加工成品。地中海土耳其的塞尔斯利曼港口附近发现的 11 世纪的沉船上就装载着 2 吨玻璃料块和 1 吨准备回炉再生产的破碎玻璃。扬州出土的这批玻璃残片有可能是从阿拉伯伊斯兰世界运来的破碎玻璃,准备在扬州进一步加工成为成品。

本文研究的对象都是不显眼的小东西,如果通过比较研究,能够补上中国玻璃史上某个缺环,能够为东西交通史添上一点儿新资料,能够引起文物考古工作者的重视,从文物中发现更多古人活动的信息,本文即达到了目的。

（原载于《文物》2000 年第 1 期）

---

① 扬州城考古队:《江苏扬州市文化宫唐代建筑基址发掘简报》,《考古》1994 年 5 期。

夹金箔层的玻璃珠

　　二十二年前,作者在导师宿白先生的指导下开始了对中国古玻璃的研究。为了收集论文材料,曾在河北省定县(现为定州市)住了一周,重点考察静志寺真身舍利塔和净众院舍利塔塔基出土的玻璃器皿。那次考察的最大收获是将北宋的这批玻璃器皿分成国产品和从阿拉伯世界进口的伊斯兰玻璃①。这个结论被后来的考古发现所证实②,也被国内外学术界所接受。

　　静志寺真身舍利塔和净众院舍利塔塔基的考古发掘只发表了简报,很多文物在简报中没有提及③。当年的发掘者陈献增、刘殿庚两位先生已相继去世,更给这批稀世珍宝蒙上神秘色彩。1997 年中国河北省定州北宋塔基出

①　安家瑶:《中国的早期玻璃器皿》,《考古学报》1984 年 4 期。
②　安家瑶:《试探中国近年出土的伊斯兰早期玻璃器》,《考古》1990 年 12 期。
③　河北定县博物馆:《河北定县发现两座宋代塔基》,《文物》1972 年 8 期。

土文物展在日本东京和大阪的出光美术馆举办,展品中有一些是首次向公众展示的玻璃制品,例如小工艺品玻璃龟和玻璃鸟①。2001年2月,作者第三次到河北定州市博物馆考察静志寺真身舍利塔和净众院舍利塔塔基出土的玻璃器,意外的收获是在静志寺真身舍利塔塔基出土文物中发现了夹金箔层的玻璃珠。

一

　　夹金箔层的玻璃珠是一种特殊工艺的玻璃珠,有多种英文名称:Gold-in-Glass Beads、Gold-Glass Beads、Gold-sandwich Glass Beads、Gold-foil Glass Beads 等。这种珠子是用无色透明的玻璃和金箔制成的,特殊之处是金箔作为夹层存在,也就是说金箔之下和金箔之上都是玻璃。金箔夹在玻璃中,受到很好的保护,不会被磨损,不会变色。因此,这种珠子只要表层玻璃不破碎,虽然经历了一两千年的岁月流逝,仍能保持金光闪闪的本色。在历史上,这种玻璃珠是非常受欢迎的贸易品,它的分布往往指示出当时的交通路线,因此,受到历史学家、考古学家的重视。定州静志寺真身舍利塔塔基出土的夹金箔层的玻璃珠,是我国内地的首次发现,有必要做进一步的研究。

　　定州静志寺真身舍利塔塔基中出土了几百颗珠子,五

① 出光美术馆:《地下宫殿の遗宝——中国河北省定州北宋塔基出土文物展》,东京,1997年。

彩缤纷,质料有水晶、玛瑙、琥珀、玻璃。发掘简报对这些珠子没有提及。定州北宋塔基出土文物赴日本展出时,这批珠子也在参展文物之内,但展览图册只发表了三幅珠子的彩色照片,都是水晶珠和玛瑙珠。实际上这批玻璃珠也很不寻常,除了大量蓝色、黄色和绿色的球形玻璃珠外,还有仿玛瑙的缠丝玻璃珠、绞胎玻璃珠、蜻蜓眼珠、花形单色珠、瓜棱形单色珠和夹金箔层的玻璃珠(图1)。

图1　静志寺塔基出土各种质料的珠饰

　　在赴日本展出的两个装珠子的锦盒中,作者发现了26颗夹金箔层的玻璃珠,其中11颗为扁形珠,准确地说,应是压扁的圆柱形,珠子的横截面为椭圆形;14颗为圆柱形,两端收为弧形;还有1颗是两个圆柱形的珠子连在一起,没有分开,可称为二连珠。这批夹金箔层的玻璃珠都是手工制作的,形状不很规整,尺寸也不统一。总的来看,扁形珠的尺寸稍大:长1.4—2.1厘米,宽1.1—1.3厘米,厚0.9厘米;圆柱形珠子的直径和高度都是1厘米左右。
大部分夹金箔层玻璃珠的保存状况尚好,金箔夹在两层玻
璃中,看起来仍金光灿烂。有个别珠子的表层玻璃已破
碎,金箔由于氧化而呈不透明的白色,也有的金箔已剥落,
露出底层玻璃。通过表层玻璃已破碎的珠子观察,表层玻
璃厚约0.2厘米,两层玻璃均无色透明,含细小气泡,有明
显与穿孔平行的纵向条纹(图2、3)。这批夹金箔层玻璃
珠的工艺将在后文讨论。

图2　夹金箔层玻璃珠　　　　　图3　夹金箔层玻璃二连珠

　　夹金箔层的玻璃珠在我国内地非常罕见,以前没有见
到有关报道。20世纪初外国探险家在中国新疆进行考察
探险,发表的考察报告中提到的一种玻璃珠,有可能是夹
金箔层的玻璃珠。斯坦因在《古代和阗》(*Ancient Khotan*)
报告中,记载了在尼雅遗址发现的一些"镀金玻璃珠",他
用的英文为"gilt glass beads",并描述这些珠子的形状"与
稻米相似"[1]。斯坦因在楼兰 LK、LR 遗址也发现这种镀

---

① Stein,M. A. ,"*Ancient Khotan*",p. 381,416,plate74:20a,Oxford,1907.

金玻璃珠,而且有二连珠和四连珠①。由于作者没有亲眼考察斯坦因掠走的玻璃珠,所以不敢肯定他说的镀金玻璃珠就是夹金箔层玻璃珠。

<h1 style="text-align:center">二</h1>

夹金箔层的玻璃珠在日本和朝鲜半岛曾多次出土,并及时在考古报告中发表了有关材料。在日本出土的夹金箔层玻璃珠有以下 4 处,都是古坟时期的墓葬:

1. 奈良鸭山古墓

1929 年发掘。该墓为组合式石棺墓,位于奈良广陵町的马见丘陵中部,地面上有圆形堆土。经对出土的人骨和牙齿鉴定,该墓为多人合葬,其中 3 个男人,2 个女人,2 个幼儿。石棺内出土了金、银、铜质的刀具和耳环,此外还有夹金箔层玻璃珠、银质空心珠和琥珀珠。墓葬年代为 6 世纪下半叶②。出土夹金箔层玻璃珠总共 14 颗,其中 12 颗是算珠形,2 颗是二连珠。这批珠子比较小,最大直径 0.7 厘米。珠子的两层玻璃均为淡黄色透明,含细小气泡,有明显与穿孔平行的纵向条纹。

---

① Stein, M. A. , " *Innermost Asia* ", plate23: c. xciii. 33 – 34; plate24: LK. 97, LR. 102, Oxford, 1928.

② 末永雅雄:《北葛城郡马见村鸭山古坟调查报告》,《奈良县史迹名胜天然纪念物调查报告》第 12 册,1934 年,第 1—7 页,图版 2—4。

2. 奈良新沢千冢 126 号墓

1963 年,奈良县立橿原考古学研究所发掘了新墓群的 126 号墓,出土了大量珍贵文物,金步摇、指环、蓝色玻璃盘、带圆形磨饰的萨珊玻璃碗和黄色、绿色玻璃珠等。墓葬年代为 5 世纪下半叶①。玻璃珠中 1 颗夹金箔层玻璃珠,圆柱形,最大直径 1.18 厘米,高 0.82—0.94 厘米,孔径 0.25 厘米。内层珠子的最大直径 0.8 厘米。珠子的上下两端有明显的切割痕迹。两层玻璃均为无色透明,含细小气泡,有明显与穿孔平行的纵向条纹。

3. 岩手长沼 3 号墓

长沼古墓群位于北上川的支流和贺川的北岸。长沼 3 号墓是石室墓,时代为 6 世纪末。与夹金箔层玻璃珠共出的有水晶珠、玛瑙勾玉、玉髓石勾玉、绿色玉管和 178 颗玻璃珠,很可能同属于一串项链②。夹金箔层玻璃珠只出土了 1 颗,保存状况不太好,外层玻璃已剥落约四分之三,金箔残存不到二分之一。因此,可以更清楚地观察珠子的构造。这颗珠子大体上可看作圆柱形,高 1.85 厘米,最大外径 1.7 厘米;内层玻璃淡黄色透明,直径 1.1 厘米,高

① 奈良县立橿原考古学研究所:《新沢千冢 126 号坟》,奈良县教育委员会,1977 年,第 62 页,图 44、45,图版 40:2。
② 福岛雅仪:《ゴールドサンドウイッチガラスの玉·一例》,森浩一编《考古学と移住·移动》,同志社大学,1985 年,第 79—82 页,图 1、2。

1.85 厘米;外层玻璃的质料与内层相同,也是淡黄色透明,层厚约 0.2 厘米。外层玻璃剥落部分的金箔已氧化,呈不透明白色。珠子表面有明显与穿孔平行的纵向条纹。

4. 冈山冢段 1 号墓

冢段 1 号墓位于冈山市的西北,是横穴式石室墓,墓室全长 9.4 米。时代为 6 世纪末。墓中出土了一百余颗玻璃珠,其中夹金箔层玻璃珠 4 件:2 颗单珠、2 颗二连珠[①]。单珠为圆柱形,最大径 0.9 厘米,高 0.9 厘米。二连珠最大径 0.9 厘米,总高 1.4 厘米。珠子表面有明显与穿孔平行的纵向条纹。

朝鲜半岛也曾多次出土夹金箔层玻璃珠,时代都集中在朝鲜三国时期偏晚,大约为 6 世纪。已经发表的材料有以下 4 处,但描述得都不够详细。

(1)播南面新村里 4 号墓和大安里 9 号墓

播南面新村里 4 号墓和大安里 9 号墓位于全罗南道罗州郡紫微山周边的丘陵地带,是 20 世纪初日本人发掘的。时代为 5 世纪后半段。两个墓葬都出土了不少玻璃珠子,并各出土了夹金箔层玻璃珠[②]。

[①] 冈山市教育委员会:《上道北方坂口古坟——冢段 1 号坟、冢段 2 号坟发掘调查说明会资料》,1987 年。

[②] 斋藤忠:《南鲜古坟见の玉类とその佩用に就いて》,《考古学杂志》第 30 卷(1940 年)第 5 号。

（2）庆州金冠冢

金冠冢也是 20 世纪初日本人发掘的，以墓中出土的金冠而命名。该墓是朝鲜三国时代新罗墓葬，时代为 5 世纪末—6 世纪初。该墓出土了 1 颗夹金箔层玻璃珠①。

（3）淳昌甲洞里古墓

淳昌甲洞里古墓位于全罗北道淳昌郡仁洗面。与夹金箔层玻璃珠共出的有水晶珠、玛瑙珠、玻璃勾玉、琥珀勾玉和大量的玻璃珠②。

（4）公州武宁王陵

公州武宁王陵为朝鲜三国时代百济王陵，1971 年发掘，位于忠清南道公州郡宋山里，年代为 6 世纪初③。陵墓中出土大量五彩缤纷的小玻璃珠，其中也有不少夹金箔层玻璃珠。夹金箔层玻璃珠中有单珠，但更多的是连珠，从二连珠至七连珠，非常引人瞩目。

日本和朝鲜半岛的夹金箔层玻璃珠都出土于 5—6 世纪的墓葬。特别值得注意的是，有的墓葬还出土了与东西方贸易有关的其他物品，例如奈良新沢千冢 126 号墓出土的罗马玻璃盘和萨珊玻璃碗；公州武宁王陵出土的大量彩

① 朝鲜总督府：《庆州金冠冢と其遗宝》（古迹调查特别报告第 3 册），1924年图版 34：17。
② 斋藤忠：《南鲜古坟见の玉类とその佩用に就いて》，《考古学杂志》第 30卷（1940 年）第 5 号。
③ 公州国立博物馆：《公州博物馆과公州의遗迹》，三和出版社，汉城，1981年，第 15 页，图版 37、38。

色玻璃珠经研究是产于印度①。学术界一般认为日本和朝鲜半岛出土的夹金箔层玻璃珠是来自罗马帝国的地中海沿岸②。

三

对古代制作夹金箔层玻璃珠的工艺,目前尚无定论,学者们有多种推测。日本学者谷一尚对制作夹金箔层玻璃珠的工艺做了深入研究,并请冈山的玻璃艺术家松岛严进行了两种方法的复制实验,都成功地制出了这种珠子③。

第一种工艺是缠心法:

1. 将金属丝附上一层黏土或其他材料(现在多用以石灰为主的混合物),晾干,做成芯棒。

2. 将无色透明的玻璃料条在喷灯的火焰上烤到可塑状态,缠绕到金属丝上,做成底层玻璃管。

3. 等底层玻璃管稍凉,将金箔贴在玻璃管上。

4. 再回到喷灯的火焰上,将贴好金箔的玻璃管外再缠绕一层无色透明玻璃。

5. 趁热,用工具将夹金箔层的玻璃管压成波浪起伏

---

① Lee, I., "Chemical Analyses of Some Ancient Glasses from Korea", *The International Association for the History of Glass*, pp. 163-176, Amsterdam, 1993。

② Dubin, L. S., "*The History of Beads*", p. 167, Harry N. Abrams, New York, 1987。

③ 谷一尚:《ガラス比較文化史》,杉山书店,东京,1993 年,第 161—165 页。

的连珠状。

　　6. 冷却后,将连珠切割成单珠,并抽出芯棒。

　　第二种工艺是套管法:

　　1. 用吹制法将无色透明玻璃吹拉成不同直径的玻璃管,选出两段可以相套的玻璃管。

　　2. 将金箔贴在细管表面,再套进粗管。

　　3. 将一金属丝穿进细管孔,作为手持的芯棒。

　　4. 在喷灯的火焰上把夹金箔层的套管烤到可塑状态,并用工具将其压成波浪起伏的连珠状。

　　5. 冷却后,将连珠切割成单珠,并抽出芯棒。

　　两种工艺都成功地仿制出夹金箔层的玻璃珠,但玻璃珠上的特征不同。用第一种工艺制出的珠子,玻璃的纹理是与穿孔方向垂直的,而用第二种工艺制出的珠子,玻璃的纹理是与穿孔方向平行的。由于制作的过程是先将玻璃管压出波浪起伏的连珠状,冷却后,再将连珠切割成单珠,所以单珠的两端往往有凸起的小立领。

　　第一种工艺的使用年代可能更久远,早于玻璃吹制成型法的发明。第二种工艺的使用年代应在玻璃吹制成型法的发明之后。玻璃吹制成型法首先是在地中海东岸发明和使用的,大约是在公元前 1 世纪中叶①。

　　从考古发现来看,夹金箔层玻璃珠产生的年代非常久

---

① 　Grose, D. F. , "Early Blown Glass", *Journal of Glass Studies*, Vol. 19(1977) , p. 24。

远,保守地说,至少可以早到古埃及托勒密王朝时期,即公
元前 3 世纪[1]。最早的产地应在地中海沿岸。在希腊东
南端佐泽卡尼斯群岛中的最大岛屿——罗得岛上,发现过
生产夹金箔层玻璃珠的作坊遗址,其年代也可确定是希腊
时期。这种玻璃珠在罗马帝国时期得到很大发展,其工艺
也从地中海沿岸传播到欧洲大陆。随着罗马帝国领土的
扩张和贸易的繁荣,夹金箔层玻璃珠在欧洲的大部分地区
都有发现。值得注意的是在罗马帝国时期的墓葬中,有时
候一座墓中只出土一颗金箔层玻璃珠,甚至有时只出土半
颗破碎的夹金箔层玻璃珠。因此,人们推测随葬这种夹金
箔层玻璃珠可能有特殊的意义,也许是为了获得某种魔
法,或者是代表死者的财富和地位[2]。黑海北岸出土了大
量的夹金箔层玻璃珠,年代从公元前 3 世纪至公元 4 世
纪,绝大多数属于罗马帝国时期。谷一尚认真地研究了这
批珠子,将其分为 30 余不同的型,70 余不同的式[3]。夹金
箔层玻璃珠经过黑海、第聂伯河和维斯杜拉河,之后到达
波罗的海。在波兰港口城市格但斯克发现大量夹金箔层
玻璃珠,时代为 1 世纪—5 世纪。

　　罗马帝国衰亡后,夹金箔层玻璃珠的工艺并没有失

①　Guido, M. , "Gold and Silver-in-Glass Beads", Edited by Martin Welch" *The Glass Beads of Anglo-Saxon England c.* AD 400-700", pp. 78-81, The Boydell Press for the Society of London, 1999。

②　Boon, G. C. , "Gold-in-Glass Beads from the Ancient World", pp193-207, Britannia, 1977。

③　谷一尚:《ガラス比较文化史》,杉山书店,东京,1993 年,第 154—157 页。

传。拜占庭仍保留着生产夹金箔层玻璃珠的作坊,并将产品销往中欧和北欧。最近的研究表明,欧洲中世纪早期(7—10 世纪)的墓葬中出土不少玻璃珠,其中有夹金箔层玻璃珠和夹银箔层玻璃珠。这些珠子产地很可能是拜占庭[1]。

夹金箔层玻璃珠的工艺也传播到阿拉伯伊斯兰世界。纽约大都会艺术博物馆的藏品中有一串伊斯兰早期的玻璃项链,其中大部分是夹金箔层的玻璃珠[2]。

四

在对夹金箔层玻璃珠的工艺、来源及传播路线有了一些了解后,再回过头来讨论我国河北定州静志寺真身舍利塔塔基出土的夹金箔层玻璃珠。

首先应该确定这些珠子的年代问题。根据塔基内的铭文和题记,这个塔基是北宋太平兴国二年(977 年)所建的定州静志寺真身舍利塔的塔基。塔基中的文物是由几个时代的遗物合在一起的,其中有北魏兴安二年(453 年)的石函,有隋大业二年(606 年)重葬埋入的石函,有唐大中十二年(858 年)葬入的石棺和龙纪元年(889 年)葬入

---

[1] Callmer,J. ,"Beads and bead production in Scandinavia and the Baltic Region c. AD 600-1100: a general outline", *Perlen: Archäeologie, Techniken, Analysen*, pp. 197-201, Bonn, 1997。

[2] Dubin, L. S. , "The History of Beads", p. 167, Harry N. Abrams, New York, 1987。p93,图版 82。

的石棺,也就是说,出土文物的上限是 5 世纪中,下限是
10 世纪下半叶。由于夹金箔层玻璃珠在中国内地首次发
现,国内找不到可以相比较的珠子,国外的这种珠子流行
的时间又太长,因此确定其年代就成为比较困难的问题。
日本和朝鲜半岛出土的夹金箔层玻璃珠的年代集中在
5—6 世纪,定州的夹金箔层玻璃珠是否也会早到北魏呢?
作者曾到石家庄河北省文物研究所,考察过定县北魏太和
五年(481 年)塔基石函出土的玻璃珠,没有发现夹金箔层
玻璃珠,而且两批珠子从外观看有明显差别。北宋塔基出
土的玻璃珠的工艺水平高超,形式多种多样,色彩丰富鲜
艳。北魏太和石函中出土的玻璃珠和玻璃管只有绿色和
蓝色两种,而且玻璃的质地疏松,根本无法与北宋塔基出
土的珠子相比。北魏太和舍利塔是孝文帝发愿修造的[1],
石函中的玻璃珠应该说代表当时制作工艺的最高水平。
由此看来,静志寺塔基出土的玻璃珠不太可能是北魏时期
的。与日本和朝鲜半岛出土的夹金箔层玻璃珠相比,定州
的珠子的尺寸大,工艺精,时代也应晚一些。定州的夹金
箔层玻璃珠在外观上与纽约大都会艺术博物馆藏伊斯兰
早期的玻璃项链中的夹金箔层的玻璃珠非常相似。此外,
该塔基还出土了相当精美的伊斯兰玻璃容器,因此作者推
断这批夹金箔层玻璃珠的年代为北宋时期。

　　这批夹金箔层玻璃珠的玻璃纹理是与穿孔方向平行

① 　河北省文化局文物工作队:《河北定县出土北魏石函》,《考古》1966 年 5 期。

的,其制作工艺与谷一尚研究的套管法比较接近。这批玻璃珠与塔基出土的伊斯兰玻璃容器一样,是从西亚运到中国的舶来品。它们的发现为北宋时期的东西方贸易和文化交流提供了又一新证据。

　　文物是人类历史的载体,给我们传递着来自古代的信息,其中有不少信息尚待我们获取、破译。遗憾的是,还有相当数量的文物由于报告没有发表而封尘库房,鲜为人知,难为人识。定州夹金箔层玻璃珠的偶然发现,使作者又一次想起宿白先生的教诲:考古工作者不仅要发掘,而且要及时、准确、全面完整地完成报告。

　　　　　　　　　　　　(原载于《宿白先生八秩华诞纪念文集》,
　　　　　　　　　　　　　　　　　　文物出版社,2002 年)

冯素弗墓出土的玻璃器

辽宁北票北燕冯素弗墓(415年)出土5件玻璃器,有鸭形器、碗、杯、钵和1件残器。二十余年前,笔者开始撰写硕士学位论文《中国的古代玻璃器皿》时曾研究过这批器物,并把它们确定为进口的罗马玻璃[1]。论文发表后,引起国内外学术界的关注。英国的东方陶瓷学会将这篇论文全文翻译成英文,并作为一本专著出版发行,书的封面采用了两幅玻璃器的照片,其中之一就是冯素弗墓出土的鸭形器[2]。

目前,辽宁省博物馆正在编写冯素弗墓的考古发掘报告。主持人徐秉坤先生请中国科学院金属研究所用扫描电镜对现存辽宁省博物馆的3件玻璃容器和5件玻璃珠进行了无损测试。测试仪器经过美国康宁玻璃博物馆提

---

[1] 安家瑶:《中国的古代玻璃器皿》,《考古学报》1984年4期。

[2] An Jiayao, "*Early Chinese Glassware*", Translated by Matthew Henderson, The Oriental Ceramic Society Translations Number Twelve, 1987.

供的 1998 年国际玻璃标样的校正,测试结果基本可信,测试报告将在冯素弗墓的考古发掘报告中发表。测试结果表明冯素弗墓出土的玻璃器属于同一来源,为钠钙玻璃,但氧化钾的含量略高于地中海沿岸生产的钠钙玻璃。这一检测结果进一步证实了笔者的推测。二十余年以来,笔者对这批玻璃器的基本看法没有改变,但一直希望能深入研究,找出这批罗马玻璃器的具体产地。为此,笔者又一次考查了这批玻璃器实物。遗憾的是目前的资料还不足确定这批罗马玻璃器的具体产地,笔者希望通过认真仔细的阶段性研究,接近最终的目标。此外,冯素弗墓出土的玻璃珠是首次被研究。

一、现状及工艺考察

(一)玻璃鸭形器

尾部稍残,其他部分基本完好无损(图 1)。残长20.5 厘米,腹径 5.2 厘米,壁厚 0.2—0.3 厘米。玻璃为淡绿色透明,内含小气泡。外表附着薄薄的白色风化层,部分地方有蓝紫色的虹彩现象,部分器身与凸起纹饰之间附着较厚的白色或淡褐色风化层。该器形类似动物,长颈鼓腹,细长尾,张扁嘴如鸭,因此称作鸭形器。

鸭形器的装饰非常独特,用玻璃条、玻璃丝盘卷做出装饰,粘贴在容器表面。这种技术属于热装饰工艺中的一种,英文称作 trailing 或 applying threads of glass as decora-

图 1　冯素弗墓出土玻璃鸭形器的侧面

tion。鸭形器器身的装饰可分为颈部、背部和腹部。先用细玻璃丝在颈部偏下处缠绕四五圈，又用稍粗的玻璃丝在颈部与腹部相交处缠绕四五圈。在两组玻璃缠丝之间，用玻璃条粘贴成之字纹。腹部缠贴玻璃条，使器身分成上背与下腹两部分。背上用一根玻璃条粘贴出三角形的双翅，下腹两侧粘贴的之字纹，可能是代表双足。左侧的之字纹稍残。腹底中部纵向粘贴一折叠的玻璃条，使玻璃器分出左右。腹底正中粘贴一个较为平整的玻璃圆饼。玻璃饼直径 1.5—1.8 厘米，厚约 0.5 厘米。这个玻璃圆饼一方面遮盖了折叠玻璃条的头尾，另一方面使玻璃器的重心下移，圆形的腹部有可能放置平稳（图 2）。实际上，鸭形器的重心还是在前半部，若器内是空的，无法立稳；若器内灌半瓶水，可以放置平稳。器口如鸭喙张开，下喙比上喙稍长，有丰满的唇部。上喙和下喙的中部有明显的钳夹痕迹（图 3）。

从工艺上考察，可以看出玻璃鸭形器制作起码需要一个工匠和一个助手相互配合才能完成，其步骤大致如下：

图2　冯素弗墓出土玻璃鸭形器的底部

图3　冯素弗墓出土玻璃鸭形器的口部钳夹痕迹

1. 工匠用吹管沾适量的熔融玻璃液,吹成梨形玻璃泡。

2. 助手将一铁杆粘在玻璃泡的底部,拉出细长的尾部之后,剪断。

3. 工匠一手持吹管,转动玻璃器器身,助手手持铁杆挑起熔融的玻璃液拉成玻璃条、丝,缠绕或粘贴在器身上作为装饰。

4. 将顶底铁杆粘少量熔融的玻璃液顶在玻璃器腹底正中。手持铁杆,才能对器口进行进一步的加工。

5. 剪口,使玻璃器脱离吹管。烧出厚唇。用钳子拉出上喙和下喙。

6. 将顶底铁杆与玻璃鸭形器分离。

7. 退火,减低应力。

玻璃鸭形器成型和装饰的全过程都是在炉前完成的。玻璃匠要充分掌握温度与玻璃可塑性之间的关系,才有可能成功地制造出这样复杂的鸭形器。

玻璃鸭形器经过电子探针检测,为普通的钠钙玻璃。

(二)玻璃碗

完整无损(图 4)。高 4.3 厘米,口径 13 厘米,壁厚 0.2 厘米。玻璃为淡绿色,透明度好,内含气泡。玻璃的质量和颜色均与鸭形器相同,二者有可能是同一作坊的作品。碗的内壁及外壁的上半部基本光洁无锈,有轻微的虹彩现象。碗的底部与下腹部附着白色和淡褐色风化层。直口鼓腹圈足,器形不是十分规整。口沿和圈足的做法比较特殊:口沿向内折卷,呈圆唇;玻璃条粘贴成圈足,玻璃条衔接处清晰可见。碗底部正中有顶底铁杆留下的疤痕(图 5)。

图 4　冯素弗墓出土玻璃碗　　图 5　冯素弗墓出土玻璃碗的底部

从工艺上考察,可以看出玻璃碗的制作步骤:

1. 工匠用吹管沾适量的熔融玻璃液,吹成梨形玻璃泡。

2. 工匠手持吹管,转动玻璃泡,助手手持铁杆挑起熔融的玻璃液拉成玻璃条,缠绕在玻璃泡底部成为碗的圈足。

3. 将顶底铁杆粘少量熔融的玻璃液顶在玻璃泡底部正中。

4. 用剪刀将玻璃泡剪下,使之脱离吹管。

5. 手持顶底铁杆,对碗口进行进一步加工:扩口,内折沿。

6. 将顶底铁杆与玻璃碗分离。

7. 退火。

玻璃碗的制作工艺与鸭形器基本是一样的。经过电子探针检测,玻璃碗为普通的钠钙玻璃。

(三) 玻璃杯

基本完整,三分之一的口沿破碎修复,尚有一小残缺,用石膏修补(图6.1)。高8.7厘米,口径9.2厘米,壁厚0.25厘米。玻璃深翠绿色透明,质地较纯净,含少量气泡和结石。杯内外壁基本光洁,底部和下腹部附着淡褐色风化层。据发掘者说,这件玻璃杯刚出土时色泽十分鲜丽,但现在玻璃已出现裂纹,失色不少。器形为侈口,鼓腹,圆唇,底部微凹。底部有顶底铁杆留下的疤痕,直径约1.6厘米(图6.2)。

玻璃杯的制做工艺与玻璃碗相似,只是口沿的作法不同。玻璃杯的口沿是烧口,即用剪刀将玻璃泡与吹管分开后,继续加热口部,将口部的玻璃熔融,形成圆厚的唇部。

经过电子探针检测,玻璃杯为普通的钠钙玻璃,其中含有氧化铜。正是由于氧化铜的存在,玻璃颜色才呈现出深翠绿色。

图 6.1 冯素弗墓出土
翠绿色玻璃杯

图 6.2 冯素弗墓出土翠绿色
玻璃杯的底部

(四)玻璃钵

破碎修复(图7)。绿色透明,质地与透明度略逊于玻璃碗。玻璃表面有虹彩现象。高 8.8 厘米,口径 9.5 厘米,壁厚 0.2—0.3 厘米。圜底,鼓腹,颈微收,直口圆唇。口沿部的做法与碗相似,也是向内折卷。因底部残缺较多,看不清是否有疤痕。

1980 年 9 月,笔者在朝阳博物馆的库房里第一次见到这件玻璃钵。那时玻璃钵是用石膏修复的。玻璃透明轻薄,石膏不透明而且厚重,两种材料放在一起非常不协

图7　冯素弗墓出土玻璃钵

调。当时的老馆长邓宝学同意笔者将玻璃钵带回北京,另找高手修复。笔者找到王矛,他开动脑筋,用有机玻璃修复了这件玻璃钵。为了与原物有所区别,采用的有机玻璃是无色透明的。可以说,这是国内第一次成功地用有机玻璃修复出土的古代玻璃器。

　　这件玻璃钵的残片做了化学湿性分析,为普通的钠钙玻璃,钾和镁略高①。

（五）玻璃残器

直径7.4厘米,玻璃的质料颜色与钵相似。

（六）玻璃珠

5件(图8)。珠子的基本形状为中间有穿孔的圆柱

---

① 建筑材料研究院、清华大学、中国社会科学院考古研究所:《中国早期玻璃器检验报告》,《考古学报》1984年4期。玻璃钵成分为 SiO_2 64.82, Al_2O_3 2.71, CaO 6.14, Na_2O 16.02, K_2O 4.43, MgO 2.35, Fe_2O_3 0.82, MnO_2 0.08, CuO 0.02。

形,两端内收呈弧形。玻璃珠的颜色可分为三种蓝色:普蓝、孔雀蓝、深蓝。珠子的制作方法是相同的,都是将玻璃吹拉成管状,再趁热压出长串的连珠,冷却后将连珠截成单珠或二连珠。截断后没有进行进一步加工,珠子的两端可见到切痕。

图8　冯素弗墓出土玻璃珠

5114.1,残,现存 1 颗完整的珠子连接着三分之一的残珠,原状可能是二连珠。残长 1.0 厘米,最大外径 0.75 厘米,孔径 0.25 厘米。普蓝色,半透明。

5114.2,二连珠。总长 1.7 厘米,最大外径 0.8 厘米,孔径 0.25 厘米。普蓝色,半透明,表面风化较严重,风化层呈绿色。

5114.3,二连珠。总长 1.32 厘米,最大外径 0.9 厘米。普蓝色,半透明,表面风化严重,风化层呈黄绿色。

5114.4,单珠。长 0.7 厘米,最大外径 0.7 厘米,孔径 0.25 厘米。孔雀蓝色,带有金属光泽,光洁无锈,是 5 件珠子中最漂亮的一件。

5114.5,二连珠。总长 1.42 厘米,最大外径 0.9 厘米。深蓝色,半透明,光洁无锈。端口可见切痕。

二、与罗马玻璃相比较

罗马玻璃是指罗马帝国时期的玻璃,年代一般从公元前1世纪初—公元5世纪末,也就是说从罗马人完成对地中海的征服之前到帝国衰亡之后大约600年间的玻璃制品。罗马人使用玻璃器的数量之大、品种之多,是文艺复兴之前的任何一个文明都无法相比的。他们为富人制造出餐桌上的高级玻璃器皿。他们发明了玻璃吹制法,因此,制造出便宜的玻璃器使社会广泛使用。他们生产了世界上第一块窗玻璃,并用玻璃马赛克镶嵌装饰建筑的内部。玻璃珠、玻璃指环、玻璃发钗、玻璃棋子、玻璃小雕像更是常见之物。因此,对罗马玻璃的研究就像对中国瓷器的研究一样,一直是学术研究的重点。

冯素弗墓出土的玻璃器是否属于罗马玻璃的范畴,就需要逐件与罗马玻璃进行比较。

(一)玻璃鸭形器

冯素弗墓玻璃器中鸭形器是工艺最复杂、器形和装饰最有特点的一件。玻璃鸭形器是无模自由吹制形成的。从玻璃炉中挑出玻璃料,经过多种多样的工序,直到吹成为止,都要求有很高的技术,吹制这种造型复杂的鸭形器,需要更高的技术。鸭形器的装饰是在炉前完成的。玻璃器成型后,又将玻璃料拉成玻璃细条,在玻璃条冷却之前缠绕在器身上作为装饰。这种动物造型玻璃器皿在我国仅出土了这一例,国外也没有见到完全相同的。但是,在罗马玻璃中有类似的动物造型容器。

1世纪罗马帝国的地中海地区流行一种鸟形玻璃器,腹部和颈部的器壁很薄,喙和尾细长,虽然没有翅膀,但简洁抽象地表现出鸟的形态和神态,美国康宁玻璃博物馆收藏了一件(图9)[①]。这种鸟形器的用途是经过很长一段时间才认识的。19世纪时,这种鸟形器被看作是有一小口的品酒器,通过虹吸现象,将酒吸进瓶内。后来的考古发掘推翻了原来的推测。出土鸟形器的尾部都是破碎的,从没有发现过这种鸟形玻璃器的口部,这时候才认识到罗马人将珍贵的物品储藏在瓶内,再在火焰上将玻璃鸟形器的

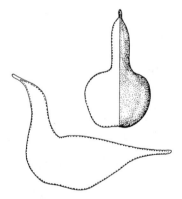

图9　美国纽约州康宁玻璃博物馆藏玻璃鸟形器

藏号:66.1.223,长11.7厘米,高6厘米

---

① David Whitehouse, "*Roman Glass in The Corning Museum of Glass*" Vol. 1, pp. 120-1, The Corning Museum of Glass, Corning, New York, 1997.

尾部封住，就像现在盛储药品的安培瓶一样。需要使用瓶内物品时，打断鸟形器的尾部，瓶内的物品就能倾倒出来。到底是什么物品这样珍贵？有的鸟形器的内壁残存着白色或红色的粉末。最近对克里特 Knossos 出土鸟形器内残存的红色粉末做过化学检测，为赭石、方解石和石英。对西班牙出土的一件鸟形器内残留红色粉末的检测结果是赭石、石膏或方解石、松香。因此推测鸟形器盛放化妆品是靠得住的。这种鸟形器可能不仅用于盛放固体的化妆品，也用于盛放液体。出土于 Locarno 的一件鸟形器内壁经过化学检测，证实了有葡萄酒的残留物。另一件出土于意大利 Rovasenzad 的鸟形器被证实有玫瑰油痕迹。

　　冯素弗墓出土的鸭形器在造型上与 1 世纪罗马玻璃鸟形器有相似之处，但是在器形上有一个很大的区别，鸭形器的鸭嘴张开，是容器的口部，而 1 世纪的罗马鸟形器是没有口沿的全封闭容器。根据考古发现，罗马玻璃鸟形器也随着时间的推移发生变化。全封闭的鸟形器一直流行到 2 世纪初，之后被有口的鸟形器代替。美国康宁玻璃博物馆收藏有 2 件玻璃鸟形器，器口都设在鸟的头部。这2 件鸟形器的年代被笼统地推测为 1—3 世纪（图 10、11）[①]。这种开口的鸟形器的器形与冯素弗墓出土的鸭形器更为接近。

---

① David Whitehouse,"Roman Glass in The Corning Museum of Glass"Vol. 1, pp. 121-2,The Corning Museum of Glass,Corning,New York,1997.

图 10　美国纽约州康宁玻璃博物馆藏玻璃鸟形器

藏号:64.1.25,长 13.5 厘米,高 6.7 厘米

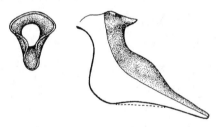

图 11　美国纽约州康宁玻璃博物馆藏玻璃鸟形器

藏号:54.1.39,长 9.7 厘米,高 5.6 厘米

　　冯素弗墓鸭形器的装饰手法也是罗马玻璃经常采用的。阿富汗伯格拉姆遗址中发现了一批 2—3 世纪罗马高级玻璃器的窖藏,其中鱼形器的成型、装饰技法都与这件鸭形器相似①。德国汉堡艺术博物馆藏有 1 件玻璃鱼形器,浅绿色透明,鱼身扁平,鱼尾翘起,呈跳跃姿势。这件

① Hackin,J. , *Recherehes Archeologiques a Begram*, Memoises de la delegalion Acheologique Frangaise en Afghanistan TomeX, Fig41, Fig43, Fig44, Fig45. 1937.

鱼形瓶的尾部缠贴玻璃丝为螺旋状,鱼身上的条纹也是玻璃条趁热粘贴。鱼形瓶还较多地使用了钳夹技术,鱼唇是用钳子夹出,脊部的波浪形鱼鳍也是用钳子夹出来的。这件鱼形瓶的年代大约是 3 世纪,生产地点推测是地中海东岸或美索不达米亚(图 12)。德国汉堡艺术博物馆还收藏了 2 件动物形玻璃容器,双耳竖立,尖嘴,四足,长尾,难以确认是何种动物,其成型和装饰手法与冯素弗墓鸭形器很相似,年代为 3—4 世纪,生产地点推测是地中海东岸或北非[①]。除了地中海沿岸是罗马玻璃的主要产地之外,莱茵河流域也是罗马玻璃的生产中心之一,动物形玻璃器在莱茵河流域也多次被发现。德国杜尔斯多夫艺术博物馆藏有一对鱼形玻璃器,被认定是莱茵河流域 3 世纪末—4 世纪的产品[②]。波恩罗马-日耳曼博物馆的 1 件动物形玻璃

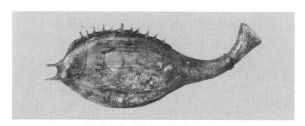

图 12　德国汉堡艺术博物馆藏玻璃鱼形器
藏号:2528,长 21 厘米,高 8 厘米

---

① Alxel von Salden etc. , *Glaser Der Antike* , *Museum fur Kunst und Gewerbe Hamburg* , p238, 1974.

② Kunstmuseums Dusseldorf, *Glassammlung Hentrich Antik und Islam* , p. 96, Dusseldorf, 1974。

器出土于 2—3 世纪的墓葬,其工艺与鸭形器也相仿(图
13)①。1971 年在科隆的一座女人的墓葬中出土了一对玻
璃扁瓶,看起来像一双拖鞋,与它们共出的还有精制的骨
纺锤和罗马帝国奥古斯都的钱币,墓葬的年代被确定为 2
世纪末—3 世纪(图 14)。这对拖鞋形的玻璃器的工艺和
创作灵感与冯素弗墓鸭形器是一致的②。

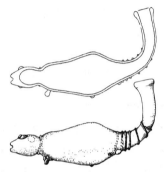

图 13　德国波恩罗马-日耳曼博物馆藏玻璃动物形器
藏号:54.0701,长 11 厘米,高 6.45 厘米

(二)玻璃碗

冯素弗墓出土的玻璃碗器形简洁大方,与我国南朝时
期的假圈足瓷碗的器形很相似。因此,人们可能提出这件
碗的产地问题。我们看一看罗马玻璃中是否有这种碗。
碗,作为餐具的主要类型之一,存在于不同的文明,一直沿

①　Anna-Barbara Follmann-Schulz, *Die romischen Glaser aus Bonn*, Rheinland -
verlag GMBH, p. 127, table 54. Koln, 1988。
②　Donald B. Harden etc. , *Glass of the Caesars*, pp. 136-8, Olivetti, 1987.

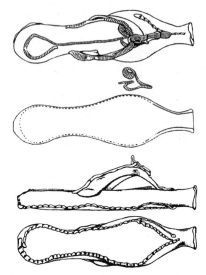

图 14　德国科隆罗马-日耳曼博物馆藏拖鞋形玻璃器
藏号:73.2,长 24.4 厘米,宽 7 厘米

用至今。罗马玻璃中也有这种类型的碗。罗马玻璃的权
威著作《年代可靠的罗马玻璃》一书将这种碗定作第 44
型(图 15):"这种类型碗的尺寸不同,小的高约 4 厘米,口
径约 6.5 厘米;大的高约 8 厘米,口径约 15 厘米。这种碗
的大多数采用普通的绿色玻璃,也有其他颜色和白色不透
明的。这种碗起源于 1 世纪,在 Flavian 时期非常流行。
庞贝遗址和 Herculanum 遗址出土这类玻璃碗的数量
很多。"[1]

---

① 　C. Isings, *Roman Glass From Dated Finds*, pp. 59-60, J. B. Wolters, Gronin-
　　gen,1957.

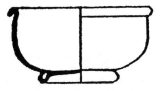

图 15 《年代可靠的罗马玻璃》一书的 44 型,高 4.4 厘米

这类罗马玻璃碗起源于 1 世纪,一直沿用到 5 世纪,流行的区域也很广。波恩罗马－日耳曼博物馆收藏的一件玻璃碗,出土于波恩市,高 3.3—3.7 厘米,口径 13.72—13.88 厘米(图 16)[1],其器形与尺寸均与冯素弗墓出土的玻璃碗相似。20 世纪 30 年代美国密西根大学在埃及卡拉尼斯(Karanis)遗址进行了考古发掘,出土了大量 4—5 世纪的玻璃器,其中也有类似的碗。这批玻璃器现存密西根大学考古博物馆,笔者曾在博物馆库房里进行过认真研究。总的感觉是卡拉尼斯的玻璃应是当地的产品,具备了日常生活所使用的罗马玻璃的一般特征。这种类型的碗中有一件是完整无损的,器物号为 5519,高 5.08 厘米,口径 15.9 厘米(图 17)[2]。其器形和工艺与冯素弗墓出土的玻璃碗有相似之处,也有不同之处。最大的不同是口沿翻卷的方向不同,卡拉尼斯玻璃碗的口沿是向外翻卷成圆唇,而冯素弗墓玻璃碗的口沿是向内翻卷成圆

[1] Anna-Barbara Follmann-Schulz, *Die romischen Glaser aus Bonn*, Rheinland-verlag GMBH, p. 122, table 52. Koln, 1988.

[2] Harden, D. B., Roman Glass from Karanis, cat. 95. University of Michigan Studies, Humanistic Series, Vol. XLI, 1936.

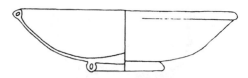

图 16　德国波恩罗马−日耳曼博物馆藏玻璃碗
藏号:A733,口径 13.72—13.88 厘米,高 3.3—3.7 厘米

图 17　美国密西根大学克尔思考古博物馆藏埃及卡拉尼斯出土的玻璃碗
藏号:5519,口径 15.9 厘米,高 5.08 厘米

唇。其次的不同是圈足,卡拉尼斯玻璃碗的圈足经过钳夹,断面呈纵矩形,较高,而冯素弗墓玻璃碗的圈足是用玻璃条缠贴上去的,没有进一步加工,圈足的断面呈圆形。美国康宁玻璃博物馆也收藏有相似的罗马玻璃碗,尺寸较大,高 6.6—7.7 厘米,口径 19.2—19.5 厘米,口沿外翻卷,圈足是直接从底部钳夹出来的(图 18)[①]。

(三)玻璃杯

与冯素弗墓玻璃杯相似的杯子在罗马玻璃的权威著作《年代可靠的罗马玻璃》一书中定作第 106 型 C(图 19),可

①　David Whitehouse,"Roman Glass in The Corning Museum of Glass"Vol. 1, p. 70,The Corning Museum of Glass,Corning,New York,1997.

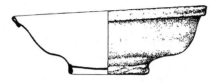

图 18　美国纽约州康宁玻璃博物馆藏玻璃碗

藏号:62.1.39,口径 19.2—19.5 厘米,高 6.6—7.7 厘米

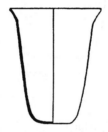

图 19　《年代可靠的罗马玻璃》一书的 106 型 C,高 15 厘米

称作杯或灯,具体用途还不清楚,"杯身圆锥形,底部微上凹,基本可看作圜形底,口部外侈。这种杯子出现于 4 世纪末,没有发现早于 375 年的,可以有把握地说,是罗马晚期的器皿"①。

　　杯身圆锥形在冯素弗墓玻璃杯上表现得并不明显,杯子的下腹部才开始内收。罗马玻璃中也有像冯素弗墓玻璃杯这样圆锥形不明显的杯子。纽约康宁玻璃博物馆藏有一件玻璃杯,高 7 厘米,口径 7.2 厘米,黄绿色透明,腹部有棕色斑点作为装饰(图 20)。这件玻璃杯的形状和尺寸均与冯素弗墓玻璃杯相仿。康宁玻璃博物馆馆长戴

---

① C. Isings, Roman Glass From Dated Finds, p. 129, J. B. Wolters, Groningen, 1957.

维·怀特豪斯是罗马玻璃专家,他将这件杯子的年代定为4世纪或更晚一些,并认为:"这种类型的杯子在罗马帝国西北行省十分常见。"[1]

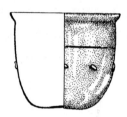

图 20　美国纽约州康宁玻璃博物馆藏玻璃杯

藏号:58.1.4,口径 7.2 厘米,高 7 厘米

　　冯素弗墓玻璃杯的艳丽色彩在中国出土的玻璃器中是独一无二的。由于制造玻璃的主要原料——石英砂中都含一些氧化铁,玻璃往往呈绿色或棕色。如果要制出其他色彩的玻璃,必须在熔制过程中加入少量染色剂。冯素弗墓玻璃杯深翠绿色透明,石英砂中夹杂的一些四氧化三铁不会产生这样的效果,只有加入少量氧化铜,才可能产生翠绿色。经过扫描电镜检测,冯素弗墓玻璃杯内果然含有铜,而鸭形器和碗则没有发现铜。

　　罗马工匠很早就掌握了熔制彩色玻璃的工艺。我国西晋鱼豢的《魏略》记有:"大秦国出赤、白、黑、黄、青、绿、缥、绀、红、紫十种流离。"[2]大秦就是当时文献中对罗马帝

---

① David Whitehouse,"Roman Glass in The Corning Museum of Glass" Vol. 1, pp. 218-9,The Corning Museum of Glass,Corning,New York,1997.

② 《汉书》卷九十六上,中华书局,1962 年,第 3885 页。

国的称呼,关于罗马帝国出产十种颜色玻璃的记载是很确切的。罗马玻璃中深翠绿色的玻璃容器不是很多,比较集中在 1 世纪,那个时期比较流行彩色玻璃。后来,罗马人更崇尚像水晶一样的无色透明玻璃,彩色玻璃器相对说来就少了,但是罗马工匠仍制造少量彩色玻璃的高级奢侈品。在德国科隆发现的一件玻璃高柄杯就是这样的高级奢侈品,深绿色透明,器形独特,杯身上缠贴着白色和镀金的纹饰[1]。这件高柄杯的年代为 3 世纪,玻璃的颜色与冯素弗墓玻璃杯很接近。美国纽约康宁玻璃博物馆的一件 4—5 世纪的玻璃杯,器形与冯素弗墓玻璃杯有差异,但两件玻璃的颜色相近[2]。

(四)玻璃圜底钵

罗马玻璃中有这种圜底钵。《年代可靠的罗马玻璃》一书将这种类型玻璃器定为 96 型,称为球形杯或碗(图21)。"这种碗大部分都是口部外侈,口沿没有进一步加工。没有任何装饰的球形碗最早出现在 3 世纪,流行到 5 世纪初,是 4 世纪的典型器形。"[3]

---

① Donald B. Harden etc. ,Glass of the Caesars,cat. 55,p. 123,Olivetti,1987.

② David Whitehouse, "Roman Glass in The Corning Museum of Glass" Vol. 1, cat. 179,p. 116,The Corning Museum of Glass,Corning,New York,1997.

③ C. Isings,Roman Glass From Dated Finds,p. 113,J. B. Wolters, Groningen, 1957.

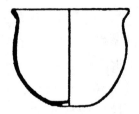

图 21　《年代可靠的罗马玻璃》一书的 96 型,高 6.5 厘米

德国杜尔斯多夫艺术博物馆藏有一件玻璃圜底钵,高 6.5 厘米,口径 8.5 厘米,被推测是近东 3 世纪末—4 世纪的产品[①]。在德国波恩出土的 2 件玻璃钵,都是圜底,球形腹,侈口,器形与冯素弗墓玻璃杯相似,尺寸较小,一件高 4.85 厘米,口径 5.76—5.85 厘米;一件高 6.3 厘米,口径 7.31 厘米(图 22、23)[②]。

冯素弗墓玻璃圜底钵与罗马玻璃圜底钵的最大差别是对口沿的处理不同。冯素弗墓玻璃圜底钵的口沿与同墓出土的玻璃碗一样,口沿内翻卷成圆唇,而一般罗马玻璃圜底钵的口沿为剪口之后用火烧成圆唇。

这几件玻璃器皿的工艺相似,都是无模吹制成型,采用了顶底铁杆技术,口沿内卷成环状,这些工艺都是罗马时期常用的玻璃工艺。玻璃的熔制水平较高,尤其是碗和杯,气泡和杂质都很少,透明度好。从器形上看,碗的器形

---

① Kunstmuseums Dusseldorf, Glassammlung Hentrich Antik und Islam, p. 120, Dusseldorf, 1974.

② Anna-Barbara Follmann-Schulz, Die romischen Glaser aus Bonn, Rheinlandverlag GMBH, p. 109, table 47, Koln, 1988。

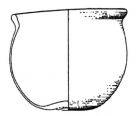

图 22　德国波恩罗马-日耳曼博物馆藏玻璃钵
藏号:52.0092.17,口径 5.76—5.85 厘米,高 4.85 厘米

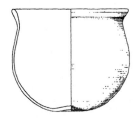

图 23　德国波恩罗马-日耳曼博物馆藏玻璃钵
藏号:317,口径 7.31,高 6.3 厘米

不太典型,国内外都有;杯和钵的器形国内罕见,罗马时期的地中海沿岸常见。

冯素弗墓出土的五件玻璃器中,只对残破复原了的钵作了成分分析,是钠钙玻璃,与罗马玻璃的基本组成相似,只是钾镁的含量略高。

总之,这五件玻璃器皿可以归类到罗马玻璃范畴中,它们的具体产地还有待进一步研究。

三、罗马玻璃输入中国的背景

冯素弗墓出土的罗马玻璃器不会是偶然的孤立的事件。罗马玻璃为什么会输入中国? 罗马玻璃通过什么路线到达中国？考古发现和历史文献的研究对这两个问题的解决提供了线索。

（一）东亚考古发现的罗马玻璃

罗马玻璃器在冯素弗墓中出土不是孤例，中国及朝鲜半岛、日本的考古发现中陆续出土了一些罗马玻璃。

20世纪50年代以来，随着中国考古事业的发展，发现了一些西方玻璃器。广州市横枝岗的西汉中期墓葬中曾出土了3件玻璃碗①，有可能是我国出土的最早的罗马玻璃。三件玻璃碗的器形、颜色完全相同，都是深蓝紫色，半透明，平底直口，口径10.6厘米，底径4厘米，壁厚0.3厘米。模制成型。外壁经过打磨，口沿下刻有一道阴弦纹，内壁光滑无痕，可能是经过光焰抛光的玻璃自由表面。

江苏扬州邗江甘泉2号汉墓（67年）出土了3块玻璃容器的残片，为紫红色和乳白色相间的透明体，外壁有模印的辐射形竖凸棱作为装饰②。这3块玻璃残片复原的器形是钵。这种带竖凸棱条装饰的平底钵的器形在我国很罕见，而在公元前后1世纪的地中海沿岸非常流行

洛阳的一座东汉墓出土一件缠丝玻璃瓶③。瓶子的器形类似现代化学实验室用的烧瓶，平底，长颈，瓶身为圆

---

① 广州市文物管理委员会、广州市博物馆：《广州汉墓》，文物出版社，1982年，第239页。
② 安家瑶：《中国的早期玻璃器皿》，《考古学报》1984年4期。
③ 洛阳文物工作队编：《洛阳出土文物集粹》，朝华出版社，1990年，图50。

锥形,高 13.6,口径 3.7 厘米。玻璃为绿色透明,外壁缠绕着白丝作为装饰。由于在墓里埋藏了近 2000 年,玻璃表面附着一层发黑的风化物。这件玻璃瓶不仅器形与中国传统器形不同,而且成型的方法也和中国汉代玻璃器截然不同,它是采用吹制法成型的。

与冯素弗墓的年代相近的南北朝时期的墓葬更为集中地出土了罗马玻璃。

南京东晋墓南京象山 7 号墓的男棺前端出土一件完整的磨花筒形杯,口径9.4 厘米,高 10.4 厘米,壁厚0.5—0.7 厘米,玻璃杯外壁附着一层白色风化层,玻璃无色透明泛黄绿色,气泡较少,较小。直筒形,圜底。口缘下及底部磨有椭圆形花瓣纹,腹部有七个大椭圆形纹①。此外,南京附近的东晋大墓中多次出土过这种质料很好的磨花玻璃,如南京石门坎六朝早期墓出土的多块玻璃残片,南京大学北园东晋墓出土的玻璃片和南京北郊东晋墓出土的浅黄绿玻璃片②。

河北景县封氏墓群中出土 4 件玻璃碗,现存 2 件,一为封魔奴墓出土,一为祖氏墓出土③。祖氏墓出土的淡绿色波纹碗非常精致,内外壁附着白色风化层,腹部缠贴 3 条波浪花纹作为装饰,每条波纹有 10 个波峰,3 条波纹互

---

① 南京市博物馆:《南京象山 5 号、6 号、7 号墓清理简报》,《文物》1972 年 11 期。

② 安家瑶:《中国的早期玻璃器皿》,《考古学报》1984 年 4 期。

③ 张季:《河北景县封氏墓群调查记》,《考古通讯》1957 年 3 期。

相衔接形成网目纹。口沿内翻卷成圆唇,底部缠玻璃条成矮圈足,底部有疤痕。这件玻璃碗的口沿、圈足、缠玻璃条的装饰手法均与冯素弗墓出土的玻璃器相同,不同的是,这件碗做得更为规整,器壁很薄,约 0.2 厘米,内壁很光滑,外壁有明显的水平纹理,可能采用的是模吹成型工艺。

朝鲜半岛三国时期的新罗墓葬中也出土了一些珍贵的玻璃器。庆州皇南洞 98 号南坟出土的玻璃凤首瓶和玻璃网纹杯都是玻璃器中的精品。庆州皇南洞 98 号南坟的年代被确定为 5 世纪初,与冯素弗墓的年代(415 年)很接近。这两件玻璃器的器形和纹饰与冯素弗墓出土的玻璃器不同,但成型和装饰工艺是相同的,即采用无模吹制成型,缠贴玻璃条和玻璃丝为装饰。最值得注意的是网纹杯的口沿与冯素弗墓出土的玻璃碗和钵一样,为内折卷。庆州市瑞凤冢的年代稍晚一些,为 5 世纪—6 世纪初。墓中出土的两件玻璃器,一件是网纹杯,一件是腹部缠一道弦纹的蓝色玻璃碗。两件玻璃器的制造工艺均与冯素弗墓出土的玻璃器相同,特别是网纹杯的口沿也是内折卷,杯和碗的圈足与冯素弗墓的玻璃碗圈足一样,均为缠玻璃条形成。此外,庆州市皇南洞 98 号北坟(5 世纪中)出土了玻璃高脚杯,庆州市皇南洞 155 号墓(天马冢,5 世纪后半叶)出土了玻璃龟甲纹杯,庆州市金铃冢(5 世纪后半叶—6 世纪初)出土了玻璃斑点纹杯。韩国古玻璃专家李仁淑对这批玻璃器做了深入研究,认为是典型的罗马玻璃,通过丝绸之路进口到韩国[①]。日本古玻璃专家由水常雄也研究了庆州这一批玻璃容器,认定是叙利亚4世纪—5世纪生产的罗马玻璃。

　　日本发现的罗马玻璃不多。1963年,日本奈良橿原县立考古学研究所发掘了橿原市新沢古墓群,在其中的一座墓(126号墓)中出土了2件玻璃容器。一件是深蓝色玻璃盘,盘上有金彩绘画,画面为树木、人物和动物。另一件是玻璃钵,腹部和底部磨有圆形装饰[②]。关于圆形磨饰的玻璃钵的来源,学术界的意见比较一致,认为是来自伊朗高原的萨珊王朝。至于深蓝色玻璃盘的来源,意见难以统一。有的学者认为盘与钵共出,来源很可能一样,都是萨珊玻璃。也有学者认为深蓝色玻璃盘是罗马玻璃,特别是它的圈足直接从底部夹出,为典型的地中海东岸罗马玻璃的特征[③]。新沢千冢的年代为5世纪后半叶,比冯素弗墓约晚半个世纪,但与出土罗马玻璃的朝鲜半岛庆州市皇南洞98号北坟、天马冢、瑞凤冢、金冠冢的年代相近。笔者认为新沢千冢126号墓出土的深蓝玻璃盘是罗马玻璃的可能性比较大。

---

① In-sook Lee, The Silk Road And Ancient Korean Glass, Korean Culture, Vol. 14, No. 4, pp. 5-13, 1993.

② 橿原考古学研究所编:《新沢千冢126号坟》,奈良县教育委员会,1977年,第46—48页。

③ 由水常雄、棚桥淳二:《东洋のガラス:中国·朝鲜·日本》,东京:三彩社,1977年,第80—81页。

（二）魏晋南北朝时期玻璃器是身份地位的象征

魏晋南北朝在中国历史上是一段非常特殊的时期。一方面，中国社会进入了动荡时期，战争连绵，分裂割据；另一方面，思想活跃，文化碰撞，民族融合，为隋代统一、唐代辉煌，奠定了基础。丝绸之路上的东西贸易和文化的交流，促进了东西文化的碰撞和互动。玻璃器是从西亚输入中国的主要贸易品之一。

魏晋南北朝时期人们将现代称为玻璃的这种材料叫作琉璃、水精，而且一部分人已经对这种材料是人工材料有了正确的认识。

西晋时的文献，万震的《南州异物志》："琉璃本质是石，欲作器，以自然灰治之。自然灰状如黄灰，生南海滨，亦可浣衣，用之不须淋，但投之水中，滑如苔石。不得此灰，则不可释。"①这里的琉璃，肯定是指人工制造的玻璃，自然灰则可能是作为助熔剂的自然纯碱或钾盐。

东晋的另一文献也应受到重视。葛洪的《抱朴子》："外国作水精碗，实是合五种灰以作之，今交广多有得其法而铸作之者。"②葛洪是东晋时期的著名道家哲学家，学识渊博，富有创见。他的巨作《抱朴子》不仅讲了道家的炼丹术，而且也记载了当时流行的宗教信仰、社会习俗和生活方式。他讲的用五种灰做成的水精碗，可以肯定是玻

---

① （唐）欧阳询等：《艺文类聚》卷八十四，中华书局，1956 年，第 1144 页。
② （西晋）葛洪：《抱朴子·内篇》卷二《论仙》，中华书局，1980 年。

璃,而不是天然水晶。

从文献上看,当时的玻璃非常珍贵,多是舶来品。两汉时期,地中海沿岸的罗马玻璃进口到中国,这一事实已经得到考古发现的证明。然而,西方玻璃器的大量东运,是在魏晋南北朝时期,这与当时统治阶级奢侈斗富之风是相联系的。

魏晋南北朝时期,世家大族占有大量的土地和财富,奢侈成风,还互相较量,看谁家最富,称为斗富。南朝宋刘义庆编撰的《世说新语》中很多小故事,都是记述当时士族斗富的场面①。在"斗富"中要向对方陈列出自己的宝物,以显示自己的地位和财富,西方进口的玻璃器是宝物中的一项。《洛阳伽蓝记》:"而河间王琛最为豪首,……琛常会宗室,陈诸宝器……自余酒器,有水晶钵、玛瑙琉璃碗、赤玉卮数十枚。作工奇妙,中土所无,皆从西域而来。"②这里清楚地记载了从西方进口的玻璃碗,是北魏元琛为显示其豪富的宝器之一。

魏晋南北朝时玻璃容器被视为宝物,可能是由于那时的人们已经充分认识到西方玻璃的艺术价值,特别是晶莹透明的性质,是其他材料都难以比拟的。这个时期有不少诗文赞扬玻璃器的美丽,其中最著名的是西晋诗人潘尼的《琉璃碗赋》。当时潘尼与朋友们宴饮,主人有琉璃碗,让

① (南朝宋)刘义庆:《世说新语·汰侈第三十》,中华书局,1981年,第877—885页。
② 周祖谟校释:《洛阳伽蓝记校释》卷四,科学出版社,1958年,第85页。

客人们作赋赞美琉璃碗,潘尼当场作赋:"取琉璃之攸华,诏旷世之良工。篆玄仪以取象,准三辰以定容。光映日曜,圆盛月盈。纤瑕罔丽,飞尘靡停。灼爝旁烛,表里相形。凝霜不足方其洁,澄水不能喻其清。刚坚金石,劲励琼玉,磨之不磷,涅之不浊。……举兹碗以酬宾,荣密座之曲晏。流景炯晃以内澈,清醴瑶琰而外见。"①充分地歌颂了玻璃碗作工精良、透明度很强的特性。《世说新语》记载:"王公与朝士共饮酒,举琉璃碗谓周伯仁曰:此碗腹殊空,谓之宝器,何耶?答曰:此碗英英,诚为清澈,所以为宝耳。"②玻璃清澈透明,所以被看作是宝器。汉代的人可能还没有认识到玻璃透明之美,所以当时只用玻璃模仿彩色不透明玉石,而没有发展透明的玻璃。

由于魏晋南北朝的上层人士视玻璃容器为宝器,文献中有关玻璃器的记载明显增多。《晋书·崔洪传》:"帝尝幸其宅,供馔甚丰,悉贮琉璃器中。"③《世说新语·纰漏篇》:"王敦初尚主……既还,婢擎金澡盘盛水,琉璃碗盛澡豆。"④文献中有关玻璃的记载增多,并不表示当时已有很多的玻璃器,正因为珍贵难得,所以文人骚客要写文章记载下来。

---

① (唐)欧阳询等:《艺文类聚》卷八十四、七十三,中华书局,1956年,第1259页。
② (南朝宋)刘义庆:《世说新语》,中华书局,1981年。
③ (唐)房玄龄等:《晋书》卷四十二,中华书局,1958年,第1206页。
④ (南朝宋)刘义庆:《世说新语·纰漏第三十四》,中华书局,1981年,第910页。

从文献记载也可以看出,魏晋南北朝时期世族大户所视作宝器的玻璃,并不是国产的玻璃,而是来自国外的进口玻璃,这种需求,促进了外国玻璃的进口。

(三) 罗马玻璃输入中国的路线

笼统地说,罗马玻璃是通过丝绸之路进口到中国的。丝绸之路由近代德国地理学者李希霍芬(Ferdinand von Richthofen)命名,指公元前2世纪至公元13、14世纪间横贯亚洲陆路的交通干线。现在使用的丝绸之路的涵义更为广泛,泛指古代东方同西方各国经济文化交流的通道,不仅指陆路,也指海路。中国境内的丝绸之路可大致分为三条:一是沙漠路线,即两京(西安和洛阳)经河西走廊、塔克拉玛干沙漠南边缘或北边缘,与中亚相接;一是草原路线,东起大兴安岭,西至黑海;一是东南沿海的海洋路线。三条路线中,沙漠路线是最主要的路线。

从考古学研究丝绸之路的具体路线,往往要看外国输入遗物的出土地点距哪一条路线更近一些。一般来说,西安、洛阳附近出土的外国遗物多是经沙漠路线输入的,但也不能排除草原路线和海洋路线的可能性。

冯素弗墓出土的罗马玻璃很可能是经过草原路线进口到中国的。中国北部辽阔的草原地带,自古以来就是游牧民族栖息之地。游牧民族逐水草而居,移动频繁。早在西汉张骞开凿西域之前,游牧民族便在这片横贯欧亚大陆的草原上活动,对东西文化和贸易交流起了不可替代的中介作用。汉武帝时打通了河西走廊,使东西方交通以沙漠路线为主。但是,中国北方的草原路线并未消失。4世纪的北朝时期,北方草原上的东西交通日益重要。冯素弗墓地处今天辽宁朝阳,三燕时称和龙宫、龙城,正是草原路线东段的终点。从制做工艺方面分析,冯素弗墓出土的罗马玻璃与朝鲜半岛庆州和河北景县出土的罗马玻璃比较相近,暗示着这一批罗马玻璃很可能都是通过北方草原路线输入东亚的。

　　罗马玻璃泛指罗马帝国时期的玻璃制品。罗马帝国幅员辽阔,地跨欧亚非三大洲。安东尼王朝(96—192年)是罗马帝国的"黄金时代",那时帝国的文化显示出明显的同一性。4世纪和5世纪是罗马帝国的晚期,当时政治不稳定,各行省割据的状态也反映到玻璃生产上,行省之间产品的差距越来越明显。目前的罗马玻璃研究多集中在地中海沿岸和莱茵河流域,而对罗马东部行省的玻璃研究相对薄弱。通过草原路线输入东亚的罗马玻璃恰恰应属于罗马晚期偏东部行省的产品。冯素弗墓罗马玻璃的具体产地有待于国外对罗马东部行省的玻璃研究的进展。

　　(原载于《桃李成蹊集——庆祝安志敏先生八十寿辰》,
　　香港中文大学中国考古艺术研究中心,2004年)

大同地区的北魏玻璃[*]

　　北魏王朝,是我国来自东北大兴安岭鲜卑族拓跋部所建立的政权。由于它的崛起,结束了北方十六国的混乱分裂局面,在中国历史上形成了南北朝长期对峙的政治格局。从北魏道武帝拓跋珪天兴元年(398年)迁都平城(今山西大同)至孝文帝太和十八年(494年)迁都洛阳近一个世纪,平城一直是中国北方政治、经济、文化的中心。北魏统治者通过频繁战争、屡次迁徙、商贸往来等手段,使平城这座原本很荒芜的小县城变成了一座人口达百万以上的国际大都市。在这座民族融合的大熔炉中,鲜卑文化、汉文化以及西域文化都得到了充分的交流和融合,他们共同加强了民族的交往并推动了文化的发展。

　　在中国玻璃史中,北魏时期是一个相当重要的阶段。考古发现的北魏玻璃,可以从一个侧面看到当时北魏王朝

[*]　本文第二作者为山西省大同市考古研究所刘俊喜。

与西域文化的交融和互动。大同地区北魏玻璃的出土,不仅为研究北魏时期的玻璃增添了弥足珍贵的实物资料,而且有着非常重要的学术意义。

一

大同地区北魏玻璃的考古发现主要有以下几处:

(一)大同方山永固陵出土玻璃指环①

方山永固陵是北魏文成帝文明皇后冯氏的陵墓,位于大同市城北二十五公里处的西寺梁山(古名方山)南部。孝文帝太和五年(481 年)始建,太和八年(484 年)告成。太和十四年(490 年)冯氏死,同年入葬,称永固陵。1976年,大同市博物馆等对屡遭盗掘破坏的永固陵进行了清理,出土了不少北魏的艺术精品,其中有一件玻璃环。

玻璃环,外径 2.2 厘米,紫色透明。玻璃质量很好,内含少量小气泡,色泽沉稳高雅,外表几乎没有被腐蚀,保持原有的光泽。根据这件玻璃环的尺寸推测,有可能作为指环。

(二)湖东编组站 M21 出土玻璃器

1987 年,大同市考古研究所在配合位于大同市城东

---

① 大同市博物馆、山西省文物工作委员会:《大同方山北魏永固陵》,《文物》1978 年 7 期。

南三十公里处的湖东编组站铁路建设时,发现了一处北魏时期的墓群,其中的 M21 出土了一件造型优美的玻璃器(标本 M21—16,图一)。器形呈圆锥体,通长 19 厘米,中空,系吹制成型,蓝色半透明,薄胎,器形外部表面附有浅褐色风化层。底部圆形直径为 6.6 厘米,底部中心有一通孔,孔径 0.9 厘米,上部没有封口,口径 0.9 厘米,器形的上腹部有一突出圆环,直径 1.4 厘米。

图一

(三)大同南郊北魏墓群(电焊器材厂)M107 出土 玻璃钵[①]

1988 年,大同博物馆等发掘了位于市区偏南地段的电焊器材厂院内的南郊北魏墓群,其中的 M107 出土了 1件玻璃钵(标本 M107—17,图二)。侈口,颈微收,球形腹,圜底。高 7.5 厘米,口径 10.3 厘米,腹径 11.4 厘米。腹部和底部均有磨饰,图案稍有变化。腹部共有四排纵椭圆形凹球面磨饰,长径 1.3—1.5 厘米,短径 0.7 厘米左

---

① 王银田等:《大同南郊北魏墓群 M107 发掘报告》,《北朝研究(第一辑)》,第 143 页。

右,每排 35 个,上下相错。圜底中心为一个直径 3.4 厘米的圆形凹球面磨饰,环绕其周围的 6 个横椭圆形凹球面磨饰,长径约 3.1 厘米,短径 2.8 厘米。玻璃钵无色透明,稍泛黄色,内含气泡很少,是质量很高的萨珊玻璃。保存状况也相当好,除外壁略有风化斑点外,其余部分光洁如新。

图二

大同南郊北魏时期墓葬 M107 除了出土这件玻璃钵外,还出土了银罐、鎏金刻花银碗、金耳环、玻璃珠等,都表现了很强的异域特色。特别是鎏金刻花银碗壁上捶拓出四个人像,虽形象各异,皆深目高鼻,是西方人的形象和服饰。依据出土的陶器和墓葬形式,M107 的年代应早于孝文帝执政,即不晚于 5 世纪中叶。

(四)大同市南郊变电站(七里村附近)M6 和 M20 出土玻璃器

2001 年 8 月,大同市考古研究所在大同市南 4.5 公里的变电站配合基建中,M6 和 M20 共出土了 3 件玻璃器皿:1 件碗、1 件瓶和 1 件器皿的残腹部。

玻璃碗(标本 M6—6,图三)。直口,弧腹,矮圈足,外壁饰一条凸弦纹。高 5.7—5.9 厘米,口径 12.8—12.9 厘米,壁厚约 0.2 厘米。玻璃为湖蓝色透明,内含气泡。碗的内外表面附着浅褐色风化层,有虹彩现象。碗的内底部虹彩现象严重,呈蓝色薄层剥落。吹制成型,缠热玻璃条做成腹部凸弦纹和底部的圈足,圈足底径 7.5—7.8 厘米,外底部有顶杆技术留下的斑痕。

图三

玻璃瓶(标本 M20—1,图四)。侈口,矮颈,鼓腹,平底,口沿内翻卷成圆唇。器形不太规整,无模自由吹制成型。玻璃湖蓝色透明,透明度好,内含小气泡。高 3.1 厘米,口径 2.4 厘米,腹径 4.5 厘米。外表面洁净无锈,底部有白色腐蚀斑点,无虹彩现象。

玻璃残器(M20—2,图五)。球形泡状,颈部以上残缺。残高 2.5 厘米,腹部直径 2.2 厘米。湖蓝色透明,透明度好,内含小气泡。器壁很薄,不足 0.1 厘米。外壁表面有白色腐蚀斑点,无虹彩现象。

图四、图五

　　国家博物馆文物科技保护部的姚青芳研究员亲自对大同市南郊变电站 M6 和 M20 出土的这 3 件玻璃器做了 X 荧光无损分析,检测结果表明这 3 件玻璃器均为普通的钠钙玻璃,含一定量的钾、镁、铜、铁元素,并含微量的铅,玻璃碗和玻璃瓶的检测报告详见表一和表二。

X-95X 荧光能谱仪检测报告

表一　样品名称:大同玻璃碗

No	Elem	Line	Unk-I	Unk-C
1	Na_2O	K	0.5	0.53
2	MgO	K	1.13	0.77
3	Al_2O_3	K	19.05	8.71
4	SiO_2	K	210.3	72.94
5	K_2O	K	4.37	0.43
6	SnO_2	L	7.08	1.97
7	CaO	K	73.42	7.39
8	TiO_2	K	5.75	0.68
9	MnO	K	1.5	0.06

No	Elem	Line	Unk-I	Unk-C
10	Fe_2O_3	K	70. 07	2. 81
11	CuO	K	91. 06	2. 25
12	PbO_2	L	27. 51	1. 47
Name			220109C	

表二　样品名称:大同玻璃瓶

No	Elem	Line	Unk-I	Unk-C
1	Na_2O	K	0. 79	0. 91
2	MgO	K	2. 53	1. 9
3	Al_2O_3	K	4. 35	2. 23
4	SiO_2	K	218. 65	80. 72
5	K_2O	K	28. 89	3. 26
6	CaO	K	52. 64	6. 52
7	MnO	K	2. 91	0. 12
8	Fe_2O_3	K	28. 88	1. 24
9	CuO	K	82. 11	2. 08
10	PbO_2	L	18. 75	1. 01
Name			220109A	
Total				100

(五)迎宾大道工地(齐家坡村附近)M16 和 M37 出土玻璃器

2002 年 8 月,大同市考古研究所在配合市政府迎宾大道公路建设中,对所占地段进行了全面的文物勘探,发现了一处北魏时期的墓地。其中 M16 是一座规模较大且绘有壁画的砖室墓,墓中出土了 5 件玻璃器,器型有壶、半球形泡饰,同一墓群中的 M37 出土了 2 件串饰。

　　玻璃壶 1 件(标本 M16—4,图六)。淡蓝色半透明状,喇叭形敞口,圆唇,细长颈,圆肩鼓腹,近底内收,平底,肩部饰凸弦纹两周,器表粗糙,气泡多,应为模制。口、颈及底部材质较肩腹部厚,通高 15.4 厘米,口径 5.8 厘米,腹径 11.1 厘米,底径 14.2 厘米,器形与当地烧制的陶壶非常相似。

图六

　　玻璃半球形泡饰件 4 件(标本 M16—8,图七)。淡蓝色半透明状,截面半圆形,泡饰内部表面以白色画七瓣莲花,直径 5—5.5 厘米,厚 0.2 厘米,器形与当地制做的葬具上所饰的泡钉非常相似。

图七

玻璃串饰 2 件(标本 M37—8)。墓中出土了玻璃、水晶、白玉、珍珠和玻璃珠共 23 件,其中有 2 件是玻璃串珠。一件呈圆形,中间有孔。另一件呈圆鼓形,中间有孔,高1.15 厘米,断截面为圆形,似用细管状料切割而成。两件器物表面均有同心椭圆多个,似蜻蜓眼,直径 0.65—0.95厘米,表面大多为白色风化层。

二

大同地区北魏玻璃器的考古发现全部来自于墓葬,下面将墓葬的规模和墓主的身份以及墓葬中的其他出土物作一简单介绍。

(一)大同方山永固陵

永固陵的墓主人是北魏文成文明皇后冯氏,即孝文帝的祖母。冯氏曾两度临朝听政,成了封建专制的最高统治者,她听政时期,也是北魏王朝较为繁荣昌盛的时期。

陵墓建造在方山南部山顶玄武岩层之上,封土堆现高22.87米,呈圆形。基座为方形,南北长117米,东西宽124米。该墓为砖砌多室墓,墓室南北总长17.60米,是我国已发掘的南北朝时期最大的墓葬之一。永固陵东北1公里处有孝文帝拓跋宏的寿宫,尽管孝文帝迁都洛阳以后未葬于方山,但当时兴建皇帝寿陵作为陪葬,足以说明冯氏的地位之赫、权势之大。

(二)湖东编组站 M21

此墓为长斜坡墓道土洞墓。墓道长18.9米,宽1.08—1.4米。墓室长4.5米,宽1.88—2.6米,葬具为一棺一椁,棺上有精致的彩绘漆画。随葬器物除玻璃器外另有金、银、玉、漆、铁、铜、釉陶器物等30件。因墓葬中出土铁剑一把,推测墓主人应为一名武职官吏。

(三)大同南郊北魏墓群(电焊器材厂)M107

此墓为长斜坡墓道土洞墓。墓道长11.3米,宽1.08米,墓室长2.7米,宽1.1—1.6米,墓内只有零星人骨,且腐朽严重,推测可能是一小孩。棺外前中部随葬玻璃碗一件,另外有金、铁、银、料珠等丰富珍贵的随葬品。

(四)大同市南郊变电站(七里村附近)M6和M20

M6为斜坡墓道土洞墓。墓道长16米,宽1.1米,并设置天井和过洞。墓室南北长2.86米,东西宽2.8米,墓室底部距地表 7.3 米。玻璃碗出土在棺外东侧中部,随葬品还有釉陶壶等。

M20 为长斜坡墓道土洞墓。墓道长 12 米,宽 1.1 米,墓室长 2.5 米,宽 1.3—2.22 米,墓室底部距地表 5.1 米,小玻璃瓶出土在塌毁的棺板间。

(五)迎宾大道(齐家坡村附近)M16 和 M37

M16 为长斜坡墓道单室砖砌墓。墓道长 26.6 米,宽 1.2 米。墓室南北长 4.04 米,东西宽 3.99 米,墓室底部距地表 7.5 米,葬具是并列的两棺。墓室西南角出土了一件很破碎的玻璃器,经修复为一件残缺的玻璃壶,中部散葬 4 件玻璃泡饰件,随葬品另有金、银、釉陶等 34 件。墓室内部四周有彩绘壁画,这在此北魏墓群中是唯一的。

M37 为长斜坡墓道土洞墓。墓室长 2.06 米,宽 0.76—1.3 米。棺内尸首脖颈部随葬串珠、银下颌托,棺内近前档处随葬釉陶器等。

综上所述,随葬玻璃器的墓葬规格有大有小,结构有砖室也有土洞,随葬器物有多也有少。尽管其中的四座土洞墓规格不算很大,但从葬具有棺有椁、棺上有彩绘漆画和墓葬设置天井与过洞以及随葬器物种类齐全数量颇多等现象综合分析,墓主人绝非一般的平民和下级官吏。可见当时使用国外进口或本地生产(外国人指导)的玻璃器皿作为随葬品,只有特殊的人物和达官显贵乃至国家最高权威者才能享用。

三

北魏玻璃器在其他省市也有考古发现。比较早的发现集中在河北,如河北景县封氏墓群出土了玻璃碗 4 件[1],河北定州市北魏塔基石函出土了玻璃钵等器形 7 件[2]。北魏后期的都城洛阳永宁寺遗址也出土了大量的小玻璃珠[3]。将大同地区和这几处所出土的北魏玻璃器共同分析,其来源可以分为三类:

(一)通过丝绸之路进口的西方玻璃

由拓跋鲜卑所建立的北魏,从北方南下中原的过程,也是汉化的过程。魏晋南北朝时期,中国社会进入了动荡时期,战争连绵,分裂割据。当时虽战火纷飞,民不聊生,但世家大族占有大量的土地和财富,奢侈成风,并互相较量,看谁家最富,称为斗富。在"斗富"中要向对方陈列出自己的宝物,以显示自己的地位和财富,西方进口的玻璃器是宝物中的一项。北魏的贵族也参加到"斗富"的行列。《洛阳伽蓝记》记载:"而河间王琛最为豪首","琛常会宗室,陈诸宝器……自余酒器,有水晶钵、玛瑙琉璃碗、

---

① 张季:《河北景县封氏墓群调查记》,《考古通讯》1957 年 3 期。
② 河北省文化局工作队:《河北定县出土北魏石函》,《考古》1966 年 5 期。
③ 中国社会科学院考古研究所洛阳汉魏城队:《北魏洛阳城内出土的瓷器与釉陶器》,《考古》1991 年 12 期。

赤玉卮数十枚。作工奇妙，中土所无，皆从西域而来。"①这里清楚地记载了从西方进口的玻璃碗，是北魏河间王琛显示其豪富的宝物之一。

玻璃容器被视为宝物，是由于北魏的人们已经充分认识到西方玻璃的艺术价值，特别是其晶莹透明的性质，是其他材料都难以比拟的。

河北景县封氏墓群中发现的玻璃器，特别是祖氏墓出土的波纹杯，很可能就是通过丝绸之路进口的西方玻璃。装饰技法与祖氏墓波纹碗相似的玻璃器，国外发现较多，黑海北岸5世纪的罗马遗址出土过许多波纹、网纹玻璃残片，俄国南部还出土过一件完整的波纹高足杯，制造工艺和装饰技法与祖氏墓的波纹碗相似。另外，朝鲜半岛庆州的瑞凤冢及皇南98号古坟（三国时代新罗，5—6世纪）也出土了工艺相似的波纹玻璃杯。我国和朝鲜半岛出土的这些玻璃器皿，可能都是来源于罗马时期的黑海北岸。

大同南郊北魏墓群M107出土玻璃钵也是通过丝绸之路进口的西方玻璃，但不是罗马玻璃，而是来自伊朗高原的萨珊王朝玻璃。伊朗高原的玻璃制造业历史悠久，公元一千年前后，在两河流域的影响下就开始生产玻璃珠饰等。1世纪开始生产吹制玻璃器皿。3—7世纪是伊朗高原玻璃业最为兴旺发达的时期，除了生产大量玻璃珠饰、

① 周祖谟校释：《洛阳伽蓝记校释》卷四，科学出版社，1958年，第85页。

纺轮外,还制造精美的高级玻璃器皿,供上层社会享用和出口。由于这个时期主要是萨珊王朝时期,一般将它们简称为萨珊玻璃。萨珊玻璃器皿造型浑朴,喜欢用连续的圆形作为装饰,与萨珊时期流行的联珠纹相似。萨珊玻璃工艺继承了罗马玻璃工艺的特点,特别是发展了冷加工的磨琢工艺,在玻璃碗上磨琢出凹球面或突起的凹球面,形成一个个小凹透镜。透过碗前壁的凹球面装饰,可以看到后壁的数个小圆形装饰,充分地表现出玻璃变幻莫测之美。

(二)通过中印佛教交流带进的南亚玻璃珠

洛阳北魏永宁寺遗址出土了 15 万件小玻璃珠,大同南郊北魏墓群和大同迎宾大道工地 M37 也出土了少量的小玻璃珠。玻璃珠在我国中原地区并不多见,但在南亚、东南亚、我国东南沿海以及朝鲜半岛南岸都有发现,延续的年代也相当长。美国学者彼特·弗朗西斯是多年从事玻璃珠研究的专家,他称这类珠子为印度洋-太平洋玻璃珠,这是以其分布的区域而命名的。他认为印度洋-太平洋玻璃珠首先是在印度阿里喀满都(Arikamedu)生产的,这个地区是亚洲的一个玻璃珠制造中心,兴盛时期大约从公元前 3 世纪持续到公元 10 世纪。这类玻璃珠及玻璃珠生产技术沿海岸向东传播。斯里兰卡的曼泰(Mantai)自 1 世纪起也成为生产这类珠子的一个中心,并一直延续到 10 世纪,泰国的克拉比(Kuan LukPat)2—6 世纪的遗址多出土这类玻璃珠,有可能当地已掌握了这类玻璃珠的生产技术。离生产中心最远的发现地是朝鲜半岛,在1—3世纪的金海贝冢就发现这类玻璃珠。6世纪的武宁王陵也发现了这类珠子。这类玻璃珠准确地反映出贸易和文化交流的路线。

北魏永宁寺遗址出土来自印度的玻璃珠不是偶然的。南北朝时期是中国佛教全面持续高涨的时期,北魏诸帝除太武帝外无不扶植佛教。北魏从平城迁都洛阳后,洛阳成为佛教中心。据《洛阳伽蓝记》《魏书·释老志》记载,至北魏末年,仅洛阳城内就有寺院1367所。为接纳四方僧人,宣武帝曾在洛阳专门营建了永明寺,其时,来洛的百国沙门多达三千余人,其中有来自南印度的僧人。北魏也曾多次派僧人赴印度取经学法。创建永宁寺的胡太后曾派洛阳崇立寺比丘惠生入天竺取得大乘经典百七十部。佛教《法华经》中经常提到的璎珞、衣珠、数珠等都离不开珠子。在北魏洛阳永宁寺遗址发现的印度玻璃珠正反映出北魏时期中印佛教文化交流的频繁。

(三)在大同生产的玻璃器

《北史·西域传》中的一段记载非常引人注目:"(魏)太武时(424—452年),其国(大月氏)人商贩京师,自云能铸石为五色琉璃。于是采矿山中,于京师铸之,既成,光泽乃美于西方来者。乃诏为行殿,容百余人,光色映彻,观者见之,莫不惊骇,以为神明所作。自此,国中琉璃遂贱,

人不复珍之。"①研究中国古玻璃的学者一般将这条史料
作为中亚的工匠将西方玻璃技术传到中国的证据,因为
"铸石为五色琉璃",与玻璃制作的材料和工艺非常吻合,
"光色映彻"与玻璃透明的特征也很相符。由于文献中有
中亚大月氏人在大同为北魏皇室制造玻璃的记载,所以
说,当时的都城大同正是大月氏人为北魏宫廷制作玻璃的
地方。如何在北魏玻璃中鉴别出这批大月氏人在大同制
造的玻璃,是学术界最为关心的问题。

　　大同市南郊变电站 M6、M20 出土的玻璃器与河北定
州北魏塔基中出土的玻璃器非常相似,特别是小玻璃瓶,
器形一致,口沿内折卷的做法也完全一样。这二处玻璃器
在国外罗马玻璃和萨珊玻璃中都找不到可比较的器物,化
学检测结果也与进口的玻璃有较大差别。迎宾大道 M16
所出土的玻璃壶和玻璃半球形泡饰,从造型上来讲与当地
的常见的陶壶和各种质料的装饰在葬具上的泡饰非常相
似;从制造工艺上来讲,器壁较厚,加工粗糙,气泡较多,且
似模制而成。初步推测,这几件玻璃器应属当地生产无
疑,可能有来自外域工匠的现场指导。在大同北魏玻璃发
现之前,河北定州北魏塔基中出土的玻璃器被推测可能与
中亚工匠在大同的活动有关。塔基出土的文物,除了玻璃
器外,还有罗马金币、萨珊银币和金银器,都是罕见的珍
宝。夏鼐先生推测这批建塔时的供奉品,有一部分很可

---

① 　(唐)李延寿等:《北史》卷九十七,中华书局,1974 年,第 3226—3227 页。

能是从北魏皇室御府中调拨出来的。因此,大同出土的北魏玻璃和河北定州北魏塔基出土的玻璃有可能来源相同,即文献记载中亚大月氏人在大同为北魏皇室制造的玻璃器。

四

北魏玻璃与汉代玻璃最大的不同是成型工艺的不同。汉代玻璃采用的是与金属成型工艺相似的铸造法,而北魏玻璃采用了吹制成型法。玻璃吹制法是充分利用液态玻璃可塑性的独特的成型方法。在玻璃吹制成型发明前,任何材料都没有采用过这种方式,因此它是玻璃业的独立创造。除了玻璃本身的发明,玻璃制造史中最有意义的发明就是玻璃吹制法,它最早产生于公元前1世纪后半叶的地中海东岸。这项先进技术使玻璃业发生了革命,使先前一直罕见昂贵的玻璃器逐渐变成了地中海地区的常见物品。中国北魏时期的玻璃容器采用了吹制法,可以看作是罗马玻璃技术向东传播的结果。

北魏玻璃与汉代的玻璃不仅工艺不同,而且外观上也很不相同,汉代玻璃仿造玉石半透明、润泽,北魏玻璃表现的是晶莹透明之美。《北史》所记大月氏人在大同所造"光色映彻"的琉璃很可能是指透明度很高的玻璃。中国玻璃制品的工艺和外观发生这样大的变化,很可能受到新的技术、新的观念的刺激。

虽然吹制玻璃技术早在公元前1世纪就在地中海沿

岸出现,吹制玻璃容器在 2 世纪就进口到我国,但古代技术的传播往往比商品的流通要慢得多。技术的传播常与工匠的迁移有密切关系,我国采用吹制玻璃技术很可能与外来工匠有关。如果《北史》中大月氏人制作玻璃的记载与大同北魏玻璃和定州北魏塔基出土的玻璃之间确有联系,那么可以得出下述结论:5 世纪中亚的工匠将吹制玻璃技术传到中国。北魏以后的玻璃器皿,绝大多数都采用了吹制技术。5 世纪中亚的工匠将吹制玻璃技术传到中国,是中国玻璃史上的一个重要转折。

春秋末战国初,西亚的玻璃珠饰经过中亚游牧民族的中介,作为贸易品进口到中国中原地区[1]。战国中晚期,中国已经能够制造外观上与西亚相似,而成分又完全不同的玻璃珠,而且这种受西亚影响新建立起来的玻璃业很快就与中国的文化传统相融合,生产玉的仿制品。汉代的玻璃继承了战国时期的传统,继续仿制玉器,而且数量和品种都有明显地增加。

罗马玻璃是与国产仿玉玻璃完全不同的玻璃产品。罗马玻璃壁薄质轻,晶莹透明,色彩鲜艳,是国产仿玉玻璃无法相比的。罗马玻璃的出现,对中国国产仿玉玻璃产生

---

[1]　安家瑶:《镶嵌玻璃珠的传入及发展》,《十世纪前的丝绸之路和东西文化交流》,新世界出版社,1996 年,第 351—368 页。(An Jiayao, "Glass Eye Beads in China", Land Routs of the Silk Roads and Cultural Exchanges Between the East and West Before the 10th Century", pp. 351-368, New World Press, Beijing, 1996。)

了致命的冲击,来自异域的玻璃器成为上层社会的时髦追求。

　　玻璃商品的进口,引起了国内手工业对进口玻璃的仿制,并促进了对西方玻璃技术的引进、掌握和改进。从考古发现的北魏玻璃,可以清晰地看到从商品流通到技术交流的全过程。

(原载于《4—6世纪的北中国与欧亚大陆》,

科学出版社,2006年)

南汉康陵出土的伊斯兰玻璃器 *

　　2003 年广州市文物考古所配合广州地区高校新区的建设,对广州市东南 15 公里的小谷围岛进行了全面的考古勘探和部分的考古发掘。在这次考古工作中,南汉王朝的两座帝陵被发现。其中一座墓前室立有"高祖天皇大帝哀册文"石刻,明确记载:高祖于大有十五年(942 年)四月崩,于光天元年(942 年)九月迁神于康陵。因此,可以确认这是南汉开国的皇帝刘龑的陵墓——康陵①。该陵墓曾遭多次盗掘,随葬品中完整器极少,多为陶瓷罐和碗的残片,还有石俑残件、玉石片、银环、开元通宝铜币等。非常令人关注的是该墓出土了很多玻璃残片。本文将对这批玻璃残片进行研究。

---

* 本文第二作者为广州市文物考古研究所冯永驱。
① 广州市文物考古研究所:《广州南汉德陵、康陵发掘简报》,《文物》2006 年 7 期。

一、康陵出土的玻璃器

在考古发掘结束后,康陵出土的玻璃残片送中国社会科学院考古研究所科技中心进行整理和修复。该中心王影伊馆员曾在德国美茵兹罗马日耳曼中心博物馆接受过玻璃器修复的培训。经整理,一件绿色玻璃瓶被修复复原,其余玻璃残片无法复原。如果按面积小于 2 平方厘米的残片忽略不计,数片能够拼接的残片按拼接后一片统计,康陵出土的玻璃残片共 141 片。

依照玻璃的颜色分类,可分为五类:蓝色透明 4 片、无色透明 20 片、无色透明带有黄色色调 35 片、黄绿色透明7 片、绿色透明 75 片。蓝色透明和无色透明的玻璃质量最好,玻璃内含杂质很少,气泡很小,透明度高。蓝色透明的玻璃残片的表面几乎没有被腐蚀,光洁如新。无色透明的玻璃残片中有的表面附着白色风化层,存在虹彩现象。无色透明带有黄色色调和黄绿色透明玻璃残片的玻璃质量稍差,表面多附着白色风化层,存在虹彩现象。绿色透明玻璃残片的玻璃质量较差,玻璃内含较多杂质和气泡,透明度较差,玻璃表面多附着黑色或白色风化层,有虹彩现象。

这批玻璃残片仅有一件修复复原,其余为残片,可分为口沿、底部、腹部。

依照玻璃残片所能反映出的器形进行分类,可分为已复原的玻璃瓶、玻璃瓶口沿残片、玻璃器底部残片和玻璃器腹部残片。

　　绿色玻璃瓶 1 件,已残破,经修复复原(图 1)。高 12 厘米,口径 5.2 厘米。绿色透明,玻璃内含较多气泡。侈口,圆唇,短颈,折肩,收腹。腹部到颈部装饰有 11 个竖棱条。模吹成形,底部上凹,有加工中使用过顶棒技术的痕迹。口沿不太规整,可以观察出剪口后经火烧制成圆唇。

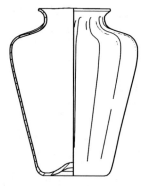

图 1　绿色玻璃瓶(K16)

　　这种器形的口沿比较完整的出土了 5 件:其中 1 件绿色透明,3 件无色透明带有黄色色调,1 件无色透明。2 件无色透明带有黄色色调的口沿已经对接到腹部,其器形和装饰与已修复的绿色玻璃瓶基本一致,为侈口,圆唇,短颈,折肩,收腹,颈部以下装饰有竖棱条(图 2、3)。5 件口沿的尺寸不一,玻璃质量和工艺水平也高低不一。无色透明的口沿玻璃质量和工艺水平最高,非常规整,唇部经过冷加工,可以看出打磨痕迹(图 4)。无色透明带有黄色色调的口沿工艺次之,绿色透明的口沿工艺水平最差,与复原的玻璃瓶相仿。

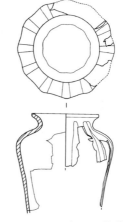

图2　无色透明带黄色
调玻璃瓶残口沿(K5)

图3　无色透明带黄色
调玻璃瓶残口沿(K7)

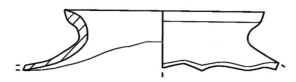

图4　无色透明玻璃瓶残口沿(K1)

　　与绿色玻璃瓶相似的玻璃瓶口沿还有1件残缺不全，为蓝色透明，从残存的颈部仍看得出带有竖棱条的装饰。

　　直口瓶的口沿共有9件，其中绿色透明的7件，黄绿色透明的2件。这种口沿的器皿均为直口圆唇，颈部稍呈倒锥形，即上大下小。器壁较厚，约3毫米。口径在3—4厘米之间，直口的高度在4厘米左右(图5)。

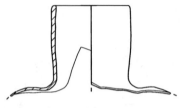

图5　直颈玻璃瓶残口沿（K61）

口部外侈或外翻的长颈玻璃器皿口沿5件，均为绿色透明。这种口沿的直径约3.6厘米，颈部略呈锥形，即上小下大，颈高在3—4厘米，器壁较薄，约1—2毫米（图6）。

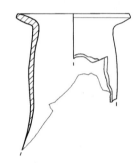

图6　侈口长颈玻璃瓶残口沿（K27）

另外有一件绿色玻璃瓶口沿，也是直颈，口部外侈，但直颈较短，口径较大，口径达6.5厘米（图7）。

图7　侈口玻璃瓶残口沿（K52）

　　玻璃器皿的残底部共有 26 件,全都是上凹底,底部有加工时使用顶棒技术留下的痕迹(图 8)。其中蓝色透明的残底 1 件,无色透明带黄色调的残底 5 件,黄绿色透明的残底 5 件,绿色透明的残底 15 件。无色透明带黄色调的残底中有一件非常特殊,底部呈十边形,并印有一圈 19 个小乳钉(图 9、10)。从残底观察,十边形的十个夹角向腹部延伸形成竖棱条。也就是说,这件残底的原器形有可能是与修复的带竖棱条的玻璃瓶相似,只是底部的范模不同。

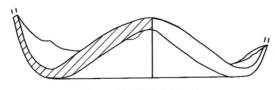

图 8　玻璃瓶残底(K62)

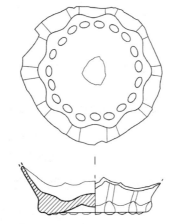

图 9　印有乳钉的玻璃瓶残底(K36)

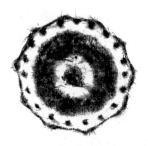

图 10　印有乳钉的玻璃瓶残底拓片（K36）

玻璃器皿的腹部残片出土 95 件,超过半数的腹部残片都带有竖棱条。从腹部残片的断面观察,器壁薄厚不匀,薄处厚度等于或小于 0.5 毫米,棱条部分的断面呈菱形,外表面突出明显,内表面突出不明显,菱形的最厚处约 2—3 毫米。从玻璃器皿的残底部共出土 26 件来推测,陪葬康陵的玻璃器皿最少有 26 件。分析残片的口沿、底部和腹部,可以知道这批玻璃器的器形至少有 3 种:带竖棱条的短颈折肩玻璃瓶、直口鼓腹玻璃瓶和侈口长颈鼓腹玻璃瓶。

二、康陵玻璃器采用的是伊斯兰玻璃工艺

带竖棱条的短颈折肩玻璃瓶以已复原的绿色玻璃瓶为代表。从玻璃残片来看,随葬康陵的这种玻璃瓶至少有 7 件,其中 1 件无色透明,1 件蓝色透明,3 件无色透明带有黄色色调,2 件绿色透明。这种玻璃瓶的制作工艺较为复杂。首先,工匠要做一个筒状的范模,范模的底部是平的,横截面为十一角的星状。工匠用吹管从玻璃炉中挑出

一团熔融的玻璃料,吹成大小合适的玻璃泡,再放进范模中。玻璃泡的外壁印上 11 个竖棱条后,脱离范模,继续吹大。另一个工匠用棒状物蘸少量玻璃料粘顶住底部,再用剪刀将玻璃泡与吹管剪开,并趁热加工玻璃瓶的颈部和口沿。在这个过程中,玻璃由热逐渐变凉,由液态逐渐变为固态。玻璃瓶成固态后,打掉底部的顶棒。最后的工序是将做好的玻璃瓶放到退火窑炉进行退火。

在已知的博物馆收藏中,没有见到与康陵出土的带竖棱条的短颈折肩玻璃瓶完全一样的玻璃器。但是这种侈口短颈折肩玻璃瓶的器形在伊斯兰玻璃器中并不罕见。伊朗德黑兰国家博物馆收藏的一件 10 世纪模吹玻璃瓶,器形也是侈口短颈折肩,高 9.5 厘米,口径 6.6 厘米(图 11)[①]。与康陵出土的玻璃瓶不同的只是腹部的纹饰,德黑兰玻璃瓶的腹部印有圈纹,康陵玻璃瓶腹部印有竖棱条纹。

带竖棱条装饰的玻璃器皿在伊斯兰玻璃中是很常见的。外壁印有凸起竖棱纹的玻璃器,在伊朗尸拉夫(Siraf)考古发掘中曾出土过。尸拉夫是波斯湾伊朗海岸线的伊斯兰时期的重要港口城市,现在的地名为塔赫里(Taheri)。考古发现的 9—12 世纪大清真寺遗址是伊斯兰建筑的代表作。一件完整玻璃瓶腹部外壁印有凸起的

---

① Helen A. Kordmahini, *Glass from The Bazargan Collection*, Iran National Museum, Tehran, 1993, p. 92.

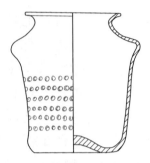

图 11　德黑兰国家博物馆收藏的模吹玻璃瓶

竖棱纹,腹部直径 5.4 厘米,出土于大清真寺遗址[1]。

　　科威特国家博物馆收藏一件 7—8 世纪的玻璃杯(编号:LNS127G),深绿色半透明,直筒形,高 4 厘米,口径 9.4 厘米,腹部装饰有 17 个竖棱条[2]。这件玻璃杯的制造方法与康陵出土的竖棱条玻璃瓶是一样模吹成型的。这件玻璃杯被认为是伊斯兰早期的西亚产品,也是最早采用玻璃料泡沉浸在范模里成型的(dip mold)。

　　伊朗高原尼沙布尔遗址中也出土过一件竖棱条的玻璃杯,年代为 9—10 世纪。玻璃杯直筒形,高 8.2 厘米,直径 10.3 厘米。从底部到腹部的中间装饰有 20 余个竖棱条(图 12)[3]。

---

① David Whitehouse,"Excavation at Siraf,Third Interim Report"Iran8(1970),pp. 1–18.

② Stefano Carboni and David Whitehouse,*Glass of the Sultans*,The Metropolitan Museum of Art,New York,2001,p. 86,cat. no. 12.

③ Jens Kröger,*Nishapur*:*Glass of the Early Islamic Period*,The Metropolitan Museum of Art,New York,1995,p. 87,cat no. 114.

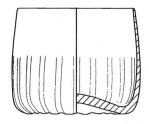

图 12 伊朗尼沙布尔遗址出土模吹竖棱条玻璃杯

伊朗德黑兰国家博物馆收藏的一件模吹玻璃瓶,年代为 9—10 世纪,高 17.5 厘米,口径 6.2 厘米,其腹部也装饰有 14 个竖棱条(图 13)①。

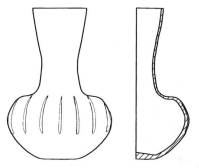

图 13 伊朗德黑兰国家博物馆收藏的模吹玻璃瓶

康陵出土的一件无色透明带黄色调的残底,底部呈十边形,并印有一圈 19 个小乳钉。这件玻璃器的残底表明范模的底部呈十边形,并有一圈 19 个小凹坑。美国纽约州康宁玻璃博物馆收藏一件蓝色玻璃杯(编号:79.1.272),高

① Helen A. Kordmahini, *Glass from The Bazargan Collection*, Iran National Museum, Tehran, 1993, p. 86.

7.4厘米,口径 8.0厘米,外壁印有 10 条凸起的竖条纹。值得注意的是这件玻璃杯的杯底呈十边形,内印有一圈 16 个凸起的小乳丁(图 14)[①]。康宁玻璃博物馆将其收藏的蓝色玻璃杯的年代推测为 4—7 世纪。以色列耶路撒冷伊斯兰艺术梅厄纪念所收藏的一件带柄玻璃杯,底部两道环纹中也印有小小的乳丁。哈森认为玻璃器的这种底部是受到萨珊银器的影响,将这件带柄玻璃杯的年代定为 8—9 世纪[②]。康陵出土的这件无色透明带黄色调的残底,为哈森的推论提供了证据。

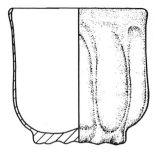

图 14　美国康宁玻璃博物馆收藏的底部印有小乳钉玻璃杯

用范模吹制玻璃是罗马帝国时期就采用的玻璃成型和装饰技术,可以早到公元前 1 世纪。最早的范模可能是由两块或三块组成,与金属铸造使用的范模相似。用多块范模吹制的玻璃器皿外表面上可以看到接缝处形成

① David Whitehouse, *Sasanian and Post-Sasanian Glass in The Corning Museum of Glass*, The Corning Museum of Glass, New York, 2005, pp. 23-24.

② R. Hasson, *Early Islamic Glass*, Jerusalem, pp30-37, no. 55, 1979.

的突起。公元 1 世纪模吹的罗马玻璃中就开始出现用
单个范模吹制的器皿。用单个范模吹制的器皿表面没
有接缝处形成的突起。模吹玻璃还可以分两种,一种是
范模与玻璃器皿的尺寸一样大;另一种的范模小于制成
的玻璃器皿,也就是说玻璃料泡在范模里印上纹饰后,
脱离范模,继续吹大一些。伊斯兰时期的模吹玻璃有的
采用多块范模,有的采用单个范模。但是,目前发现的
伊斯兰模吹玻璃多是脱离范模后继续吹大一些的。根
据考古发现的材料,罗马时期模吹玻璃的范模多是用低
温陶器制作的。① 伊斯兰时期模吹玻璃的范模已经发现
有金属制作的。《苏丹的玻璃》展出了两件金属范模。一
件可能是 9—10 世纪叙利亚或伊拉克的红铜范模,筒形,
呈杯子状,平底,口大底小,高 8 厘米,直径 11.1 厘米②。
南汉康陵出土的带竖棱条玻璃瓶可能就是在这种金属范
模中印上棱条的。

　　直口鼓腹玻璃瓶和侈口鼓腹玻璃瓶都是吹制成型,没
有经过范模,也称作自由吹制成型。自由吹制成型是玻璃
制造史中最重要的发明,最早出现在公元前 1 世纪地中海
东岸的叙利亚巴勒斯坦地区。吹制工艺大大降低了玻璃
器生产的成本,使原先昂贵的玻璃成为普通人日常生活中

① E. Marianne Stern, *Roman Mold-Blown Glass*: *The First Through Sixth Centuries*, Toledo Museum of Art, Roma and Toledo, 1995, p. 47.

② Stefano Carboni and David Whitehouse, *Glass of the Sultans*, The Metropolitan Museum of Art, New York, 2001, p. 84, cat. no. 10.

的器皿。伊斯兰玻璃继承了罗马玻璃的吹制成型工艺。直口鼓腹玻璃瓶和侈口鼓腹玻璃瓶是伊斯兰玻璃中的常见器形。这类玻璃瓶的尺寸大小不一,大瓶子高 30—40 厘米,小瓶子高只有 5 厘米左右。大瓶子在日常生活中作为盛放水或饮料的器皿,小瓶子则作为盛装香料的容器。康陵出土的鼓腹玻璃瓶的尺寸大约在 10—20 厘米,口小腹大,便于封口,有可能是香料瓶或盛放药品的玻璃瓶。与康陵出土相仿的玻璃瓶在尼沙布尔遗址出土多件,其中一件高 9.8 厘米,腹径 9.5 厘米,出土于 10 世纪地层(图 15)[①]。

图 15　伊朗尼沙布尔遗址出土直口鼓腹玻璃瓶

　　玻璃的化学成分是探索产品来源的重要手段。美国康宁玻璃博物馆布里尔博士(Dr. Robert H. Brill) 曾做过 400 余件伊斯兰玻璃样品的化学检测,其中大部分是来自

① 　Jens Kröger, *Nishapur*: *Glass of the Early Islamic Period*, The Metropolitan Museum of Art, New York, 1995, p. 89, cat no. 90.

20余个考古发掘的遗址①。伊斯兰玻璃的化学成分继承了埃及、两河流域、罗马和萨珊的玻璃传统,属于钠钙硅玻璃。根据玻璃成分中的氧化钾、氧化镁和三氧化二铝的百分比的不同,伊斯兰玻璃可以大致分为两个类型:用自然纯碱作助融剂制作的玻璃和用含有较高草木灰的苏打作助熔剂制作的玻璃。用自然纯碱作助熔剂的玻璃,氧化钾和氧化镁的含量不会超过1.5%,三氧化二铝的含量在2.5—3.5%;用含有较高草木灰的苏打作为助熔剂的玻璃,氧化钾的含量往往大于2.5%,氧化镁的含量在2.5—7%,三氧化二铝的含量可能也很高。两种类型的伊斯兰玻璃可能暗示着产地的不同,用自然纯碱作助熔剂的玻璃的产地应在地中海沿岸,而用含有较高草木灰的苏打作助熔剂的玻璃可能产于中亚地区。南汉康陵出土的玻璃残片的10个样品经北京科技大学冶金史研究所林怡娴博士做了成分检测,全部属于钠钙硅玻璃,可以大致归于地中海沿岸的伊斯兰玻璃。我国唐宋时期的国产玻璃多是高铅玻璃,与南汉康陵出土的玻璃不属于同一系统。

在已知的考古发掘中和博物馆收藏中,还没有见到与康陵出土的带竖棱条的短颈折肩玻璃瓶完全一样的玻璃器,但是伊斯兰玻璃中有相似的器形和相同的装

---

① Robert H. Brill, "Some Thoughts on the Chemistry and Technology of Islamic Glass", *Glass of the Sultans*, The Metropolitan Museum of Art, New York, 2001, pp25-45.

饰。康陵出土的直口鼓腹玻璃瓶和侈口长颈鼓腹玻璃瓶也是伊斯兰玻璃器的常见器形。分析这批玻璃残片的制作工艺和化学成分,可以得出康陵玻璃是伊斯兰玻璃的结论。

三、伊斯兰玻璃研究的历史回顾

　　7世纪初,在拜占庭帝国地中海东岸的行省中发生了重要的历史事件:出生在麦加的穆罕默德在阿拉伯半岛创立了伊斯兰信仰。622年,伊斯兰信仰的先知和政治活动家穆罕默德从麦加迁徙进麦地那城(Medina),创建了政教合一的穆斯林公社。这一年被定为伊斯兰纪元之始。632年,穆罕默德在麦地那辞世,享年63岁。之后,经过穆罕默德四个继承人的短暂统治(632—661年),出现了第一个伊斯兰王朝——伍麦叶王朝 Umayyads or Omay-yads(661—750年)。伍麦叶王朝趁拜占庭帝国和萨珊王朝衰败之机会,迅速扩张,将西至西班牙东至伊朗都扩入了版图。伍麦叶王朝的第一任哈里发选择罗马城市大马士革作为都城,将大叙利亚地区(今天的叙利亚、约旦、黎巴嫩、以色列和巴勒斯坦)变成伊斯兰王朝的中心。中世纪伊斯兰文化在阿拔斯王朝(750—1258年)达到极盛时期。8世纪中期,随着阿拉伯人的向外征服,形成了地跨亚、非、欧的幅员广大的阿拉伯帝国,伊斯兰教成为世界性的宗教。9世纪中叶起,阿拉伯帝国开始解体,境内各地先后出现了多个独立的伊斯兰王朝,但经济、文化仍继续

发展。13世纪蒙古人西征灭阿拔斯王朝，中世纪伊斯兰
文化逐渐趋向衰落。伊斯兰文化是在希腊、罗马文明的基
础上发展起来的。伊斯兰帝国新征服的广大地区，如叙利
亚、埃及、美索不达米亚、波斯、北印度等是古代东方文明
的发源地，有着优秀的传统科学文化遗产。这些地区多样
性的文化是伊斯兰文化赖以发展的基础。中世纪阿拉伯
帝国各族人民在吸收融会东西方古典文化的基础上而共
同创造的具有伊斯兰特点的新文化是中世纪文化的高峰，
它对欧洲的文艺复兴及其近现代科学文化的发展产生了
重要影响，对人类文明作出了辉煌的贡献。伊斯兰世界对
数学、天文学、化学、医学等学科发展作出的贡献，在世界
科学史上的重要地位世人皆知。然而，人们对伊斯兰世界
的艺术、手工业等方面的成就，了解得不多。对伊斯兰玻
璃重要性的认识，也是近年逐步得到提高。科学史学者麦
克法兰在《玻璃的世界》一书中明确指出："在9—12世纪
伊斯兰实验活动的巅峰时期，玻璃工具发挥了关键作用，
只要看看阿拉伯思想家作出最杰出贡献的那些领域即可
证明。在医学方面，利用玻璃观察微生物或检验化合物是
实验的中心内容。在阿拉伯人成就卓著的化学方面，玻璃
试管、曲颈瓶、长颈瓶是实验室的必要设备。至于反馈过
来深刻影响了物理和几何的光学，这方面阿拉伯实验室中
棱镜和镜子的作用我们也有所了解。"[①]伊斯兰玻璃对西

---

① 艾伦·麦克法兰等：《玻璃的世界》，商务印书馆，2003年，第38—39页。

方科学文化所产生的影响不容忽视。

　　玻璃制造是伊斯兰世界的重要手工业之一。对伊斯兰玻璃的学术研究,起步很晚。20 世纪 20 年代末,瑞典斯德哥尔摩大学研究生卡尔・约翰・拉姆(Carl John Lamm)研究了萨马腊(Samarra)考古发掘出土的 377 件玻璃残片,于 1928 年发表了论文《萨马腊的玻璃》。[①] 1929年,卡尔・约翰・拉姆发表了他的博士论文《中世纪近东的玻璃和石雕器》,[②]奠定了伊斯兰玻璃的研究基础。萨马腊是阿拔斯王朝萨拉森帝国的首都之一,位于巴格达以北 120 公里的底格里斯河畔,建于 833 年,废于 883 年。因此,萨马腊遗址就成为反映 9 世纪中期伊斯兰文化的最好材料。20 世纪初,法国和德国学者就开始在这个遗址上进行大规模的考古发掘调查。拉姆的研究就是从德国学者的考古发现开始的。

　　在第一次世界大战和第二次世界大战期间,与伊斯兰玻璃有关的最重要的考古发掘有两次。一次是 1931—1938 年丹麦学者在叙利亚的哈玛(Hama)遗址进行的大规模的发掘。一次是纽约大都会艺术博物馆于 1935—1940 年和 1947 年对伊朗高原内沙布尔(Nishapur)的考古发掘。二战之后的主要考古发掘有美国埃及研究中心在

---

① Carl John Lamm, Glas von Samara, *Forschungen zur islamischen Kunst*, 2. Berlin,1928.

② Carl John Lamm, "Mittelalterliche Glaser und Stinschnittarbeiten aus dem Nahen Osten", *Forschungen zur islamischen Kunst*,5. Berlin,1929–1930.

埃及福斯塔特(Fustat)九个季度的发掘,英国波斯研究所对波斯湾的伊朗港口尸拉夫(Siraf)七个季度的发掘,德国考古研究院大马士革研究所在叙利亚拉卡(Raqqa)的考古发掘。拉卡的考古发掘还发现了9世纪初的玻璃作坊遗址,清楚地展现了中世纪玻璃制造的过程。

伊斯兰玻璃在世界历史上起了承前启后的主要作用。当罗马帝国衰亡,欧洲进入中世纪的黑暗时代,伊斯兰阿拉伯7世纪统治了地中海东岸,继承了已经衰败的玻璃业,使罗马玻璃的精湛技术免于失传。在以后的800年中,伊斯兰玻璃始终持续发展,并于14世纪将玻璃制造的技术反传回意大利的威尼斯。众所周知,现代玻璃是从威尼斯玻璃发展而来的。伊斯兰玻璃除了继承罗马玻璃的技术外,在玻璃装饰技术上有所突破。金属光泽彩绘(luster)和釉料彩绘是伊斯兰玻璃的创新。此外,伊斯兰玻璃在马赛克(mosaic)、刻花(cutting)、刻纹(engraving)、热塑(trailing)、模吹(mold blowing)、镀金(gilding)等工艺上都有所发展。

阿拉伯帝国广阔的领土、繁荣的经济,激发了地区间空前广泛的贸易。据研究,穆斯林商人的贸易北达斯堪的纳维亚半岛,以换取毛皮、蜡、琥珀;南到非洲以获得黄金、象牙、乌木和奴隶;东达中国以得到丝绸和瓷器。玻璃器是伊斯兰阿拉伯帝国的重要商品之一,此外,玻璃器又是装载贮藏其他商品的很好的容器。因此,伊斯兰玻璃在旧大陆的各个角落都有发现。伊斯兰玻璃作为贸易品的最

有力的证据是 1977 年在爱琴海发现的塞尔斯利曼（Serce
Limani）沉船。沉船的地点据土耳其西南海岸不远。船
上装载了大量的玻璃器皿，此外，还装载了 2 吨的玻璃
料块和 1 吨准备回炉再生产的玻璃碎片。根据水下考
古出土的船上物品可以推定这艘船沉没的年代应在
1025 年后的不久。出土的所有玻璃器都保存在土耳其
博德鲁姆（Bodrum）水下考古博物馆，分类修复工作还在
进行，正式的发掘报告还没有完成，仅发表了几份简报。
这批玻璃器无疑是 11 世纪初的伊斯兰玻璃的标准器。
在中国和日本发现的伊斯兰玻璃，也是阿拉伯商人贸易
的可靠证据。

考古发掘和研究的成果，极大地促进了伊斯兰玻璃的
研究，人们对伊斯兰玻璃的兴趣也越来越浓厚。为了满足
人们的需求，纽约大都会艺术博物馆、美国康宁玻璃博物
馆和希腊雅典贝纳基博物馆联合举办了国际专题展览
《苏丹的玻璃》，展览从 2001 年 5 月持续到 2002 年 5 月。
展览借调了 11 个国家 19 个博物馆的 150 件伊斯兰玻璃
精品，全面展现了伊斯兰玻璃的魅力及对伊斯兰玻璃的最
新研究成果。

四、康陵玻璃器发现的价值

近几十年在中国考古发掘出土的伊斯兰玻璃给世界上
研究伊斯兰艺术史的学者们极大的惊喜。笔者曾对 1980
年之前中国出土的伊斯兰玻璃做过研究，特别是河北定县

静志寺塔基(976年)、浙江瑞安慧光塔(1034年)和安徽无为舍利塔(1036年)分别出土的伊斯兰刻花玻璃瓶[①]。20世纪80年代是我国伊斯兰玻璃发现最为丰硕的年代[②]。1987年,陕西扶风法门寺地宫出土了18件精美的伊斯兰玻璃容器,下限为874年;1986年内蒙古奈曼旗辽代陈国公主墓(1018年)出土7件伊斯兰玻璃器;1983年天津蓟县独乐寺白塔塔身(1058年)发现伊斯兰刻花瓶。1990年扬州城考古队发掘了一处唐代中晚期住宅遗址,出土了一批伊斯兰玻璃残片[③]。20世纪末21世纪初,伊斯兰玻璃器在中国不断有所发现。中国学者对伊斯兰文物的兴趣越来越浓厚,《伊斯兰世界文物在中国的发现与研究》一书,比较全面地总结了伊斯兰玻璃在中国的发现[④]。由于中国发现的伊斯兰玻璃器数量多,有可靠的年代和出土地点,多是精品,我国已经成为产地之外最重要的伊斯兰玻璃发现地之一。

　　南汉康陵出土的伊斯兰玻璃是对历史文献很好的印证。广州自先秦时代便是海上交通的重要港口。自汉至唐,广州在中国海上交通和贸易的地位越来越重要。《新唐书·地理志》记载:"其入四夷之路与关戍走

① 安家瑶:《中国的早期玻璃器皿》,《考古学报》1984年4期。
② 安家瑶:《试探中国近年出土的伊斯兰早期玻璃器》,《考古》1990年12期。
③ 安家瑶:《玻璃考古三则》,《文物》2000年1期。
④ 阿卜杜拉·马文宽:《伊斯兰世界文物在中国的发现与研究》,宗教文化出版社,2006年。

集最要者七：一曰营州入安东道，二曰登州海行入高丽渤海道，三曰夏州塞外通大同云中道，四曰中受降城入回鹘道，五曰安西入西域道，六曰安南通天竺道，七曰广州通海夷道。"广州是唯一通往南洋、西洋的海路枢纽。《旧唐书》记载："广州地际南海，每岁有昆仑乘舶以珍物与中国交市。"①唐代宗视为珍宝的琉璃盘故事也发生在广州。代宗大历八年（773年），循州刺史哥舒晃杀岭南节度使吕崇贲，占据岭南。路嗣恭提升为广州刺史，并兼岭南节度使，执行平叛。大历十年（775年），路嗣恭攻克广州，斩哥舒晃。《旧唐书·路嗣恭列传》记载："及平广州，商舶之徒，多因晃事诛之，嗣恭前后没其家财宝数百万贯，尽入私室，不以贡献。"实际上，这段记载不够准确，路嗣恭并不是没有向朝廷进贡。大历十三年（778年），代宗对江西判官李泌的一番话说出了实情："嗣恭初平岭南，献琉璃盘，径九寸，朕以为至宝。及破载家，得嗣恭所遗载琉璃盘，径尺。"②也就是说，广州平定后，路嗣恭贡献给唐代宗一个玻璃盘，直径九寸，代宗以为这么大的玻璃盘是天下至宝了。不久，宰相元载获罪于专横贪婪，代宗派人查抄了元载的家，在元载家中抄出一个直径达一尺的玻璃盘，这个玻璃盘也是路嗣恭平定岭南后送给元载的。代宗发现路嗣恭把最大的玻璃盘没有贡献给自己而献给了宰相，心中非常不快。在诛杀

---

①　《旧唐书》卷八十九列传三十九《王方庆传》。

②　《资治通鉴》卷二百二十五，中华书局，1956年。

了元载一年以后,代宗与李泌谈起玻璃盘这件事,还耿耿于怀,忌妒怨恨之情跃于纸上。路嗣恭在广州得到的玻璃盘,应该是通过海上贸易从阿拉伯帝国运来的西方玻璃了,正因为这种玻璃盘在中国很难得到,所以代宗"以为至宝"。

在广州其他遗址的考古工作中也出土过唐代的玻璃器。2000 年,广州南越王宫署遗址的唐代地层出土了一些玻璃残片和玻璃珠子。经修复,复原了一件玻璃杯:平底稍上凹,直壁,口稍敛;无色透明,稍泛黄绿色;底部有顶棒瘢痕。口径 7. 85 厘米,底径 7. 65 厘米,高 3. 8 厘米。这种平底玻璃杯是伊斯兰玻璃中的常见器形。纽约大都会艺术博物馆在伊朗尼沙布尔的考古发掘中出土了 36 件未经装饰的玻璃碗杯盘,都是自由吹制成型,年代为 9—10 世纪。其中与广州平底直壁杯的器形完全一样的就有11 件,大部分高 4 厘米,口径 8 厘米(图 16)①,说明这种器形的玻璃杯是当时人们经常使用的容器。这种玻璃杯

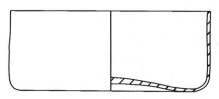

图 16　伊朗尼沙布尔出土的平底直壁杯

---

① 　Jens Kröger, *Nishapur*: *Glass of the Early Islamic Period*, The Metropolitan Museum of Art, New York, 1995 , pp. 41-45.

在叙利亚拉卡遗址也有出土,其年代可以早到阿拔斯早期,即8—9世纪。

五代时期,广州依然是海上贸易的重要港口。很多海外的珍奇异宝都来自广州。据《旧五代史》和《梁书》记载,刘龑于梁贞明三年(917年)称帝之前,广州向梁太祖进贡就有五次之多:"广州进奇宝名药,品类甚多。""广州进献助军钱二十万,又进龙脑、腰带、珍珠枕、玳瑁、香药等。""广州进龙形通犀腰带、金托里含棱玳瑁器百余副,香药珍巧甚多。""广州贡犀玉,献舶上蔷薇水。""广州贡犀象奇珍及金银等,其估数千万。"这五次进贡的物品中应该有伊斯兰玻璃器,因为香料名药的贮存容器多用玻璃。特别是蔷薇水,也就是现代称作玫瑰油的珍贵香料,一般都装在玻璃瓶中。《宋史》中多次记载蔷薇水装在琉璃瓶中进贡朝廷,例如淳化四年(993年)大食副酋长李亚勿来贡番锦药物"都爹一琉璃瓶,无名异一块,蔷薇水百瓶。""至道元年(995年),其国(大食)舶主蒲押陁黎赍蒲希密表来献白龙脑一百两,腽肭脐五十对,龙盐一银合,眼药二十小琉璃瓶,白沙糖三琉璃瓮,千年枣、舶上五味子各六琉璃瓶,舶上褊桃一琉璃瓶,蔷薇水二十琉璃瓶,乳香山子一坐,蕃锦二段,驼毛褥面三段,白越诺三段。"①这两条文献还明确记载了进贡的路线都是首先通过海路到广州,充分肯定广州在海上丝绸之路上的重要地位。从文献来

---

① 《宋史》卷四百九十"列传二百四十九·外国六·大食",第14119页。

看,不仅是蔷薇水用玻璃瓶存储运到中国,其他药品和食物也用玻璃器存储。

　　2003—2005 年,印度尼西亚有关机构与西方的水下考古机构合作,对爪哇北岸井里汶(Cirebon)外海 100 海里的水下沉船进行了水下考古,出土遗物达到 49 万件[①]。包括 30 余万件的各类瓷器,大量铅钱铜币、银锭、铜镜、铁锭、铁锚、漆器等,文物主要来自中国,也有来自马来半岛、苏门答腊、泰国、斯里兰卡、中东叙利亚或波斯乃至东非地区的,几乎包括了印度洋周边贸易圈内的各个地区。遗物中有伊斯兰玻璃器,但数量不多。从已发表的照片来看,比较完整的玻璃器皿约有 20 余件,都是伊斯兰玻璃。有的玻璃瓶与河北定州静志寺地宫的刻花玻璃瓶相似,有的玻璃瓶与浙江瑞安慧光塔的刻花玻璃瓶接近,有的玻璃杯与广州南越王宫署唐代地层出土的直筒杯一样,还有鼓腹长颈的玻璃瓶与康陵出土的玻璃残片反映的器形很相似。引人注意的是井里汶沉船中"有若干形状不规则,体积很大,呈深绿色的玻璃原料。这些原料是否就是《铁围山丛谈》中所记的玻瓈母?"[②]虽然目前还不能确定井里汶沉船的准确年代,但学者们比较一致的意见是船的失事年代应是 10 世纪的中后期。也就是说,沉船的年代与南汉康陵的年代相近。井里汶

---

① 　《井里汶沉船出水文物笔谈》,《故宫博物院院刊》2007 年 6 期。

② 　齐东方:《玻璃料与八卦镜——井里汶沉船文物札记》,《故宫博物院院刊》2007 年 6 期。

沉船的资料全部发表之后,沉船上的玻璃器必然对康陵玻璃器的深入研究有帮助。

南汉康陵出土的玻璃器虽然只复原了一件,但是通过工艺分析,可以确定这批玻璃是通过海上丝绸之路进口到中国的伊斯兰玻璃。因此,康陵玻璃器是 10 世纪东西贸易的重要物证。

伊斯兰玻璃研究进展缓慢,主要是由于在阿拉伯世界中基本没有关于玻璃的文献记载,传世的伊斯兰玻璃器往往提供不出年代、生产地点等确切信息。中国发现的伊斯兰玻璃器大多数有可靠的年代和出土地点。虽然中国不是伊斯兰玻璃的产地,但是玻璃器的埋葬年代提供了这类玻璃器生产年代的下限,例如,康陵玻璃器的埋葬年代为 942 年,其制造年代肯定早于 942 年。这样,康陵玻璃器为今后阿拉伯世界发现这种带竖棱条的短颈折肩玻璃瓶提供了可靠的年代标尺。

中国的历史文献宝库中虽然没有伊斯兰玻璃生产的记载,但是有玻璃器来自大食的明确记录,还有当时人们对进口伊斯兰玻璃的喜好及玻璃器背后的故事。中国发现的伊斯兰玻璃印证了这些文献记载,中国的文献为伊斯兰玻璃的深入研究打开了一扇门。伊斯兰玻璃为什么会出现在南汉康陵? 这些玻璃器的原产地在哪里? 是经过什么路线什么人之手输入广州? 这些玻璃器陪葬时应该都是完整的器皿,康陵第一次被毁被盗是什么时间? 为什么没有取走玻璃器? 很多问题有待我们进一步探索。

　　附记:这项研究得到美国康宁玻璃博物馆布里尔博士、广州市考古研究所全洪副所长和邝桂荣馆员的全力帮助,在此一并致以诚挚的感谢。

（原载于《考古一生——安志敏先生纪念文集》,
文物出版社,2011 年）

辽祖陵1号陪葬墓出土的玻璃器

一、辽祖陵1号陪葬墓出土的玻璃器

祖陵是辽代第一个皇帝耶律阿保机及其皇后的陵寝之地,位于内蒙古巴林左旗查干哈达苏木石房子嘎查西北的山谷中,东南约5里处为其奉陵邑祖州城。辽太祖崩于天显元年(926年)七月。祖陵及其陵园、奉陵邑等主要建筑在天显二年(927年)基本建成,随后太祖入葬。

2007年夏,中国社会科学院考古研究所内蒙古二队和内蒙古文物考古研究所联合组成考古队,对辽代祖陵内一座被盗墓进行了抢救性考古发掘,该墓定为辽祖陵1号陪葬墓。1号陪葬墓位于外陵区西侧的一道山脊上,与太祖陵仅一岭之隔。此墓规模较大,墓道朝东南。由墓道、甬道、前室、中室、后室和2个耳室组成,全长约50米。尽管此墓经过了严重的盗掘,但仍清理出一些精美的随葬品,主要有金器、鎏金银器、鎏金铜器、玻璃器、玉器、琥珀、

铁器、瓷器、陶器、石器等,如"开元通宝"鎏金铜币、鎏金
双凤银饰件、镶宝石银饰件、青釉龙盘、青釉双凤盘、青釉
执壶、白釉罐、白釉大盆等。墓葬仅存几块墓志残片,所以
墓主人的身份尚不清楚。但根据墓葬形制和随葬品等特
征看,此墓应属于辽代早期,[①]即 10 世纪中叶前后。

　　这批玻璃残片均为器皿残片,只有一件可以复原的器
皿 2001MB22 PM1:83,为平底稍上凹的侈口碗,蓝色透
明,高 6.8 厘米,底径 11 厘米,口径不详(图 1)。

图 1　祖陵 1 号陪葬墓出土玻璃碗 2001MB22 PM83

　　其余玻璃残片按照颜色来分,可分为蓝色透明、褐色
透明和无色透明稍泛黄色的三类。

　　蓝色玻璃残片数量最多,蓝色透明,内含少量小气泡,
玻璃质量较好,玻璃表面附着风化层,有虹彩现象。依照
玻璃残片进行分类,蓝色玻璃残片可分为玻璃器皿底部残
片、口沿残片和腹部残片。从残片所能反映出的器形来

---

① 董新林等:《辽代祖陵考古发掘取得重要收获》,《中国文物报》,2007 年
11 月 28 日 2 版。

看,蓝色玻璃容器均与已复原的玻璃碗相似,为平底侈口碗。

2001MB22 PM1:82-1,是大约三分之一的器底,平底上凹,厚6毫米(图2)。根据弧度可推测该器皿的底部直径约11厘米。该底部残片保存有约1厘米高的腹部,稍外侈,厚度为2毫米。底部的边缘较厚,从侧面看有圈足的效果。

图2　蓝色玻璃残碗底 2001MB22 PM82-1(左图:内底;右图:外底)

2001MB22 PM1:80-2,是另一件底部残片,与两块残片拼接后,大约为三分之一的器底,平底上凹,厚5毫米(图3)。根据弧度可推测该器皿的底部直径约12.5厘米。

图3　蓝色玻璃残碗底 2001MB22 PM80-2(上)和另外的蓝色玻璃残碗底

另外还有两块底部残片,均与外侈的腹部相连。从玻璃的颜色和厚度来看,这两块底部残片与上两件底部有差别,不能拼接。

蓝色玻璃中的口沿残片较多(图4),若按大于2平方厘米的残片统计,有26件口沿残片,圆唇,斜直壁。腹壁厚1毫米,口唇部厚1.5—3毫米。从口沿的弧度推测,口沿的直径均大于18厘米。

图4　蓝色玻璃中的口沿残片

蓝色玻璃中的腹部残片数量多,若按大于2平方厘米的残片统计,有50片。均很薄,厚约1毫米。

褐色玻璃残片2片。其中一块是容器的底部残片,深褐色透明,厚3—7毫米,表面附着风化层,并有漂亮的虹彩现象(图5)。底部的外表面可以看到明显的顶棒疤痕。

若以顶棒疤痕为底部的中心,则这件玻璃容器的底径为10.5厘米。另一件褐色玻璃比较小,也是底部残片。

图 5　褐色玻璃碗残底

　　无色透明稍泛黄色的玻璃共有 14 块残片。其中两件可以看出是容器底部的残片。PM:120-1,是上凹底部,厚度 1—4 毫米,外表面有顶棒疤痕。另一件底部为 PM:120-20。无色透明稍泛黄色的玻璃质量很好,透明度高,表面很少附着风化层。这批玻璃均很薄,1 毫米左右(图 6)。没有发现口沿残片。从残片的弧度推测,原器形可能比较小,有可能是直颈瓶。

　　辽祖陵 1 号陪葬墓出土的一片无色透明稍泛黄色的玻璃残片和一片蓝色透明玻璃残片,送中国社会科学院考古研究所化学实验室进行化学组成检测。赵春燕研究员首先采用 X 射线荧光光谱技术对这两件样品进行了无损检测。检测结果表明 2 件样品的化学组成中二氧化硅含量最高,还含有较高的氧化钙及氧化钾,属于钾-钙-硅系玻璃。检测结果显示,蓝色玻璃样品中含有微量铜元素,而无色透明玻璃样品中没有检测到铜元素,因此可以推断蓝色玻璃的着色剂是铜。

图 6　无色透明稍泛黄色的玻璃残片

二、与西亚的伊斯兰玻璃碗的比较研究

祖陵 1 号陪葬墓出土的玻璃器虽然都是残片,通过分析研究,可以确定这批玻璃器没有纹饰,但玻璃碗的器形较大,制作工艺较高,玻璃直颈瓶的玻璃质量高,有可能是来自西亚的伊斯兰玻璃。与中亚西亚生产的玻璃器进行比较研究,是确定祖陵 1 号陪葬墓出土的玻璃器来源的重要研究手段。遗憾的是可靠的发掘资料很少,只有伊朗的内沙布尔经过了科学的考古发掘。

内沙布尔(Nishapur)是中世纪伊朗的商贸城市之一,也是伊斯兰文化的中心。这个城市建于萨珊王朝时期呼罗珊(Khurasan)省的东部,9 世纪时成为 Tahirid 王朝的首都。内沙布尔在 10 世纪达到繁荣的顶峰,它作为省会,政

治和军事的统治者都住在这里。1152 年,内沙布尔曾被
西突厥乌古斯(Oghuz)人劫掠。随后,又遭受一系列地震
的灾害。但在 1221 年蒙古人进入之前,这个城市一直还
是活跃的城镇。20 世纪 30 年代,美国纽约大都会艺术博
物馆的伊朗探险队选择了内沙布尔作为工作的重点,不仅
由于内沙布尔曾是政治中心,在中世纪的文献中留有记
载,而且由于它是商贸中心和手工业的生产中心。大都会
艺术博物馆在内沙布尔的考古发掘从 1935 年开始,持续
到 1940 年。1947 年,美国纽约大都会艺术博物馆的伊朗
探险队在内沙布尔做了最后一个季节的考古发掘。大都
会博物馆出版了一系列内沙布尔的考古发掘成果,1982
年出版了伊斯兰早期陶器;1986 年出版了伊斯兰早期金
属器;之后又出版了伊斯兰早期的建筑和装饰。第 4 卷关
于内沙布尔发掘的报告出版于 1995 年,是《内沙布
尔——伊斯兰早期玻璃器》。[①] 报告中共发表了 7 件侈口
玻璃碗,No. 19—25,是一组很典型的玻璃碗:器形从小型
到中型,都是侈口,底部上凹。玻璃碗的颜色多为无色透
明带绿色色调。7 件玻璃碗的年代均为 10 世纪,因此这
种平底侈口碗可确定为 10 世纪的标准器之一,例如
No. 23:无色透明稍泛绿色,高 7.3 厘米,口径 17.2 厘米,
根据残片可复原。侈口,斜直壁,底部上凹(图 7)。

---

① Jens Kröger,*Nishapur:Glass of the Early Islamic Period*,The Metropolitan Mu-
seum of Art,New York,1995.

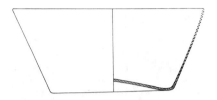

图 7　内沙布尔出土的玻璃碗 No. 23

另外一件 No. 24：无色透明稍泛黄色，高 5. 8 厘米，口径 19. 2 厘米。底部较厚，上凹（图 8）。

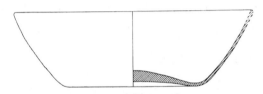

图 8　内沙布尔出土的玻璃碗 No. 24

内沙布尔出土的这 7 件玻璃碗与祖陵 1 号陪葬墓出土的玻璃碗有可比性。

布里尔博士对内沙布尔出土的 44 件玻璃样品进行了化学组成检测。[①] 检测结果显示，内沙布尔的玻璃均为钠-钙-硅玻璃。由于中东地区普遍采用了草木灰做助熔剂，内沙布尔的玻璃中均含有较高的钾。

2011 年 2 月，笔者访问德黑兰玻璃陶瓷博物馆，也看到二三件类似的玻璃碗。其中一件的展品编号为 282，淡

① Robert H. Brill, "Chemical Analyses of Some Glass Fragments from Nishapur in The Corning Museum of Glass", *Nishapur: Glass of the Early Islamic Period*, The Metropolitan Museum of Art, New York, 1995.

蓝色透明,口径约 18 厘米(图 9)。

图9　德黑兰玻璃陶瓷博物馆藏玻璃碗

另一件展品编号为 283,无色透明稍泛蓝色,外附风化层。与编号 282 玻璃碗相比,器形稍大,底部也有不同,从侧面看似有假圈足(图 10)。

图10　德黑兰玻璃陶瓷博物馆藏玻璃碗

遗憾的是,德黑兰玻璃陶瓷博物馆的藏品多是传世品。推测这两件玻璃碗来自内沙布尔或戈尔甘(Gorgan),年代是 10—12 世纪。

祖陵 1 号陪葬墓出土的玻璃碗与伊朗内沙布尔生产的玻璃碗器形和年代的相似不是偶然的,反映了 10 世纪的东西交通。敦煌壁画上玻璃碗的画面多达 46 件,其中

37 件是平底侈口的玻璃碗。"颜色多为天蓝、浅绿、土黄、白色。都持在胁侍菩萨手中,碗的口径略小于手长。此式碗从盛唐壁画开始出现,持续到西夏时期,在中、晚唐壁画上出现得比较频繁。"①

敦煌莫高窟藏经洞中的帛画和绢画上也有玻璃器的画面,笔者在法国巴黎吉美博物馆看到的回鹘时期绢画上的玻璃碗的画面,尺寸相当大(图 11)。

图 11　敦煌出土回鹘绢画上的玻璃器画面(现藏法国巴黎吉美博物馆)

---

① 安家瑶:《莫高窟壁画上的玻璃器皿》,《敦煌吐鲁番文献研究论集》第二辑,北京大学出版社,1983 年,第 425—464 页。

三、从考古发现的伊斯兰玻璃来看
辽代与西亚的关系

近年,学术界对辽代墓葬出土的玻璃器越来越重视。一方面由于辽墓考古发现出土的玻璃器增多,另一方面是由于中国学术界对这些玻璃器的认识到位。

1976 年辽宁朝阳姑营子辽耿延毅墓曾出过两件玻璃器,其中一件就是带把杯,高 10.2 厘米,口径 8.2 厘米,深绿色透明,柄的上端也立一个扳手。另一件为黄色玻璃盘,腹壁印有编织纹,折沿外卷。笔者提出这两件玻璃器来源于伊斯兰时期的伊朗高原。①

1983 年天津市历史博物馆考古队在配合修复蓟县独乐寺白塔时,在上层塔室中发现玻璃器 4 件,其中一件刻花玻璃瓶,高 26.4 厘米,口径 7.8 厘米,颈高 10.5 厘米,无色透明,表面附着黄白色风化层。宽折沿,细长颈。筒形腹,平底,底部有粘棒疤痕。颈部和肩部刻有矩形、菱形和弦纹,腹部刻有弦纹。经笔者研究,并经过化学检测,这件刻花玻璃瓶应是伊斯兰玻璃。②

1986 年,内蒙古奈曼旗辽陈国公主、驸马的合葬墓出土了 7 件玻璃器皿。墓葬的年代是开泰七年(1018 年),也就是说这批玻璃器的下限是 11 世纪初。根据器形和纹

---

① 安家瑶:《中国的早期玻璃器皿》,《考古学报》1984 年 4 期。
② 安家瑶:《试探中国近年出土的伊斯兰早期玻璃器》,《考古》1990 年 12 期。

饰这 7 件玻璃器可分为四类。

带把玻璃杯 2 件,一件已残。完整的一件高 11.6 厘米,口径 8.4 厘米,深棕色透明,外表附有风化层,口微敛,器壁作圆筒状,肩部外鼓,腹部陡收,假圈足,在口和肩部连接有把手,把手上端有圆饼状物为扳手。外底部有顶底铁杆疤痕。残破的那件带把玻璃杯的口沿下面缠贴着七八圈深褐色玻璃丝。

刻花玻璃瓶 1 件,破碎复原,高 25.2 厘米,底径 9.8 厘米。无色透明,表面有风化层,宽折沿,细长颈,折肩,筒形腹,平底,颈部和腹部磨刻有几何形花纹,外底部有顶底铁杆疤痕。

乳钉纹玻璃瓶 1 件。破碎复原,高 17 厘米,口径 6 厘米,底径 8.8 厘米。无色透明。侈口长颈,呈漏斗形,鼓腹,喇叭状高圈足,腹壁饰五排小乳钉纹。

刻花玻璃盘 1 件。口径 25.5 厘米,底径 10 厘米,高 6.8 厘米,无色透明,有风化层,敞口,弧腹,圈足,腹壁刻有一周 28 个小四棱锥装饰。

笔者曾研究过这 7 件玻璃器,并对其中 3 件样品做了化学检测,可以确定是进口的伊斯兰玻璃。[1]

1989 年,在修理辽宁朝阳北塔的过程中发现了几百件珍贵文物,其中一件是玻璃瓶。这件玻璃瓶非常奇特,不仅配有黄金的瓶盖,而且瓶子的内部有一个小型的带把

---

① 安家瑶:《陈国公主与驸马合葬墓出土的玻璃器皿及有关问题》,《辽陈国公主墓》,文物出版社,1993 年,第 179—186 页。

杯。这件玻璃的外瓶为黄色透明,透明度很好,颈部缠贴有蓝色玻璃丝为装饰,瓶柄上的扳手也是蓝色玻璃,内瓶为蓝色透明玻璃,瓶柄为黄色透明,外瓶总高为 16.3 厘米,内瓶高 5.9 厘米[①]。学者对这件瓶中瓶进行了研究,认为是伊斯兰玻璃。[②] 此外,笔者在朝阳北塔还见到两件塔身出土的玻璃器。一件玻璃瓶,淡黄色透明,玻璃质量很好。瓶子的颈部和口沿部已残,器身为七棱柱形,模吹成型,器壁较厚,残高 7 厘米,底部有粘棒痕迹。另一件是一块无色透明玻璃碗的口沿和腹部残片(图 12)。珍贵的是这件残片的口沿下有一道蓝色的装饰,腹部残留两排椭圆形印纹。这两件玻璃器也是进口的伊斯兰玻璃。

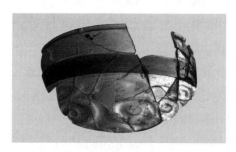

图 12 朝阳北塔出土伊斯兰玻璃残片

2003 年,内蒙古通辽市科尔沁左翼后旗的吐尔基山采石矿在采石过程中发现一座未曾盗掘过的辽代早期墓

---

① 朝阳市北塔考古勘察队等:《朝阳北塔 1986—1989 年考古勘察纪要》,《辽海文物学刊》1990 年 2 期。

② 马文宽:《辽墓辽塔出土的伊斯兰玻璃》,《考古》1994 年 8 期。

葬。墓葬出土了大量珍贵文物,有漆器、木器、金银器、丝织品、铜器、瓷器、铁器及玻璃器。玻璃器是一件完整无损的高柄杯,高 12.5 厘米,口径 9 厘米。①

辽代墓葬和辽代佛塔出土的伊斯兰玻璃器引起了学术界的重视。一批讨论辽代伊斯兰玻璃器的论文应运而生。② 历史学者在考古学取得的成果上又进一步探讨了辽代与中亚西亚的关系,③辽朝与大食国的关系。④

辽朝是 916—1125 年间雄踞于我国北方的一个强大的封建王朝。辽太祖建国之始,便大规模地展开了向西拓展疆土的军事征伐活动,并积极经略西疆。辽之声威远及西亚乃至更远,草原丝绸之路再度兴盛。然而,由于史书记载的匮乏与紊乱,辽与大食帝国之关系问题,一直未见系统的论述。近年来,随着考古工作的展开,有不少来自伊斯兰世界的文物相继在辽朝统治区域内出土,真实地再现了辽朝与伊斯兰世界商业贸易的繁盛。内蒙古巴林左旗辽祖陵 1 号陪葬墓出土的伊斯兰玻璃器为辽代早期与

---

① 内蒙古文物考古研究所:《内蒙古通辽市吐尔基山辽代墓葬》,《考古》2004 年 7 期。

② 黄雪寅:《散落于内蒙古草原上的古玻璃器》,《内蒙古文物考古》,2005 年 1 期。傅宁:《内蒙古地区发现的辽代伊斯兰玻璃器——兼谈辽时期的对外贸易和文化交流》,《内蒙古文物考古》2006 年 2 期。

③ 傅宁:《史前至 12 世纪中国北方地区的东西文化交流》,博士学位论文,内蒙古大学,2007 年。

④ 杨富学、陈爱峰:《辽朝与大食帝国关系考论》,《河北大学学报(哲学社会科学版)》2007 年 5 期。

西亚的交通提供了考古学的证据,也就是说为 10 世纪初丝绸之路草原线路的重启提供了证据。

（原载于《中国考古学会第十四次年会论文集》,
文物出版社,2012 年）

谈泾川玻璃舍利瓶

泾川三次发现佛教塔基舍利,而且都有铭文,埋葬年代准确,是研究中国佛教舍利瘗埋制度的珍贵资料。

按照瘗埋年代早晚顺序排列,北周慧明造舍利石函的年代最早,为北周天和二年,即 567 年。泾川大云寺塔是唐武则天延载元年(694 年)建立的。2013 年,泾川宋代龙兴寺遗址发现东地宫,碑刻铭文显示,地宫修建于"大宋大中祥符六年五月",即 1013 年。

泾川发现的三次舍利瘗埋,均用玻璃瓶作为直接盛放舍利的容器,放置在一套舍利容器的最内层。

一、采用玻璃舍利瓶是中国的创造

建塔安奉舍利的制度是从印度传入中国的,但玻璃舍利瓶的采用,还是中国的创造。

据日本学者高田修对印度阿富汗境内 100 座安置舍利佛塔的考察研究,盛放舍利的容器都是用陶、木、金属、石、水晶等材料制成的,器形多为尖纽盖圆盒,又称为罂坛,其中没有一例采用玻璃舍利瓶的[1]。因此中国采用玻璃瓶作为盛放舍利的最内层容器不是印度佛教的传统,而是中国化的表现。

在北朝至唐代逐渐形成的中国化的舍利瘗埋制度中,玻璃舍利瓶器通常是一套石、铜、银、金、玻璃容器中的最内层,直接盛放舍利。这套舍利器由外及里,材料的价值逐渐增高,玻璃瓶位于金棺之内,表示玻璃的价值高于黄金。早期的玻璃舍利瓶器形简单,都是细长颈,球形腹。由于装在小金棺中,玻璃舍利瓶尺寸很小,一般高不超过5厘米。玻璃瓶的器壁薄如纸,透明度好,瓶内的舍利,历历在目。

为什么瘗埋舍利选用玻璃瓶作为盛放舍利的最内层容器呢?

玻璃瓶壁薄透明,耐腐蚀,适于作舍利瓶。瓶内的舍利子如果发生神奇变化,可以透过瓶壁清楚地看到。玻璃瓶透明的特殊性能是被选作舍利瓶的原因之一。天然水晶的透明度比玻璃更好,而且在现代人看来,水晶比玻璃珍贵多了,为什么古人不选用水晶作为舍利瓶呢? 这是由于古人与现代人对玻璃这种材料的认识不同。

唐代人将玻璃这种材料称为琉璃。琉璃,是佛经上的七宝之一。诸经论对七宝的具体记载稍有不同,但一般都

---

① 高田修:《インド佛塔の舍利安置法》,《佛教艺术》1951年11号。

把"琉璃"作为七宝中的一宝。唐代慧琳编纂的《一切经音义》："吠琉璃,宝名也,或云毘琉璃,或但云琉璃,……须弥山南面是此宝也。其宝青色莹澈有光,凡物近之,皆同一色。"①当时的人们一般还不知道"琉璃"是人工材料,以为是来自西方须弥山的天然宝物,因此选用透明的玻璃瓶作为盛放舍利的最内层容器。

二、北周慧明造舍利石函出土的玻璃瓶 是目前发现最早的舍利瓶

根据文献记载,中国建塔安奉舍利,可能早到三国时期的东吴。《高僧传·康僧会传》记载:三国时孙吴赤乌十年(247年),康僧会入吴,为孙权献舍利,孙权于秣陵(今江苏南京)城东长干置建初寺及阿育王塔。但是根据考古发掘,迄今为止,还没有发现这样早的舍利塔。

已经发掘的最早有纪年的塔基是河北定县北魏塔基,这是北魏孝文帝在太和五年(481年)发愿修建的②。塔基为夯土筑成,石函内装有玻璃容器7件,还有玻璃珠、玛瑙、珍珠、珊瑚、红宝石等组成的串饰、铜钱和波斯银币。石函铭文中没有提到舍利,石函中没有发现舍利。石函中有7件玻璃容器,很可能是作为珍宝奉献给佛祖的,目前

① 慧琳:《一切经音义》卷一,《大般若经》第四十八卷,朝鲜庆尚南道海印寺版。
② 河北省文物局工作队:《河北定县出土北魏石函》,《考古》1966年5期。

看来还很难说是玻璃舍利瓶。

　　2002 年,河北临漳县邺城遗址东魏北齐佛寺塔基的考古发掘中,在塔基刹柱础石的下面发现有佛塔建立时可能瘗埋舍利或圣物的砖函,但砖函内遗物已被盗。砖函用细腻黑灰色砖砌筑,近正方体,砖函的长、宽、高均约 0.7 米。在塔基的清理中,出土了泥塑彩绘佛像、泥塑彩绘残件、一件残玻璃瓶和玻璃残片①。玻璃瓶蓝色,内含细小气泡。瓶的口部已残。瓶体呈圆球状,中空,直径 2.2 厘米(图 1)。玻璃残片若干,多为蓝色(图 2)。塔基由于被盗严重,没有发现铭刻。根据考古研究,该塔的建造年代是东魏北齐,即 534—577 年。从建塔年代上看,邺城塔基和泾川北周石函同属北朝晚期。邺城塔基由于被盗,出土的残玻璃瓶,只能推测可能是舍利瓶,而泾川北周石函中的玻璃瓶内置舍利,又有明确的年代。因此,可以说北周

图 1　河北临漳县邺城遗址东魏北齐佛寺塔基出土玻璃瓶

①　(中国社会科学院考古研究所、河北文物研究所)邺城考古队:《河北临漳县邺城遗址东魏北齐佛寺塔基的发现与发掘》,《考古》2003 年 10 期。

图2　河北临漳县邺城遗址东魏北齐佛寺塔基出土的玻璃残片

慧明造舍利石函出土的玻璃瓶是目前发现最早的舍利瓶。

三、泾川大云寺塔地宫标志着舍利瘗埋制度已完成中国化

　　泾川大云寺塔是唐延载元年（694年）建立的。地宫平面正方形，砖筑，券顶，宫门在南，门前有短甬道。地宫内置舍利石函，函身四周刻"泾州大云寺舍利石函并序"。石函内置鎏金铜函，铜函内置银椁，银椁内置金棺，金棺内置玻璃瓶，玻璃瓶内盛舍利14粒[①]。这种用石函、铜函、银椁、金棺、玻璃瓶的舍利瘗埋制度是前所未有的，改变了印度用罂坛瘗埋的方式，而用中国式的棺椁瘗埋，更符合中国人的习惯。

---

① 甘肃省文物工作队：《甘肃省泾川县出土的唐代舍利石函》，《文物》1966年3期。

　　泾川大云寺塔基出土的玻璃舍利瓶无色透明,透明度好,细长颈,球形腹,底微凹,高 2.6 厘米,口径 0.5 厘米,腹径 2.1 厘米。器壁非常薄,不足 1 毫米。底部附着白色风化层,风化层的边缘发黄。吹制成型,口沿部自吹管上切割下来后未经加工,不很规整。石函铭文记载,石函的玻璃瓶和舍利十四粒都是来自古塔基。考察这件玻璃器,与泾川北周舍利石函出土的玻璃瓶器形相似。铭文记载有可能是真实的。

　　泾川大云寺塔基的玻璃舍利瓶开了新风,初唐盛唐的佛教塔基多次发现相似的玻璃舍利瓶。

　　年代比泾川舍利瓶稍晚一些的西安东郊开元八年(720 年)舍利塔基下出土的舍利瓶,置于鎏金铜棺中[①]。舍利瓶的底部和下腹部已残缺,但还能看出器形。残高 2.2 厘米,口径 0.6 厘米,颈长 1.4 厘米。绿色透明,光洁无锈,器壁很薄,约 0.1 厘米。细长颈,球形腹,颈部和腹部的界限明显,口沿部平齐,可能从吹管上切割下来后又经过加工。

　　1985 年陕西临潼发现唐庆山寺舍利塔基的地宫。地宫为砖砌券顶,平面呈甲字形。甬道内树碑,为开元二十九年(741 年)刻的《上方舍利函记》。地宫门向南开,靠北壁正中置须弥座,安奉石函,上镌"释迦如来舍利宝帐"八字。石雕宝帐是空心的,内放一个长 21 厘米的银椁,椁

---

① 　安家瑶:《中国的早期玻璃器皿》,《考古学报》1984 年 4 期。

内有长 14 厘米的金棺,棺内有 2 件绿色玻璃瓶,瓶内装有
小米粒大小的水晶,这些水晶是舍利的代用品①。

　　这两件玻璃瓶都为绿色透明,透明度好,内含小气泡,
一大一小,器形基本一样,吹制成型,细长颈,球形腹,大者
高 4.6 厘米,小者高 2.1 厘米。两件玻璃舍利瓶分别放在
莲花形鎏金铜座上(图 3)。

图 3　陕西临潼唐庆山寺舍利塔基出土舍利瓶

　　黑龙江宁安县出土的舍利函中也有一件玻璃舍利瓶②,
出土地点是唐代渤海国故都上京龙泉府遗址的内城外东
南,推测原位于佛塔建筑的基础中心。上京龙泉府是渤海
国后期的都城,所以,这套舍利器的年代也应该是 8 世纪
后半至 9 世纪末。舍利瓶放在二层石函、铁函、铜匣、方形
银盒、蛋形银盒之内。玻璃舍利瓶为淡绿色,外附白色风

①　临潼县博物馆:《临潼唐庆山寺舍利塔基精室清理记》,《文博》1985 年
　　5 期。

②　宁安县文物管理所等:《黑龙江省宁安县出土的舍利函》,《文物资料丛
　　刊》2,1978 年,第 196 页。

化层,壁薄如蛋壳,长颈,鼓腹,底略凹,口略残。高 5 厘米,腹径 3 厘米,底径 1.8 厘米,口外径 0.6 厘米,吹制成型。

　　唐代舍利瘞埋制度在武宗灭佛之后发生了变化,最具有代表性的是法门寺地宫,唐懿宗供奉舍利的八重宝函,最内的一重是真金小塔子,没有采用玻璃舍利瓶。

四、泾川宋代龙兴寺发现的玻璃舍利瓶 呈现多样化

　　唐朝灭亡后,随着佛教信仰的世俗化,舍利塔的修建和舍利容器的制作也突破了原有的规制,呈现出多样化的趋势。

　　2013 年,泾川宋代龙兴寺遗址发现东地宫。该地宫东西 1.95 米,南北 0.85 米,从中出土陶棺一具和铭文碑刻一块,地宫内的陶棺部分损坏,从缺口处可见陶棺内有木匣等文物。碑刻铭文显示,地宫修建于"大宋大中祥符六年五月",即 1013 年。从陶棺内总共提取出 6 个舍利瓶,从已发表的照片,目前只看到 3 个玻璃舍利瓶。较大的一件玻璃瓶是鼓腹,直颈,圆唇。这种器形的玻璃瓶在宋代是比较常见的,河北定州静志寺塔基建于太平兴国二年(977),也出土过这种玻璃瓶(图 4)[①]。

---

① 安家瑶:《中国的早期玻璃器皿》,《考古学报》1984 年 4 期。

图 4   河北定州静志寺塔基出土鼓腹直颈玻璃瓶

　　两件较小的玻璃瓶比较特殊,底部为正方形,腹部的横截面也是正方形,肩部斜收,直颈微侈,可称为方形瓶。这两件玻璃瓶不仅形制一样,大小也相近。高约 8 厘米,底部的长宽约 1.5 厘米。这两件方形瓶的玻璃质量较好,无色透明,稍泛黄色。器壁也明显厚于鼓腹直颈的玻璃瓶。这两件方形瓶是在模具里吹制成型的,是来自西亚的伊斯兰玻璃瓶。这种玻璃瓶原是盛放香水的容器,随丝绸之路运到中国后,玻璃瓶也被看作珍宝,用来盛放舍利。这种现象并不是孤例。河北定州静志寺塔基(977 年)也出土过方形瓶,瓶盖是后配的莲花银盖纽(图 5)。1969 年,在陕西西安市第一中学发现一件盝顶长方形金盒。金盒高 8.8厘米,长宽 3.3 厘米(图 6)。金盒上刻有铭文:"女弟子杨氏王氏舍葬释迦佛舍利愿与一切众生早成佛果。"①金盒内

————————

①　中国文物交流中心:《正仓院的故乡——中国金银ガラス展》,No.44,NHK 大阪放送局,1992 年。

的舍利瓶就是伊斯兰方形玻璃瓶,器形和尺寸与泾川北宋方形玻璃舍利瓶相近。

图5　河北定州静志寺塔基出土伊斯兰玻璃方形瓶

图6　陕西西安市第一中学出土盝顶长方形金盒与伊斯兰玻璃舍利瓶

　　伊斯兰方形玻璃瓶的发现,也为泾川是丝绸之路重要城镇提供了证据。

五、北魏时期玻璃吹制技术传入中国,舍利瘗埋采用玻璃瓶才成为可能

　　观察北朝隋唐的玻璃舍利瓶,除了采用少量进口的玻璃瓶外,大部分都是我国的国产玻璃,而且均采用了玻璃吹制技术。玻璃吹制技术在公元前 1 世纪的中叶在地中海东岸首先发明,很快传播到罗马帝国地域的所有玻璃制造业。我国战国就能制造玻璃器,汉代的玻璃容器以不透明或半透明的仿玉玻璃为主,都是用铸造法成型的。虽然吹制的罗马玻璃瓶于公元 2 世纪已经进口到东汉都城——洛阳①,但是古代技术的传播往往滞后于商品的流通,而且技术的传播经常与工匠的迁移有密切的关系。

　　我国考古出土的国产玻璃采用吹制技术最早的是河北定县北魏塔基石函,出土了 7 件玻璃器,都是吹制成型的,其中 3 件玻璃长颈小瓶(图 7)显示出工艺的不成熟。

图 7　河北定州北魏塔基出土吹制小玻璃瓶

---

①　洛阳文物工作队:《洛阳出土文物集粹》,朝华出版社,1990 年,图 50。

　　近年,大同市考古所在配合城市建设中发掘的北魏墓葬中出土了较多玻璃器[①]。这批玻璃器与河北定州北魏塔基出土的玻璃器非常相似,特别是小玻璃瓶,器形一致,口沿内折卷的做法也完全一样。这两处玻璃器在国外罗马玻璃和萨珊玻璃都找不到可比较的器物,与大同出土的北魏陶器的器形有相似之处。玻璃器残片的化学检测结果也与进口的玻璃有较大差别。因此,大同出土的玻璃器和河北定州北魏塔基出土的玻璃器有可能来源相同。

　　《北史·大月氏传》中的一段记载是大家都很熟悉的:"(北魏)太武时,其国(大月氏)人商贩京师,自云能铸石为五色琉璃。于是采矿山中,于京师铸之,既成,光泽乃美于西方来者。乃诏为行殿,容百余人,光色映彻,观者见之,莫不惊骇,以为神明所作。自此,国中琉璃遂贱,人不复珍之。"[②]

　　关于这一段记载,有不同的理解。有的人认为是指中亚的大月氏人到北魏首都代(现在的大同市)制造带釉的砖瓦,即琉璃砖瓦。也有人认为是制造玻璃的记载。大同地区北魏玻璃器的发现,使笔者更坚定了大月氏人在大同制造玻璃的判断。

　　北魏时期玻璃吹制技术传入中国,生产出薄壁透明的玻璃器,舍利瘗埋采用玻璃瓶才成为可能。泾川发现的三

---

① 安家瑶、刘俊喜:《大同地区的北魏玻璃器》,《4—6世纪的北中国与欧亚大陆》,科学出版社,2006年。

② (唐)李延寿等:《北史》卷九十七,中华书局,1974年,第3226页。

次舍利瘗埋,均用玻璃瓶作为直接盛放舍利的容器,放置在一套舍利容器的最内层。玻璃舍利瓶的制作和应用,在中国玻璃史上、佛教中国化的进程中及舍利瘗埋制度东传到朝鲜半岛和日本等方面都有着不可替代的重要意义。

(“2015 首届丝绸之路与泾川文化学术研讨会”论文)

试探大云山汉墓玻璃编磬

　　大云山汉墓位于江苏省盱眙县马坝镇云山村大云山山顶,西距盱眙县城 30 公里,南距汉代东阳城遗址 1 公里,西南与青墩山、小云山汉代贵族墓地相邻。

　　2009 年 9 月起,南京博物院对大云山汉墓区进行了全面勘探与抢救性发掘,揭示出一处完整的西汉江都王陵园,出土了大量铜器、金银器、玉器等精美文物,许多文物均为首次发现。根据墓葬的规制、出土文物的等级,特别是 M1 的随葬器物中,有多件器物上有铭文,如"江都食长"封泥,"江都宦者沐盘十七年受邸"银盘、"廿一年南工官造容三升"漆器、"廿二年南工官"漆器、"廿七年二月南工官"明器耳杯等。结合《汉书·景十三王传》记载,可以推定,上述所含文字的器物均为刘非在位时所做,M1 的墓主人应当是江都易王刘非,大云山汉墓陵园是刘非的陵园①。

---

① 李则斌:《江苏盱眙大云山汉墓》,《2010 中国重要考古发现》,文物出版社,2011 年,第 95—100 页。

一、大云山汉墓玻璃磬的发现

大云山汉墓 M1 西回廊下层中部和南部出土编钟、编磬各一套及琴、瑟、铃等乐器。其中编磬共 22 件。

发掘者原以为这批编磬的材质为石质,委托中国艺术研究院音乐研究所王子初研究员对编磬及其材质进行研究,以便进行复制。2011 年 10 月底,王子初邀请国土资源部南京矿产资源监督检测中心和江苏省地质调查研究院测试研究所的汪建民、冯光生研究员一起到盱眙县马坝镇云山村南京博物院考古研究所大云山汉墓考古发掘驻地,共同对大云山汉墓出土的编磬进行了系统的观察分析,初的确定编磬的材质为玻璃。同时选取了 3 件(09XDM1:3918—9、10、11)编磬的碎片若干,进行实验室研究。测试结果表明这三件编磬的化学成分均为铅钡玻璃。

大云山汉墓的考古发掘报告尚未完成,本应等考古发掘报告出版后再进行玻璃磬的研究。① 承蒙考古发掘领队李则斌研究员的邀请和允许,笔者有机会到大云山汉墓考古发掘现场,观察了这批玻璃磬,并看到汪建民的《盱眙大云山汉墓出土编磬材质的研究报告》。笔者根据目前掌握的材料对大云山汉墓出土的玻璃磬进行初步探讨,以促进对大云山汉墓的深入研究。由于笔者没有对这批玻璃磬精准地测量、绘图,目前只能根据已发表的发掘简

---

① 后来发掘报告于 2020 年 1 月由文物出版社出版。

报。玻璃磬的资料将以考古发掘报告为准。

出土编磬共 22 件,大小有序。最大的鼓长约 70 厘米,最小的鼓长约 30 厘米[①]。磬为倨句形,素面(图 1),顶部倨孔,圆孔状,未见凿孔的钻磨痕迹(图 2)。

图 1

图 2

编磬均已风化腐蚀,磬表面经风化腐蚀后呈黄白色—土黄色—褐黄色。部分风化腐蚀层脱落,可见凹凸不平的玻璃磬面。编磬的古老破损断口亦经风化腐蚀,断口形态

---

① 南京博物院等:《江苏盱眙县大云山西汉江都王陵一号墓》,《考古》2013年 10 期。

呈贝壳状,黄白色,显强烈的珍珠光泽。10 倍放大镜观察,磬体表面的风化腐蚀层和古老断口的风化腐蚀层中均能见到残留的毫米级大小的气泡。

编磬的现代断口为贝壳状断口。磬体呈浅青白色,半透明乳浊状,玻璃光泽(图3),在某些角度可见珍珠光泽。10 倍放大镜观察,见有较多的毫米级大小的白色气泡和搅动形成的纹理。

图3

二、汉代玻璃制造的水平

汉代是中国玻璃发展史上的重要时期。在经济繁荣和政治稳定的条件下,中国玻璃业得以存在和发展。由于汉代人对玉的偏爱,汉代流行葬玉的风俗,天然玉石供不应求,为玻璃业生产仿玉产品提供了机会和市场。汉代中原的铅钡玻璃生产已具一定的规模,能生产较大尺寸的玻璃容器,各式各样的丧葬用玻璃和装饰品。

　　徐州北洞山西汉楚王墓（公元前 128 年）出土一批玻璃杯，共 16 件，其中 2 件比较完整。杯身呈直筒形，平沿，直壁，平底。玻璃呈淡绿色不透明，内含小气泡，铸造成型。杯身的口沿下，中部和近底部有 3 道凹槽，可能原有重金属作的箍圈，已被盗墓者砸碎杯身取走。杯身底部距底边 0.4 厘米处有一道宽 0.4 厘米的朱色弦纹，是绘上去的。比较完整的两件杯，一件口径 8.4 厘米，高 8.2 厘米，底径 8.5 厘米，厚 0.4—0.6 厘米；另一件口径 8.3 厘米，高 8.2 厘米，底径 8.3 厘米，厚 0.25—0.5 厘米。另外十几件的大小厚薄都不一样，说明制作时为一个范模铸造一个杯子，不是同模而铸。徐州北洞山西汉楚王墓出土的玻璃杯残片经过化学成分测定，为铅钡玻璃，与战国时代的镶嵌玻璃珠、玻璃璧的成分基本一致[①]。玻璃杯为淡绿色不透明，与天然玉石很相像，因此在原发掘简报中被误称为"玉杯"[②]，可见汉代玻璃仿玉已达到以假乱真的程度。这些玻璃杯是迄今为止考古发掘出土的最早的玻璃容器。

　　河北满城西汉中山靖王刘胜及其妻窦绾墓的发掘，是中国重要的考古发现之一，共出土随葬器 4200 余件，其中有不少汉代艺术瑰宝，以两套"金缕玉衣"最为闻名。一般人却没有注意到这座墓还出了三件玻璃容器，工艺相当精美，其中二件为玻璃耳杯，一件玻璃盘。耳杯高 3.4 厘米，长 13.5 厘米，宽 10.4 厘米；盘高 3.2 厘米，口径 19.7

---

①　李银德:《徐州发现一批重要西汉玻璃器》,《东南文化》1990 年 Z1 期。
②　徐州博物馆等:《徐州北洞山西汉墓发掘简报》,《文物》1988 年 2 期。

厘米,底径 9.5 厘米,壁厚 0.3 厘米。耳杯和盘的玻璃质
料相同,都为绿色,微有光泽,呈半透明状,晶莹如玉。耳
杯的器身椭圆形,两侧有耳,微向上翘,矮假圈足。盘为侈
口平折沿,浅腹起棱,假圈足,部分表面因腐蚀凸凹不平。
玻璃盘经光谱定性分析,其主要成分为硅和铅,并含有钠
和钡。耳杯的化学成分应与玻璃盘的成分相仿[1]。

　　玉衣是一种殓服,外观和人体一样,可分为头部、上
衣、袖子、裤筒、手套和鞋五部分,全部由玉片编缀而成。
编缀玉片的材料是根据墓主人的等级,采用金丝、银丝或
丝带。制作一件玉衣所需要的小玉片总数常达到 2000 余
片,仿玉衣的玻璃衣,已经发现了 4 件。

　　江苏省扬州甘泉山西麓的一座贵族墓葬出土了约
600 片玻璃衣片。墓主人系女性,名"莫书"。根据地方志
和已发掘的资料来看,这座墓属于刘氏宗族墓之一,年代
大约在西汉晚期,可能在元帝与平帝这一时期[2]。

　　该墓早年被盗,发掘出土的玻璃衣片约 600 片,大小
不等,有长方形、梯形、圆形等 11 种,其中以长方形(6.2×
4 厘米)数量最多,厚度均为 0.4 厘米。多数素面,但圆形
和少量长方片印有蟠螭饰和柿蒂纹。长方形玻璃衣片的
四角都有穿孔,圆形片、三角形片和窄梯形片穿三孔。少

① 中国社会科学院考古研究所,河北省文物管理处:《满城汉墓发掘报告》,
　文物出版社,1980 年,第 212 页。
② 扬州博物馆:《扬州西汉墓玻璃衣片的研究》,《中国古玻璃研究》,中国建
　筑工业出版社,1986 年,第 65—71 页。

数衣片上还贴有金箔。

扬州西汉"妾莫书"墓出土的玻璃衣片经过化学检测,属铅钡玻璃,氧化铅含量达 40.37%,氧化钡含量为 21.49%[①]。

1985 年江苏扬州市邗江区杨寿乡李岗村的宝女墩发现的一座新莽时期的木椁墓,出土了 19 块完整的玻璃衣片。宝女墩玻璃衣片均为长方形,尺寸基本相同,长 5.5 厘米,宽 1 厘米,厚 0.3 厘米。除一片未见穿孔外,余均四角穿孔。有的表面局部还可见到玻璃光泽。衣片除素面外,纹饰均为模铸阴纹,有变体柿蒂纹,云雷纹、云纹和白虎星辰纹。纹饰上原均贴金箔,发掘时有的金箔已脱落。有三块玻璃衣片背面墨书"王"字,可能表明墓主身份,或是王府作坊制作的标志。宝女墩玻璃衣片经化学分析,也是铅钡玻璃。

另外两处出土玻璃衣片的汉墓也在扬州附近,一处是扬州邗江区甘泉乡巴家墩木椁墓和扬州市郊平山乡木椁墓。这两处的玻璃衣片有待于进一步研究发表。

玻璃璧是玉璧的代用品,自战国中期在湖南地区就广泛地用于丧葬。玻璃璧在西汉时期还继续使用,纹饰还是比较简单的谷纹、涡云纹,蒲纹也开始出现。正反两面都有纹饰的玻璃璧比战国时期要多一些。陕西兴平茂陵附

---

① 周长源、张福康:《对扬州宝女墩出土汉代玻璃衣片的研究》,《文物》1991年 10 期。

近出土的一块西汉玻璃璧,直径达 23.4 厘米,重达 1.9 公斤①,可称为玻璃璧之王了。

与大云山汉墓出土的玻璃磬相比,历年出土的汉代玻璃器真是小巫见大巫。大云山汉墓的玻璃磬,使我们重新认识了汉代玻璃制造的水平。

玻璃这种人造材料最早不是在中国发明的,但我国从战国时期就开始制造玻璃,多生产玉器的仿制品。与西方普遍的苏打玻璃不同,我国战国两汉的玻璃是以铅钡为助熔剂的铅钡玻璃。在世界玻璃史上我国的铅钡玻璃是非常独特的一支。但根据以往出土的汉代玻璃器数量少、器形小的情况,一般认为汉代玻璃生产规模很小。大云山出土的玻璃编磬的器形大、数量多、质量高,可以看出当时的玻璃制造具有相当大的生产规模,不是原来想象中的小作坊式的加工。玻璃编磬的厚度达 3 厘米以上,反映玻璃制造工艺很高。因为玻璃制造中产品越厚,里面的应力就越大,若不消除应力,玻璃制品会自然爆裂。消除应力需退火,退火温度和时间的控制,都是玻璃制造工艺中的关键技术。所以,如此尺寸的玻璃制品背后反映的是高度发达的玻璃制造业。这批玻璃编磬的出土肯定要改写中国汉代玻璃制造工艺史的。

---

① 王志杰、朱捷元:《汉茂陵及其陪葬冢附近新发现的重要文物》,《文物》1976 年 7 期。

三、这批玻璃磬是实物还是明器

磬是一种打击乐器,起源可以追溯到夏商时期。我国迄今为止发现的最早的石磬,出土于山西夏县东下冯夏代文化遗址,形状像耕田用的石犁,其斜上方,有一圆孔用于悬挂,整体打制得非常粗糙,有的棱角还十分锐利,敲击时仍能发出清脆的声音[①]。

1950年春在河南省安阳市武官村商代大墓出土的虎纹石磬,是商代石磬的代表作[②]。磬以青灰色石料精心雕磨而成,为片状,两端一大一小,正是传统的"鲸头型"式样。器身通体光润,长84厘米,高42厘米,厚仅2.5厘米。正面以双勾细线刻一伏虎形纹饰,匀称布满整个磬面。虎作匍匐欲起之状,虎首低含,怒目圆睁直视前方,虎口向下作咆哮状,上下獠牙尖利,清晰可辨。虎首上方有一供悬挂用的圆孔,磨损痕迹十分明显。

编磬的成熟是在春秋战国时期。这个时期磬的制作已趋成熟,形状定型为倨句形,即近似曲尺,上部两个直边一长一短,呈130—160度左右的夹角,下部的边呈弦形。穿孔设在上部靠近折角处。磬的成熟表现在音准,不管敲击磬的哪一个部位,发出的都是一个音阶。春秋战国的编

① 东下冯考古队:《山西夏县东下冯遗址东区、中区发掘简报》,《考古》1980年2期。

② 郭宝钧:《一九五〇年春殷墟发掘报告》,《中国考古学报》第五册,1951年,第25页,图版捌。

磬以湖北随州擂鼓墩曾侯乙墓出土的 32 件编磬最为著名。这个时期磬的造型规范合理,编列完整,音阶齐全,音色、音准,还有制作工艺都达到了极高的水准,成为当时重要的打击乐器。汉代的编磬出土的不多,在考古中出土的西汉编磬里面,有一部分不是实物,而是明器,例如,长沙马王堆三号汉墓出土的 10 件编磬均是明器①。这 10 件编磬均是木质,而且尺寸小,最大的一件两鼓端距 11.8 厘米,明显不是实用乐器。因此有人推测汉代的编磬已经衰落。2000 年山东章丘洛庄汉墓出土灰褐色带黄斑玉质感的洛庄汉墓泗滨浮磬的 107 件编磬,全部是实物,震动了音乐考古界。

关于这批玻璃编磬是否是实用器,汪建民提出了他的看法:"大云山玻璃质编磬的断裂处,均可见到由于剪切应力作用形成的一组破裂面,它们与磬体中的气泡密切相关,而且玻璃相的聚合程度较低,使强度降低,脆性增大,可能承受击打的能力较差。玻璃相中的大量气泡可能会对声波产生强烈吸收而衰减,使音量、音质发生变化。由此推测大云山玻璃质编磬很可能是明器,而非实用器。"

笔者认为汪建民的推论可以商榷。明器,是专为随葬而制作的器物,常常用陶、木、石、瓷等廉价易得的材料模仿各种礼器或日用器皿、工具、兵器的形状。长沙马王堆三号汉墓出土的明器编磬,鼓距 7.6—11.8 厘米,股距

① 湖南省博物馆、湖南省文物考古研究所:《长沙马王堆二、三号汉墓》第一卷,文物出版社,2004 年,第 171—173 页。

5—8厘米,厚0.6厘米。从质料和尺寸来看,这组编磬只是形状上像编磬,实际上并不能敲出音节,定为明器是准确的。玻璃在中国古代非常珍贵,从来不是作为明器的材料。战国秦汉时期的玻璃不仅仿制玉,而且也是作为"玉"实际应用,只能说玻璃是玉的代用品,而不是明器。制作编磬的材料一般有石、玉、铜、铁等,玉是最珍贵的材料。直到清代乾隆年间宫廷还制作了一套玉编磬,16枚,形状大小相同,厚度有异,采用的是新疆和田碧玉。为了与这套编磬相配,清宫廷还特制了一套黄金编钟,真正做到了"玉振金声"。玻璃磬作为玉磬的替代品,其外形和音色与玉磬十分相似。

大云山汉墓出土的玻璃磬不是孤品。1997年秋,国家文物局人事处组织安金槐、史树青等老专家到青岛休假。在考察文物市场时,专家们在一家小古董店发现了一批玻璃器,史先生认为是真品,坚持为中国历史博物馆购回①。笔者在研究那批玻璃器时,史先生告知青岛附近还有一块大玻璃磬。目前,这件玻璃磬收藏在青岛市博物馆,并且展陈。这件玻璃磬残,保留了长鼓和倨孔,残鼓长约40厘米,厚约3—4厘米,湖蓝色半透明。展览标牌写这件玻璃磬的年代为春秋战国。这件玻璃磬的年代判断应该再商榷,很可能是汉代。

玻璃易碎,玻璃材料中存在大量密集的气泡,是其易

---

① 安家瑶:《玻璃考古三则》,《文物》2000年1期。

碎的原因之一。是否含有气泡,是鉴定人工玻璃和天然材料的重要标志。现代玻璃工艺已经非常发达,但还是无法去掉玻璃内的所有气泡。玻璃内的气泡肯定会影响其强度,若磬锤的敲打不是十分剧烈,应该可以承受得住。

玻璃也是制造乐器的一种材料,至今还有乐队专门演奏与编磬相似的玻璃嵌板(glass panels)。

2011年7月底,澳洲乐团在上海宝山玻璃博物馆举行了一场《春天合奏》音乐会,所使用的乐器均为玻璃制作[①]。乐团使用了玻璃竖笛(glass clarinet)、玻璃长笛、玻璃木琴(glass xylophone)、玻璃琴(glass harmonica)等,其中最主要的乐器是玻璃嵌板。玻璃嵌板与中国的编磬很相似,一个架子上挂着数块大小不一的玻璃板,当打击棒敲打时,不同的玻璃板会发出迥然不同的声音,且余音袅袅,很有渗透力。大玻璃板的声音低沉,小玻璃板的声音清脆悠扬,叮叮咚咚,犹如"大珠小珠落玉盘"。最大的那块玻璃板发出的声音近似贝斯的低沉声。这场独特的演出,宛若天籁的音乐让听众如痴如醉。玻璃嵌板与编磬的不同,主要是形状和悬挂的方式。玻璃嵌板是方形玻璃板,上部设两个孔,以便悬挂。

笔者观察大云山汉墓玻璃磬鼓边缘并不齐整,有加工痕迹,其中有一件磬的鼓边缘有两道明显的锯痕(图4),这些加工痕迹应是磬制作后期的调音所致。经过调音工

---

① 　上海《青年报》,2011年7月28日。

序,说明大云山汉墓玻璃磬是实用器而不是明器。

图4

　　大云山汉墓玻璃磬的出土是非常重要的考古发现,有待于对这批玻璃磬进行更深入的比较研究。

（原载于《新世纪的中国考古学——王仲殊先生九十华诞纪念文集》,科学出版社,2016 年）

文化遗产保护篇

做好南水北调工程中的文物抢救工作

我叫安家瑶,来自中国社会科学院考古研究所,是一名从事发掘和研究的考古工作者。我想结合专业谈谈我国文化遗产的保护与构建社会主义和谐社会的关系。

建设和谐社会,物质文明和精神文明缺一不可。中华民族五千年历史连绵不断,凝聚着我们这个伟大的民族的,是优秀的文化传统和以爱国主义为核心的民族精神。中国的文化遗产,是光辉灿烂的中国历史的重要见证,是博大精深的中华文明的载体。每一处文化遗产都是人民了解、认识祖国历史文化的最好课堂,也是激发民族自豪感,弘扬爱国主义精神的最好基地。保护好我国的历史文化遗产,引导广大民众继承发扬祖国的优秀文化传统,是我们构建和谐社会不可或缺的。

温总理的政府报告,回顾了过去一年的工作,在加大政策支持和财政投入,促进各项社会事业发展方面,讲到了"国家重大文化项目建设和自然历史文化遗产地保护得到加强"。总理的报告实事求是,近几年,中央财政和地方财政对文物保护专项经费的支持逐年增加。

去年,第 28 届世界遗产委员会在苏州成功召开,胡锦涛主席致会议的贺词,极大地鼓舞了考古和文物战线上广大干部职工。通过广泛开展《文物保护法》的宣传,全社会的文物保护意识逐步增强。中国的考古发现和研究,受到世界瞩目。我国现有地上地下不可移动文物近 40 万处,其中全国重点文物保护单位 1271 处,列入《世界遗产名录》30 处,在遗产名录数量上名列世界第三。我国在国际文化遗产保护领域的地位和作用不断提高。

但是,当前保护文化遗产的形势依然严峻,存在很多问题。今天我只谈基本建设工程与保护文化遗产的突出矛盾。有的地方在土地开发和城市建设中,重项目建设,轻文物保护;有的单位在工程建设中,不依法报请文物行政部门组织考古勘察,使一些文物保护单位受到破坏,甚至破坏殆尽。文化遗产不可再生,破坏了就无法弥补。近年,一些地方的"形象工程"、"政绩工程"违反《文物保护法》的案例时有发生,地方文物部门往往鉴于是政府部门、领导行为,不敢坚持原则,使文物遭到损毁,例如,西安大雁塔北广场工程,就没有依法履行报批手续,更没有依法处罚。

国家重点建设工程的文物保护和考古工作相对地方工程要好得多。三峡工程有关考古发掘项目继续进行,白鹤梁石刻原址水下保护工程顺利实施。与三峡工程相比,南水北调工程中的文物保护工作严重滞后，因为在工程规划阶段和项目建议书阶段，没有充分考虑文物保护问题。南水北调工程上马以后，专家学者多次呼吁抢救保护祖先留下的珍贵文化遗产。南水北调一期工程涉及湖北、河南、河北、天津、北京、江苏、山东七省市，中线干渠线路经过的山前地带和东线大运河段连接着夏商文化、荆楚文化、燕赵文化、齐鲁文化等中国历史上重要的文化区域，是中国古代文明最发达的地区，文物古迹极为丰富。其中包括已经发现的湖北郧县猿人、河南淅川下寺楚国贵族墓群、武当山遇真宫和大运河及其相关遗迹在内的一批特别珍贵的文化遗产，地下埋藏的未知古迹难以预计。考古勘察和文物保护工作是南水北调工程的重要组成部分，而且应该是最前期的工作之一。据了解，国务院南水北调办、国家发展改革委、水利部、国家文物局等有关部门已经联合成立南水北调工程文物保护工作协调小组，召开专题会议，研究解决南水北调工程文物保护前期工作的有关问题。工程涉及的地方文物部门克服时间紧、工作经费尚未到位的困难，积极调查核实工程占地范围内的文物数量，评估文物价值，提出文物保护方案及经费估算，编制文物保护专题报告。为切实做好南水北调工程的文物抢救保护工作，建议水利部抓紧组织完成文物保护专题报告的汇总工作，充分征求专家意见，依法履行审批程序并纳入工程总体可研报告中。考古发掘和文物保护是严谨的科学工作，必须预留合理的工作时间。建议尽快启动重点抢救

项目,国家级的考古队伍应参与工作,以保证考古发掘和
文物抢救工作的质量,将文物损失降低到最小限度,保证
工程顺利实施。

　　为了解决好文物保护和经济建设的矛盾,建议各级政
府重视建设工程中的文物保护和考古工作。发展改革部
门在审批建设项目时,必须建立文物影响评估制度,将其
纳入环境评估体系。

　　与我国近40万古迹遗址相比,保护文物的经费严重
匮乏,管理人员和专业人员严重短缺。美国的文化遗产保
护的经费约45亿美元,其中国家拨款约20亿,各种基金
会集资约25亿。法国2001年成立的国家科学院考古遗
址保护研究所,现有工作人员2000人,每年的工作经费有
1.25亿欧元。近几年,我国文物保护经费的拨款逐步增
加,但拨款的增加与GDP的增加不成比例。

我国近年文物保护费拨款(单位:亿元)

	中央	地方	专款
2001 年	2.36	1.59	
2002 年	2.53	2.36	
2003 年	2.77	5.74	6(高句丽世界遗产)
2004 年	3.1		0.5(丝路新疆段)

　　建议政府继续加大对考古科学研究和文物保护经费
的拨款,并鼓励社会力量参与文化遗产的保护事业。建议
加强考古科研基础建设,增加国家文物管理部门的行政编

制,加强文物保护机构建设,加强干部队伍建设。

中国是四个国际文化遗产保护公约的缔约国,中国的文化遗产也是全人类的文化遗产,中国应该在保护全人类共有文化遗产中发挥重要作用。今年10月,世界古迹遗址理事会第15届大会将在西安召开,那时将有两千以上各国专家和记者云集西安,我们应该向世界展示,中国正努力构建社会主义和谐社会,中国的经济建设和文化遗产保护二者和谐发展。

备注:胡锦涛总书记参加了联组会,会后将发言稿收去,做了批示。南水北调的考古问题得到解决。

(2005年3月7日全国政协十届
三次会议社科联组会议上发言)

风华绝代大明宫

电视剧《大明宫词》为我们展现了唐代大明宫的壮观华丽,令人流连神往。然而艺术渲染毕竟不能代表历史的真实,悠悠岁月,1300多年的沧桑沉浮早已将昔时的繁华宫阙遮掩在荒草残烟之中。作为一名考古工作者,我在唐长安城遗址上从事考古发掘研究工作二十余年,也在寻觅这座记载了一段灿烂历史的宫殿……

缘何营建大明宫

唐都长安壮阔大度,繁荣富丽,它不仅是当时全国的政治、经济、文化中心,也是享誉世界的国际大都会。唐长安城的前身原是隋文帝开皇二年(582年)兴建的大兴城,唐朝建国后,将其沿用为都城,改名长安。隋代的大兴城内只有一处皇宫——大兴宫,唐朝也继续沿用,改称太极宫。而作为有唐一代重要历史舞台的大明宫则始建于唐太宗贞观八年(634年)。那么,既然唐长安城内已有皇宫,为什么还要建大明宫呢?

　　据记载,长安城的夏天炎热潮湿,唐太宗李世民每年夏季都要到渭北高原的九成宫避暑,太宗几次都想邀请太上皇李渊同去,但李渊因为隋文帝死在九成宫,总不肯去。监察御史马周建议,为了向天下万众表现太宗的孝道,应在长安城内为太上皇营造消暑的夏宫。于是,太宗接受了马周的建议,选定在长安城北禁苑中的龙首原高地营造大明宫。然而,工程开工7个月后,李渊病死,大明宫营造未完即告停工。

　　二十余年之后,唐高宗李治以未完成的大明宫为基础,进行了大规模的再建工程。工程进行了四五年,至高宗龙朔三年(663年)终于竣工。在尚未竣工之前,李治和皇后武则天就迫不及待地由太极宫迁来居住。龙朔二年(662年),武则天在大明宫含凉殿生下了一个儿子,即后来的唐睿宗李旦。

　　史书上说,促使高宗夫妇再建大明宫的缘由主要有两个:一是太极宫地势较低,十分潮湿,高宗患"风痹"症(即头眩病),需要另觅高敞之所居住;二是武则天为谋求皇后的位子在太极宫将高宗原配王皇后和萧淑妃谋害致死后,梦中"频见王、萧二庶人披发沥血,如死时状",不敢再住在太极宫。而事实上,高宗再建大明宫的真正原因,很可能是想兴建一座与唐代皇权政治相适应的皇宫。

　　时至龙朔三年,大明宫的正殿含元殿建成,唐高宗正式在大明宫听政。此后二百余年,特别是唐玄宗时期和玄宗以后,大明宫都是唐代主要的朝会之所,成为唐王朝的统治中心和国家象征。

大明宫内的纷繁往事

电视剧《大明宫词》中关于女皇武则天的故事跌宕起伏,艳丽浪漫,但其中的一些事件其实并非发生在大明宫。比如,武则天早年屈身忍辱,奉顺上意,终于坐上皇后宝座的故事就是发生在太极宫的。

武则天随唐高宗迁入大明宫后,逐渐独断专行作威作福,甚至私自推翻高宗的决定,引起朝廷上下不满。唐高宗麟德元年(664 年),李治因为武则天私下请道士进宫做巫术的事大怒,曾密命上官仪起草诏书,准备废后。武则天得知后,利用高宗的软弱,反败为胜,不仅保住了皇后的宝座,还把上官仪和他两个儿子处死,把另一个反对她的高官赐死。可以说,武则天确实是在大明宫确立了她的政治地位,从此之后,再也没有人敢挑战她的权威。武则天正式当权后则长居洛阳,仅在晚年返回长安的两年间(701—703 年)居住在大明宫。

虽然大明宫和武则天的渊源并不像电视剧中所虚构的那么密切,但大明宫作为唐代的政治中枢,还是“目睹”了很多变幻莫测的历史事件,例如,唐文宗大和九年(835年)的“甘露之变”就发生在宫内前朝区。当时,为了推翻宦官专权,朝中大臣谎称金吾左仗院内夜有甘露,诱使宦官仇士良等前往观看,本想要借这个机会除去这些宦官,却被察觉,致使宦官杀戮朝官数百人,以致朝中为之一空。

又如,唐代中期之后的阶级矛盾日益尖锐,即使在禁卫森严的大明宫内,也多次发生庶民百姓闯入造反的事件。唐德宗李适贞元八年(792年)二月,河南许州人李狗儿手持木棍闯入大明宫含元殿,砸坏栏杆,又与围捕他的卫兵奋勇格斗,被当场杀害。唐穆宗李恒长庆四年(824年)四月,宫廷染坊的工匠张韶等一百多人起义,砍死守门的卫士,杀进大明宫,冲到清思殿,把敬宗皇帝吓得狼狈不堪。

大明宫一度还曾是黄巢农民军的政权所在。唐僖宗李儇广明元年(880年)十二月,农民军进入长安。十三日,黄巢登上大明宫含元殿,举行了盛大的即位典礼,然后在丹凤门城楼向长安百姓宣布国号为"大齐",年号"金统",并大赦天下。黄巢农民军在大明宫坚持了约两年时间,后因不敌唐军的围攻,最终撤出长安东退……

当然,发生在大明宫的也并非都是血雨腥风的争斗,很多浪漫的故事也发生在大明宫。大诗人李白,虽没有科第出身,却因诗名被玄宗所知而得任翰林待诏,在大明宫翰林院内住了近三年。李白风流倜傥,不受束缚,风光一时。相传,李白因一次酒醉要高力士为他脱靴,得罪了这位唐玄宗和杨贵妃身边的红人,为此后他宫中生涯的挫败埋下了伏笔。终于,直到李白离开大明宫时,都没能得封一官半职。

唐朝末年,长安发生数次战乱,也对大明宫造成了严重的破坏。到唐僖宗李儇光启二年(886年),大明宫终于在战乱中遭到毁灭性破坏,殿宇无一幸存。直至唐昭宗李晔光化元年(898年),才由韩建再度修复,但也只限于后宫部分。

然而,昭宗天祐元年(904年)正月,朱温逼迫昭宗迁都洛阳,"毁长安宫室百司及民间庐舍,取其材,浮渭沿河而下,长安自此遂丘墟矣"。从此,长安失去国都地位,大明宫也成为一片废墟。

规模宏大布局严谨的大明宫

考古资料表明,大明宫平面呈纵长方形,因地形所限,北部稍窄,四周宫墙围绕,设十一座宫门。丹凤门为正南门,玄武门为正北门。大明宫规模宏大,占地总面积约3.5平方公里,是太极宫的两倍,北京明清紫禁城的五倍。

大明宫布局分明,前朝后寝,即南半部为政务区,北半部为生活区,两区之间有宫墙相隔。在前朝区的中轴线上从南到北依次排列着含元殿、宣政殿、紫宸殿三大殿建筑。轴线东西两侧配置有左、右金吾仗院,东、西朝堂。中书省、门下省、御史台、史馆、弘文馆、命妇院、集贤院等衙署设置在宣政殿前东西两侧。此外,前朝区还构筑有三道东西平行的宫墙,以便对空间进一步区划间隔,营造成层层深入之势。

生活区也是皇家园林区,景色迤逦。龙首原北坡下的太液池,水面不小于17万平方米。池中有岛,岛上建亭。

唐宪宗李纯时,还在池岸建廊四百间。主要的寝殿建筑大多分布在太液池的西岸和南岸的高地。

大明宫与太极宫相比,除了规模更大外,在布局上也有变化。最明显的改革是取消了东宫。东宫,一直是皇太子的居所,同时也是对所属于皇太子之官署的总称。把东宫当成太子的代名词,至少不晚于东汉。太极宫的东宫约占宫城面积的三分之一,东宫内有中轴线,各官署按中轴左右布置。大明宫内不设东宫,可能是接受唐初多次宫廷政变的教训,以此减弱皇太子在国家政治活动中的作用。

向世人再现大明宫

早在 20 世纪 50 年代,考古工作者就开始了对大明宫遗址的考古调查工作,半个世纪以来终于取得了丰硕的成果。

麟德殿——宫廷宴会的华丽舞台

麟德殿遗址是大明宫遗址范围内保存最好的一处殿堂遗址,位于生活区太液池的西岸。其大殿基台分上下两层,下层台高 1.4 米,东西宽 77 米,南北长 130 米;上层台高 1.1 米,东西宽 65 米,南北长约 100 米。

麟德殿以前、中、后三殿串联形式布局,共用柱 192根。中殿上部构筑有阁楼,称"景云阁"。殿基台东侧另置有"郁仪楼",西侧对称置有"结邻楼"。二楼前又各置一亭,称"东亭"、"西亭"。麟德殿规模宏伟,结构特别,堪称唐代建筑的经典之作,文献中又称作三殿。

麟德殿建成于唐高宗麟德年间(664—665年)。史籍中有关麟德殿的记载很多,其主要功用是皇帝举行宫廷宴会,观看乐舞表演,会见来使等。武周长安三年(703年),武则天在此会见并设宴款待日本遣唐使粟田真人。粟田真人好读中国经史,热爱唐代文化,举止文雅,深受武则天的赏识,宴会后不久,就被授予司膳卿的官位。唐代宗时则曾在麟德殿一次欢宴神策军将士3500余人,由此可以知道麟德殿的宏伟规模。当时,唐代的官员都以能出席麟德殿宴会为荣,诗人张籍在寒食节赴宴后有诗云:“瑞烟深处开三殿,春雨微时引百官”,“共喜拜恩侵夜出,金吾不敢问行由”,表达了其欣喜的心情。

20世纪80年代,国家初步实施了麟德殿遗址保护复原工程,有效保护遗址不再遭受人为和自然破坏,又展现了遗址的基本面貌,该遗址现已开放。

含元殿——举行隆重朝会的殿堂

含元殿是大明宫内的正殿,主要用于举行元日、冬至的大朝会。每逢朝会,场面隆重,仪式繁缛。元日朝会时,皇太子及文武百官向皇帝拜贺新岁,外国和周边民族政权使节也谒见朝觐。唐玄宗天宝十二年(753年)的元日大朝会上,日本遣唐使藤原清河与新罗使节为含元殿前的席次先后,发生了争执,被记入了史书。唐代王维“九天阊阖开宫殿,万国衣冠拜冕旒”的诗句,生动描绘了当时朝会的盛大场景。

含元殿建于龙首原南坡高地上,地势高敞,视野开阔,既可远眺南山峰峦,又可近览长安街坊。龙首原上下高差达十余米,于是,建筑师利用自然地势将高地凿筑成三层平台的形式,称"太阶三重"或"玉阶三级"。殿堂就坐落在三层大台上。

考古发掘实测殿基台东西长 77 米,南北宽 43 米,殿阔 11 间,进深 4 间,四周各有一檐廊。从残留的殿基台来看,含元殿的面积和高度都超过了明清紫禁城的太和殿。现殿基台上仍遗留一大型础石,边长 1.4 米。

含元殿并非一个孤立的殿堂,而是一组建筑群。在殿堂西南 30 米处建有"栖凤阁",东南对称位置则建有"翔鸾阁",两阁与殿堂间以曲尺形长廊相连。在阁下还建有东朝堂和西朝堂。朝会时,百官由朝堂经过被称为"龙尾道"的坡道登上三层大台进入含元殿。龙尾道坡长阶高,成为年迈大臣朝见的畏途。史书上记载,唐宣宗李忱大中十二年(858 年)元日朝会,宣宗在含元殿上尊号为"圣敬文思和武光孝皇帝",年过八十的柳公权登上龙尾道后,气喘吁吁,力已委顿,误听尊号为"光武和孝",结果被御史弹劾,罚了一个季度的俸禄。

"龙尾道"到底是什么样子的呢?北京故宫太和殿前的大台正中设三道御路踏跺,考古发掘前我们想当然地以为含元殿的龙尾道也设在含元殿的南面正中,所以在含元殿南面长 105 米、宽 60 米的范围内布置了考古探方。出乎预料,这样大的范围内没有发现任何阶道的痕迹,而大台南壁包砖和散水基本连成一线,龙尾道设在殿南正中已不可能。后经查阅文献和进一步考古探测,我们终于得知,龙尾道位于三层大台的两端,即两阁墩台的内侧,呈折拐状,坡面铺花方砖,两垠有石栏杆。白居易诗中的"双阙龙相对,千官雁一行",写的就是两阁和龙尾道东西相对,以及文武百官上朝时列队行进在龙尾道上的情景。

1995 年,中国、日本、联合国教科文组织签署协议,三方合作实施大明宫含元殿遗址保护工程,现工程已经竣工。

太液池——唐代最重要的皇家池苑

目前正在进行的考古发掘的是大明宫太液池遗址。经过几年的考古工作,已经取得阶段性成果。太液池分东池和西池,两池相连。东池为主池,呈椭圆形,面积约 14 万平方米,池中有两个岛屿,现大部分为农田。西池呈圆形,已被农舍覆盖。池岸自然曲折,是用淤泥夯筑而成,还发现了护岸的挡板和木柱的痕迹,证明太液池当年是利用低地挖掘而成的人工湖泊。池岸上清理出水渠、道路、廊庑、人工堆砌的景石,都显示出唐代皇家园林的精美。2003 年春天发现的干栏式建筑遗迹非常奇特,15 间高架在木柱上的建筑呈 V 字形排列,有可能是连接北岸和岛屿的廊桥或水榭。

大明宫遗址出土的遗物丰富多彩,最常见的是残破的建筑构件:砖瓦、础石。陶瓷器、铜器、骨器、石雕等也多有发现。考古发掘工作艰苦寂寞,但是通过发掘、分析、比对,最终获取成果时的惊喜和自豪也是其他行业无法体验的。

2003年11月底,正当我们要结束太液池南岸高地上一座殿堂遗址的秋季发掘时,一件石雕出土了。虽然鼻子残缺,但可以看出这是普贤菩萨的坐骑——大象。佛教雕像在大明宫出土,给我们传递了重要信息。史书记载:武则天在含凉殿生下儿子后,为了得到佛祖的庇护,在殿中设置了玉石佛像。出土的石象有可能就是这组佛像中的一件,这样可以推测出我们正发掘的殿址也许就是含凉殿。这一发现又一次令我们感到了欣喜……

唐大明宫遗址位于今天陕西省西安市的东北部,距市中心约3公里,含元殿遗址则距西安火车站仅1公里。换句话说,遗址就在城市里,保护工作非常困难。正当国家、省市政府计划对遗址进行重大保护举措时,大明宫遗址却不断遭到破坏,令这一珍贵的历史遗产面临消失的危机。

国内外的有识之士对大明宫遗址的保护问题越来越重视,联合国教科文组织认为:"大明宫遗址,不仅是中国的,也是世界的文化遗产。"为了让人们能够感受大唐盛世的气势,领略含元殿遗址的雄伟,遗址的保护修复工作正在进行中。含元殿南至丹凤门东西宽200米、南北长600米的御道,将在两年内开通。届时,这里将是一个大广场,节日的庆典、大型的演出,都可以在这里举行。就像意大利的古罗马剧场一样,唐含元殿遗址将焕发出新的生命力。一个展示手法现代化的资料馆也正在建设中,今年年底前,观众们就可以在资料馆里看到大明宫遗址出土的文物,体验唐代宫廷生活。

　　大明宫遗址终会像罗马庞贝古城一样,成为考古学家的天堂,探古寻幽者的圣地。

（原载于《文明》2004 年第 5 期）

唐长安城:理想的地形　辉煌的都市

引　言

1300多年的王朝更迭,已将中世纪最伟大的都城淹没在荒草之中。但是当我们拨开覆盖在历史上的尘土,唐长安城跃然而出。这是一座规模宏大、设计周详、制度谨严、布局井然的大都市:一条南北中轴线纵贯全城,东西左右均衡对称,坊里排列如棋局。这座城市既是中国封建皇权高度集中的标志,又是中国里坊制封闭式城市的典型,而它的建立竟然与龙首原上六道坡冈密切相关,理想的地形,造就了辉煌的都市,这一切是天作之合吗?

春季是田野发掘的好季节。正当我们唐长安城考古队在西安发掘唐大明宫太液池遗址时,海峡两岸的民众将目光一次又一次聚焦到西安——连战的破冰之旅和宋楚瑜的寻根之旅都不约而同地选择了西安。黄帝陵、轩辕庙、秦俑坑,把我们带回中华民族形成的远古和统一强盛的秦汉时期。"大唐芙蓉园"的盛宴和歌舞,使人们可以尽情想象大唐盛世的荣华富贵。在考古学者看来,新开园的大唐芙蓉园,是一座仿唐建筑群,仅借用了唐代芙蓉园的名称和地望,吸引游客。而饱含历史信息的真正芙蓉园遗址还没有机会进行考古发掘。如果要体验唐代的社会生活,不能不看唐代的遗址和遗物。

唐代是我国政治统一、经济发展、文化繁荣、国际交往频繁的盛世。长安城作为唐代的都城,人口一度超过百万,是中世纪的世界名城。1957年以来,中国社会科学院考古研究所对这座城址进行了全面勘察和多次发掘,经过三代人近五十年的努力,将考古发现与历史文献相对照,唐长安城的面貌已初步展现。

六条高坡成就一座大都市

唐长安城的前身是隋大兴城。隋朝国祚短促,仅有三十几年。在人们印象中,隋文帝"天性沉猜,素无学术",隋炀帝"淫荒无度""生灵涂炭"丧身灭国。其实,隋朝是一个很有作为、很有贡献的朝代,它成功地结束了中国长达三百余年分裂混战的局面,完成了南北统一的历史使命。我们今天所说的唐长安城,其实是隋文帝杨坚的决策,建筑大师宇文恺的杰作。隋炀帝开掘时名为通济渠的大运河,流淌了一千三百多年,至今仍在使用。南水北调的东线工程依托的还是大运河。唐代的辉煌,掩盖不住隋代的光辉。

581年,杨坚改朝换代,建立了隋朝,仍以汉长安城为都。但建于西汉初年的汉长安城,久经战乱,破败不堪,且八百年来历经数个朝代的使用,城市诸多功能已丧失殆尽。尤其是因为对垃圾处理采取挖坑掩埋,生活污水直接排入地下的方式,导致地下水源被严重污染。隋朝大臣庾季才向皇帝报告说:"汉营此城,经今将八百岁,水皆咸卤,不甚宜人。"隋文帝是一个有雄图抱负的人,立志建立一个强大统一的新王朝,汉长安城面积狭小,也不宜再做新都,遂决定放弃旧城,另辟新址。最后选择在汉长安城东南龙首原南坡的平原上兴建都城。杨坚早年曾被封大兴公,新都便取名"大兴城",取其永远兴盛昌盛之意。

西安地区总的地形为东南高西北低。发源于秦岭山地的灞河、浐河和潏河等,因为受到这种地形特点的制约,纵贯西安东南地区,趋向西北流入渭河。这些河流,切割了西安市区的平原,使它们几乎都成为东南、西北向的长条形。相对来说,只有灞河、浐河与潏河之间的这块平原最为开阔,东西宽约17公里,南北长约40公里,它以龙首原为分界线,形成南北两个不同的地形单元。龙首原位于现在西安市区的北部,呈西南、东北走向,形似一条游龙,当初汉长安城就建在龙首原的北部,而在龙首原南面与少陵原北面之间恰有一块平原,高度大致在400米与450米等高线之间。尽管在其间仍有不少高地和低地参差起伏,但原面基本平坦,而且从它的东、西、南方向引水入城,还可以解决城市用水问题。

582 年,隋文帝任命宰相左仆射高颎总领其事,任"巧思过人"的太子左庶子宇文恺为总设计师,营建新都。宇文恺在考察地形时发现,在龙首原与少陵原之间大致有六条东西向、宽窄不等、断续起伏的黄土条块,所谓龙首原六坡。六条高坡尤似《周易》乾卦象排列,于是新都城的设计除了考察借鉴前朝国都北魏洛阳城和东魏、北齐邺城等规划经验,还以《周易》的乾卦理论作指导思想,充分利用地形制定规划,终于成就了一座规模宏大、设计周详、制度谨严、布局井然的大都市:一条南北中轴线纵贯全城,东西左右均衡对称,里坊排列如棋局。这座城市既是中国封建皇权高度集中的标志,又是中国里坊制封闭式城市的典型。

都城布局天人合一

今天当我们透过唐长安城的平面图,在脑海里勾画这座中世纪的大都会时,不能不佩服前人的才智:优越的自然环境与理想化的设计思想几乎达到了完美的统一,如此辉煌的成就不仅是中国文化的宝贵财富,也是对世界文化的重大贡献。

《周易》乾卦理论中的六爻分别为初九、九二、九三、九四、九五、上九。卦论认为初九是潜龙,勿用。九二高坡是"见(现)龙在田",因此只能"置宫室,以当帝王之居"。九三之坡,"君子终日乾乾,夕惕若厉"。如果把百官衙署放在这里,正可以体现文武百官健强不息、忠君勤政的理念。于是宫城与皇城分别被布置在九二和九三坡地上。

其实如果从六坡的等高线看，地势从南到北渐次降低。那么宫城所处的位置则相对较低。不把宫诚设置在最高处是另有原委。根据天上星宿的位置，最为尊贵的紫微宫居于北天中央，它以北极为中枢，东、西两藩共有十五颗星环抱着它。紫微宫即有皇宫的意思，皇帝贵为天子，地上的君主和天上的星宿应该相对应，因此，只能把皇宫布置在北边中央位置。而且北边有渭河相倚，从防卫的角度看，也最具安全性。

但是这种追求理念的设计似乎也有遗憾。隋代的皇宫——大兴宫到唐朝继续沿用，只是改名为太极宫。而太极宫很快就被大明宫所取代，究其原因，就是因为太极宫地势较低，而长安城盛夏气温很高，异常燠热，使得住在太极宫有"湫湿"感。为此从秦至唐，每逢夏季流火，统治者都要到夏宫去避暑。唐太宗李世民每年夏季到渭北高原的九成宫避暑时，几次都想邀请太上皇李渊同去，但李渊因为隋文帝死在九成宫，总不肯去。监察御史马周便建议，为了向天下万众表现太宗的孝道，应在长安城内为太上皇营造消暑的夏宫。于是，太宗接受了马周的建议，选定在长安城北禁苑中的龙首原高地，营造大明宫。后来唐高宗李治又接着以未完成的大明宫为基础，进行大规模的再建工程。

史书上说，促使高宗夫妇再建大明宫的缘由主要有两个：一是太极宫地势较低，十分潮湿，高宗患"风痹"症（即头眩病），需要另觅高敞之所居住；二是武则天为谋求皇后的位子在太极宫将高宗原配王皇后和萧淑妃谋害致死后，梦中"频见王、萧二庶人披发沥血，如死时状"，不敢再住在太极宫。而事实上，高宗再建大明宫的真正原因，很可能是想兴建一座与唐代皇权政治相适应的皇宫。大明宫的正殿含元殿建成后，唐高宗便正式在大明宫听政。此后二百余年，特别是唐玄宗时期和玄宗以后，大明宫都是唐代主要的朝会之所，成为唐王朝的统治中心和国家象征。1957 年以来，考古工作者在大明宫遗址进行了长期的考古勘探发掘工作，已探明大明宫的范围和布局。大明宫面积 3.2 平方公里，是北京明清故宫的 4.5 倍（故宫面积不足 0.7 平方公里）。

大明宫因位居龙首原高地，比太极宫高出 10 米左右，龙首原上下高差达十余米，于是，在建造大明宫正殿含元殿时，建筑师利用自然地势将高地凿筑成三层平台的形式，所谓"太阶三重"。殿堂高大巍峨，又建在三层大台之上，其规模和气势都超过明清故宫太和殿，皇帝那至高无上、与天相通的权威，一望而知。

含元殿主要用于举行元日、冬至的大朝会。每逢朝会，场面隆重，仪式繁缛。唐代诗人王维生动描绘了当时朝会的盛大场景："九天阊阖开宫殿，万国衣冠拜冕旒。"而从地势高敞、视野开阔的含元殿上向南眺望，长安城更是历历在目。上元灯节时，唐帝常常在此观看满城灯火如何耀长安。

偏坊远巷爱东头

在选择宅地时，不仅皇亲贵戚喜欢住在高爽之地，即使是一般官宦也都怕"湫湿"。六坡地势走向东高西低，因此当我们考察长安城的里坊布局时发现，住宅分布上也具有明显倾向于东边高爽之地的地理特点。

长安城有一条宽达 150 米、比今日北京的长安街还宽的朱雀大街，它相当于一条中轴线，街东属于万年县，街西属于长安县。全城共有 108 个坊里，虽然街东街西的坊里相当，但街东住宅却明显比街西多出许多。诗人白居易在《卜居》中表达了心中理想的住宅地："游宦京都二十春，贫中无处可安贫。长羡蜗牛犹有舍，不如硕鼠解藏身。且求容立锥头地，免似漂流木偶人。但道吾庐心便足，敢辞湫隘与嚣尘。"可见，当时人也力避湫湿与嚣尘。白居易在长安住过的四处住宅就都位于街东，分别是长乐坊、宣平坊、昭国坊和新昌坊。在搬到新昌坊后，白居易还写诗述怀："地偏坊远巷仍斜，最近东头是白家。宿雨长齐邻舍柳，晴光照出夹城花。春风小榼三升酒，寒食深炉一碗茶。能到南园同醉否，笙歌随分有些些。"（《自题新昌居止因招杨郎中小饮》）

新昌坊在乐游原上，而乐游原在九五高坡东部的南面，九五高坡东边海拔达 450 米，西边也有 410 米高。按乾的卦象说，九五为"飞龙在天，利见大人"，位极尊贵，因此不宜常人居住，设计者便在朱雀大街的东西两边分别建制了大兴善寺和玄都观来镇它。

当年如果登上乐游原,便可以俯瞰长安城。而今虽然四周已是高楼林立,但站在原上仍觉得视野开阔。唐代著名寺庙青龙寺就立在原上。它的前身是隋代灵感寺。当年为了修城,这里曾搬迁了不少墓地,宇文恺便在原的南侧兴建了灵感寺以追祭这些无辜的魂灵。寺庙附近的空地则成为市民登高游乐的好去处。处于晚唐国运将尽时期的李商隐就是在这里写下了著名的伤感诗篇:"向晚意不适,驱车登古原。夕阳无限好,只是近黄昏。"

乐游原往南,是九六高坡。据说在规划大兴城时,隋文帝曾很是苦恼过,东南角的海拔在 450 米以上,而根据方士们的观点,大兴城东南高西北低,风水会向东南倾斜,那么皇宫将何以堪?

乐游原与南边的少陵原间恰好有一块低洼地带,由于长期积水,自然形成了一个湖泊曲江池。秦汉时都曾利用曲池做皇家园苑,汉后战乱频频,池水逐渐干涸。为了破除东南地势高的格局,隋朝又重凿曲池,圈成皇家园林"芙蓉园"。唐时芙蓉园也几经扩建,终成一个烟水明媚莺歌燕舞的游览胜境,浪迹天涯的游子忆长安时的一个念想,更成为强盛大唐的一个标志。2005 年 4 月 11 日,农历三月三,仿唐建筑大唐芙蓉园在曲江新区开放,今日的西安人希望以此重现大唐盛景,那么我们就姑且借着它梦回大唐吧。

（原载于《中国国家地理》2005 年第 6 期）

中华文化标志城项目
必须再搞科学论证

3月9日政协十一届一次会议大会发言中，孙淑义委员的发言《加快推进中华文化标志城建设，打造中华民族共有精神家园》，即在儒家文化发源地建设中华文化标志城。我们对这个项目有不同看法，强烈呼吁国务院发改委组织专家再做科学论证。

1. 命名要慎重

考古学发掘和研究证明中华文明是多元一体、多民族一体的。中原的夏商周、长江流域的荆楚文化、四川盆地的三星堆文化、燕赵文化、齐鲁文化、吴越文化、岭南文化、滇文化，以及边境地区的各少数民族文化相互交融、碰撞，形成了中华文明。中国的文化遗产，是光辉灿烂的中国历史的重要见证，是博大精深的中华文明的载体。每一处文化遗产都是人民了解、认识祖国历史文化的最好课堂，也是激发民族自豪感，弘扬爱国主义精神的最好基地，都是中华民族的精神家园。中华文化标志城无论选在何地，都不可能代表中华民族的文化形象，也不可能为海内外中华儿女广泛认同。中华文化标志城若建在九龙山，必将引起河南、陕西、山西等有更多更久文化遗产省份的不服气，也会引起各地争相效仿，以弘扬文化为名，大搞城市建设为实。地方城市冠以中国、中华等国字名的，要慎之又慎。

2. 违背我国申报世界遗产时的承诺，将有损我国政府在世界舞台上的形象

曲阜的孔府孔庙孔林是联合国教科文组织世界遗产名录上的一处文化遗产。曲阜三孔的古建筑、古遗址不仅是中华民族的珍贵文化遗产，也是全人类的不可再生的宝贵文化遗产。作为一处世界文化遗产，我国必须严格依照《保护世界文化和自然遗产公约》和《实施保护世界文化和自然遗产公约操作指南》，实现当初申报世界遗产的承诺，对自然因素及人为因素所引起的保护对象及其环境的变化，进行长期定点监测。其目的是客观评价、全面反映世界文化遗产地环境质量及保护对象的现状，评估保护效果，为世界文化遗产地管理提供决策依据。中华文化标志城若建在九龙山，就会人为地全面地改变了三孔的环境。世界遗产对环境有严格的要求，违背我国申报世界遗产时的承诺，会有损我国政府在世界舞台上的形象。

3. 必须严格执行《中华人民共和国文物保护法》

曲阜的孔府孔庙孔林是国务院 1961 年公布的全国第一批重点文物保护单位。《中华人民共和国文物保护法》、《中国文物古迹保护准则》对全国重点文物保护单位的重点保护范围、一般保护范围和建筑控制地带均有明确规定。对古建筑古遗址的本体维修、环境整治必须遵照总体保护规划,并得到国家文物局的批准。

4. 文化是积累的,文化城不是人为打造的

文化是积累的,文化城不是人为打造的。我国关于文物保护的方针是:保护为主,抢救第一;有效保护,合理利用,加强管理。这一方针是正确的,我国在保护文化遗产方面取得很大成绩。但是,当前保护文化遗产的形势依然严峻,存在很多问题:在大规模经济开发建设中,很多地下的古代遗址被破坏;大量遗址和遗物由于文物保护经费短缺而得不到妥善保护。在这种状况下,山东拟投入 300亿,建文化标志城。这样一大笔钱,若投入真遗址真遗产的保护上会起到良好的社会效益,但 300 亿对建这样一座新城远远不够,还要通过市场运作、招商引资。山东省委、省政府一直高度重视中华文化标志城工作,省九次党代会作出了"实施孔子文化品牌带动和文化走出去战略"的重要部署。省委九届二次全会报告则指出:"要搞好中华文化标志城的规划建设,使规划建设的过程,成为全民讨论、

形成共识的过程,成为扩大齐鲁优秀文化影响力和知名度的过程,成为进一步确立山东文化建设领先地位的过程。"这已经明显透露出这一工程的真实目的。

　　鉴于中华文化标志城项目重大,虽经过 69 位两院院士和各界爱国人士的倡议,还有必要进一步科学论证,特别是征求文化遗产保护专家、历史学专家、考古学专家、社会学专家的意见。

　　我们强烈呼吁国务院发改委组织专家再做科学论证。

　　　　　　(2008 年 3 月全国政协十一届一次会议提案)

隋唐九成宫遗址的保护是麟游
城市发展的机遇

一、隋仁寿宫唐九成宫遗址的科学价值

翻开史籍,关于隋仁寿宫唐九成宫的记载相当丰富。隋仁寿宫建于隋文帝开皇十三年(593年)。入唐以后,于太宗贞观五年(631年)依隋宫原址修葺重建,改名九成宫。高宗永徽二年(651年)曾改称万年宫,乾封二年(667年)复称九成宫。隋文帝经常到仁寿宫久住,唐太宗也常在九成宫避暑,所以这处宫殿在隋至唐初地位重要,在皇帝居住于此时成为当时的政治中心,所以宫城雄伟,并置禁苑及府库、官寺等建筑。但自高宗以后,唐朝皇帝就不再到那里避暑,九成宫丧失了原有的重要位置,中唐以后更是日渐衰败,到晚唐昭宗时,那里已沦为废墟。因此,这是一处与隋和初唐历史研究有关的重要遗址。隋仁寿宫、唐九成宫遗址的考古工作,已不仅是为了解一处皇帝避暑

离宫的规模和建筑形制,而是具有更深刻的史学价值。

对隋仁寿宫、唐九成宫遗址的考古发掘,还对研究中国古代宫殿建筑具有特殊意义。过去在考古发掘中没有获得过保存较完整的隋代宫殿建筑遗址,对当时的建筑规制及建筑构建均缺乏认识。唐代九成宫系在隋仁寿宫的基址重建,基本没有改变隋代建筑规制,并且在重建时没有对隋代基址有多大的破坏,唐末宫殿废弃后也多未遭扰乱,所以在这处遗址中不但唐代宫殿基址保存较好,而且在唐代地层叠压下的隋代宫殿基址也多保存较好,特别是其中的 37 号殿址,基本保持初建时原貌,只有极少部分经唐代改建或修补,更较完整地保留隋代建筑规制,因此获得了极珍贵的有关隋代宫殿建筑的实物史料,对研究中国古代建筑史具有重要学术价值。

不仅《隋书》《旧唐书》《新唐书》《资治通鉴》等正史中记载了这座夏宫,唐代著名诗人王维、杜甫、李商隐等都留下咏颂九成宫的诗篇。唐代著名画家李思训曾绘有《九成宫纨扇图》,其子李昭道也绘有《九成宫图》。《九成宫醴泉铭》更是文学和书法艺术的顶峰。由此可见,九成宫在中国文学史、美术史上的重要价值也是其他离宫不可比拟的。

二、考古发掘证实了隋仁寿宫唐九成宫的存在

虽然史书上将九成宫的位置记载得很清楚,即在现在的陕西省麟游县的新县城,但游人到此,地面上见不到一

座当年的楼台亭榭,真不敢相信名噪一时的九成宫就建造在这样的穷山僻壤中。

从唐末九成宫毁坏到现在只有一千多年,但是由于严重的水土流失,在遗址上已经覆盖了2—3米的黄土。正是由于覆土太厚,现代地面上难得见到隋唐遗迹和遗物。1950年代,九成宫遗址曾经列为省级文物保护单位,但在1960年代初进行文物复查时,几个文物干部见地面上的遗迹遗物很少,就以为破坏殆尽,轻易地撤销了这一文物保护单位。正好这个时候县政府认为旧县城地方狭小难以发展,计划搬迁县城。文物保护单位的撤销正好给了县政府搬迁的机会,县政府决定废弃老县城,将新县城建在天台山下的风水宝地,即隋仁寿宫唐九成宫遗址上。在新县城的建设过程中,只要下挖到二三米深处,就会遇见九成宫的遗迹和遗物。

中国社会科学院考古研究所西安唐城工作队自1978年至1994年对隋仁寿宫唐九成宫遗址进行了全面的考古勘探和发掘工作。西安唐城队建队于1957年,主要学术目的是对西安唐长安城和唐大明宫遗址进行考古勘探、发掘和研究。1978年,马得志先生得知麟游新城区逐渐搬迁到隋仁寿宫唐九成宫遗址上,遗址正面临破坏,他当机立断带领考古队到麟游对隋仁寿宫唐九成宫遗址进行全面的考古勘探和发掘工作。马得志先生主持的考古工作搞清楚了宫城的位置、规模。九成宫修建在杜水北岸,北依碧城山,南对石臼山,东障童山,西临凤凰山。离宫的宫墙东西 1010 米，南北约 300 米，地势西高东低，秀丽的天台山被围在宫城之内。考古队进入麟游时，遗址上已是楼群林立、街巷如织了，考古工作只能见缝插针。宫城内发掘了天台山上的 1 号、2 号宫殿遗址，13 号隋代井亭及多段唐代石渠等重要遗址。在宫城以西的禁苑中发掘了 3 号建筑群。在宫城北的碧城山和宫城南的堡子山上发现了宫城外的缭墙，并发掘了缭墙的北门。

　　在马先生主持发掘期间，他还给全县的重要干部讲课，讲九成宫的历史，宣传文物保护工作的重要性。

　　麟游县是陕西省内贫困县之一，当时交通不便，生活条件很差。马得志先生在麟游考古工作期间多次重病住院，但终于克服种种困难，完成了前期的考古勘探和发掘工作。隋仁寿宫唐九成宫的考古成果是马得志传奇一生中对隋唐考古的又一重要贡献。

　　隋仁寿宫唐九成宫 37 号殿址是 1989 年在基建中发现的。在省市县各部门支持协助下，考古队经过五年的艰苦工作，多次拆房扩大发掘面积，于 1994 年 9 月完成了整个殿址的揭露。我手中保存了一份麟游县人民政府办公室文件复印件，是 1993 年 9 月 10 日关于继续发掘和保护唐九成宫 37 号殿址协调会议的纪要。县长齐军智、副县长杨建成、副县长王书林都参加了会议，会议协调解决了县邮电局拆除遗址上的 8 间平房，县新华书店拆除部分房屋的问题，考古发掘范围还扩大到县北大街，涉及排污渠的改建和电缆的改线铺设。没有县政府的支持，37 号殿址是无法全面揭露的。

37号殿址的揭露,给考古学界和古建筑界带来了惊喜。37号殿址位于离宫中心偏东部,殿址坐北朝南,高出隋唐地面1米,东西长42.62米,南北宽31.72米。黄土夯筑的殿阶基全部用石材包砌。东、西、北三面各有两条与回廊相接的踏道;南面设两条登殿的踏道,踏道中间有0.91米的石阶为"陛",即皇帝专用的御道。殿址上现存64个一米见方的覆盆式青石柱础,雕刻得非常规整精细。由于绝大多数的柱础都在原位置没有移动过,因此该殿堂的平面布局相当清楚:东西面阔九间,南北进深六间;网柱分布独特,檐柱与内柱之间形成跨度达8.2米的围廊,如此之宽的围廊为国内首次发现。遗址中部为内殿,面阔五间,进深二间,南北跨度达9.4米。内殿的南北门还留下了汉白玉的门砧石。这样格局的建筑在文献中未见记载,现存古建中也无此类实例。37号殿址的考古发掘填补了中国建筑史上隋代宫殿建筑的空白。

1994年9月初,麟游县召开了九成宫37号殿址考古成果新闻发布会。北京大学考古系主任宿白教授、国家文物局古建专家组组长罗哲文先生、九成宫前期考古发掘的主持人马得志先生及国家文物局、陕西省文物局、宝鸡市广播电视文化局的领导等考察了考古现场。专家们对保存这样好的隋代宫殿赞叹不已。宿白教授认为:这个遗址是中国考古史上保存最完整、最系统的皇家离宫遗址。罗哲文先生背着相机兴奋地四处拍照,中午也不休息,不顾劝阻，登上37号殿址南侧邮电局新楼的楼顶拍遗址，以至于会后还没有到西安就发起高烧。我们都因照顾不周有所愧疚，但罗先生并不在意，一提起九成宫仍兴奋不已。

在九成宫37号殿址的宣传上，我们还应提到新华社的两个记者。王兆麟先生是新华社驻陕西的高级记者，他一直关注着九成宫的考古发掘。在新闻发布会的第二天就发表了新华社对外新闻稿《陕西发掘出隋唐宫殿遗址》。《人民日报》《光明日报》等国内主要媒体转发了这份新闻稿。《香港文汇报》《香港大公报》《法国欧洲时报》等境外十几家报纸也都发表了他的新闻稿。樊如钧先生当时是新华社驻陕西的摄影部主任，他曾在麟游下过乡，对麟游有深厚的感情。在我们发掘期间，他特意到现场采访，拍下了珍贵的照片。樊如钧先生后来调到北京，任新华总社摄影部主任，专门负责对中央领导的摄影。

37号殿址的发掘被《中国文物报》评为1994年全国十大考古发现之一。1996年，这一考古工作又被《中国文物报》评为"第八个五年计划（1991—1995）"期间十大考古发现之一。同年，隋仁寿宫唐九成宫遗址被国务院公布为第四批全国重点文物保护单位。

三、隋仁寿宫唐九成宫遗址的历史机遇

1994年9月，在麟游的新闻发布会上也讨论了九成

宫的保护问题。宿白教授认为必须马上停止在遗址范围内的一切建设,县城逐步搬出九成宫范围。我们文物考古工作者都很赞成宿先生的意见,但是在当时的条件下,几乎没有实现的可能性。37 号殿址发掘之后,我没有回过麟游。因为我害怕看见这么珍贵的遗址继续遭受破坏,而作为一名文物工作者又无力制止破坏,这种无奈是心中永远的痛。

2010 年初,麟游县委书记张校平到北京看望马得志先生,和我们探讨九成宫的保护问题。我感到隋唐九成宫遗址终于等到了她的历史机遇。

近年来,文物系统正确把握了文化遗产保护领域事业的发展形势,在国家发展大局中找准工作定位,积极承担社会责任,融入经济社会,促进自身发展,进行一系列的理论创新和实践探索。改革开放以来,中央财政文物保护专项资金已从 1978 年的 0.07 亿元增加到 2010 年的 47.3亿元。

2005 年 12 月,国务院发布《关于加强文化遗产保护的通知》(国发〔2005〕42 号),加快了我国从"文物"保护走向"文化遗产"保护的转型进程。近几年来,我国文化遗产保护取得很大成果。

2008 年,国家设立了大遗址保护专项资金,实施大遗址保护工程,抢救保护祖国珍贵的文化遗产。大遗址主要包括反映中国历史各个发展阶段涉及政治、宗教、军事、科技、工业、农业、交通、水利等方面历史文化信息,具有规模宏大、价值重大、影响深远特点的大型聚落、城址、宫室、陵寝墓葬等遗址、遗址群。在我国已公布的六批 2351 处全国重点文物保护单位中,约有 500 余处是大遗址,占总数的四分之一,其中一部分已被列为世界文化遗产。大遗址承载着丰富的历史信息和文化内涵,是中国五千年灿烂文明史的主体和典型代表,不仅具有深厚的科学与文化底蕴,同时也是极具特色的环境景观和旅游资源,在建设社会主义政治文明、物质文明和精神文明,向世界展示悠久的中华传统文化,促进大遗址所在地社会经济文化发展等方面发挥重要作用。

大遗址保护工程已选了 100 处在中华文明史中占有重要地位的大遗址,逐步完成大遗址保护管理体系建设,并编制 100 处大遗址总体保护规划。这项工程正在稳步推进,已完成唐大明宫、秦始皇陵、阳陵、偃师商城、汉长安城等重要遗址的保护规划。

隋唐九成宫遗址属于大遗址。九成宫遗址保护的总体规划的制定和将来的保护工程都可以申请国家的专项经费。

隋唐九成宫遗址的保护可以借鉴很多成功的经验。西安大明宫、洛阳皇城、成都金沙遗址、荆州城、郑州商城和曲阜等都是遗址在城市中心地区,近年在保护遗址方面和城市建设方面取得双赢。

文化遗产作为不可再生、极为稀缺的文化、精神、经济和社会资源,其重要地位日益凸显。隋唐九成宫遗址的保护必定会为麟游的经济发展、城市文化品位的提升发挥重要作用。

（2011 年 8 月"陕西麟游第二届
全国九成宫文化研讨会"论文）

中国世界文化遗产的现状和前景

1. 中国世界文化遗产的基本情况

1972 年联合国教科文组织通过了《保护世界文化和自然遗产公约》[1]。该公约的目的在保护不可移动的文化遗产方面寻求广泛的国际合作。它把一些具有重大、普遍意义的古迹、遗址和名胜列入了世界遗产名录。这个公约是联合国教科文组织中最著名并被广泛接受的公约,现有 180 个签约国,现有 878 个文化遗产和自然遗产列入了《世界遗产名录》。

中国历史悠久,文化灿烂,山川壮丽。每一处文化与自然遗产都是人民了解、认识祖国历史文化的最好课堂,也是激发民族自豪感、弘扬爱国主义精神的最好基地。文

---

[1] Convention of Definition of the Cultural and Natural Heritage, UNESCO World Heritage Centre, Copyright © 1992-2009, http://whc. unesco. org.

化与自然遗产是历代先民们的智慧与创造力的载体和丰碑，也是我们国家和民族的骄傲。保护好文化与自然遗产并将之完好无缺地交到子孙后代的手中，是我们的责任和义务。近20年来，中国文化与自然遗产保护工作取得前所未有的成就，文化与自然遗产的保护意识越来越深入人心。

1985年12月，我国正式成为联合国教科文组织《保护世界文化和自然遗产公约》的缔约国。1987年长城、泰山、明清皇宫、莫高窟、秦始皇陵秦俑坑和周口店北京人遗址六项遗产被列入《世界遗产名录》。从此，中国在世界遗产事业方面打开了与国际合作交流的窗口，拥有了一个学习与对话的国际平台。经过20年的努力，我国已拥有37处世界遗产，数量仅次于意大利和西班牙，位居世界第三。其中世界文化遗产26处、7处世界自然遗产和4处世界文化与自然混合遗产。《公约》的缔约国须承担本国和世界遗产的职责和义务。我国政府结合中国世界遗产的保护管理的实际，颁布了一系列法规、规章等文件，不断地健全保护管理机构，并多方筹集资金，不断加大保护修缮力度，使我国世界文化遗产的整体保护状况得到较大改善。

2004年，第28届世界遗产委员会会议在中国苏州成功召开。2005年10月，世界古迹遗址理事会第15届大会在西安成功召开。文化遗产的价值和理念逐步为广大民众所熟悉和接受，各地申报世界遗产的热情也在不断高涨。2002 年,国家文物局设立了专门负责全国世界文化遗产的申报、保护、管理工作的部门,指导和帮助有申报热情和申报潜力的地方政府制定科学的遗产保护规划,健全遗产保护管理体系,提高管理与监测能力,并且积极推进相关法律建设。

近年来,中国每年提交的世界遗产申报项目都在世界遗产大会上顺利通过,其中世界文化遗产项目为:

2004 年,高句丽王城、王陵及贵族墓地;

2005 年,澳门历史城区;

2006 年,殷墟;

2007 年,开平碉楼及村落;

2008 年,福建土楼。

2. 以殷墟为例,看申报世界遗产对遗址保护工作的推动

殷墟是中国商代晚期的都城遗址,横跨安阳洹河南北两岸,现存有宫殿宗庙区、王陵区和众多族邑聚落遗址、家族墓地群、甲骨窖穴、铸铜遗址、制玉制骨作坊等众多遗迹,是中国历史上第一个有文献可考,并为甲骨文和考古发掘所证实的古代都城遗址。

殷墟作为第一批全国重点文物保护单位,从 1961 年起逐步划定了保护范围和建设控制地带,并制定了具体的保护措施。20 世纪 80 年代以来,安阳市先后在殷墟宫殿宗庙区、王陵区建成了殷墟博物苑和殷墟王陵遗址公园,

对宫殿宗庙遗址、王陵区墓地和一批祭祀坑进行了积极的保护,保存状况基本完好。2001 年,随着安阳市正式启动殷墟申报世界遗产,全面展开了对殷墟遗址的保护与展示工作并取得了巨大的成功①。2005 年 10 月,世界遗产委员会派咨询机构 ICMOS 对殷墟遗址进行考察和评估。韩国学者金秉模作为 ICMOS 的专家现场考察,并对殷墟的保护工作予以肯定。2006 年 7 月 13 日,联合国教科文组织世界遗产委员会以符合文化遗产第(ii)(iii)(vi)条标准,将殷墟列入了《世界遗产名录》。

殷墟被列入《世界遗产名录》以来,安阳市委市政府高度重视对它的保护和管理,多次召开会议,研究部署相应的保护管理工作。

2001 年 9 月,河南省人民代表大会常务委员会根据安阳市人大的提案,审议通过了《河南省安阳殷墟保护管理条例》,自 2001 年 10 月 10 日起施行。安阳市也相继颁布了《安阳市关于进一步加强文物保护管理工作的通知》、《安阳市关于殷墟保护区内违章建筑的处理通告》等具体规定,为殷墟遗址保护提供了法规和制度保障。

2002 年 3 月,国家文物局批复同意《安阳殷墟保护总体规划》,2003 年 6 月,河南省政府核准《安阳殷墟保护总体规划》,并予以颁布施行。2006 年 12 月,殷墟被国家财政部和文物局列入《十一五期间大遗址保护总体规划》,

---

① 殷墟编辑委员会:《殷墟》,文物出版社,2001 年。

为进一步开展殷墟的保护和展示利用奠定基础。

2007年5月,河南省政府发布《河南省人民政府关于加强大遗址保护工作的通知》,增强保护力度。

为科学有效保护殷墟遗址和文物,安阳市政府先后建立健全了殷墟管理机构,按照职能分区落实各自的工作职责。

1995年,安阳市政府成立殷墟管理处,专职负责殷墟的日常保管和安防消防等工作。

2002年,安阳市政府成立安阳市文物管理局,具体负责对殷墟遗址保护的领导、管理和监督职能,受安阳市文化局领导。

安阳市文物管理局下设殷墟管理处,负责殷墟遗址消防、安全保卫、行政执法和其他保护事宜的综合协调工作。

2005年,将原属旅游局管理的殷墟博物苑划归文物局管理并更名为宫殿宗庙遗址管理处,负责殷墟宫殿宗庙遗址景区的服务、保护和管理;另成立王陵遗址管理处,负责殷墟王陵遗址景区的服务、保护和管理。还有安阳市文物钻探队,负责殷墟和安阳市境内的文物钻探工作;安阳市文物考古研究所,负责殷墟重点保护区以外的文物考古发掘和研究工作,均隶属于安阳市文物管理局。

2007年8月,安阳市成立殷墟世界文化遗产保护管理委员会,副市长王晓然任主任。委员会下设办公室,负责殷墟大遗址保护工作的日常行政管理和组织协调工作,并负责组织、召集委员会会议。在遗址分布的区、乡政府建立文物保护领导小组,在遗址所在的自然村建立文物保护小组,现已形成保护网络,能够有效保证大遗址的安全。

中国社会科学院考古研究所安阳工作站,长期负责殷墟重点保护区内的文物考古发掘和研究工作,隶属于中国社会科学院考古研究所。

根据国家文物局批准的殷墟保护规划,中央财政拨款3000万元,安阳市政府配套经费18900万元,社会集资3100万元,为殷墟遗址保护的深入开展提供了充足的资金保障,并由此开展了一系列的保护举措。

在中央财政补助的项目中,完成了洹北商城钻探及殷墟宫殿宗庙区的补充勘探;小屯村历史面貌恢复及环境治理;宫殿宗庙区高压线改造;乙20号、甲12号基址复原建筑的拆除;王陵遗址车马坑展示;王陵遗址M260保护房及祭祀坑保护房外观建筑风格调整;建立殷墟文物保护资料信息档案库等。

其他资金项目包括:通过租地和拆迁等方式,扩大殷墟博物苑的保护与展示范围,使原面积由不足10公顷增至现在的28公顷;进一步完善了甲12号、乙20号、乙7、乙8及丙组基址展示项目;制作并展出YH127甲骨窖穴、甲骨碑廊等复原展示和殷墟发掘史陈列。对王陵区遗址也进行了扩建和本体保护,并增加完善了一系列展示项目。

此外,对殷墟周边环境进行了大规模整治,先后拆迁各类不协调建筑22万平方米,搬迁居民、单位和商业门面

691 户,新建绿地 19.7 万平方米。

安阳市以《文物保护法》和《世界文化遗产保护管理办法》为指导,坚持"保护为主、抢救第一、合理利用、加强管理"的方针,在确保世界文化遗产真实性和完整性的前提下,着力加强殷墟遗址的科学保护、有效管理和合理利用工作,取得了较为显著的社会和经济效益。

殷墟遗址保护工作开展较早,基础比较扎实。在遗址本体保护和展示利用方面,积极学习借鉴了国内外先进的方式方法,并通过不断探索创新,基本上找到一套能够真实完整展示殷墟历史文化内涵和保护土遗址的合理可行的做法。殷墟博物馆于 2005 年 9 月建成开放,是我国最早建成开放的"下沉式"博物馆之一。建筑外形取自甲骨文"洹"字,既明确表现了殷商文化的符号,又与殷墟遗址、环境风貌融为一体,未对景观造成不良影响。博物馆内部的文物展陈列由中国社科院考古研究所安阳工作站提供实物与标本,考古研究所与安阳市政府共同参与博物馆的建设、管理和展示,创造出一种新型的管理利用模式,使考古成果社会化,让观众很直接地了解考古工作,并通过展览,能够欣赏和解读三千多年前中华民族的璀璨文明和厚重文化,包括文字、艺术、礼仪、技术与建筑等内容。2007 年 2 月,安阳殷墟大遗址保护与展示项目获得第二届文化部"创新奖";2007 年 5 月,在第七届全国博物馆陈列展览评选会上,殷墟博物馆举办的《殷墟珍宝展》获得全国博物馆十大陈列展览精品"最佳创意奖"。

目前,殷墟已成为安阳市对外开放的窗口和旅游业发展的龙头,也造就了独特的文化品牌。遗址保护和展示为殷墟带来了可观的经济收入。到殷墟参观的游客数量逐年上升,年均接待国内外游客由原来的 10 万人次增至现在的 25 万人次。门票收入从申报前的 200 万元增加到现在的 800 万元左右。殷墟申遗成功一年来,前来殷墟观光旅游的外国客人有 3 万余人,比以往同期增长 58%。间接旅游综合收入突破 20 亿元。同时,通过一年来对文化遗产、大遗址的宣传和展示,形成了良好的舆论氛围;促进了环境保护,形成了新的经济增长点;积累了丰富的经验,为国内同类遗址保护提供了可供借鉴的经验。

3. 中国世界文化遗产管理存在的问题

随着越来越多的文化遗产价值得到世界范围的广泛认可,中国政府也在不断加强对文化遗产保护和管理的力度,以保证这些全人类的共同财富免遭各种形式的破坏而得以永久保存。中国的世界遗产的保护取得很大成绩,大部分世界遗产地的保护管理工作尽职尽责。

然而,经济的迅猛发展、城市化进程的加快、环境的变化和旅游业的增长等现代化社会发展,对文化遗产的存在与安全产生了巨大的冲击。各种问题和矛盾不断出现,我国现行的文物保护管理工作理念、方法和技术手段受到极大挑战。过去几年间,我国个别世界遗产地发生了一系列严重伤及遗产本体的事件,暴露出我们管理工作中的失误和不足。

　　文化遗产是一个民族在历史发展过程中积累下来的宝贵财富,体现了各个发展阶段的精神和物质追求。文化遗产对于当代和后世的重要意义是广泛和深远的,对文化遗产实施有效的保护是一个国家政府和全体国民的共同责任和义务。申报世界文化遗产的目的是为了更好的彰显遗产的价值,呼唤全人类对它们的尊重和热爱,进而强调对它们进行全面保护的重要性。但是我国一些地方,在申报世界遗产时更多考虑的是如何带动地方经济发展,增加旅游收入。这样的初衷往往导致了"重申报、轻管理"现象的产生,即申报过程中不惜代价,一旦申报遗产成功便急于谋取经济效益,忽视遗产的保护与研究,转而热衷于旅游开发和盈利性建设项目。在一味追求盈利的思想指导下,出现了游客超载、商业气息过浓、滥建仿古建筑、各种服务实施喧宾夺主等不正常现象,致使遗产和周边环境受到损害,丧失了原有的历史风貌和历史信息。比较突出的例子之一是在乐山大佛附近擅自开凿巴米扬大佛,虽后期进行了制止,但对遗产环境的破坏是无法恢复的。2001年"水洗三孔"事件、2003年武当山遇真宫的火灾、2004年平遥古城墙的倒塌等各种事件都反映出中国的世界遗产管理体制的缺失。

4. 目前中国正在完善世界遗产的管理工作

　　近几年,中国有关部门不断加大力度狠抓世界遗产的保护和管理工作。完善法制建设、健全保护体制、加强监测管理、推动科学研究、投入保护资金是近期的主要任务。

世界遗产保护与管理的法律体系不断完善。就文化遗产而言,国务院2006年12月正式颁布生效了中国第一部单体文化遗产的专项法规《长城保护条例》;同年,文化部颁布了《世界遗产保护管理办法》,国家文物局颁布了《中国世界文化遗产监测巡视管理办法》和《中国世界文化遗产专家咨询管理办法》。地方各级政府结合各地实际,也积极制定并颁布实施了相关的地方性世界遗产保护管理条例或办法。一系列法规的颁布,推动和保障了世界遗产工作向更加规范化、法制化发展。

在日渐完善的法律框架下,近年来,世界文化遗产的保护管理规划工作也得到加强。目前,龙门石窟、殷墟、周口店遗址、敦煌莫高窟、秦始皇陵、福建土楼等世界文化遗产地的保护规划已颁布实施。布达拉宫历史建筑群、天坛、颐和园、明十三陵、承德避暑山庄及周围寺庙、曲阜孔府孔庙孔林、云冈石窟等地保护规划正在编制完善中。针对世界文化遗产管理人才的缺乏,国家文物局加大与高校、科研院所的合作,连续举办世界文化遗产管理机构负责人培训班,通过培训,提升遗产地的保护管理水平。

从进入21世纪开始,世界遗产委员会对世界遗产进行了战略调整。自2000年在澳大利亚凯恩斯召开的第24届世界遗产委员会会议始,世界遗产的申报进入了限额制时代①。2002 年第 26 届大会通过的《布达佩斯宣言》则更加强调了《世界遗产名录》的代表性、平衡性、可信性,以及遗产保护的有效性②。根据 2004 年《苏州—凯恩斯决议》,世界遗产的限制申报数额被控制在每国每年两项,其中至少有一项是自然遗产。对中国而言,这无疑加大了世界遗产项目的申报难度,中国正在高速发展的遗产事业面临着考验。

国际上的新趋势和新发展要求我国在确定申报世界遗产名单时更加慎重,所确定的申报项目应在遗产价值、本体保护、周边环境整治、法律法规建设等方面做好充分准备。同时,国家文物局对中国的世界文化遗产的申报工作也做了相应的战略调整,引导世界遗产申报工作向大型线性文化遗产发展,以突出遗产特性、节约名额。

嵩山、五台山古建筑群是世界遗产的预备申报项目,为了做好申报工作,两地政府专门成立了申遗指挥部门,协调各部门力量,开展各项准备工作。为恢复深山藏古刹的历史风貌及优美的遗产周边环境,两地政府都下大力气对遗产的周边环境进行整治,拆除了景区杂乱的商业摊点,对影响遗产整体风貌的建筑进行搬迁。

文化线路的概念第一次提出是在 1994 年 11 月西班

---

① Cairns Decision ,from the Report of the 24th session of the World Heritage Committee (Cairns, 27 November–2 December 2000)

② Budapest Declaration On World Heritage the 26th session of the Committee (Budapest, 2002)

牙马德里的专家会上,讨论了"路线作为我们文化遗产的一部分"。最后确定是在 2003 年 5 月西班牙马德里的第二次专家会上,依照 ICOMOS-CIIC 国际科学委员会对文化线路制定的基本原则。文化线路是陆路、水路或其他道路形式,有着自己特殊的历史的动力和作用而确定的有形路线;能够表现国家和地区之间一段时期内人们相互活动,以及商品、思想、知识和价值观的多维的、持续的、互惠的交换和交流;在时间和空间上产生文化的繁荣,这种繁荣可以从文化遗产中得到反映。丝绸之路、京杭大运河都是有潜力作为文化线路申请世界遗产的。

丝绸之路的跨国联合申报世界遗产是在世界遗产中心的协调和推动下开展的遗产申报项目。中国按进度要求,初步完成境内 6 个省区 48 处遗产点的文本编制、保护措施制定、编制规划等工作①。京杭大运河作为线性文化遗产申请世界遗产的群众呼声很高,目前,中国正在做前期准备工作。

长期以来,世界遗产领域是以西方文化语境为主,东方文化的话语权很少。中国近年来积极活跃于世界遗产领域,和韩国、日本等国同行一起,努力为东方文化争取更多的话语权。

(2009 年 3 月在韩国公州大学的百济学会演讲稿)

---

① 孙潇娜:《保护与管理:世界遗产申报的必经之途》,《中国文物报》2009 年 1 月 9 日 8 版。

关于文化遗产保护传承与利用必须加强考古学研究的提案

2012 年 2 月 15 日发布的《国家"十二五"时期文化改革发展规划纲要》明确提出加强文化遗产保护传承与利用,并在提高物质文化遗产保护水平的问题中强调了"加强基本建设中的考古和文物保护"和"加强中华文明起源研究和成果宣传,在考古研究中积极应用高新技术"。这是国家重要文件中首次提到了考古学。

考古学是根据古代人类通过各种活动遗留下来的实物以研究人类古代社会历史的一门科学。考古学诞生于19 世纪的欧洲,从考古学初创时,就对人类知识积累、思想解放起了巨大作用。在 19 世纪的西方,考古学与进化论等科学发现,完成了对神创论世界体系的最致命的痛击。中国考古学的诞生是辛亥革命后引进西方思想与科学的成果之一。1921 年安特生、袁复礼在渑池仰韶村发现的史前文化,1928 年李济主持安阳殷墟的发掘,1929 年裴文中在周口店发现北京猿人头盖骨,标志着中国考古学的诞生。通过几代考古工作者的辛勤探索,中国考古学解决了信古或疑古的问题;将文献记载相当模糊的夏、商、周三代的历史基本廓清;三代之前的龙山、仰韶乃至新石器早期和旧石器时代人类物质文化发展序列、时空布局基本明确。考古学在探索中国文化与文明起源及其发展方面是不可或缺的重要学科,也是文化遗产保护的基础。

今天,在考古发现不断给我们带来惊喜的同时,中国考古学的发展面临着诸多困难和问题:

1. 目前,中国没有一座国家考古博物馆来展示什么是考古学、考古学的方法和过程,考古学史和考古学在社会发展中的作用。近年,中国的博物馆发展很快,特别是博物馆免费开放,人民大众直接享受到文化遗产保护的成果。但是我国的博物馆都是历史类和艺术类的,考古出土的文物是作为历史的见证或艺术的精品展出的。博物馆一般都不接受考古出土的残片。考古学作为一门科学没有展现其成果的场所。

2. 快速发展的城乡建设、基础设施建设、农民生产、生活和盗掘文物的犯罪活动以及千百年来自然力的破坏,使许多本已异常脆弱的遗址本体及其环境风貌受到致命威胁。尽管国家对基本建设中的文化遗产保护有相关法律法规,但地方文物保护部门与城建、工业等强势部门相比,往往处于下风。配合基建的考古工作往往因为赶工期,不能完全按照考古规程,因此丢失很多信息,有的甚至破坏了遗址本体。

3. 考古研究单位的基础设施薄弱。我国国家级、省级和市级的考古研究单位,有团体领队资格的共 66 家。各级考古单位的文物库房多简陋、拥挤。博物馆库房有一整套入库、建档的制度,2001 年以来启动了"文物调查及数据库管理系统建设",博物馆藏品的数据库建设正按照科学化、规范化、精细化的要求,加快一般文物藏品的录入,不断拓展合理利用的途径。而考古单位库房大多达不到文物库房的防盗标准,库房中的文物多装箱尘封,由于经费和人员短缺,没有全面启动藏品的数据化管理系统,实际上,我国考古库房文物的家底不清。这种状况不仅无法利用珍贵的考古遗物,而且存在着很大的安全隐患。

4. 我国考古人才严重缺乏。我国现有十余所大学设有考古学专业,学生总数赶不上埃及开罗大学考古系一年的招生人数。由于各种原因,我国考古专业毕业生中只有部分人从事考古工作。与我国厚重的文化遗产相比,我们考古人才的数量太少。中国考古学会只有 2000 会员,而日本考古学会有 5000 余会员。活跃在全国考古工地的有领队资格的考古队长只有 700 余人,远远不能满足田野考古的需求。

为了中国文化遗产保护传承与利用,为了增进中华民族的凝聚力和创造力,为了丰富人民对精神文化的需求,有必要加强考古学研究,我们建议:

1. 中国国家考古学博物馆建立应该尽快进行论证、

立项。

2. 不仅要加强基本建设中的考古和文物保护,国家也必须加大主动考古勘探和发掘的投入,让考古勘探走在基本建设的前面,文化遗产保护工作才能摆脱被动局面。

3. 各级政府应加大考古研究单位的基础设施的建设,特别是考古库房的建设,启动考古库房藏品的数据化管理系统。

4. 增加国家文物管理部门的行政编制,增加考古单位的编制,提高从事田野考古工作者的待遇。

（2012 年 3 月全国政协十一届五次会议提案）

国家有必要尽早立项对中国古代都城遗址进行综合研究

　　我国有着五千年文明历史,祖先给我们留下了极为丰富和灿烂的物质文化遗产,既是我们的骄傲,又是中华民族悠久辉煌历史的物证和文化传承的载体,同时也是华夏儿女在新世纪再创辉煌、振兴中华的宝贵文化根基,更是新时期我国经济腾飞不可或缺的文化资源。因此,保护文化遗产,不仅是保护中华民族悠久灿烂的历史物证,同时也是保护中华民族博大精深文化底蕴作为中华民族可持续发展的重要文化战略资源,更是保护中华民族赖以生存、发展和走向未来的文化根基。

　　中国历代都城遗址,均为当时国家政权的政治、经济、军事中心,是当时社会精英云集、先进文化与先进技术荟萃之地,代表着当时社会发展的最高水平,于是成为中华文化遗产中最重要的组成部分,全部是国家重点文物保护单位,当然成为当今文化遗产保护的重中之重。然而文化遗产保护国策实际落实过程中所面临最核心的问题是城乡的现代化发展与文化遗产保护矛盾尖锐。

都城遗址往往占地面积巨大,小则数平方公里,大则数十平方公里,通常又是现代城市的基础,遗址保护不仅没有为当地的经济发展和民生的改善带来多少实际的效益,反而客观上在一定程度成为当地经济发展的枷锁,居民生活改善的包袱。人民群众承担的责任和付出的代价与获取的利益不相称,即遗址居民长期受文物保护的制约而经济发展迟缓,没能享受到遗址带来的利益,从而对古代都城遗址科研、保护和利用的长期利益,造成很大消极影响,在当地政府领导和群众思想观念中,长期以来,都城遗址都是经济发展的绊脚石和沉重的包袱,而不是宝贵的文化遗产,遗址保护缺乏自觉性、主动性和动力。

针对这一日趋严重的问题,国家有必要立项对中国古代都城遗址进行综合研究。古代都城遗址课题不仅能够深入发掘和分析重要城市的历史,确定这些城市的灵魂和品格,而且能够梳理和总结四千年来中国城市发展的历史脉络、发展的机制、形成的特点,深刻认识历史城市的历史意义和现实价值,按照取其精华、去其糟粕的要求进行科学梳理,挖掘符合现代化城市改造发展要求的内容,汲取合理内核,赋予新时代内涵,使之与当代社会相适应,与现代文明相协调,成为我们立足现实、面向未来制定发展我国现代化城市战略的基础、依托和根据。

因此,我建议国家有必要尽早立项对中国古代都城遗址进行综合研究：

1. 中国社会科学院考古研究所具有主持本课题的能力。中国社会科学院考古研究所是具有60年历史的国家级考古专业科研机构，至今已经在全国绝大多数省市自治区开展过考古工作，主持的古代都城遗址考古项目有襄汾陶寺、偃师二里头、偃师商城、安阳殷墟（含安阳洹北商城）、汉长安城、隋大兴唐长安城、汉魏洛阳城、隋唐洛阳城等，参与工作的有周原、丰镐、邺城、元大都、临安、辽上京等。基本每个都城遗址都建立了相应的考古队甚至考古工作站，这些队（站）多数均有几十年的历史了，在工作、资料、经验、技术、人员等方面有长期的积累，具有主持本课题的实力。参加本课题的还应有中国社会科学院历史所、城市中心、经济所、社会学所，中国文化遗产研究院，北京大学，清华大学，中国建筑设计研究院建筑历史研究所，北京市文物研究所，河南省文物考古研究所，郑州市文物考古研究院，开封市文物工作队，洛阳市文物工作队，安阳市文物工作队，河北省考古研究所，山西省考古研究所，陕西省考古研究院，浙江省考古研究所，内蒙古自治区考古研究所等单位，并吸收各个遗址所在地方政府主管部门，组成考古学、古建筑学、历史学、社会学、经济学、城市规划学、文化遗产保护学、城市景观学以及遥感地理信息分析、遗址博物馆展示、旅游等学科的专家学者，共同组成科研队伍。

2. GIS（地理信息系统）支持的都城遗址所在地区的

区域系统调查;都城遗址范围内全面勘探;重要区域进行科学发掘,全面获取相关信息;对勘探和发掘出土的考古遗存进行有效保护,并对遗址的长期保护与利用提出建议;构建各都城遗址的数据库,为遗址的研究、保护和利用奠定坚实的基础;对各都城遗址所反映的都城制度、社会组织结构、人地关系、人们的生产和生活状况等进行系统研究,最终完成对中国古代都城发展历史的综合研究。

3. 都城遗址综合研究应适应公众对都城考古的关注需要,着力打造学术考古与公众考古相结合的新模式。不仅开放发掘工地让民众参观,举办相关讲座宣传和讲解发掘与研究成果,而且应在一定条件下和一定的范围内,让民众参与一些发掘工作,甚至参与一些力所能及的研究。引导更多的群众自觉投身于文化遗产保护事业,从而进一步扩大文化遗产保护事业的群众基础。

（2011 年 3 月全国政协十一届四次会议提案）

关于建立中国国家考古博物馆的提案

《中共中央关于深化文化体制改革推动社会主义文化大发展大繁荣若干重大问题的决定》明确提出繁荣发展哲学社会科学。坚持和发展中国特色社会主义,必须大力发展哲学社会科学,使之更好发挥认识世界、传承文明、创新理论、咨政育人、服务社会的重要功能。要巩固发展马克思主义理论学科,坚持基础研究和应用研究并重,传统学科和新兴学科、交叉学科并重,结合我国实际和时代特点,建设具有中国特色、中国风格、中国气派的哲学社会科学。

社会科学面临着前所未有的发展机遇。

考古学是根据古代人类通过各种活动遗留下来的实物以研究人类古代社会历史的一门科学。考古学诞生于19世纪的欧洲,从考古学初创时,就对人类知识积累、思想解放起了巨大作用。在19世纪的西方,考古学与进化论等科学发现,完成了对神创论世界体系的最致命的痛击。中国考古学的诞生是辛亥革命后引进西方思想与科学的成果之一。1921年安特生、袁复礼在渑池仰韶村发现的史前文化,1928年李济主持安阳殷墟的发掘,1929年裴文中在周口店发现北京猿人头盖骨,标志着中国考古学的诞生。通过几代考古工作者的辛勤探索,中国考古学解决了信古或疑古的问题;将文献记载相当模糊的夏、商、周三代的历史基本廓清;三代之前的龙山、仰韶乃至新石器早期和旧石器时代人类物质文化发展序列、时空布局基本明确。考古学在探索中国文化与文明起源及其发展是不可或缺的重要学科,也是文化遗产保护的基础。

目前,中国没有一座国家考古博物馆来展示什么是考古学、考古学的方法和过程,考古学史和考古学在社会发展中的作用。近年,中国的博物馆发展很快,特别是博物馆免费开放,人民大众直接享受到文化遗产保护的成果。但是我国的博物馆都是历史类和艺术类的,考古出土的文物是作为历史的见证或艺术的精品展出的。与考古有关的博物馆只有考古遗址博物馆,但遗址博物馆是以保护遗址为主,展陈为辅。史学类和艺术类博物馆一般都不接受考古出土的残片,大量考古出土的标本尘封在简陋的库房,人民大众无缘接触。中国考古学作为一门科学没有展现其魅力的殿堂。

考古博物馆是国际上正在兴起的一种新兴的博物馆形态,其特点是以考古学的学科特点为线索,展示考古工作的过程、技术方法、研究思路、成果及其背后的人物故事。世界上历史悠久的国家多建有国家考古博物馆,这些考古博物馆展示着本国考古学的成就,吸引着世界游客,例如希腊雅典国家考古博物馆、土耳其的伊斯坦布尔的考古博物馆、意大利那不勒斯国家考古博物馆、埃及国家考古博物馆、伊朗德黑兰国家考古博物馆、葡萄牙里斯本国家考古博物馆、叙利亚大马士革国家考古博物馆等;日本奈良文化财研究所平城京博物馆、飞鸟博物馆、藤原京博物馆都是考古学博物馆,对外开放;日本橿原县立考古学研究所附属考古博物馆也是对外开放的。

我国台湾有三家考古学博物馆,其中一家就是我们所的前身中央研究院史语所附属考古学博物馆,展出的主要文物是安阳殷墟的考古发现。

中国社会科学院考古研究所成立 62 年,京外有西安研究室、洛阳工作站、安阳工作站等,20 余个考古队分布全国。62 年的工作积累了大量文物,除了少量精品被国家博物馆和地方博物馆借调展陈,绝大多数文物都装箱封存在库房。考古所 60 年展在北京、广州、海南、湖南、陕西的巡展受到各地民众的热烈欢迎,说明民众对考古学知识的需求非常强劲。

目前,公众对考古越来越关注,但什么是考古学,为什么考古发掘与盗墓有本质的区别等最基本的问题很多人都不清楚。考古学与文物收藏的概念普遍混淆。考古学的意义和作用有必要进行更多的科普教育。在这种情况下,我国建立国家考古博物馆非常必要。

2012 年 2 月 8 日中新社报道:陕西将建设中国第一座考古博物馆。占地面积约需 150 亩,建筑面积约 35000 平方米左右。这个消息很令人振奋。但是,陕西建的考古博物馆是地方博物馆,要展现中国考古学的全面成就的国家考古学博物馆还是应该建在北京,依托于中国社会科学院考古研究所的收藏。

上世纪 80 年代初,美国赛克勒先生曾与社科院联系,希望捐资在社科院建赛克勒考古博物馆。夏鼐先生拒绝了赛克勒先生,夏先生不愿中国考古博物馆冠名赛克勒考古博物馆。夏先生等待我国强盛,建立我们自己的国家考古学博物馆。在文化大发展的今天,夏先生和中国几代考古人的愿望应该实现了。

鉴此,我提案将中国考古学博物馆的建立列入国家规划。

(2012 年 3 月全国政协十一届五次会议提案)

关于全面推进丝绸之路跨国
申遗工作的提案

丝绸之路是人类历史上最伟大的文化线路之一,在长达1000多年的历史中,沟通了东、西方在政治、经济、贸易、文化等各方面的交流与融合,为各民族文化的繁荣与发展做出了卓越的贡献,在世界历史上具有广泛和深远的影响。

2006年8月,在联合国教科文组织世界遗产中心的积极推动下,中国和中亚哈萨克斯坦、吉尔吉斯斯坦、塔吉克斯坦、土库曼斯坦和乌兹别克斯坦五个国家共同启动了丝绸之路跨国系列申遗工作,联合签署了丝绸之路申遗的《概念文件》,先后组织召开了五轮国际协商会和丝绸之路跨国系列申遗协调委员会两次会议。

我国丝绸之路涉及的陕西、河南、甘肃、宁夏、青海、新疆6个省、自治区地方各级人民政府高度重视丝绸之路申遗工作,开展了勘察测绘、基础研究、规划编制、文物保护、环境整治等大量申遗准备工作,取得了明显的成效。但中亚五国之间关系复杂,部分国家政局不稳,申遗进展缓慢,导致五国均没有在既定时间完成申遗准备工作。中国与中亚五国的联合申遗由最初《概念文件》中确定的 2010 年一推再推,一度陷入僵局。联合国教科文组织世界遗产中心提出分段申请的策略,丝路上任何一段条件成熟,就可以单独申请。伊朗等国跃跃欲试,一旦伊朗等国申报成功,就意味着在丝绸之路的起始国的中国不能首先进入世界遗产。

2011 年 5 月,丝绸之路跨国系列申遗协调委员会第二次会议对丝绸之路跨国系列申遗策略进行了重大调整,推荐中国、哈萨克斯坦和吉尔吉斯斯坦的跨国廊道作为首批申报项目在 2013 年 2 月 1 日前向联合国教科文组织提交正式申报文本。这对于中国而言是一个难得的历史机遇。

把握住这个机遇,实现丝绸之路成功列入《世界遗产名录》,不仅有利于保护好沿线地区的文化遗产,带动我国文化遗产保护管理水平的整体提升,而且关系国家文化安全,对于增强我国文化的国际影响力和软实力,具有极为重要的现实意义。同时,丝绸之路申遗也是深入贯彻党的十七届六中全会精神,落实国务院《西部大开发十二五规划》的一个有力抓手,对于促进西部地区经济、社会、文化事业的繁荣和发展,改善民生都将起到积极作用。

为加快推动丝绸之路申遗工作,建议:

一、外交部将丝绸之路跨国申遗工作纳入国家外交大局,作为我国与哈萨克斯坦、吉尔吉斯斯坦两国政府的重大合作项目,从外交渠道推动哈、吉两国政府加强与中方在丝绸之路申遗方面的合作。按照阿什哈巴德会议决议和中、哈、吉三国代表 2011 年底草签的丝绸之路跨国申遗备忘录确定的时间表,有效推动丝绸之路申遗准备工作。同时,考虑到哈、吉两国的实际情况,我国有关部门可根据两国政府的请求,在丝绸之路申遗文本编制等工作中提供必要的援助。

二、丝绸之路申遗涉及的六省、自治区均为我国中西部欠发达地区,建议发展改革委和财政部,对丝绸之路申遗涉及的文本编制、文物本体保护、环境整治、展示、监测等工作给予必要的经费支持,以确保申遗工作顺利完成。

(2012 年 3 月全国政协十一届五次会议提案)

唐代天坛的考古发掘与保护

人人都知道北京的天坛，那是明清两代皇帝冬至祭天的地方。1998 年，北京天坛被列入联合国教科文组织的《世界遗产名录》。作为全人类的文化遗产，北京天坛的保护得到国家和人民的高度重视。然而，人们很少知道中国还保存着一处比北京天坛早一千年的天坛遗址，这就是西安隋唐长安城的圜丘遗址。这处遗址的考古发掘与保护与我的第一份政协提案有关。

1998 年 3 月初，我荣幸地成为第九届全国政协委员，参加了九届一次会议。我是一名普通的研究员，没有参加过任何党派，进入全国政协之前没有任何参政议政的经历。政协委员是荣誉，更是责任和使命。如何能不辱使命，不辜负社科院党组的推荐，我必须尽快地进入政协委员的角色。人民政协的主要职能是政治协商、民主监督、参政议政。这三项职能中，参政议政是每一名普通的政协委员都可以参与的。人民政协的参政议政是对政治、经济、文化和社会生活中的重要问题以及人民群众普遍关心的问题,开展调查研究,反映社情民意,进行协商讨论,通过调研报告、提案、建议案或其他形式,向党和国家机关提出意见和建议。我决定以自己熟悉的业务为切入点参政议政。我是一名考古工作者,多年在西安从事唐长安城的考古发掘和研究,了解我国基本建设与文物保护之间的矛盾。中华民族五千年历史连绵不断,凝聚着我们这个伟大的民族的,是优秀的文化传统和以爱国主义为核心的民族精神。中国的文化遗产,是光辉灿烂的中国历史的重要见证,是博大精深的中华文明的载体。每一处文化遗产都是人民了解、认识祖国历史文化的最好课堂,也是激发民族自豪感、弘扬爱国主义精神的最好基地。保护好我国重要的文化遗产,文物考古工作者责无旁贷。

考古勘察和发掘是保护遗址的基础,我们考古队在1980年代先后发掘了唐长安城西明寺遗址、陕西麟游县唐九成宫37号殿址、西安唐大明宫主殿含元殿等遗址。1998年初,我在西安踏查,寻找面临破坏、急需考古发掘的项目。在考察唐长安城天坛遗址时,所见状况令人担忧。

唐代是我国政治统一、经济发展、文化繁荣、国际交往频繁的盛世。长安城作为唐代的都城,人口一度超过百万,是中世纪的世界名城。唐长安城遗址位于现陕西省西安市区及郊区。1957年以来,中国社会科学院考古研究所对这座城址进行了全面勘察和多次发掘。考古发现与历史文献相结合,基本探明唐长安城的形制、布局及历史沿革。

"圜丘",又称"圆丘",元代以后也称天坛,是皇帝进行祭天活动的礼仪建筑。唐代天坛遗址在 1957 年即被确定为省级文物保护单位,当时主要依据文献记载和考古勘察。《旧唐书·礼仪志》记:"武德初定令,每岁冬至祀昊天上帝于圆丘,以景帝配,其坛在京城明德门外道东二里。"明德门是唐长安城廓城南墙的正门,门内即直通皇城的朱雀大街。我队曾发掘过明德门遗址,五个门道保存完好。明德门位于现在新建的朱雀大街东侧,杨家村的西南。圜丘遗址在明德门遗址以东 950 米,约合唐代的二里,与文献记载相符。该遗址原属雁塔区吴家坟村,八十年代初陕西师范大学征地扩建南院体育场,天坛遗址也在其征地范围内。当时,陕师大承诺按文物法保护好天坛遗址,西安市文物局也认为天坛在大学校园内会比在农民手中保护得好,而且,陕师大历史地理系的教学和科研在国内是一流的。没有想到,1998 年初我看到的天坛遗址正遭受着严重破坏。天坛遗址呈土丘状,高出现代地面约七八米,底部呈圆形,直径约 60 米。陕西省文物保护单位的标志碑立在土丘南侧。土丘上杂草丛生,灌木丛内布满人畜粪便和垃圾,好像正在讽刺保护标志。土丘北约 10 米处,是陕师大近年违章建的自考中心宿舍和垃圾台。更令人不能容忍的是在自考中心宿舍和坛体之间,有人在此架棚居住,并在遗址上盘灶做饭,挖洞贮菜。唐天坛遗址当时尚未进行过考古发掘,许多历史之谜有待破解。若不尽快改变天坛的保护状况,用不了多少年,这一珍贵文化遗产将从地球上消失。我将唐天坛遗址的状况及时报告给省市文物局,西安市文物局立即给陕师大发函,责令拆除违章建筑,改善保护条件。但是由于市文物局不是陕师大的直接领导,陕师大置之不理。在这种情况下,我决定提交一份关于加强唐天坛遗址保护的提案,通过全国政协提案委员会,促使陕师大采取行动,保护天坛遗址。这是我作为全国政协委员的第一份提案,提交时还有些战战兢兢,不知道是否能起到积极作用。

我的这份提案得到提案委员会的肯定,《人民政协报》1998 年 5 月 18 日第二版以《唐天坛遗址在校园内残遭破坏》为题,发表了我的提案的一部分。政协委员提交提案只完成了职责的一部分,如何解决提案中的问题才是最重要的。我以为陕师大忽视唐天坛遗址保护,其主要原因是对这个土丘是否是唐代天坛存在着疑问。这种疑问不仅陕师大的领导和师生会有,社会上很多人也会有。要消除这个疑问,必须创造条件,争取对天坛遗址进行全面的考古发掘。通过发掘揭示的遗址保存状况,文物部门才能制定切实可行的保护措施。

提交提案后,我通过陕师大的全国政协委员郑庆云教授找到陕师大的校长赵世超博士和副校长吕九如教授,与他们商谈天坛遗址的保护问题。赵校长本人的专业是中国历史,当然知道唐代天坛的历史价值,他全力支持我们考古发掘。有陕师大的支持,我们考古发掘才有可能。我们在中国社会科学院考古所立项,得到刘庆柱所长的全力支持。我们又向国家文物局申请了考古发掘许可,并顺利得到了发掘执照。

1999年春,我们中国社会科学院考古研究所西安唐城队完成了唐长安城圜丘遗址的考古发掘工作。通过近两个月艰苦细致的工作,在倒塌的土层下,揭露出残存的台壁根部,解决了唐代圜丘的基本形制。唐代圜丘为四层不同直径圆台重叠的露天建筑。第一层(最下层)圆台面径约52.8米,第二层面径约40.5米,第三层面径约28.4米,第四层(顶层)面径约20.2米。每层层高2米左右。各层圆台都设有十二陛(即上台的阶道),均匀地分布在圆台四周,呈十二辰分布。第一层圆台午陛(即南阶)比其余十一陛宽,也比其余十一陛长,是皇帝登坛的阶道。

圜丘为素土夯筑而成,除了修补部分用少量砖填垫外,没有发现砖石包砌的痕迹。圜丘的台壁和台面均用黄泥抹平,其上再抹一层羼合了谷壳和秸秆的白灰面,白灰面厚0.4—1.1厘米。因此,唐代圜丘的外观是白色的。

《旧唐书·礼仪志》对长安城圜丘有明确记载:"坛制四成,各高八尺一寸,下成广二十丈,再成广十五丈,三成广十丈,四成广五丈。"《新唐书·礼乐志》不仅记载了具体尺寸,还提到了十二阶:"四成,而成高八尺一寸,下成广二十丈,而五减之,至于五丈,而十有二陛者,圆丘也。"考古发掘揭露出来的遗址与文献记载大体吻合。

　　通过文献记载和考古遗迹的综合研究,我们可以确认这个土丘就是隋代初建,唐代继续使用的天坛遗址。隋代两位皇帝,唐代 19 位皇帝包括女皇武则天均在这个坛上进行过祭天的活动。中国素称礼仪之邦。礼仪就是人们在社会活动中应按各自身份遵循的行为规范。历代统治阶级重视礼仪,强调礼在修身齐家治国平天下的作用。中华民族在国家形成的过程中,礼制逐步形成。祭天是中国皇权政治中的必备仪式。通过祭天仪式,统治者树立权威,凝聚民心。唐长安城圜丘遗址的发掘,为唐代文献中祀天礼仪的记载提供了实物证据,也为研究我国礼仪制度的演变及其历史作用提供了第一手资料。通过对圜丘这一象征性建筑的研究,我们可以了解隋唐时期人们对天的认识及其当时的审美观、价值观。

　　1999 年 4 月 23 日,我们在天坛遗址现场召开了考古发掘汇报会。国家文物局和省市文物局的领导及专家们都来到现场。赵世超校长亲临现场,他没有想到在校区新征的南园,藏着这么珍贵的文化遗产。体育学院的院长更是看得目瞪口呆。陕师大的史念海教授是中国历史地理学的创始人之一,曾任第五届和第六届全国政协委员,当时已 87 岁高龄,在我们考古队员的搀扶下登上 8 米高的顶层,高兴得合不上嘴。比北京天坛早一千年的隋唐天坛,得到学术界的一致肯定。

　　唐代天坛遗址的考古发掘,引起社会广泛关注。新华社及时报道,《光明日报》、英文版的《中国日报》等报刊都以显著版面刊登消息。英国的《泰晤士报》、美国考古研究所的刊物《考古学》和北欧《科学画报》均报导了消息刊登了照片。

　　唐代天坛遗址的考古发掘为保护这一遗址提供了可靠的资料,文物部门马上设计实施了保护工程。保护工程将遗址安全地保护在覆土之下,但工程采用唐代的工艺,仿唐的材料,使遗址的外观与唐代相近。四层白色的坛体,十二条登坛的陛阶,尽显高贵典雅。目前,丝绸之路跨国申请世界遗产的工作正在进行中,唐代天坛遗址已作为唐长安城不可分割的一部分,被列入候选名单。天坛遗址的周围正在发生较大的变化,结合城中村的改造,遗址东侧的吴家坟村将搬出遗址范围。看着眼前的变化,我想起我的第一份提案,衷心感谢全国政协在文化遗产保护方面做出的贡献。

（原载于《政协提案的故事》丛书4,
新世界出版社,2011年）

检查大明宫遗址公园建设

2009 年 11 月 19 日清晨，我在西安从梦中醒来，一想起这一天满满的日程，便赶紧穿衣。经过初冬的两场大雪，西安的天气格外寒冷潮湿，令人头脑清醒。

我是中国社会科学院考古所的研究员，也是考古所西安研究室的主任。周秦汉唐是我国历史上的辉煌时代，其都城都设在今天的西安或附近。考古所在陕西有四五个考古发掘队，其中沣西队、汉城队和唐城队都是做都城大遗址的考古发掘和研究。作为考古所的派出机构，西安研究室设立于 1955 年，当年建楼存在着的安全隐患，去年年底已经拆除，新楼还没有动土。原准备在 2009 年 11 月 23 日进行建设的招投标，但 16 日从北京请来的三位审计干部发现了这个项目的招标工作存在一些问题，经请示社科院和考古所，决定将开标时间往后延迟。上午我见了这三位审计干部，由衷地感谢她们为国家守住钱袋子。

将近中午，西安市文物局派车接我去大明宫遗址，与国家文物局局长单霁翔下午一起去大明宫遗址检查工作。单霁翔局长也是全国政协委员,60年国庆大典时,我们同在全国政协组织的天安门西侧的观礼台上,当时他就约我同去大明宫,看看正在建设的大明宫遗址公园。10月份单局长在党校学习,不能请假。这个月他刚刚结业,得知我正在西安,便决定马上飞西安,去大明宫遗址看一看。

唐代是我国古代的盛世,其时国家兴盛,经济繁荣,文化灿烂辉煌。自663年唐高宗入住听政大明宫,二百余年来大明宫是唐代政治的中心。1957年以来,我们所的唐城考古队在大明宫遗址进行了长期的考古勘探发掘工作,已探明大明宫的范围和布局。大明宫的面积3.2平方公里,是北京明清故宫的4.5倍(故宫面积不足0.7平方公里)。1982年秋,我刚刚从研究生院毕业,参加的第一个田野工作就是大明宫东朝堂的考古发掘。1990年代以来,我作为考古队队长主持了几项大明宫内的重要考古发掘。现在年轻的队长接替了我,考古工作还在大明宫遗址上继续着。

我们的汽车沿太华路进入了唐大明宫遗址范围,眼前的景象恍如隔世,原来的破烂不堪的棚户区已经基本拆平,残留的地基诉说着这两年的变化。由于遗址在西安火车站的北边,西安人称这个地区为道北。道北在西安是棚户区,居民收入低,治安问题多。大明宫遗址在这种环境中面临消失殆尽的危险,文物保护干部和考古工作者心急如焚,却束手无策。我意识到要保住这个遗址必须依靠政府和全社会的力量。2004 年初我从西安回京立刻写了一份提案，呼吁抢救大明宫遗址，并得到许多政协委员的支持。《人民政协报》2004 年 3 月 11 日 D1 版以《大明宫在期盼》为题目发表了这份提案。随着我国经济的飞速发展，人们文化遗产的保护意识不断增强。国家文物局与各级政府也在积极探索一条遗址保护和城市建设双赢的道路。2007 年 10 月，西安市政府确定了大明宫遗址区保护和改造的工程项目，全面搬迁和安置大明宫遗址内的居民，并拆除占压遗址的城中村建筑，计划在 2010 年 10 月建成并开放大明宫国家遗址公园。

单霁翔委员检查的第一个工程是丹凤门遗址保护工程。丹凤门遗址是唐大明宫遗址的正南门，是高宗以后的唐朝皇帝出入宫城的主要通道，门的北面正对大明宫正殿含元殿，门外向南为宽 170 余米的丹凤门大街。门上建有高大的门楼，是皇帝宣布大赦和改元的重要场所。换句话说，唐代的丹凤门就相当于北京明清的天安门。

2005 年 9 月至 2006 年 1 月，我们西安唐城队对该遗址进行了大规模的考古发掘。从发掘情况得知，丹凤门是被火烧后废弃的，各门道的路面与两壁大部分火烧痕迹明显。丹凤门的形制很清楚，城门楼的墩台东西长 74 米，南北宽 31 米，设五个门道，每个门道宽 9 米。各门道之间的夯土隔墙厚 2.9 米。丹凤门城门楼的遗存没能保持下来，但是从墩台的遗存来看，完全可以与天安门相比：同为五个门道，但丹凤门的门道更宽；天安门的门洞为砖砌券顶，丹凤门为两排立柱顶起横梁的过梁式,与敦煌壁画上的城门一样;天安门五个门洞中间的大,两边的渐小,丹凤门的五个门洞一样大。揭露出来的丹凤门遗址规模之大、门道之宽,均为目前隋唐考古乃至中国古代城址考古所发现的城门之最,充分体现出唐朝建筑的辉煌。遗址发掘后,我立即写了提案《唐大明宫丹凤门遗址的保护工程必须尽快上马》。丹凤门遗址的保护工作得到各界人士的重视,数个保护方案很快就完成了。最后选中的方案是建筑大师张锦秋院士主持设计的,遗址保护大厅的外观是仿唐城门楼,将来这是遗址公园的标志建筑。现在保护工程已到了最后阶段,我们沿脚手架登上了墩台的位置,向北一望,映入眼帘的是640米外的主殿含元殿遗址。站在这里,不能不感受到唐代宏大的气势。

大明宫的北部是皇帝嫔妃居住的区域,昔日太液池湖水荡漾,芳草萋萋,绿树茵茵。考古队已经将太液池的范围准确勘探出来,并发掘了部分池岸。将来的遗址公园要保护好唐代的池岸,恢复太液池的水面,让遗址公园成为城市的绿肺。单委员和我来到太液池遗址上,上周的雪还没有完全融化,松软的土地格外泥泞,想到将来的景色,不由心旷神怡。

遗址公园规划建设是前人没有做过的事情,不同的部门有不同的想法。我们文物考古部门想按照国际上世界遗产的保护原则尽量保留遗址的真实性和完整性;城市规划部门考虑这个公园的城市功能,希望公园的景观漂亮;

投资融资方则关心周围建设的容积率和地价的升值;城市管理部门考虑将来便于管理和自身的造血能力。我们在遗址上走着,也交换着意见。不同理念的碰触,会产生出创新的火花。

从大明宫出来,单霁翔局长又检查了唐长安城皇城的含光门遗址和西市遗址。这两个遗址也是我们考古队发掘的,现在可以向公众展示。晚饭后在回宾馆的路上,单局长得知还有半个多小时的车程,便立即打开笔记本电脑,准备第二天座谈会的发言。

晚上,我接到妹妹电话,母亲的保姆马上要回河南老家,在找到新的保姆之前,我们姐妹得轮流回去陪伴。我的先生正在香港讲课,他来短信告诉我周末回京。我之所以能坚持多年的考古工作,得益于家庭的支持。现在老母亲已 86 岁高龄,去年两次骨折;先生的身体也不如以前,我需要尽快处理完西安的事情,早点回家。

月底我要参加一个学生的博士论文答辩。在床上我读着她的论文,读着读着,进入了梦乡。

（作者系全国政协委员、中国社会科学院考古研究所汉唐考古研究室兼西安研究室主任）

（原载《政协委员一日》第四辑,
中国文史出版社,2010 年）

建立国家大遗址保护补偿机制
刻不容缓

——由郑州东赵遗址发现与保护所想到的

近年,党和国家高度重视文化遗产的保护工作,国家文物保护投入大幅增长,我国文博事业加快发展,文化遗产作为能够服务于当代和未来发展的不可再生的稀缺资源的重要地位日趋上升。

随着我国城镇化进程的加快,各项工程的开工建设,不断有沉睡千年甚至万年的文化遗址重见天日。考古新发现不断丰富着中华历史文化的底蕴,同时也提出了遗址保护等尖锐问题。

一、建立国家文物补偿机制刻不容缓

我国遗产保护与发展急需创新管理体制,优化运行机制,扫除体制机制中的障碍。建议将保护区相关区域连片整体规划,并成立相应独立的遗产保护区,对遗产保护区的发展、考核单独运行。建议由国务院研究室牵头,发改、财政、国土、规划、文物等相关部门配合,研究相应对策,制定相关办法,为保护中华民族的珍贵遗产、精神家园探索出一条科学的路径。

遗址地的群众为保护文物遗产而牺牲的个人利益,是否能像对"退耕还林""生态平衡"做出牺牲的群众那样,进行合理补偿。通过建立健全文物补偿机制,使群众的合理诉求得到国家政策的积极回应,激发当地政府和群众的文物保护积极性。

二、东赵遗址极有可能毁于一旦

东赵遗址位于郑州西郊的高新区沟赵乡赵村(东赵)南,处于中华文明进入国家时代初期夏商文化分布的核心区域。

2011—2014 年,北京大学考古文博学院与郑州市文物考古研究院合作研究"中原腹心地区早期国家的形成与发展"课题,对东赵遗址进行了考古勘探与发掘。近三年来,东赵遗址勘探面积达 70 万平方米,发掘面积近6000 平方米,发现新砦期(新石器晚期)、二里头时期(夏代)、东周时期三座城址。清理出近 500 个遗迹,遗迹包括城墙、城壕、大型夯土建筑基址、灰坑、窖穴、水井等,出土了丰富的陶器、石器、骨器等夏、商、西周时期重要文化遗物。

2014 年 12 月 16 日,郑州东赵遗址的发掘与保护座谈会在遗址现场召开。参会专家一致认为,东赵遗址的发掘对中国早期国家形成与发展研究具有重要的价值,应予以高度重视,加大研究和保护的力度。

而现实情况是,东赵遗址尚未申报为国家重点文物保护单位。该遗址处在郑州高新技术开发区,在城镇化进程进一步加快的大建设中,东赵村面临拆迁。很可能在几个月之后,这个重要的地下文化遗产就有可能在挖掘机的铁铲下永远消失。

三、国内文化遗产保护与当地经济发展、群众生活存在的普遍矛盾

城市建设的收效明显直观,而文物保护的是全中国乃至全世界人类的历史和记忆,精神层面价值较高,但短时间内难以见到效益,因而容易受到地方政府的轻视。

国家文物局确立的"十二五"期间重点保护的"六大遗址片区:西安、洛阳、曲阜、荆州、成都、郑州",均为文化遗产特别丰富,但又同是人口众多、经济实力欠发达的地区。没有国家层面政策与资金的扶持,"文物保护"最终也难以真正实现地方政府、人民群众与遗产保护的"多赢"局面。

2014年7月,中国之声《新闻纵横》报道河南安阳殷墟作为世界文化遗产、全国重点文物保护单位,殷墟重点保护区范围内却存在私搭乱建现象严重的情况。2014年12月9日《中国文物报》头版也报道了《小屯的荣耀与烦

忧》。

按照我国文物保护法的规定,在全国重点文物保护单位的保护范围内,限制建设与文物保护无关的项目。"文物保护区"影响到百姓盖房、娶亲生子等,就会引起保护区内群众的抵触。"文物是国家的,为什么由我们来'买单'?"这样的说法在民间不是少数。

鉴于此,探索既保护文化遗产,又不影响群众生活和地方发展的政策十分重要。

（原载于《国是咨询》2015 年第 3、4 期）

文物保护和文物利用的春天

在两会的前夕，2月24日李克强总理主持召开国务院常务会议，专门研究部署加强文物保护和合理利用问题，《新闻联播》当晚作了报道。2月26日国务院召开政策例行吹风会，为加强文物工作的政策性文件的出台进行部署。

党的十八大以来，习近平总书记、李克强总理多次就文物保护做出重要批示，为不断开拓文物事业发展新境界提供了明确的前进方向。

特别是2015年1月初新华社发表了《留住历史根脉传承中华文明——习近平总书记关心历史文物保护工作纪实》一文，总书记明确提出：中华文化发展繁荣是中华民族伟大复兴的重要条件，保护历史文物是传承中华优秀传统文化的必然要求。

近年来，文物保护经费投入大幅递增，尤其是党的十八大以来，中央财政文物保护资金投入年增幅40%以上，从中央政府到省级政府对文物保护的投入力量相当大,中央财政每年直接用于文物保护的投入达 150 亿元左右,地方政府也加大了投入,例如陕西每年投入 1 亿多元,北京市每年投入 10 亿元经费用于文物的保护和利用。这种投入还没有包括博物馆免费开放的经费。现在的博物馆彻底改变了门可罗雀的局面,成为城市的独特名片、老少皆宜的文化活动场所。近日,首都博物馆开幕的《西汉海昏侯国考古成果展》吸引着公众的目光。为促进考古遗址保护、展示与利用,有效发挥大遗址在经济社会发展中的作用,国家文物局已公布二批 24 个国家考古遗址公园,包括周口店遗址、秦始皇陵考古遗址、大明宫遗址等。这种全新的模式是文物部门在保护中发展、在发展中保护的改革探索成果,为国内考古遗址保护提供更为开阔的思路,同时也为考古遗址保护和文化推广传承之间搭建了平台,产生良好的社会影响。

近年,我国的文物事业取得了显著成就,为满足人民群众精神文化需求、促进经济社会发展、传承中华优秀传统文化做出了积极贡献。

与此同时,文物保护也面临着非常严峻的问题,例如文物保护的责任尚不能落实,文化遗存在建设中消失的事件屡有发生;一些地区的文物盗掘依然猖狂;文物市场管理混乱;文物资源的作用发挥不够等。前些天国务院法制办向社会征求文物法修订意见,社会上反响强烈,意见相左,针锋相对,社会上对文物保护利用存在误解,有待媒体的正确导向。

　　一个民族的文化遗产,承载着这个民族的认同感和自豪感;一个国家的文化遗产,代表着这个国家悠久历史文化的"根"与"魂"。

　　李克强总理的政府工作报告中关于今年要重点做好的工作,明确提出"加强文化遗产保护利用"。在"十三五"开局之年,我国文物事业必将克服种种困难,为实现中华民族伟大复兴的中国梦发挥独特作用。文物保护和文物利用的春天正向我们走来。

　　　　（原载于《文汇报》2016 年 3 月 9 日第 6 版）

后　记

　　中央文史研究馆出版馆员文集,使我有机会将上世纪八十年代进入学术界后的论文集结成书。

　　我成为考古工作者,是个偶然。1966年夏,我从北京师范大学附属女子中学高中毕业,没有了继续受高等教育的机会。1968年6月13日我们乘着第一列专车奔赴北大荒,在迎春站下车。我在黑龙江生产建设兵团三师二十团六营四连做农业工人,在广袤的三江平原上种小麦、大豆、玉米,烧砖,盖房子,修水利。1972年秋调到甘肃陇西一家冶金部下属三线工厂的子弟学校教书,同时结婚生子。我教过小学的算术、初中的历史和英语。学校也曾送我到甘肃师范大学进修了一年多。在社会基层,我遇到很多有才华有抱负的人,我也放平心态,踏踏实实做好眼下的工作。但是,我始终认为没有受大学教育是人生遗憾,希望能有机会学习一门专业。1977年底恢复高考时,我跃跃欲试,但学校不同意。张英启校长说,学校一直把你当大学生用的,考什么大学,考研究生就同意。一句话打开了我的一扇窗。

1979年我报考中国社会科学院研究生院考古系研究生。我能考上研究生,得益于我父亲安志敏。他是考古学家,一辈子从事考古事业,家里有关书籍齐全。父亲的专长是史前考古,我选择的则是历史考古。宿白教授是我的导师。我有幸在北大听考古专业的课,并与北大的学生参加田野实习和专业实习。1982年夏硕士毕业后,我留在中国社会科学院考古研究所西安唐城队工作,直到2013年退休。

考古学是主要根据古代人类活动所遗留下来的实物遗存研究人类文化与社会发展过程的一门科学。田野发掘是考古学的基础,考古所领导夏鼐和王仲殊要求所有科研人员都要下田野。西安是中国十三朝的古都,为考古工作者提供了舞台。上世纪八十年代正是国家改革开放、经济开始腾飞、思想解放的时代。考古学当时是冷门学科,坚守在田野的考古工作者淡泊名利,以考古学为自己的终身事业。社科院考古所的前辈多是这样的人,唐城队的老队长马得志先生更是以考古为生命的榜样。在这种氛围中,我很快从田野发掘中体会到发现和探索的乐趣,深深爱上考古。我们克服重重困难,发掘了西安唐大明宫的含元殿、丹凤门、太液池,发掘了麟游县隋仁寿宫唐九成宫、唐长安城西明寺、圜丘等遗址。当时的最大困扰是社会上对考古的误解和对保护文化遗产的漠视。近年,文化遗产保护越来越受重视,考古遗址被保护并融入居民生活中,我们考古工作者由衷高兴。

玻璃考古是我研究的兴趣之一。社会上对玻璃这种材料曾有很多误解,认为玻璃是近现代才有的材料,是廉价材料,以为中国古代没有玻璃。这些问题通过考古学才能解决。我国春秋末战国初就出现玻璃制品。我国考古出土的罗马玻璃、萨珊玻璃、伊斯兰玻璃等器物,以及国产玻璃制造技术的演进,反映出玻璃器与玻璃技术是由西向东逐渐传入中国。玻璃虽小,却能折射出东西文化在丝绸之路上交流碰撞的璀璨光芒,这正如习近平主席所说,"文明因交流而多彩,文明因互鉴而丰富"。

回顾进入考古学领域的四十余年,我深深感到田野考古夯实了务实求真的基础,课题研究促使不断学习,国内外学术交流扩大了眼界。参与国家文物局的考古工地检查、古迹遗址保护准则的修订、申报世界遗产等工作,使我了解国内专业的全局。全国政协提供了平台,使我能对有关政策提出一些专业建议。我感恩家人的支持、师长的厚爱、朋友的帮助。

文集中留下不少遗憾。考古新材料不断被发现,研究时的推论只能是阶段性认识。例如,1984 年我发表《中国的早期玻璃器皿》,称满城汉墓(前 113 年)出土的玻璃耳杯和盘是中国国产的最早的玻璃器皿。1986 年发掘徐州北洞山汉墓(前 128 年)出土了多件国产玻璃杯,中国国产的最早的玻璃器皿就要让位给北洞山汉墓。论文中使

用的材料有的还没有正式发表,例如上世纪八十年代发掘
新疆轮台群巴克墓群,正式的发掘报告还没有出版。关于
墓群的年代讨论较多,也做过多次碳-14 测年,目前学术
界的主流看法是公元前 10 世纪至公元前 5 世纪。我在论
文中采用的公元前 8 世纪至公元前 5 世纪。论文中有些
译文用词不统一。例如伊朗地名 Nishapur,有的论文译为
尼沙布尔,有的译为内沙布尔,容易造成误解。请读者谅
解,欢迎批评指正。

　　最后感谢中华书局许庆江编辑细心校正,这本文集才
能呈现给读者。

2024 年 6 月